U0468678

「外国文化政策研究基地项目资助」
「中外文化软实力比较研究」中心项目资助

亚非文化政策研究

曹德明 ◎ 主编

时事出版社

"外国文化政策研究基地"项目资助
"中外文化软实力比较研究中心"项目资助

导论

Studies On Asian and African Culturobal Policies

　　文化是一个民族生命力、创造力和凝聚力的内在体现。作为国家软实力的重要组成部分，文化软实力越来越成为当前国际竞争的重要内容。因此，为推进中国文化"走出去"战略，讲述中国故事，传达中国声音，传播中国文化，提升中国形象，努力构建融通中外的话语体系，上海外国语大学始终彰显多语种特色，充分发挥学科优势、学术平台优势和国际合作优势，紧密对接国家与地区发展战略，认真担负"让世界了解中国"和"让中国走向世界"的历史使命，积极开展外国文化政策研究，坚持"中国立场、国际表达"，体现"国家站位、国际视野"，以科研项目为载体，以"开放流动"为路径，调动外脑实力，盘活内脑资源，努力构建具有外语特色的外国文化政策研究平台，成为中国在外国文化政策研究领域的"思想库"、"信息库"和"人才库"。

　　《欧美文化政策研究》与《亚非文化政策研究》是上海外国语大学聚焦外国文化政策研究、开展区域国别研究所取得的重要学术成果，也是其为助力中国文化"走出去"战略而集全校之力所撰写的系列咨询报告。其中，《欧美文化政策研究》聚焦欧盟、美国、加拿大、德国、英国、俄罗斯、法国、西班牙、葡萄牙、意大利、巴西等欧美主要国家和地区所制定的文化政策，《亚非文化政策研究》则关注日本、韩国、埃及、以色列、沙特、阿联酋、科威特等亚非主要国家和地区所制定的文化政策。两本书均以学科交叉为路径，在研究内容上，融合历史嬗变与经验启示；在研究方法上，综合文本分析与实地调研；在研究材料上，调和中国立场与外国观点；在研究宗旨上，推进基础研究与对策建议，多视角、多方位地研究欧美和亚非主要国家和地区文化政策的制订、执行和评估，分析其文化政策的目标、内容和过程，阐明其制订文化政策的方法和途径，以期借鉴经验、规避教训，以"他山之石"攻自家之"玉"，为提升中国文化软实力、构建融通中外的话语体系出谋划策、建言献策。

但是，《欧美文化政策研究》与《亚非文化政策研究》仅仅是外国文化政策研究领域的一块"引玉之石"，尚需用心打磨、精心雕饰。这是因为外国文化政策研究涉及学科多，研究领域广，是一项极为庞大的学术工程，不可能毕其役于一功，需要整合国内外优质学术资源，凝心聚力，同心同德，群策群力，持续发展，持久推进，以新理念、新思路、新路径、新方法，精诚合作，砥砺前行，合力打造新平台，共同开拓新境界，为提升中国文化软实力提供更多智力支撑，为推进中国文化"走出去"战略作出更大学术贡献。

目录

第一章 日本文化遗产保护法综合研究 …………………………（1）
第二章 韩国文化产业政策研究 …………………………………（61）
第三章 埃及旅游文化政策研究 …………………………………（178）
第四章 以色列文化政策研究 ……………………………………（215）
第五章 沙特文化教育政策研究 …………………………………（238）
第六章 阿联酋文化发展现状与政策研究 ………………………（285）
第七章 科威特教育政策研究 ……………………………………（322）

第一章 日本文化遗产保护法综合研究

【摘要】 20世纪，日本确立了面向21世纪的"文化立国"方略，把发展文化经济作为国家战略，并通过一系列立法来保障和推进这一战略的实施。同时，政府对于文化遗产领域的财政预算大幅度增加，社会团体对于文化遗产保护的赞助规模也越来越大。

"文化立国"战略不仅在于恢复国人对本国文化的自信，同时可通过"对传统文化、文化多样性的认识"，实现求同存异，激发全民族的文化创造活力，提高国家文化的软实力，使人民的基本文化权益得到更好保障，使社会文化生活更加丰富多彩，使人民的精神风貌更加昂扬向上。

文化是民族之根、民族之魂。本章从日本文化保护法规的历史沿革、《文化遗产保护法》的制定背景等方面，对日本政府为保护传统文化遗产所制定的法律法规以及政策进行了深入的解读，对日本国家行政机构框架内相关文化遗产保护组织，以及日本文化遗产的认定标准和认定程序进行了全面介绍，对文化遗产所有人的相关责任和义务分别予以厘清。同时，对日本利用精湛的文化遗产保护技术为世界文化遗产的保存与修复做出的贡献也有一定的介绍。他山之石，可以攻玉。通过本章的解读，使人们对于日本文化遗产保护的现状和法规政策有了全面的了解，有助于认识日本对传统文化遗产的高度重视，希冀对中国文化遗产的保护能起到一定的借鉴作用，促进中国政府、民间机构和公民个人对中国文化遗产保护意识的提升和保护法律法规的完善。

文化遗产不仅能够帮助人类更好地了解历史、传统与文化的内涵，还能够为文化面向未来实现进一步发展构筑坚实基础，并产生深远影响。因此，对文化遗产进行科学的保护以及有效开发非常重要。

在日本，"文化遗产"这个称谓是在《文化遗产保护法》立案过程中衍生而来的，这已是二战结束之后的事情，此后这一概念才被广泛认知。二战前，对于文化遗产的保护，仅仅通过国宝、重要美术品、名胜古迹、天然纪念物这几个大的分类各自立法进行相应管理，直到1950年《文化遗产保护法》出台，才统一称之为"文化遗产"。因此说，为了将诸如此类的法规归为统一，才有了"文化遗产"这一概念。

日本文化遗产保护的行政制度创设于明治时期，之后随着时代的发展又不断进行了多次制度和法律的充实与改进，直至今日。在这期间，文物保护对象不断扩充，保护手段多样化，中央与地方在实施法规层面上实现合理的一体化，日本的文化遗产保护工作获得了长足的发展。

日本当今的"文化遗产"，根据《文化遗产保护法》的范畴分为六大类[①]：

第一，有形文化遗产：即建筑物、绘画、雕刻、工艺品、书法真迹、典籍、古书等有形的文化产物，以及考古资料等拥有较高学术价值的历史资料。

第二，无形文化遗产：戏剧、音乐、工艺技术等在历史以及艺术史上拥有较高价值的无形文化产物。

第三，民俗文化遗产：与衣食住行、百姓生活、信仰、传统节日等相关的民俗风习、民俗艺术以及民俗技能，以及其涉及到的服装、器具、建筑等对于帮助了解百姓生活史所不可或缺的事物。

第四，纪念物：贝冢、古墓、古城遗迹、旧宅等在历史以及艺术史上拥有较高价值的；庭园、桥梁、峡谷、海滨、山岳以及其他名胜地等在艺术角度上拥有较高观赏价值的；动物（包括其生息地、繁殖地以及迁徙地）、植物（包括其生长地）以及地质矿物（包括会产生特异自然

---

① 日本文部科学省文化厅官网 http://www.bunka.go.jp/bunkazai/pamphlet/pdf/pamphlet_ja_07.pdf.

现象的土地）等具有较高学术价值的事物。

第五，文化景观：由当地居民的生活、营生以及风土民情共同形成的文化景观地、对于了解国民生活具有高度参考价值的事物。

第六，传统建筑物群：与周围环境融为一体并形成历史景致、具有较高价值的传统建筑群。

在日本，文化遗产的保护是指根据《文化遗产保护法》的规定，政府以及地方公共团体应对保护对象进行各类规制管理以及提供各类援助。文物保护自成体系，对于不同的对象物采取不同的保护手段。其中有指定、登记、选择、选定等若干层次。

一、日本文化遗产保护法沿革

至日本明治维新为止，日本基本上还不存在国家层面的文化遗产保护制度。文化遗产的传承与保护大约通过两种形式：一是天皇和官僚贵族、民间大资本家私有；二是通过神社寺院私有的形式进行传承和保护。此外一些无形文化遗产，例如艺术等，则为各门流派所传承和保护。

明治维新之后，日本高度发展近代化，随着欧化主义盛行以及"废佛毁释"风潮的兴起，传统文化遭遇被轻视、被破坏的局面，国宝文物面临着散佚、流失海外的危机。在这样的历史大背景下，日本在明治之后逐步确立了其文化遗产保护制度。

（一）法规制订与机构设置

1.《古器旧物保存法》的颁布

明治4年（1871），明治政府颁发了名为《古器旧物保存法》的太政官布告，呼吁举国对传世的各类古器旧物展开保护活动，并要求各地政府对古器旧物的名目以及收藏者进行调查并上报政府。在该布告中，将现存古器旧物分为31个类别，并根据需要对属于各类别的对象进行了例示。此分类成为后来日本博物馆对藏品分类的最初标准。这项布告的发布，不仅成为对古器旧物收藏者的文物保护启蒙教育，也向大众普及了文化遗产保护思想，可谓意义重大。

面对明治维新前后，受欧化主义盛行以及"废佛毁释"风潮的影响，日本神社寺院经济严重凋敝，神社寺院废弃，收藏文物屡遭破坏，面临散佚甚至流失海外的危机，从明治13年（1880）到明治27年（1894），明治政府在长达15年间对全国539家神社和寺院提供了累计12.1万日元的经济补助，并要求各个神社寺院利用这笔公共资金以及产生的利息对神社寺院的建筑物进行及时的维护修缮。

2. "临时全国宝物调查局"的设立

明治21年（1888），宫内省设置"临时全国宝物调查局"。之后10年间，对全国各个古神社寺院的藏品展开大规模调查。通过调查基本摸清了全国文物的底数。调查发现日本现存古书籍1.7万余册、绘画7.4万余幅、雕刻4.6万余只、工艺品5.7万余只、书法墨迹1.8万余幅。以上古物数量共计达到21.5万件。该调查局还对其中1.5万件古物进行了"优品"登录。通过该调查，藏于京都、奈良古寺社中的文物破损以及散佚的现状得以昭然天下。在要求建造专门场馆对这些文物进行保护的呼声之下，明治22年（1889）5月，宫内省决定将东京的"图书寮附属博物馆"更名为"帝国博物馆"，并同时在京都和奈良设置帝国博物馆。于是，帝国奈良博物馆于明治28年（1895）、帝国京都博物馆于明治30年（1897）正式开馆①。

（二）法规的完善

1. 《古社寺保存法》出台

中日甲午海战之后的日本民族意识空前高涨，古神社寺院保护政策进一步完善。明治30年（1897）《古社寺保存法》出台。该法规定，无

---

① 文化厅监修：《为实现文化艺术立国——文化厅40年史》，东京：株式会社GYOSEI，2009年，第221页。

力对本神社寺院建筑物以及所藏宝物进行维护修缮的应该向政府申请修缮资金。对于修缮工作当地地方长官拥有指挥监督权。

此外，对于具备历史价值以及能称之为艺术典范的建筑物或文物，内务大臣可以认定其为特别保护建筑物或国宝。禁止擅自对特别保护建筑物或国宝进行处理、抵押。古社寺内神职人员或住持有监管义务，国宝在公立博物馆有展出义务。另外还对各种毁坏、隐匿、倒卖文物等行为规定了相应的处罚措施。

《古社寺保存法》虽然是一部仅限定于古神社寺院范畴的法规，但是它却是第一部由国家对重要文化遗产进行管理、保护和公开的法规，同时将国家对文化遗产的保护开展资金投入进行了法制化。《古社寺保存法》成为日本文化遗产保护法的原型。

2.《史迹名胜天然纪念物保存法》出台

中日甲午海战以及日俄之战以后，日本近代化发展迅速。开发土地，修筑道路，打通铁路，修建工厂等。由于各种人为的原因，史迹与天然纪念物被严重损毁。旨在保护美术工艺品的《古社寺保存法》难以囊括更多，于是大正8年（1919），《史迹名胜天然纪念物保存法》出台。适用于该法的史迹、名胜和天然纪念物必须经过内务大臣的认定，当史迹、名胜和天然纪念物发生现状改变时，必须经由地方长官许可，内务大臣可以指定地方团体对其进行管理。对于违反现状改变限制以及违反环境保全规定的行为，制定了刑罚体制。

3.《国宝保存法》出台

进入昭和初期，日本经济陷入严重的不景气之中，原幕府体制瓦解后被搁置的城堡建筑等缺乏修缮，原大名家藏宝物继续散佚。《古社寺保存法》保护的古神社寺院范畴以外的文物保护政策亟待出台。昭和4年（1929），在《国宝保存法》出台的同时废止了《古社寺保存法》[1]。《国宝保存法》除囊括了《古社寺保存法》的内容外，对于具备历史价值以及能称之为艺术典范的所有建筑物或宝物，内务大臣都可以认定其

---

[1] 文化厅监修：《为实现文化艺术立国——文化厅40年史》，东京：株式会社GYOSEI，2009年，第221页。

为国宝。同时，之前《古社寺保存法》中被认定的"特别保护建筑物或国宝"根据《国宝保存法》同样被认定为国宝。

《国宝保存法》实施后，有效地防止了被认定为国宝的文物流失国外，但未被认定的物件流失海外问题仍旧突出。昭和7年（1932），《伴大纳言绘卷》《吉备大臣入唐绘卷》被波士顿美术馆购得，痛失海外，民众哗然，民族意识再次被激发，要求新法出台的呼声高涨。

针对类似事件，昭和8年（1933），《有关重要美术品保存的法律》制定出台。该法规定，除去创作者在世、或作品问世未满50年、进口后未满1年以外，在历史上以及美术史上具备重要价值的未认定美术品，出口海外或移动至海外都需要主务大臣的许可。

（三）战后日本遗产保护政策的发展

1.《文化遗产保护法》出台

二战期间，包括各类文物认定工作在内的文化遗产保护事业基本进入停滞期。战乱之中，文物的海外流失危机不断加大。战后，由于经济发展疲软，土地改革和华族制度的废除，日本社会迎来巨大转型，国民价值观开始转变，文物的海外流失危机持续。昭和24年（1949）1月，法隆寺金堂发生火灾，堂内壁画毁于一旦。以此为契机，文化遗产保护法的新法立法工作正式启动，昭和25年（1950）5月，通过议会立法，《文化遗产保护法》制定出台，同年8月开始实施[①]。

新的《文化遗产保护法》将已有的《国宝保存法》以及《史迹名胜天然纪念物保存法》的保护对象都统一囊括其中，并在此之上追加"无形文化遗产"，即在历史、艺术史上有较高价值的无形文化产物为保护对象，鼓励研究政府补助措施。

《文化遗产保护法》出台后，《国宝保存法》和《史迹名胜天然纪念物保存法》自然废止。新法对文物认定制度基本继承了原两法的精神，

---

① 文化厅监修：《为实现文化艺术立国——文化厅40年史》，东京：株式会社GYOSEI，2009年，第221页。

并新设立"二阶段认定制度"来应对需认定文物数量的激增。"二阶段认定制度"提出了重点保护概念，即对由政府认定的重要文化遗产以及名胜、史迹和天然纪念物中特别重要的部分，可由政府认定为国宝，如特别史迹、特别名胜、特别天然纪念物等。

2. "文化遗产保护委员会"的设置

二战期间，文化遗产保护的行政组织缩编为文部省的一个职能部门。随着新法的出台，作为独立的行政委员会，国家新设置了"文化遗产保护委员会"，下设事务局，文物保护工作实现了行政一体化。新法完备了政府指定文化遗产的管理、保护、公开和调查等制度，并设立了与之对应的各种行政许可权。指挥监督、命令等权限则委托给各都道府县教育委员会。昭和43年（1968）6月，国家行政组织进行精简改革，文部省文化局与文化遗产保护委员会事务局统一合并成文化厅，委员会所管事项移交文化厅。同时在文部省新设文化遗产保护审议会，作为文化遗产制度保护的咨询机关。

3. 文化遗产所有人及国家的权利和义务

《文化遗产保护法》还强调了对财产权尊重的精神。在其第四条第二项中就有这样的规定："文化遗产所有人以及相关人员，应该具备文化遗产是国民珍贵财富这一自觉意识，为公众进行妥善保护，并致力于将其公开以便加以文化活用。"[①] 同时，在该条第三项中又有这样的规定："政府以及地方公共团体在执行法律的过程中，应该尊重相关人员的所有权以及财产权。"该法基于文化遗产具有公共性质这一内在制约性，对其所有人设定了各种权利和义务。

同时新法还顾及新宪法之下国民财产权，制定了一系列的损害赔偿制度。例如，在政府对国宝施工修理过程中，对重要文化遗产下达环境保全命令或政府在进行文物认定调查过程中，利益受到损害者，政府依法给予赔偿。此外，新法还对政府设定了一定的义务。例如，对相关重要文化遗产以及史迹、名胜和天然纪念物的环境保全实施限制、禁止和

---

① 本章所引《日本文化遗产保护法》原文均使用日本总务省行政信息提供网站"电子政府综合窗口 e-Gov"内法令索引栏内容。

命令等权限时,对重要文化遗产公开实施中止命令时,政府需要事先依法召开听证会。

(四) 战后日本文化遗产保护法的四次修订

战后日本《文化遗产保护法》的出台,对迄今为止的日本文化遗产保护工作更好展开起到了积极作用。此后,其又历经四次修订。

在昭和29年(1954)的第一次修订中,始创了无形文化遗产认定制度。此外,在重要文化遗产的管理团体制度、民俗资料的制度化、埋藏文化遗产保护的强化、纪念物保护制度的完善、地方公共团体事务的明确化等若干方面,都进一步制定了更加具有针对性的细则。

在昭和50年(1975)的第二次修订中,始创了传统建筑物群和文化遗产保存技术的相关制度。同时对文化遗产的定义进行了扩充。例如,建筑物以及与其一体形成历史价值的土地,在学术上认为有高度价值的历史资料等,都被归类定义为有形文化遗产。另外,进一步完善了文化遗产所有者以及所有团体的认定制度、民俗文化遗产制度以及埋藏文化遗产制度,并新设传统建筑物群保存地区的制度、文化遗产保存技术的保护制度,设立了都道府县文化遗产保护审议会等。

在平成9年(1997)的第三次修订中,始创了文化遗产登记制度。该制度指出,对于尚未被认定为文化遗产但却在保存以及活用上有必要实施一定措施的,该所有人应履行相应的申报义务。对于提出的改变现状的申报,文化厅长官应该进行必要的指导和建议。另外,该法还对指定城市委任权限、重要文化遗产活用的促进等做出了指导性意见。

在平成17年(2005)的第四次修订中,始创了文化景观的保护制度,进一步扩充了文化遗产登记制度,并将民俗技能追加进了民俗文化遗产的定义之中。

综上所述,日本的《文化遗产保护法》将各类文化遗产形式的保护法规包含其中,形成一部统一法规和一套完整的制度安排,这在西方先进国家中也是少有的先例。当代日本强调"文化立国",强调"软实力"，对有形与无形文化遗产的保护工作势必成为最基本的环节，其相关保护法规不断完善，对其文化输出也形成了巨大助力。

二、文化遗产保护相关行政组织

日本文化遗产保护相关行政组织分为国家级行政组织以及地方级行政组织两个层级。地方级行政组织包括公共团体和教育委员会等[①]。国家级行政组织与地方级行政组织掌管不同层面文化遗产保护事务，其管理形态也有所不同。

（一）国家级行政组织——文部科学省文化厅

国家级文化遗产保护行政工作，由文部科学省下属机关文化厅进行一元化管理。文化厅依据文部科学省设置法、文部科学省组织令以及文部科学省设置法实施细则对其掌管业务进行管理与开展，设置内部组织机构。

文化厅除办公厅外，还设置了文化部和文化遗产部两个机构。其中文化遗产部设置部长、文化遗产鉴查官各一名，还设有传统文化科、美术学艺科、纪念物科以及建筑物参事官等部门。文化遗产保护的相关行政工作由这三个科室以及参事官分别负责，在各科室以及参事官室内还配有从事各个专业领域的文化遗产调查官、从事文化遗产的国家级别的认定与选定事务，并为地方公共团体提供专业辅导和指导服务。

《文化遗产保护法》要求设立文化审议会咨问制度。文部科学大臣依据《文化遗产保护法》对国宝、重要文化遗产的选定、认定以及解除认定等开展工作时，需要通过文化审议会咨问程序。同样，文化厅长官依据《文化遗产保护法》实施各项命令，对改变现状的许可工作、重要

[①] 日本文部科学省文化厅官网，http：//www.bunka.go.jp/bunka_gyousei/sosiki/pdf/soshikizu.pdf.

文化遗产购入、对无形文化遗产展开记录工作等实施相关措施时，需要通过文化审议会咨问程序。

审议会拥有广泛的行政权。为保证调查审议的顺畅进行，下设五个专门调查组，每个调查组分担不同领域的审议事务。例如，第一专门调查组负责审议建筑物以外有形文化遗产（埋藏文化遗产除外）相关事项；第二专门调查组负责审议建筑物类有形文化遗产（埋藏文化遗产除外）以及传统建筑群保存地区的相关事项；第三专门调查组负责审议纪念物、文化景观以及埋藏文化遗产等相关事项；第四专门调查组负责审议无形文化遗产以及文化遗产保存技术等相关事项；第五专门调查组负责审议民俗文化遗产（埋藏文化遗产除外）相关事项。同时调查组下还设置有若干委员会。

除以上五个专门调查组以外，还另外设置有两个特别调查组。分别是担任有关文化遗产保存以及活用之综合政策企划工作的企划调查组和从事有关世界文化遗产以及自然遗产保护条约实施政策研究的世界文化遗产特别委员会[①]。

（二）文化厅相关机构

作为文化厅的附属机关，文部省还设立有四个国家博物馆和两个国立文化遗产研究所。

国立博物馆属于美术系博物馆，职责在于依据《文化遗产保护法》规定对文物进行品目公开，充分利用常规展和临时特别展等形式公开活用藏品，并致力于对文化遗产进行进一步的调查研究。

目前日本四所国立博物馆中，东京国立博物馆作为日本综合性美术系博物馆，致力于收藏保管日本各个时代的优等文物。京都国立博物馆致力于收藏保管以京都为中心的近畿地区传承下来的文物以及平安时期之后的美术品。奈良国立博物馆主攻以佛像为主的佛教美术品。九州国

---

① 日本文部科学省文化厅官网，http：//www.bunka.go.jp/bunka_gyousei/sosiki/pdf/soshikizu.pdf.

立博物馆则致力于收藏保管日本与亚洲地区文化交流过程中涌现的文物。四大国立博物馆的具体收藏内容，可以参考下表。

国立博物馆各馆概要①

	东京国立博物馆	京都国立博物馆	奈良国立博物馆	九州国立博物馆
所在地	东京都	京都府京都市	奈良县奈良市	福冈县太宰府市
创立	明治5年（1872）（文部省博物馆）	明治30年（1897）（帝国京都博物馆）	明治22年（1889）（帝国奈良博物馆）	平成17年（2005）
功能	作为日本综合性博物馆，以日本为中心的包括东太平洋诸地区文化遗产的收集保管、展示、调查研究以及教育普及。	主要是平安时代至江户时代能够代表京都文化的文化遗产的收集保管、展示、调查研究以及教育普及。	主要以佛教美术品为主的文化遗产的收集保管、展示、调查研究以及教育普及。	主要以日本与亚洲各国的文化交流为中心的文化遗产的收集保管、展示、调查研究以及教育普及。
藏品（国宝）（重要文化遗产）	112397件（88件）（614件）	6320件（27件）（181件）	1790件（12件）（98件）	281件（3件）（23件）

---

① 文化厅监修：《为实现文化艺术立国——文化厅40年史》，东京：株式会社GYOSEI，2009年，第261页。

续表

	东京国立博物馆	京都国立博物馆	奈良国立博物馆	九州国立博物馆
委托藏品（国宝）（重要文化遗产）	2773件（63件）（329件）	6179件（82件）（606件）	1957件（55件）（314件）	1506件（0件）（2件）
入馆人数（2006年）	1438170人	556770人	477638人	1193420人
工作人员数（研究人员数）	122名（55名）	43名（16名）	35名（13名）	30名（19名）

日本国立文化遗产研究所主要有东京国立文化遗产研究所和奈良国立文化遗产研究所两家。其中东京国立文化遗产研究所从事有关美术、艺术和文化遗产保存及修缮技术的科学调查与研究，同时进行调查研究相关信息资料的收集、保管工作和信息资料的公开发表等。奈良国立文化遗产研究所主要从事寺院建筑的调查研究，以及平城京遗迹和飞鸟藤原地区各遗址的发掘开发和调查研究工作。近年来着重于遗迹的修复整备和公开工作，以及出土文物的科学保存处理和研究工作，另外，还为地方公共团体提供专业技术指导和专业人才培养服务。

此外，国立历史民俗博物馆作为国立博物馆由文部科学省直接管辖。作为一个组织，其从属于人间文化研究机构这一大学共同利用机关法人。国立历史民俗博物馆的主要工作即历史资料、考古资料以及民俗文化遗产的收集、保管和展示。同时还以历史学、考古学和民俗学的调查研究为主要目的。

国立剧场由文化厅管辖的独立行政法人"日本艺术文化振兴会"运营。在举办传统艺术的自主公演的同时，还致力于对歌舞伎、文乐、能乐等传承者的培养以及传统艺术的相关调查和资料收集。其分为本馆、演艺资料馆（东京）、能乐馆（东京）、文乐馆（大阪），以及冲绳国立剧场等不同场馆，各自进行着不同的工作。

平成2年（1990），艺术文化振兴基金设立，对于普及艺术创造活动、地区文化活动、文化普及团体活动等进行资助。平成9年（1997）秋，新国立剧场（东京）开设，主要进行现代舞台艺术的公演和艺术家培养等事业。

（三）地方公共团体与教育委员会

在实施原《国宝保存法》以及原《史迹名胜天然纪念物保存法》时代，国宝的保护等行政工作是国家的专属管理事项，地方长官作为国家机关的官员被委任一定的权限。地方公共团体不过是接受国家指令参与史迹、名胜和天然纪念物的管理工作。而现行的《文化遗产保护法》委托给各都道府县的教育委员会更为广泛的权限，鼓励其参与文化遗产的保护工作。

随着老百姓对文化遗产保护意识的不断提高，地区居民对居住区域内的文化遗产的保存与活用有了更高的要求。地方公共团体对于区域内的文化遗产的保存与活用也实施了许多措施。其中最主要的方法就是通过博物馆、资料馆进行文物的收集、保管和展示活动。此外，对于政府指定的史迹等，伴随着各类土地开发所发生的现状改变，根据相关规定要进行损失补偿。作为其代替措施，还可以由地方公共团体进行有偿公有化。因此，作为文物的所有者的地方公共团体责任重大，文物的保存以及活用等相关事务也在不断增加。

对于政府指定文化遗产，在其所有人被认定存在管理不当的现象时，可以指定由地方公共团体等法人机构成为其管理团体。特别是史迹等指定范围广泛，在拥有多个所有者的情况下，可以指定由地方公共团体成为其管理团体。因此，地方公共团体作为政府指定文物的管理团体，其工作量巨大。

此外，昭和43年（1968）文化厅设置了7个专管课，掌管都道府县的艺术文化工作以及文化遗产的保护工作。到了昭和52年（1977），在日本所有都道府县都设置了专管课。在市町村级别，大部分的市町村也都设置了文化遗产专管部门[①]。

（四）文化遗产保护审议会和文化遗产保护指导委员

《文化遗产保护法》指出，可以在都道府县教育委员会内设置文化遗产专门委员会。在昭和50年（1975）法律修订时又指出，为了充实和强化地方文化遗产保护体制，设置合议制的文化遗产保护审议会以取代文化遗产专门委员会，同时设置文化遗产保护指导委员。进而在平成8年（1996）指出，在市町村教育委员会内亦设置地方文化遗产保护审议会。

到了昭和62年（1987），包括所有都道府县在内，全国3275个市町村中有2825个市町村已经设置了文化遗产保护审议会，设置率高达86%。到平成6年（1994）为止，除去东京都、埼玉县、神奈川县以外的各个道府县都设置了文化遗产保护指导委员，昭和62年（1987）全国各地共有1552名文化遗产保护指导委员，327个市町村内有1813名文化遗产保护指导委员[②]。

三、有形文化财产的保护制度及应用

如前所述，日本《文化遗产保护法》将文化遗产分为：包括美术工艺品、建筑物等在内的有形文化产物；包括各类文化艺术形式的无形文化产物；以及包括民俗风习、民俗艺术及民俗技能等在内的民俗文化遗产；包括史迹名胜等在内的纪念物和埋藏文化遗产；以及重要文化景观、传统建筑物群等六大类。各种类型的文化遗产有着不同的保护制度和应用制度。

---

① 日本文部科学省文化厅官网，http://www.bunka.go.jp/
② 日本文部科学省文化厅官网，http://www.bunka.go.jp/

第一章 日本文化遗产保护法综合研究

日本《文化遗产保护法》在第二条对有形文化财产的范畴做出了规定。建筑物、绘画、雕刻、工艺品、书法作品、典籍、古书等都在其列。其中除建筑物以外的统称美术工艺品。

（一）美术工艺品的保护及应用

美术工艺品与建筑物在性质上略有不同。建筑物属于不动产，而美术工艺品范畴更广，大部分为动产，但也有诸如摩崖佛或古墓壁画等属于不动产范畴。另外，美术工艺品是根据其遗存由来分为传世品和出土品。美术工艺品经过调查以及认定等程序后被加以保护。

至平成20年（2008）止，日本认定的美术工艺品详细情况可见下表。

认定美术工艺品一览表①

日本（单位：件）

	旧石器	绳文	弥生	古坟	上古	飞鸟	奈良	平安	镰仓	南北朝	室町	桃山	江户	近代	计
绘画						14	156	703	128	272	122	243	42		1680
雕刻						118	118	1433	706	64	93	10	12	6	2560
工艺品					4	23	132	325	951	255	215	149	149	5	2210
书迹典籍						2	202	483	551	98	73	12	49		1470

---

① 文部科学省编：《平成23年度（2011）文部科学白皮书》，东京：佐伯印刷株式会社，2012年，第269页。

续表

	旧石器	绳文	弥生	古坟	上古	飞鸟	奈良	平安	镰仓	南北朝	室町	桃山	江户	近代	计
古文书						5	36	138	331	103	48	21	28		710
考古资料	8	94	94	157		8	70	74	20	6	3		2		536
历史资料						1	1	12	1	16	6	83	17		137
合计	8	94	94	157	4	158	573	2610	3274	655	720	320	566	70	9303

外国（单位：件）

	东太平洋									西洋	计
	中国					朝鲜	其他	计			
	唐以前	唐代	五代十国	宋元	明清	计					
绘画		6	7	185	41	239	33		272		272
雕刻	17	37		5		59	3		62	1	63
工艺品	4	28		86	24	142	46	2	190	10	200
书迹典籍	16	57	1	305		379	9		388	2	390
古文书	1	1		6	2	10	1		11	1	12
考古资料	23	3				26	2		28		28
历史资料					2	2		1	3	12	15
合计	61	132	8	587	69	857	94	3	954	26	980

其中，国家认定的绘画中有佛画、大和绘、水墨画、中世障壁画、

近世绘画和近代绘画几大类。其中也凸显了时代特征。例如平安时代、镰仓时代以佛画、大和绘居多。镰仓时代、室町时代以肖像画、水墨画居多。桃山江户时代写生派和文人画数量过半。

认定的雕刻文物有佛像、神像、肖像和假面等。木制雕刻占87%。飞鸟时代和奈良时代的佛像占大多数，此外还有南北朝时期的肖像雕刻、动物雕刻和假面，以及平安时期以后的金铜佛、石佛等的认定工作也在不断推进。

认定的工艺品有金工、漆工、染织、陶磁、石造品、甲胄和刀剑等。认定的书法作品主要以平安、镰仓时代的名笔、日本和中国禅僧的墨迹为主。典籍类有汉籍、图书、佛典和洋本。古书包括有古文书、古记录、系谱图和绘图等等。古文书主要指历史著名人物以及神社寺院、公卿和武家流传下来的具有高度学术价值的书籍。古记录则多为古代、中世贵族的日记等。庄园系谱和绘图多集中在镰仓时代。

1. 保护——确保原貌和修缮

日本《文化遗产保护法》[①] 第34条第2项指出，重要文化遗产的修缮由其所有人或管理团体负责进行。同时第35条指出，政府可以对其修缮工作给予一定的资金补助。

对于管理失职行为，第36条指出，由于重要文化遗产的所有人或管理团体的失职有可能导致重要文化遗产消亡、破损或失窃时，文化厅长官有必要采取必要措施，或对相关人进行劝诫。第37条指出，如果有国宝产生破损需要采取保护措施时，文化厅长官可以责令相关人员进行必要的修补保护工作。对于所有人拒绝接受指令，或不适合让其接受指令时，文化厅长官可以自行决定对国宝进行修缮以及采取防止损毁、被盗等措置。

---

① 本章所引《日本文化遗产保护法》原文均使用日本总务省行政信息提供网站"电子政府综合窗口 e-Gov"内法令索引栏内容。以下同。http://law.e-gov.go.jp/cgi-bin/idxselect.cgi?IDX_OPT=4&H_NAME=&H_NAME_YOMI=%82%a0&H_NO_GENGO=H&H_NO_YEAR=&H_NO_TYPE=2&H_NO_NO=&H_FILE_NAME=S25HO214&H_RYAKU=1&H_CTG=27&H_YOMI_GUN=1&H_CTG_GUN=1

除此之外，日本文化遗产保护法对于文物的具体保护措施还可以细分为以下几点。

一是关于改变现状的限制。《文化遗产保护法》第43条第1项就规定：对于重要文化遗产，欲改变其现状或会对其保护产生影响的行为发生时，需要经过文化厅长官的许可。关于对其保护产生影响的行为举例解释如下：物件的形状未发生物理性变化，但材质发生了化学变化，或历经数年会促使其产生变化的行为。例如美术工艺品通过模具取型制作模型，通过直接碰触的誊描、制作拓本，置放于长时间的高度照明当中等等。

在对重要文化遗产展开修缮工作时，需要提前30日向文化厅长官提出申请。但是，根据文化遗产保护法获得补助金、或据该法接受了改造命令或劝告者除外。

二是关于禁止出口。《文化遗产保护法》第44条规定，禁止出口重要文化遗产。但是，出于文化国际交流的需要，取得文化厅长官许可的情况不在此列。例如文物的海外出展。随着与海外的文化交流事业发展日益昌盛，自《文化遗产保护法》实施至平成10年（1998）止，文化厅主办的海外展出共计44次，文化厅主办之外的共计有110次之多。

三是关于文物周边环境的保全。《文化遗产保护法》第45条规定，当文化厅长官认定其为重要文化遗产保护必要区域时，有权对该地区内的活动进行限制或者禁止，以及修建必要的保护设施。文化遗产的周边环境不断恶化，包括文化遗产周边环境在内的广域性环境保护也日益重要。本规定正是针对这一现状做出了有实效性的指导意见。有关文物周边环境的保全，包括有不动产建筑物的防火空地的确保，邻近倾斜地崩塌的预防等具体措施。实际上在日本，这些预防措施作为国库辅助事业中的国宝重要文化遗产防灾工作已经广泛展开。

四是关于重要文化遗产的先买权。文化遗产保护法第46条规定，欲有偿转让重要文化遗产者，需持记载有转让方、预计对价额以及填写有其他文部科学省号令所规定的各项内容的书面申请，提交至文化厅长官处，申请由政府优先购入。

为了更好地保护文化遗产，促进公众对文化遗产的活用，国家有优先购入权。这一所谓国家先买权制度在意大利也可看到。文化厅长官在得到申请后 30 日内，须做出不购入或购入的答复。如果决定购入，则按照书面申请中记载的预计对价额进行交易。

文化厅在平成 11 年度（1999）的购入经费预算额已达 24.6 亿日元，并逐年购入符合先买权条例的文物。当有购入申请递交上来时，文化厅会组织五人以上专家组作为购入协议员，对每个物件召开购入协议会，研究是否需要购入。当决定购入时，专家组会作为评价员，对该物件进行实地鉴定并分别提交价格书面评估报告。文化厅会取其平均价格决定购入价，接受文化审议会的咨询，进行答辩之后进入购入流程。

根据昭和 47 年（1972）租税特别措施法，重要文化遗产转让买卖对象为国家时，转让所得为非课税对象。昭和 50 年（1975）后，重要文化遗产转让买卖对象为地方公共团体时，转让所得也被列为非课税对象。

五是关于重要文化遗产的修理。对于美术工艺品的修缮，原则上是以维持现状为最基本要求。但也有些例外处置，比如当过去的修缮工作对该物件的保存产生不利因素时，可以去除该修缮措施等。现在，绘画、墨迹等的修理修缮由装潢技师担任，佛像雕刻、漆工、染织、古兵器等的修理修缮由佛工技师担任，其中科学保护技术以及使用外部材料进行修理的比重在不断增加。目前，京都国立博物馆内设的文化遗产保存修理所内，就有京都主要的装潢工作室和从事佛像修理工作的财团法人美术院入驻。另外，文化厅每年还会举办认定文化遗产修理技术者（美术工艺品）讲习会。

六是关于重要文化遗产的防灾。要求配置防灾设备以及设置收藏库。作为防灾设备，要求收藏有重要文化遗产的建筑物内须安装有防火设备、消火设备、避雷设备和防盗设备。该建筑物内部还须建造具备新型耐火、耐震结构的收藏库以便收纳藏品。

2. 应用——国内公开和海外出展

《文化遗产保护法》第 47 条中就提及文物公开的原则。重要文化遗产的公开由其所有者或管理团体进行管理并负责公开展出。如果不是国家而是由管理团体负责公开的文物展示活动，可以适当收取参观费用。

（1）国内公开展示

《文化遗产保护法》第48条提到：对于重要文化遗产的公开展示，文化厅长官有劝告督促文物所有人对文物进行公开展示的权限。展示过程中，管理和修缮等产生的费用由国家负担，获取国家补助金的物件也要接受文化厅长官的出展命令。对于不服从命令的文物所有人，将被强行执行命令，其本人将面临10万日元以下的罚款。

由于保护得力，至今经由文化厅的劝告督促文物所有人对文物进行公开展示以及对文物实施指定与认定等措施，收藏于国立博物馆进行展示的指定文物的数量在不断增加。到平成9年（1997）3月止，京都国立博物馆的收藏品已达10655件（国宝7件、重要文物514件、重要美术工艺品193件）其中，个人委托展品达4236件（国宝7件、重要文物105件、重要美术工艺品74件），委托展品数量占馆内收藏品的大半，国家指定文物更是占8成之多[①]。

除文物所有人和管理团体可以公开展示文物之外，第三方在事先获得文化厅长官许可的情况下，通过展览会等形式也可对重要文化遗产进行展示（第53条）。随着人们对文化遗产关注的日益增加，由报社、百货店等第三方举办的文物展次数不断增多，在文物的保护与保存方面，文化遗产保护委员会和文化厅也多次发出指导通知。后来由于百货店火灾事件，自昭和49年（1974）起，不以展示文物为其本来任务的诸如百货店、报社这类临时场所内的文物展示被明令禁止。之后，日本公立以及私立的专门博物馆和美术馆发展迅速，馆内国宝、重要文物等的展览次数不断增加，已经充分满足了国民欣赏宝物的需求。

（2）关于海外出展

在《文化遗产保护法》出台前，国宝的海外出展仅有昭和14年（1939）"柏林日本古美术展"一次。在《文化遗产保护法》出台后，

---

① 文化厅监修《为实现文化艺术立国——文化厅40年史》[M] 东京：株式会社GYO-SEI，2009年，第261页。

首先是昭和26年（1951）"纪念旧金山和会日本古美术展"在美国举办。此次展览由日本文化遗产保护委员会与美方共同举办，为期一个月的展览，前来参观的人数突破20万，反响空前。之后海外展会陆续在各地举办。昭和28年（1953），"美国巡回日本古美术展"在美国华盛顿、纽约、西雅图、芝加哥、波士顿这五大都市成功展出。昭和33年（1958）年4月至次年2月间，"欧洲巡回日本古美术展"在法国、英国、荷兰、意大利四国成功举办。昭和40年（1965）9月至次年6月间的"美国加拿大巡回日本美术展"、昭和42年（1967）的"冲绳日本古美术展"、昭和44年（1969）年的"瑞士西德巡回日本古美术展"等大型海外展览不断举办。昭和45年（1970）后，由文化厅主办，或与国外相关机构合办的海外出展每年常规性举办，且每次海外出展都会有不同的主题，涉及不同领域①。

由于出展海外的国家与日本在气候风土上的不同，在文物出展时的保护措施必须格外慎重考虑。昭和52年（1977）在日美文化教育交流会上，"有关海外展参展美术品的保护工作研究报告书"发表。文化厅在此基础上制作了"日本古美术海外展指导意见"，旨在给予海外出展相关人员必要的指导。此外，为保证出展文物万无一失，每次海外展还有文化厅专职人员随行。包括文化厅独立举办在内的所有的海外展出品文物，都需要依据《文化遗产保护法》第44条规定，获取出口许可。

（3）关于摹写与仿制

美术工艺品中的国宝以及重要文物因年久老化而不便移动、或是因管理上的原因而限制公开的部分，文化厅会采取通过摹写或仿制的手法，一方面有效保护文物，一方面代替原品参加公开展示。同时，通过同一素材、同一技法进行的摹写以及仿制过程，也使得传统制作技法得到了复兴。该技术的复兴尤其对寺院内的襖绘（著者注：日式房间内隔门上的绘画）等障壁画的保存具有重大意义。

---

① 日本文部科学省文化厅官网，http：//www.bunka.go.jp/

（二）建筑物的保护及应用

作为文化遗产的建筑物包括有神社寺院建筑、民居建筑以及西式建筑在内的近代建筑。开展其保护工作分为调查、认定、环境保全、修缮与防灾等几个环节，此外还需公开和加以有效利用。

1. 调查与认定工作

20世纪50年代以后，社会经济大发展以及国土开发等使得建筑物所处环境发生了翻天覆地的变化，建筑物本身的保存与保护也处于危急之中，以民居紧急调查为主的一系列调查活动正是拯救这些建筑物所采取的必要措施。

在明治30年（1898）《古社寺保存法》的制定过程中，日本对中世纪之前的神社寺院建筑物展开了调查工作，昭和4年（1929年）《国宝保存法》的制定过程中，开始对城郭建筑以及灵庙建筑展开了调查。直到昭和25年（1950）《文化遗产保护法》出台后，民居建筑和西式建筑也被列入调查对象。

民居建筑的调查始于昭和29年（1954），历时12年，在对所有行政区划进行了预备调查后，筛选出特别具有特色的民居集中地，例如岐阜县白川村、富山县平村、上平村等等进行集中调查。西式建筑的调查始于昭和41年（1966），在北海道、东京、神奈川、京都、兵库、长崎等西式建筑集中地区展开了调查。并于昭和52年（1977）启动了"近代建筑保存对策研究调查"项目。

近世社寺建筑的紧急调查始于昭和52年（1977），并于平成2年（1991）进一步开展了"现代化遗产（建筑物等）综合调查"项目，伴随着现代化不断发展起来的产业以及交通等领域的建筑物也逐渐被列入调查范围。平成4年（1993），又开始对明治以后的通过传统样式技法建造的建筑物进行了"近代和式建筑综合调查"工作。

经过调查的建筑物符合标准的可以得到文化厅的认定。至平成19年（2008），认定的重要文化遗产的建筑物已达2306套（其中国宝级213

套）、4147栋（其中国宝级257栋）。以社寺建筑为主的中世纪以前的建筑物认定已经基本结束，目前认定工作的中心已经转移至近世社寺建筑、民居建筑和近代建筑等方面①。

2. 认定标准以及认定实例

关于建筑物的认定标准，在文化厅颁布的"国宝以及重要文化遗产认定标准"之"建筑物部分"有明确规定，即：重要文化遗产认定的建筑物、土木构造物等需具备以下五个条件之一：第一，独具匠心的优秀作品；第二，技术含量高端的优秀作品；第三，具备高度历史价值的作品；第四，具备高度学术价值的作品；第五，具备显著流派特征或地方特色的作品。此外，还需要符合"代表各个时代的典型作品"这一条件。

建筑物的认定标准也在不断的修改更新之中。平成7年（1996），文化厅主持召开了"有关近代文化遗产的保存及活用之调查研究合作者会议"。会议提交了"论近代文化遗产保存与活用"这一报告。文化厅基于报告内容，于平成8年（1997）进行了建筑物认定标准的修改，修改后的标准追加了"土木构造物"这一项。但以上标准只是设定了一个指导大纲，其实际操作方针还是基于文化厅内部的研究，经由文化审议会、文化遗产分科会等专门调查会的调查审议之后决定。

依据以上标准，日本有众多建筑物获得认定。

在社寺建筑方面，飞鸟奈良时代有世界最古老的木造建筑奈良的法隆寺，以及寺内的五重塔。平安时代有京都平等院凤凰堂、岩手的中尊寺金色堂。镰仓和室町时代有奈良东大寺南大门、广岛的严岛神社社殿、神奈川的圆觉寺舍利殿等都是代表性认定建筑物。在近世社寺紧急调查工作展开后，又有众多建筑物被认定，例如桃山时代、江户时代的千叶新胜寺三重塔、长野诹访大社、京都的真正极乐寺本堂等位列其中。

在民居建筑方面，江户时期以前的民居已经残留甚少，只有室町时期的3栋、桃山时期的2栋，剩余认定的建筑物都是江户时期之后的。

---

① 日本文部科学省文化厅官网，http://www.bunka.go.jp/bunkazai/pamphlet/pdf/pamphlet_ja_04.pdf.

例如新泻的富农渡边家旧宅、白川村的合掌式远山家旧宅、京都岛原的角屋旧宅等等。认定建筑主要以农家为主，认定过程中还兼顾了富农、中农、贫农等具备各个阶层特色的典型建筑物。

在近代建筑方面，认定建筑物以明治时期的西式建筑为主。长崎的大浦天主堂、哥拉巴园、神户的托马斯府邸、作为原北海道开拓使贵宾酒店建造的札幌的丰平馆、洋式与和式并存的东京岩崎家住宅等都在此列。此外，东京商船大学练习用船"明治丸"也作为建筑物得到认定。昭和9年（1934）建成的东京明治生命保险公司总馆等昭和时期的建筑物也得到了认定。在平成5年（1994），基于1991年开展的"现代化遗产（建筑物）综合调查"结果，碓冰岭铁道得到认定。平成9年（1998），日本炼瓦制造株式会社炼瓦制造设施也作为重要文化遗产得以认定①。

3. 环境保全

如上节美术工艺品保护中所提到的，《文化遗产保护法》第45条明确了有关环境保全的规定。至平成10年（1999）止，作为国库补贴项目，建筑物周边环境保全措施，主要以购买防火空地以及周边倾斜地带的加固等防止火灾和防止物理性地质损害为主。

例如，作为平成8年（1997）和9年（1998）两个年度的文化厅防灾补贴项目，有西翁院茶室防火空地的购入和大善寺防火空地的设定两个项目先后展开。为了确保认定建筑物附近用地的环境安全，文化厅通过向文化遗产所有人支付补助金的形式获得了其周边的防火空地。除此之外，为了保护周边环境的历史景观，政府和地方公共团体还可以通过认定的方式指定周边一定区域为史迹或者文化遗产环境保全区域，从而达到环境保全的目的。

同时，建筑物作为重要文化遗产得以认定的第一个标准就是必须是独具匠心的优秀作品。建筑物外观的样式美虽然在此标准中并未提及，但通常可以认为其应该划入是否独具匠心这一范畴内。因此，建筑物外

---

① 日本文部科学省文化厅官网，http://www.bunka.go.jp/

观的样式美也可被认定为其作为文化遗产的价值。为了使能够展现建筑物外观的空间得以确保，从而使得该建筑物的价值得以体现，对建筑物外观美所处空间产生影响，使其无法发挥展示功能等行为都应根据《文化遗产保护法》第45条有关环境保全的规定进行管理。

4. 管理与保护——修理与防灾

（1）修理主体。对于被认定为国宝或重要文化遗产的建筑物的管理与保护的法律依据，与前述美术工艺品的内容相同。对于其修理修缮，《文化遗产保护法》第34条做出了明确指示，由所有人或管理团体负责。这与该法第31条所规定的所有人或管理团体拥有管理义务相呼应。同时，在第34条的补充说明中也提到，如果个人所有的建筑物被指定由管理团体管理后，其所有人的管理权将会受到制约，其日常管理权也将归属于管理团体。关于建筑物的修缮，通常认为经过有效的修缮，其作为文物的财产价值可以得以维持或提升，故第34条还规定，修理与修缮的费用原则上由所有人或管理团体负担。当然，如该法第35条所述，当管理与修缮需要花费高额费用，其所有人或管理团体无法承担时，可以向政府申请部分补助金。当获得政府补助金之后，文化厅长官即有权对其做出必要的指令，对管理或修缮进行指挥与监督。目前，非国有的国家认定文化遗产建筑物基本上都获得了国家的补助金。

（2）修理方式。重要文化遗产建筑物的修理，根据传统工艺可以分为整体修理、部分修理、屋顶修葺、涂装修理等。整体修理又分为解体修理和半解体修理，通常这是每百年需要进行一次的大规模修理工作。其他屋顶修葺或破损修理等需要根据其修补材料的耐用性来确定修补频度。建筑物的修理工作往往耗时长、修理费用昂贵。所以其修理工作区分于普通修理，需要特殊对待。例如，日光二社一寺（东照宫、二荒山神社、轮王寺）于昭和25年（1950）启动第一期工程，作为昭和时期特别修理大工程直至平成18年（2007）结束。从平成19年（2008）始，又进入平成时期特别修理大工程，第一期的六年计划已经开始。

重要文化遗产建筑物的修理工作根据《文化遗产保护法》第43条规定，需要事先进行工程施工许可的申请。依据文部省令"国宝及重要文化遗产修理申请的相关规定",接受政府补助金的修理工程不需要申请施工许可。

通过传统技法从事文化遗产建筑物修理的设计和监理方面的相关技术人员,目前大都属于财团法人"文化遗产建筑物保存技术协会",还有部分属于滋贺县、京都府和奈良县的地方公共团体。

(3)建筑物防灾。政府认定文化遗产建筑物大部分为木造建筑,所以预防火灾与修理工作并行成为重中之重。其防灾设备分为综合防灾和部分防灾。综合防灾即火灾自动感应系统、灭火设备和避雷设备三大要件。此外,还有从防灾观点出发进行的保护修理措施、提高耐震性能的防震措施、预防周边地形和树木造成的灾难隐患的防护墙措施、排水管道的整备措施、危险树木防护措施等等。

5. 公开与活用

被认定为重要文化遗产的民居等建筑物,有的通过国库补助实现公有化后,作为博物馆和资料馆等对外开放。许多近代建筑就是通过这种方式实现对外开放的。例如,木造建筑——原开智学校校舍(松本市)、炼瓦建筑——原日本生命保险公司九州分公司(福冈市)、石造建筑——原日本邮船株式会社小樽分公司等。此外,东京的原近卫师团司令部建筑经过修理改造后旧貌换新颜,成为东京国立近代美术馆分馆(工艺馆),面向民众开放。

还有一些民居建筑因为在原址进行保护工作出现困难必须迁移,则由地方公共团体、法人等将其购买迁移后,建造成民居庭园对外开放。这样的实例呈增加态势。例如,川崎市立日本民居园、高山市立飞驒民俗村、财团法人日本民居集落博物馆(丰中市)等等,此外,还有以明治建筑为主的财团法人明治村(犬山市)等。

自昭和35年(1960)以后,重要文化遗产中特别优秀且具有高度历史价值的文物由文化厅每年制作缩尺模型。建筑物的彩色复原摹写等也在进行中。这些模型主要由国立历史民俗博物馆(千叶县佐仓市)收藏并向公众开放。还有部分展品收藏展示于京都国立博物馆、国立科学博物馆(东京)。

（三）有形文化遗产的登记制度

为顺应时代的发展与社会的新变化，平成4年（1993），文化遗产保护审议会下设的文化遗产保护企划特别委员会就现今文化遗产保护现状进行了全面审查，并于平成6年（1995）提交审议报告，题为"顺应时代发展，完备文化遗产保护政策"。

该报告就文化遗产保护措施的进一步扩展、近现代文化遗产的保护，文物保护手法的多样化等课题建言献策，被广泛接受。进而文化厅又召开了"有关近现代文化遗产保存及活用的调查研究合作会议"，大会报告也就文化遗产的国家认定标准再审，对近现代文化遗产认定工作的促进以及登记制度等提出了许多建议。此后，文化遗产国家认定标准在各个领域都开始了改订工作。同时，随着国土开发、经济高度发展，许多建筑物面临拆迁命运。《文化遗产保护法》在修订时，尤其侧重了对这类待拆迁建筑物的保护措施的制定。

同时，遗产登记制度实现法制化。登记制度作为《文化遗产保护法》有关文物认定的一项补充制度，旨在通过对保护对象的登记，以及对在籍保护对象的管理指导，实现对文物保护的制度。平成8年（1997），登记对象仅限于建筑物，平成16年（2005），其保护范围已扩充到美术工艺品。

1. 有形文化遗产建筑物的登记

平成2年（1991），东京都就位于其中心城区（千代田区、中央区、港区、新宿区、台东区）的具有历史价值的建筑物进行调查发现，五区内仅存417套，而记录于1980年的《日本近现代建筑总览》（1980年，日本建筑学会编）内的则有共计1016套，10年间的消失率高达53.1%[1]。类似情况不仅是在东京，在札幌市、函馆市、旭川市等都已出现。随着城市开发的进一步加速，人们的生活方式不断变化，许多近

---

[1] 东京都教育厅总务部教育情报课编：《东京都教育（平成23年版）》，东京：东京都生活文化局广报广听部都民之声课，2011年，第345页。

现代建筑物虽然在历史上有重要价值，但尚未被社会认知就消亡了。为了拯救这些面临消亡危机的建筑物，登记制度于平成8年（1997）10月正式实施。

平成17年（2006）文部科学省颁布第44号告示—"有形文化遗产登记标准"，就建筑物的登记标准做出了以下规定：建筑物以及土木建造物等建成后历经50年以上，成为国土历史性景观、造型规范、不易再现的建筑物可以登记造册。登记为有形文化遗产的建筑物后，可以享受一定的政府补助等优惠措施。例如在修理、设计监理等方面获得政府补助，获得银行的低息贷款、固定资产税以及继承税、赠与税等方面也有一定的免税优惠。

平成8年（1997）11月的首次登记工作，经由文化财产保护审议会就登记物件进行答辩登记后，登记数达118件（72处）。其中江户时期的3件、明治时期的47件、大正时期的39件、昭和时期29件。次年登记数达66件。至平成19年（2008），登记数量已经高达6064件[①]。

2. 有形文化遗产建筑物以外的登记

平成17年（2006），文部科学省告示第44号"有形文化遗产登记标准"，就建筑物以外的有形文化遗产的登记标准做出了规定：建筑物以外的有形文化遗产，原则上需要作品完成后50年以上，经过历史性保存或系统性保存，具备文化史意义，具备学术价值，具备历史意义。

平成18年（2007），文化审议会就接受文部科学大臣咨询的4件美术工艺品进行了答辩，之后以下物件成为首批建筑物以外的登记文化遗产。工艺品有有田磁器（柴田夫妇收藏）10331件；考古资料有飞驒地区考古资料（江马收藏）9524件；历史资料有建筑教育资料（京都帝国大学工学部建筑学教师收藏）2653件。连环画剧相关资料5652件[②]。

---

① 日本文部科学省文化厅官网，http://www.bunka.go.jp
② 日本文部科学省文化厅官网，http://www.bunka.go.jp

四、无形文化财产的保护制度及应用

在日本《文化遗产保护法》出台之前,对有形文化财产有《古社寺保存法》以及之后的《国宝保存法》和"重要美术品保存相关法律"等法制支持,对于纪念物则有《史迹名胜天然纪念物保存法》。基于这些法律法规基础,有形文化遗产的保护制度也相对完善。但是,关于无形文化遗产,基于类似法律的保护制度还不存在。直到昭和25年(1950)日本《文化遗产保护法》出台,才有了最初的保护制度。但是,该制度仅涉及到具备高度价值并且国家再不加以保护就面临消亡的一些无形文化表现和表演形式。后来昭和29年(1954)该法修订后,规定对于无形文化遗产,具备高度价值的可以适用国家认定制度。同时将"技能"等非物质文化遗产传承者也纳入适用国家认定制度。但是由于技能保持者为自然人,如遇其死亡,其国家认定身份自然解除,这样就会导致后继者培养的保护措施失去了依据,因此在昭和50年(1975)该法修订时,追加了除自然人外,以"技能"保持者为主要构成人员的团体可以作为技能传承团体适用国家认定制度[1]。

(一)无形文化遗产的指定与认定

日本《文化遗产保护法》第2条就无形文化遗产做出了如下定义:"戏剧、音乐、工艺技术以及其他无形的文化表演和表现形式,在历史以及艺术方面具备高度价值。"这里所谓无形的文化表演和表现被称作"技能"。根据"重要无形文化遗产的指定以及保持者和保持团体的认定标准"[出自昭和29年(1954)文化遗产保护委员会告示第55号。后于昭和50年(1975)文部省告示第154号修订]所示,无形文化遗产

---

[1] 日本文部科学省文化厅官网,http://www.bunka.go.jp/bunkazai/pamphlet/pdf/pamphlet_ja_12.pdf

的指定标准如下①：

在艺术领域：第一，具备高度艺术价值；第二，在艺术史上占有重要地位；第三，具备高度艺术价值，在艺术史上占有重要地位，同时地方特色或流派特色显著。音乐、舞蹈、演剧等其他艺术形式中满足以上任意条件即可获得指定。此外，上述艺术形式形成过程中具备重要意义的优秀技能亦可获得指定。

在工艺技术领域：第一，具备高度艺术价值；第二，在工艺史上占有重要地位；第三，具备高度艺术价值，在工艺史上占有重要地位，同时地方特色显著。陶艺、染织、漆工、金工等其他工艺技术中满足以上任意条件即可获得指定。

根据《文化遗产保护法》第71条，文部科学大臣必须对获得指定的无形文化遗产传承人按照一定的标准进行认定。

根据"重要无形文化遗产的指定以及保持者和保持团体的认定标准"〔出自昭和29年（1954）文化遗产保护委员会告示第55号，后于昭和50年（1975）文部省告示第154号修订〕所示，无形文化遗产传承人的认定标准如下②：

在艺术领域，传承人的认定标准有三点：第一，作为指定重要无形文化遗产的艺术形式或艺术技能（以下简称"艺术"或"技能"），能够将其高度表现出来的人；第二，能够正确理解艺术或技能并能够达到精通程度的人；第三，通过两人以上的团体来高度表现艺术或技能，则该团体的构成人员。其次是关于传承团体的认定标准，即：在艺术或技能方面个人特色不显著，且该艺术或技能的保持者为多人时，则该团体可以被认定。

在工艺技术领域，传承人的认定标准有三点：第一，作为指定重要无形文化遗产的工艺技术（以下简称"工艺技术"），能够将其高度理解并掌握的人；第二，能够正确理解工艺技术并能够达到精通程度

---

① 南邦男等监修：《人间国宝事典工艺技术篇》，京都：美术书出版株式会社芸艸堂，2012年，第306页。

② 同上书，第306页。

的人；第三，两人以上的团体可以高度表现有特色的工艺技术时，则该团体的构成人员。其次是关于保持团体的认定标准即：在工艺技术方面个人特色不显著，且该工艺技术的保持者为多人时，则该团体可以被认定。

（二）无形文化遗产的指定与认定现状

截至平成19年（2008）7月1日数据显示，日本无形文化遗产指定和认定状况可以参照下表。

重要无形文化遗产指定一览①

	种类	指定件数	保持者数	指定件数	保持团体数
艺能	雅乐	0	0	1	1
	能乐	7	11	1	1
	文乐	3	4	1	1
	歌舞伎	5	10	1	1
	（琉球）组踊	2	2	1	1
	音乐	18	22	6	6
	舞蹈	1	2	0	0
	演艺	2	2	0	0
	小计	38	53	11	11

---

① 日本文部科学省文化厅官网，http：//www.bunka.go.jp/bunkazai/pamphlet/pdf/pamphlet_ja_08.pdf

续表

	种类	指定件数	保持者数	指定件数	保持团体数
工艺技术	陶艺	10	10	3	3
	染织	14	17	7	7
	漆工	5	7	1	1
	金工	7	11	0	0
	木竹工	2	6	0	0
	人偶	2	2	0	0
	手漉和纸	3	3	0	0
	截金	1	1	3	3
	小计	44	57	14	14
	合计	82	110	25	25

其中"各个认定",是指对被指定的"技能保持者"中最为优秀者或同一技能中具备不同特色的多个保持者的认定。"综合认定",是指对认定标准中第三项所指,例如"人形净琉璃"中的"人形净琉璃文乐座客座员"这样由两人以上团体来表现技能保持者的认定。

1. 无形文化遗产的指定与认定程序

当重要文化遗产获得国家的指定接受登记之后,该文物的管理以及使用收益等有关所有权、财产权等立即会被加以制约。有消亡或损毁危险时,所有人和管理者有及时报告的义务。此外,当改变该文物现状等需要申请许可时,所有人必须履行相应的义务。但是,重要无形文化遗产在得到指定或认定后,其义务范围仅限于传承人的姓名、住址发生变更时,以及死亡后的申报。

日本《文化遗产保护法》第71条规定,重要无形文化遗产在经过指定后,如果有另外的传承人或传承团体达到了指定标准,文部科学大臣可以对其进行追加认定。例如,"歌舞伎旦角"在昭和43年(1968)被指定为重要无形文化遗产,其传承人认定为中村歌右卫门,后来平成3

年（1992）有中村雀右卫门，平成 8 年（1997）有中村芝玩等相继被追加认定。自平成 10 年（1999）至今，就有三位传承人同时存在。传承人可以获得国家的特别补助①。

关于指定的解除，《文化遗产保护法》第 72 条规定，当重要无形文化遗产失去其本应具备的价值或有其他特殊情况时，文部科学大臣可以解除对其进行的指定。各个指定中，单人获得指定时，在其死亡后指定自动解除。当传承人由于身心问题不再适合做传承人时，或传承团体中因成员的变动使得传承团体不再适合继续得以指定时，文部科学大臣可以解除对其指定。

2. 传承者的培养与公开

无形文化遗产因为其表演和动手的技能，需要有继承者将现存技能传承给后世。所以，《文化遗产保护法》第 74 条就规定，被指定为重要无形文化遗产的传承人或传承团体以及其他被认为有传承价值者，国家要给予经济补助。因此，传承者的培养工作也属于国家援助范畴。这被称为特别补助金，自昭和 39 年（1964）开始实施，至昭和 44 年（1969）采取固定名额预算制。昭和 63 年（1988）个人补助金额得以提高，自平成 19 年（2008）至今，人均补助额为每年 200 万日元。

关于艺术类传承者的培养，早在昭和 30 年（1955）开始，东京、京都、大阪等地就成立了"能乐养成会"，并对其实行了经济补助措施。昭和 58 年（1983），在东京，国立能乐堂开馆，开展能乐传承者的培养活动。昭和 59 年（1984），在大阪，国立文乐剧场开馆，开展文乐传承者的培养活动。歌舞伎演员在昭和 45 年（1970）、竹本（太夫，三味线）在昭和 50 年（1975）、乐器在昭和 56 年（1981）开始，分别在国立剧场定期举办研修活动②。

关于工艺技能类传承者的培养，陶艺有"小鹿田烧"，染织有"小千谷缩、越后上布"、"喜如嘉的芭蕉布"，漆工有"轮岛涂"，手滤和纸

---

① 早稻田大学演剧博物馆编：《演剧百科大事典》，东京：平凡社 1960 – 1962 年，第 229 页。
② 河竹繁俊编：《综合日本戏曲事典》，东京：平凡社，1983 年，第 112 页。

有"本美浓纸"等重要无形文化遗产,各个传承团体分别进行着传承者的培养工作。同时,各个认定的重要无形文化遗产传承人的技术,由香川县(雕漆、蒟酱)、石川县(莳绘、沈金、莱地、髹漆)以及日本工艺会分别担负起传承者的培养工作。以上这些培养工作都可以获得国家补助。

此外,这些认定艺能以及工艺技术也对民众实行公开。在传统艺能方面,昭和 41 年(1966)开馆的东京国立剧场进行着歌舞伎、文乐公演。昭和 50 年(1975)开馆的国立能乐堂(东京)、国立文乐剧场(大阪)、演艺资料馆(东京)等进行着能、文乐、大众艺能等的公演。此外,国家与地方公共团体合作组织的移动音乐节、青少年艺术剧场、中学艺术鉴赏教室等活动中也包含有各种公演活动①。

在工艺技术方面,昭和 29 年(1954)举办的"日本传统工艺展"至昭和 35 年(1960)成为公募展,由文化厅每年定期举办。该展览汇集了众多应募者,分别涉及陶艺、染织、漆工、金工、木竹工、人偶等其他工艺领域。在东京举办传统工艺展之后,在文化厅的支持下,全国九大城市也分别举办了传统工艺展。平成 8 年(1997),由文化厅和地方教育委员会共同主办的题为"日本的技能与美"的工艺展开幕,此后每年在全国不同地点举办两场,向民众展示了重要无形文化遗产传承者和传承团体的代表作品,演示了工艺细节。另外,还展示了众多认定保存技术传承者和传承团体的资料。

五、民俗文化遗产的保护制度及应用

早在昭和 25 年(1950)日本《文化遗产保护法》出台时,民俗资料就被认定为有形文化遗产的一种。但到昭和 29 年(1954)《文化遗产保护法》第一次修订为止,也有没有认定一件民俗资料。通过对《文化

---

① 竹本住大夫、和多田胜著:《文乐说语》,大阪:创元社,1985 年,第 187 页。

遗产保护法》的修订，民俗资料从有形文化遗产分离出来，成为与之并列的文化遗产形式，同时还新设了无形的民俗资料保护制度。后来昭和50年（1975）该法修订时，民俗资料名称改为民俗文化遗产，民俗艺能也被划入其中。平成16年（2005）该法修订后，民俗文化遗产的定义中又追加了风俗习惯、民俗艺能以及民俗技术。如锻冶、船工匠等，有关生产生活中所用的工具、用具的制造技术等在不同地区被传承至今的技术也成为文化遗产的保护对象。

（一）民俗文化遗产的调查与指定

日本《文化遗产保护法》第2条中就指出，民俗文化遗产是指有关衣食住行、生计、信仰和定例民间活动的风俗习惯、民俗艺能以及其使用的衣服、器具和房屋等物件、对知晓国民生活变化所不可或缺的物件。这些都是日本国内不同地区与风土环境中的社会生活中形成和继承下来的事物。

昭和30年（1955）后，随着国民生活发生巨变，这些民俗文化遗产也发生了急剧的变化，面临消亡的危机。于是作为国库补贴项目，日本政府在昭和37年（1962）开始了为期三年的全国规模的"民俗资料紧急调查"工作。调查工作的成果汇总后，昭和44年（1969）文化厅刊行了《日本民俗地图》，其中记录着定例民间活动、与人一生相关的礼仪、信仰、社会生活、衣食住行等在全国的分布状况。之后，"民俗文化遗产分布调查"、"民谣紧急调查"、"各行业相关民俗文化遗产调查"、"民俗艺能紧急调查"、"祭祀及庆典活动调查"等一系列周期漫长的调查活动不断开展起来。

日本《文化遗产保护法》第78条指出，文部科学大臣可以对有形民俗文化遗产中特别重要的文物进行指定，也可以对无形民俗文化遗产中特别重要的文物进行指定。

关于有形民俗文化遗产指定标准，则有"重要有形民俗文化遗产指定标准"（出自昭和29年（1954）文化遗产保护委员会告示第58号，后据昭和50年（1975）文部省告示第155号修改）如下：

重要有形民俗文化遗产包括有关衣食住行的物件，例如服装、配饰、餐具、照明采暖用具、家具、住居等，其形态、制作技法和用法等凸显国民基本生活文化特色。此类有形民俗文化遗产的收集活动应该具备以下目的和内容：表现历史变迁，表达时代特点，展现地方特色，反映各阶层生活状态，凸显行业状态。

关于无形民俗文化遗产指定标准则有"重要无形民俗文化遗产指定标准"（昭和50年（1975）文部省告示第156号）如下：

有关风俗习惯，须满足以下任意一项，且具备重要性。该风俗习惯的由来以及内容可以切实反映国民基本生活文化特色。在定例民间活动、祭祀及庆典活动、法事过程中能够展示其艺术根基。

有关民俗艺能，须满足以下任意一项，且具备重要性。该民俗艺能能够展示艺术的生成，展示艺术变迁的过程，展现地方特色。

有关民俗技术，须满足以下任意一项，且具备重要性。该民俗技术能够展示技术的生成，展示技术变迁的过程，展现地方特色。

根据以上标准，自平成19年（2008）7月1日至今，已有205件有形民俗文化遗产得以指定。例如，衣食住行范围内的有山村生活用具、积雪期用具等。生产生活范围内的有捕鱼工具、火耕田农耕用具等。宗教信仰范围内有富士冢、十三冢等。

无形民俗文化遗产的指定，主要集中在民俗艺能以及风俗习惯中定例民间活动方面。其中的风俗习惯或许会随着人们生活方式的变化而发生改变，或是由于不同区域人们的生活以及信仰的不同而无法划一，从而很难掌握。但是在指定工作的推进过程中，例如"盂兰盆节"、"拉网节"、"戴冠仪式"等这类风俗习惯还是被广泛认知得以指定。自平成19年（2008）7月1日至今，已有252件无形民俗文化遗产得以指定。

通过收集有形民俗文化遗产可以获得重要价值的历史资料，因此各个地方的历史民俗资料馆成为收集的重点。

（二）民俗文化遗产的保存与活用

关于重要有形民俗文化遗产的保存，其收藏与保管大都需要专门的收藏设施。因此，文化厅对于国家指定文物的收藏库房建设开展补助措施，至平成19年（2008），已有97所专用收藏库房的建造工程启动。例如，"庄内大米制作工具"（山形县鹤冈市）、"南佐渡捕鱼工具"（新潟县小木町）、"高山祭屋台"（岐阜县高山町）等收藏设施现已建成。除了收藏以外，还需要对有破损或虫蛀、盐蚀或生锈的物件进行修理与修复。到平成19年（2008）为止，已有364件国家指定文物作为国家补助项目得到维修和修复。

关于重要有形民俗文化遗产保护制度，除《文化遗产保护法》第83条中指出的重要文化遗产的管理、修理、国家优先购入权以外，还可以参照"重要有形民俗文化遗产现状改变以及公开的申报规定"（昭和50年（1975）文部省令第30号、平成17年（2005）3月28日文部科学省第11号改订）进行管理和保护。

关于重要无形民俗文化遗产的保存和活用，《文化遗产保护法》第87条规定，政府对地方公共团体组织的风俗习惯和民俗艺能资料的编撰与宣传、国民参与的传承教室、讲习会、重要无形民俗文化遗产传承者的培养、国家指定无形民俗文化遗产的现地公开等活动提供经济补助。（具体可参照平成11年（1999）文化厅长官下达的《民俗文化遗产传承活用等事业费国库补助要点》）。

无形民俗文化遗产除了现地公开的原则外，全国分为五大块定期举办民俗艺能大会和全国民俗艺能大会。通过这些活动以及媒体宣传的参与，国民对文物的保护意识也得到提高。这些活动也都享受政府补助。随着日本经济的海外扩张，日本文化也走出国门，被世界所接受。除了艺能和歌舞伎的海外公演，作为民俗艺能，淡路人形净琉璃、津轻三味线、冲绳舞蹈等海外公演也逐渐频繁起来。

（三）有形民俗文化遗产的登记制度

平成16年（2005），有形民俗文化遗产的登记制度出台。文部科学大臣可以对重要有形民俗文化遗产以外的有形民俗文化遗产中，特别"具备高度文化价值、且需要采取保存以及活用措施"的文化遗产进行登记造册。与有形文化遗产相同，文部科学大臣予以登记许可时需要听取相关地方团体的意见。

"有形民俗文化遗产的登记标准"出自平成17年（2005）文部科学省颁布第45号告示。该告示规定除国家指定物件以外的民俗文化遗产，须符合以下条件：第一，其形态、制作方法、用法等可以切实反映国民生活文化特色。第二，此类有形民俗文化遗产的收集活动应该具备以下目的和内容：表现历史变迁，表达时代特点，展现地方特色和技术特征，反映国民生活状态，凸显行业状态。第三，与他国国民相关的有形民俗文化遗产，但与日本国民生活文化特别有关联。

到平成19年（2008）3月止，已有6件有形民俗文化遗产登记成功。例如，狭山茶生产用具255只、乡原漆器制作工具557只、竹富岛生活用具842只。另外，登记的物品还可以享受一定的优惠政策。例如，登记有形民俗文化遗产的房屋，其固定资产税从平成17年（2006）度开始予以减半优惠。

六、纪念物以及埋藏文化遗产的保护制度及应用

关于纪念物的保护制度早在明治后期就已经确立。当时是为了顺应明治后的日本近现代化发展的潮流，制定了《史迹名胜天然纪念物保护法》这一制度，在昭和25年（1950）《文化遗产保护法》出台后被并入新法。在昭和29年（1954）通过法定修订，扩展了纪念物的定义，并将动物、植物的生息地以及地质矿物的特异现象的发生地等也明确划入

纪念物范畴。

（一）史迹、名胜、天然纪念物的保护

与上述文化遗产形式相同，史迹、名胜、天然纪念物的保护工作也是从调查和指定开始的。其中还特别强调了对所有权的尊重和与其他公众利益的协调。日本《文化遗产保护法》第111条指出，文部科学大臣或都道府县教育委员会在进行指定工作时，必须对相关人的所有权、矿业权等财产权给予尊重，同时还需注意国土开发与公众利益之间的协调工作。

关于史迹、名胜、天然纪念物的指定标准可以参照"特别史迹名胜天然纪念物以及史迹名胜天然纪念物指定标准"（昭和26年（1951）文化遗产保护委员会告示第2号）。

史迹的指定标准如下：贝冢、村落遗址、古墓等类似遗迹以及都城遗迹、国郡厅遗迹、城堡遗迹、战场遗迹等有关政治的遗迹中，对于了解国家历史不可或缺，并且其遗迹的规模、结构和出土文物具备学术价值。特别史迹是指以上史迹中具备特别高的学术价值，能够成为国家文化象征的史迹。

名胜的指定标准如下：公园、庭园、桥梁、堤坝以及花草树木等丛生的地方中，对于国家优美景致的形成不可或缺，并且其自身浑然天成、景观秀丽，成为名胜且具备高度学术价值，在人文方面亦具备高度艺术价值。特别名胜是指以上名胜中具备特别高价值者。

天然纪念物的指定标准如下：因日本特有而驰名的动物以及其栖息地。名贵木种、巨型木种、珍稀木种以及栽培植物的原木，或代表性原始森林、稀有森林植物等。岩石、矿物以及化石等在内的地质矿物。应该保护的天然纪念物丰富的代表性地区中，能够成为国家自然纪念物，并具备学术价值。特别天然纪念物是指以上天然纪念物在全国乃至全世界都具备特别高价值者[①]。

---

① 日本文部科学省文化厅官网，http://www.bunka.go.jp/bunkazai/pamphlet/pdf/pamphlet_ja_09.pdf.

史迹名胜天然纪念物的指定工作，经过事先进行的分布调查、存在状态调查后，依据调查数据由专门调查会等专家进行指定候选的选定。此外，在土地开发活跃地区，通过土地开发发现重要遗迹时，可以由专家进行紧急指定并迅速采取保护措施。

到平成19年（2007）5月1日止，日本国内指定史迹名胜以及天然纪念物具体情况可以参照下表①。

各史迹指定件数

	原始	古代	中世	近世	近代	计
贝冢	67		1			68
村落遗迹	154（5）	8	2			164（5）
古墓	378（8）	3				381（8）
其他类遗迹	29（1）					29（1）
都城遗迹		22（4）	14	2		38（4）
国郡厅遗迹		29	1			30
城堡遗迹		29（4）	132（1）	68（9）		229（14）
官公厅						0
战场遗迹		2（1）	5	4	1	12（1）
其他政治类遗迹	1	4	6	16	2	29
神社寺院遗迹		174（12）	35	8		217（12）
其他信仰祭祀类遗迹		29（2）	15	2		46（2）
学校、研究设施，文化设施以及其他教育、学术、文化相关遗迹		1	1	20（3）	2	24（3）

---

① 文化厅监修：《为实现文化艺术立国——文化厅40年史》，东京：株式会社GYOSEI，2009年，第235页。

续表

	原始	古代	中世	近世	近代	计
医疗福祉设施以及生活相关设施等遗迹			3	3		6
交通、通信设施		1		33（2）		34（2）
治山、治水设施				3		3
生产设施	3	26	9	6	2	46
其他与经济、生活等相关遗迹	8	11	14	36	12	81
坟墓以及墓碑		10（3）	10	51	1	72（3）
旧宅				31（1）		31（1）
园地		3	13（2）	25（3）		41（5）
其他特别有渊源遗迹		3	6	1		10
外国及外国人遗迹				6	1	7
合计（件）	640（14）	355（26）	267（3）	315（18）	21	1598（61）

注：（ ）内为特别史迹数。

各名胜指定件数

分类	件数
庭园	190（23）
公园	7
桥梁	2
河川	1
涌泉	1
湖沼	2（1）
岩石·溪流	14
瀑布	9

续表

分类	件数
沙嘴	1（1）
岛	9（2）
海滨	29
山岳	15（2）
溪谷·溪流	34（5）
松原	6（1）
花树	13
展望地点	10
丘陵·高原·平原	2
合计	345（35）

注：（ ）内为特别名胜数。

各天然纪念物指定件数

分类	件数
动物	191（21）
植物	539（30）
地质·矿物	222（20）
天然保护区域	23（4）
合计	975（75）

注：（ ）内为特别天然纪念物数。

1. 史迹、名胜、天然纪念物的保存管理计划

对国家指定文化遗产进行现状改变的行为，正如前所述，是文化遗产保护法明令禁止的。但是因为史迹名胜天然纪念物具备特殊性，对在其保护工作中出现的现状改变行为，该法赋予了一定的权限。

依据《文化遗产保护法》第184条第1项规定颁布的"文化遗产保

护法施行令"（昭和50年（1975）政令第267号）第5条第4项就明确指出，可以作为法定委托项目，由都道府县或市级教育委员会在一定范围内进行下列现状改变工程。

第一，搭建期限在三个月以内的小型建筑物的新建、扩建、改建或拆除。

第二，地处150公顷以上的史迹名胜天然纪念物指定区域范围内，并按照都市计划法第8条第1项中规定属于第一种低层住宅专用地或第二种低层住宅专用地内的小型建筑物的新建、扩建、改建或拆除。

第三，临时工具类建筑的新建、改建或拆除以及道路的铺设与维修。

第四，《文化遗产保护法》第150条所规定的用于史迹名胜天然纪念物管理所必须的设施的新建、改建或拆除。

第五，埋设于地下的电缆、煤气管道或下水管道的维修。

第六，树木或竹子等的采伐。

同时，对于无法改变现状的情况，根据《文化遗产保护法》第43条第3项规定，政府要对其所有人进行损失补偿。有形文化遗产作为重要文化遗产被国家指定后，其价值一般会高涨，即使不能改变其现状也不一定会造成经济上的损失。然而史迹名胜天然纪念物则不同，其直接与土地相关联。当该土地上的史迹名胜天然纪念物得到国家指定后，便成为全民关注对象，即使在观光方面会有很好的收益，但由于受限于不能改变现状这一制约，可能导致该土地市场估值下降，土地收益或处理该地块时可能产生经济损失。对于此情况，政府将依据《文化遗产保护法》第43条第3项规定给予一定的补偿。实际上实行损失补偿动作较少，大多数的做法是，政府购买回收该土地，即土地的公有化。至昭和61年（1986）止，通过国库补助由地方公共团体实现公有化的史迹指定土地达1890公顷，约占总数的10%。至平成18年（2007）公有化史迹指定土地累计达到3628公顷，约占总数的16%[①]。

《文化遗产保护法》在昭和29年（1954）修订后，对于因擅自改变

---

① 日本文部科学省文化厅官网，http://www.bunka.go.jp。

史迹名胜天然纪念物现状而导致其灭失、损毁或衰亡的行为，与其他重要文化遗产的责罚标准相同，如果行为人是团体，将被处罚3万日元以下的罚款，昭和50年（1975）《文化遗产保护法》修订后，罚款数额提高至30万日元。同时，如果行为人是个人时，与其他重要文化遗产的责罚标准相同，将被判处2年以下监禁或处以20万日元以下的罚款。

2. 参考案例

在日本，有关国家指定纪念物引起的诉讼案件比较多。现举一些实例来考察其判决要点[①]。

案例一：笠置町史迹名胜申请现状变更许可案件（津地方法院裁决，1977年3月11日）

案件概要：京都府相乐郡笠置町内一处在昭和7年（1932）被认定为史迹名胜的山林，在昭和18年（1943）至31年（1956）间由原告松永获得土地所有权。原告为在山中采石，于昭和45年（1970）8月11日提出申请现状变更许可。文化厅长官于昭和46年（1971）11月24日做出不允许答复。松永遂以该不允许答复导致其经济损失要求赔偿。最终法院以未产生经济损失为由驳回起诉。

判决要点：被认定的史迹名胜用地，因禁止改变现状，使所有人无法开采石材，这给土地所有者带来难以承受的负担，依据宪法第29条应给予适当赔偿。即使是在该土地被认定为史迹名胜用地之后获取土地所有权者，也有权利获得赔偿。但本案由于禁止改变土地现状导致无法开采石材，仅仅是经济上投入与产出的不平衡，未有损失产生，故无权获取赔偿。

案例二：奈良鹿损毁案件（奈良地方法院裁决，1983年6月27日）

案件概要：昭和56年（1981）2月15日清晨7时左右，两男子用散弹枪射杀奈良鹿一只，地点为奈良公园南部高円山山顶附近、春日大社社殿东南2.5公里处。奈良鹿能否作为此处的天然纪念物成为讨论焦点。法院最终认定奈良鹿为此处的天然纪念物，依据《文化遗产保护

---

① 文化厅监修：《为实现文化艺术立国——文化厅40年史》，东京：株式会社GYOSEI，2009年，第236页。

法》对两男子分别处以 8 个月和 6 个月的监禁（缓期两年执行）。

判决要点：射杀天然纪念物奈良鹿违反了《文化遗产保护法》第 107 条规定。（现为 196 条）

(二) 史迹、名胜和天然纪念物的整备与活用

史迹、名胜和天然纪念物的保护以及修缮，由其所有人和管理团体等地方团体直接负责，政府将其列入国库补助项目。对于个人，补助费用可以达到保护及修缮费用的 70%。另外还有特别补助措施，例如在冲绳县内可以达到 80% 的补助率。

作为国家级修缮项目，最具代表性的有大坂城遗迹（大阪府）石墙的修缮、多贺城遗迹以及古战场（宫城县）的维护修缮、一乘谷朝仓氏遗迹（福井县）、大宰府遗迹（福冈县）的维护修缮、名护屋城遗迹以及古战场（佐贺县）的维护修缮等等。

作为史迹的公开与活用，"风土记之丘""历史街道""故乡历史广场"等特殊项目也在开展与不断完善之中[①]。

"风土记之丘"是指在古墓和古城遗址集中区域进行广泛围的整备修缮，收集当地的历史资料和考古资料，设立展示用的资料馆，以达到遗址与史料保存活用一体化的一系列主题项目。昭和 41 年（1966）和 42 年（1967），作为首批国库补助项目，"西都原风土记之丘"（宫崎县西都市）项目在昭和 43 年（1968）完成，之后又有 13 个项目陆续完工。政府补助内容涉及整备，资料馆建设和土地收购。

"历史街道"是指将自古以来就成为人流物流交汇集散地以及文化交流的集散地，至今仍保持其历史底蕴的街道或水路进行一体化的保存、整备和活用。其原则是对江户时代以前的历史街道以及相关遗迹进行调查，制定整备活用计划，对道路、行道树、桥梁、茶屋、旅馆、关卡、界碑等的复原与修缮。到平成 18 年（2007）止，共有 7 个历史街道整备

---

① 文化厅监修《为实现文化艺术立国——文化厅 40 年史》，东京：株式会社 GYOSEI，2009 年，第 237 页。

工作完成。例如出羽街道、上街道、中山道、熊野街道等。正在整备中的还有日光杉树林道、箱根旧街道、富士吉田口登山道等等。平成8年（1997），文化厅举办了"历史街道百选"活动，邀请专家组成评审委员会，选定了78处街道和运河，以此活动来激发国民保护文物的意识，更好地做好文化遗产保护工作。

"故乡历史广场"活动于平成元年（1989）作为政府国库补助项目启动，旨在让国民更加亲近自己故乡的历史与传统文化，更好地参观故乡的历史遗迹。到平成8年（1997）止，常吕遗迹（北海道常吕町）、一乘谷朝仓氏遗迹（福井县）等28个道府县开展了42项"故乡历史广场"活动。

除了对名胜进行维护修缮，对天然纪念物的保护增值也属于政府对地方公共团体的国库补助项目。项目的具体补助形式也根据动植物的种类与现状的不同而呈现多样化。例如，湿地植被的恢复、病虫害的祛除、通过改良土壤恢复树木生长趋势，给动物提供饵料等等。具体有鹳鸟的保护增殖、水原白天鹅迁徙地（新潟县）的整备、蒲生楠树（鹿儿岛县）树势恢复等，至平成8年（1997）止，全国已有149个项目相继展开。

（三）登记纪念物的保护制度

平成16年（2005）《文化遗产保护法》修订时，与建筑物以外的有形文化遗产和有形民俗文化遗产的登记制度同步，增加了纪念物的登记制度。对于史迹名胜天然纪念物以外的纪念物，"作为文化遗产鉴于其价值而产生保护或活用的必要性者"，（《文化遗产保护法》第132条第1项）文部科学大臣可以将其登记进入文化遗产登记原本之中。

有关纪念物登记的取消、现状改变的申请、以及现状报告等等，都要遵照登记有形文化遗产相关规定进行。根据纪念物的特殊性进行管理团体的指定，管理团体对该纪念物进行标识、设置向导牌，对其进行复原工程等等，都要遵照国家指定史迹名胜天然纪念物的相关规定进行。

登记的标准可以参照"登记纪念物登记标准"（平成17年（2006）文部科学省告示第46号），有关遗迹、名胜地、动植物、地质矿物等规定如下：

关于遗迹，原则上是到当代为止的与政治、经济、文化、社会相关的遗迹，具备下列条件之一者即可进行登记：一是在了解国家历史方面具备重要意义；二是表现了该地区的历史特征；三是与历史人物有关。

关于名胜地，原则上是作为人文产物，建成后经50年以上或天然产物但被广泛知晓的公园、庭园等相关名胜地，具备下列条件之一者即可进行登记：一是为园林文化发展做出贡献；二是造型保留时代特征；三是再现困难。

关于动植物以及地质矿物，对于知晓国土形成、自然特征以及人与自然的关系等具有重要意义者，具备下列条件之一者即可进行登记：一是发祥于日本的饲养动物以及饲养地；二是发祥于日本的栽培植物以及栽培地；三是动植物以及岩石、矿物和化石标本；四是前三项未提及的具备地区特征的自然产物或自然现象。

经过文化审议会的咨问答辩后，至平成19年（2008）7月止，已有14件纪念物获得登记。遗迹有立山防沙工程专用轨道（富山县），名胜地有喜屋武海岸以及荒崎海岸（冲绳县）、严华园（栃木县）、山下公园（神奈川县）、横滨公园（神奈川县）、坪川氏庭园（福井县）、小河氏庭园（兵库县）、四十岛（爱媛县）、大濠公园（福冈县）等。动植物以及地质矿物有菊池川堤防的黄栌行道树。

（四）埋藏文化遗产的保护

根据《文化遗产保护法》第92条第1项规定，埋藏文化遗产即埋藏于土地之中的文化遗产。第93条、第94条等又规定，发掘埋藏文化遗产必须向文化厅长官提出申请。随着战后日本经济复苏，各地土地大规模开发，向文化厅长官提出发掘埋藏文化遗产的申请数量激增。昭和50年（1975）有约2800项，到昭和61年（1986）已达1.8万项。至平成

8年（1997）激增到4.18万项。这些发掘申请大多为已知的文物埋藏地的开发，也有一般土地开发过程中的历史遗址或遗物的偶然发现。

伴随着工业用地、住宅用地以及高速道路建设用地、农场整备用地的大规模开发，文物发掘规模也不断扩大，考古新发现不断涌现，国民对历史的关注度也显著提高。因此，对于埋藏文化遗产的保护和开发，文物发掘、系统调查以及文物保护体制的建立成为迫切需要解决的问题。

1. 埋藏文化遗产的相关法制

随着土地开发的大规模进行，埋藏文化遗产等文物的发掘问题也日益复杂化，日本《文化遗产保护法》对于埋藏文化遗产的相关规定也进行了多次修订，增加了很多条款。

第一，关于以调查为目的的发掘工作的动工申请的指示以及命令下达。《文化遗产保护法》第92条第1项规定，以调查为目的的文物发掘项目，应该在动工前30天向文化厅长官提出申请。此处以调查为目的即特指学术调查。该条第2项规定，文化厅长官对于申请，本着对埋藏文化遗产保护的原则，可以下达令其提交必要工程报告书的指示，或下达禁止、停止或中止工程等命令。据该法202条和203条的规定，对于未提前进行开工申请者，可以处以5万日元以下的罚款，对于违反命令者，可以处以10万日元以下的罚款。

第二，关于以土木工程为目的的发掘工作的动工申请的指示的下达。《文化遗产保护法》第93条规定，以调查之外为目的的土木工程项目，其工程用地处于已知的贝冢、古墓等藏有此类埋藏文化遗产的土地之上时，应该在动工前60天向文化厅长官提出申请。文化厅长官对于申请，可以下达令其提交必要工程报告书的指示。但对下达禁止、停止或中止等命令未做规定。同时，对于未提前进行开工申请者，也未规定处罚条款。

第三，关于埋藏文化遗产包含地的公开。《文化遗产保护法》第95条规定，国家或地方公共团体应该致力于对埋藏文化遗产包含地的资料整理以及所在地范围的公开工作。昭和35年至37年（1960—1962）间，通过埋藏文化遗产包含地的分布调查，全国有14万处埋藏文化遗产包含地得以确认。此后类似调查不断深入，到昭和 55 年（1980），该数字达到 30 万处。依据调查结果，政府制作了遗迹台本，还刊行了遗迹地图，并向国民进行了分发。文化厅还向各都道府县教育委员会下达指示，要求基层积极配合"埋藏文化遗产的保护和发掘调查工作顺利开展"。

第四，关于发现遗迹时的申报和停止命令。《文化遗产保护法》第 96 条规定，除去第 92 条中所指的学术调查之外，土地所有者或占有者在施工过程中遇到文物出土从而发现贝冢、古居遗迹、古墓等历史遗迹时，应该保留现状，立即按照文部科学省规定的书面形式向文化厅长官进行申报。文化厅长官则根据必要的学术调查结果对该申报进行历史遗迹认定，并开展保护和记录等措施。同时，还有必要向土地所有人下达禁止或停止改变历史遗迹现状等行为的命令。

第五，关于埋藏物的鉴定。《文化遗产保护法》第 100—108 条都是关于埋藏物出土后的归属和鉴定等处置问题的规定。首先，对于埋藏物原则上按照《遗失物法》（明治 32 年法律第 87 号）判定归属问题。《文化遗产保护法》第 101 条规定与《遗失物法》第 13 条一致，被判定为文物的埋藏物被递交到警察署长处时，警察署长应该立即将该文物转交文物发现地的都道府县教育委员会，但文物所有人明确的情况除外。如果是在文化厅组织的发掘调查活动中发现的出土文物，则要按照《文化遗产保护法》第 100 条规定，该出土文物所有人明确时，立即返还给所有人。如所有人不明确时，则应依据《遗失物法》报告警察署长。《文化遗产保护法》第 102 条规定，都道府县教育委员会在接到来自警察署长的出土物报告时，应立即对该出土物展开鉴定工作。鉴定结果为文物时应立即通知警察署长，非文物时则应立即退还给警察署长。

第六，出土文物的归属、补偿金以及转让。所有人不明确的出土文物的所有权原则上归属国家或都道府县。在由文化厅或国家机关以及独立法人组织的发掘调查过程中出土的文物，所有人不明确时，所有权归属国库。此时，文化厅长官应该通知土地所有人，并依据《文化遗产保护法》第 104 条，支付该土地所有人相当于该出土文物价值一半数额的补偿金。同法第 106 条规定，也可免去支付补偿金，直接将文物转与土地所有人。此外，没有国库保存必要性的出土文物，经过申请，可以将该出土文物转与或按低于时价的价格转让给负责发掘调查的独立法人或该土地管辖者地方公共团体。

对于是否达到国库保存的选择标准，要依据"出土文物管理办法"（平成9年（1998）8月13日文化厅长官裁定）进行判断。需要国库保存者，在按照时代排列的出土文物中，要满足"制作技法特别优良，类似物稀少具有代表性，在学术以及艺术领域内都具备高度价值"等条件。

从《文化遗产保护法》实行的昭和25年（1950）至平成8年（1997）间，国库保存的出土文物一共206件。许多出土文物一度归属国库后又被转与地方公共团体。平成9年（1998）文化厅向地方教育委员会下达"有关出土文物管理的办法"的通知中要求，对于国库保存的出土文物，地方公共团体、博物馆、历史民俗资料馆以及大学等能够对该出土文物进行有效保护和活用的团体提出借用申请时，国库可以提供无偿借与。实际上在昭和45年（1970）后，国库保存的出土文物大部分借给了地方公共团体的博物馆。

2. 埋藏文化遗产发掘调查的行政指导

早在昭和40年（1965），文化遗产保护委员会以及文化厅就与日本住宅公团、日本铁道建设公团、日本国有铁道、日本道路公团等各个公团之间，就如何对待工程进行期间的埋藏文化遗产保有地问题交换了备忘录。同时，对日本建设省的直辖道路工程和本州四国联络桥公团的相关工程也下达了相同的通知。

关于开发项目间的调整、发掘调查工作的实施办法、调查经费以及调查体制的完善等问题，文化厅分别于昭和56年（1981）、60年（1985）、平成5年（1993）、8年（1996）、10年（1998）向各都道府县教育委员会下达《如何有效开展埋藏文化遗产保护与发掘调查工作》的通知。另于昭和53年（1978）、昭和56年（1981）、平成3年（1991）、平成5年（1993）连续下达《如何高速高质开展埋藏文化遗产行政事务处理工作》的通知①。

对于占最大比重的住宅用地开发项目中可能出现的埋藏文化遗产出土问题，文化厅与建设省联手于昭和61年（1986）共同制订了《土地开发与埋藏文化遗产的相关调整调查工作处理标准》，向各都道府县的教育委员会以及相关部门下达和给予指导。

文化厅在向各都道府县教育委员会下达《如何有效开展埋藏文化遗产保护与发掘调查工作》的通知中，要求进行充分指导工作的主要项目如下：

第一，遗迹地图的制作、公开以及发掘调查体制的完善。第二，与工程开发方之间高速有效的协调工作（加强相关部门的合同协作）。第三，切实实施发掘调查工作（有效活用试发掘阶段调查工作的成果，导入相关机械设备实现作业的高效化，对工程进展实行必要监管等）。第四，精确发掘调查经费预算（工程方负担经费的范围，估算的标准化等）。第五，发掘调查范围以及场所的客观可视化与标准化。

3. 埋藏文化遗产发掘调查体制的完善与成果

伴随着发掘调查数量的激增，调查体制也得到不断完善，参与人员的数量亦呈增长趋势。至平成18年（2006），都道府县相关职员2428人，市町村相关职员4127人，共计6555人。相关职员在市町村的配置率也在提高过程中。平成16年（2004），在全国3213个市町村中，埋藏文化遗产相关职员配置率达到50%。在市町村合并后数量减少的情况下，平成18年（2006），在全国1882个市町村中，埋藏文化遗产相关职员配置率达到65%。

随着发掘工作的深入，出土文物数量变得庞大。为了保管和收藏这些出土文物，各个地方公共团体各自设置了埋藏文化遗产收藏库、历史民俗资料馆、埋藏文化遗产调查中心、出土文物管理中心等机构。但也有部分地区因出土物数量剧增，现有机构无法满足需求，出现了文物的保管收藏只能暂借当地中小学校舍的情况。文化厅对历史民俗资料馆、

---

① 日本文部科学省文化厅官网，http://www.bunka.go.jp/

埋藏文化遗产调查中心等的建设工作进行大量的资金补助。这些历史民俗资料馆、埋藏文化遗产调查中心不单具备文物的收藏、保管、整理等功能，还作为对出土品展开调查以及活用调查结果的公开机构发挥着作用。

文化厅于平成16年（2004）年始，取消机构建设补助项目，取而代之对具备埋藏文化遗产的调查和出土物的整理、收藏和展示功能的设施的完善项目，收藏品的科学管理和有效活用与公开项目进行经费补助。具体补助内容包括：体验式学习活动的开展、埋藏文化遗产宣传资料的制作、埋藏文化遗产保存和活用工作的完善、埋藏文化遗产中心设备的完善等。平成19年度（2007）埋藏文化遗产保存活用完善工作预算达58.5亿日元。

在各个地方公共团体开展的发掘调查体制的完善工作中，发掘技术人员专业能力的提高被列为重点。在奈良国立文化遗产研究所，面向这类专业技术人员每年都举办研修活动。该活动分为一般研修和专业研修。例如在平成19年（2007）实施的研修活动中，一般研修主要以遗物观察调查课程为主。而专业研修就有文物摄影基础课程、文物摄影应用课程、古代以及中世近世砖瓦调查课程、地方官衙遗迹调查课程、保存科学（无机物遗物）课程、保存科学（有机物遗物）课程、报告书制作课程、遗迹地图信息课程、委派测量课程、遗迹整备活用课程、竖穴建筑物遗迹调查课程、地质环境调查课程等。

通过埋藏文化遗产发掘调查体制的完善，发掘工作也取得了丰硕成果。平成8年（1996）依据《文化遗产保护法》提交的发掘申请达41880项，其中以学术调查为发掘目的的仅有325项。由此可见大多数的发掘调查工作都是因为土地开发引起的。这些发掘申请都配合有事前调查或紧急发掘调查，这些调查工作都带来了众多重要的考古学发现，在考古学以及历史学上都取得了显著的成果。

例如，对佐贺县的菜田遗迹、宫城县的富泽遗迹、青森县的垂柳遗迹等的调查工作，可以得知早在绳文时代（约1万年开始至公元前3世纪左右）末期日本就已经开始了农耕劳作，水稻的种植也迅速普及到了日本的东北地区。

七、重要文化景观以及传统建筑物的保护制度及应用

昭和 50 年（1975），为回应来自地方的呼声，《文化遗产保护法》改订过程中，新增了《传统建筑物群保存地区》制度。随着城市开发的不断深入，许多都市景观被损毁，乡村景观凋零衰败。地方自治团体依据该制度，通过制定相关条例有效地开展了景观的保护和形成工作。

到平成 15 年（2003）止，有 27 个都道府县和 450 个市町村共计制定了 500 多项有关景观保护的条例。依据此类条例，177 个市町村出台了景观形成的基本方针，162 个市町村获得"景观形成地区"和"重要景观地区的认定"[①]。这些地方自治团体的方针政策也为新法制定提供了依据，平成 16 年（2004），在国土交通省的主导之下，《景观法》制定出台。

《景观法》以促进都市和农村地区的山村渔村优良景观的形成为目的，提出了优良景观构成的基本理念，明确了国家责任，同时还制定了有关景观计划的建立、景观计划区域内优良景观构成的规制、景观完善机构的合作等相关规则。

（一）重要文化景观的认定以及保护

国土交通省在《景观法》出台的酝酿过程中，文化厅也开始研究在《文化遗产保护法》体系中追加历史景观保护的相关制度。在与国土交通省协调之后，文化厅从由《景观法》界定的"景观计划区域"以及"景观地区内文化景观"中特别甄选出一部分，作为重要文化景观，为其保护与管理制定了必要的行政措施。在平成 16 年（2004）《文化遗产

---

① 马场宪一著：《地域文化政策新视点——从文化遗产保护到传统文化的传承》，东京：雄山阁株式会社，1998 年，第 9 页。

保护法》改订时，对于文化遗产的定义，新增加了文化景观这一概念，即"来源于该地区的风土以及住民的生活与生计、自然形成并对了解该地区百姓生活具备不可或缺意义的景观"。

关于重要文化景观的认定，《文化遗产保护法》第134条指出，文部科学大臣在收到都道府县以及市町村的申报时，应依据《景观法》（平成16年法第110号），并对照文部科学省令，对都道府县以及市町村需要采取特殊保护措施的文化景观中特别重要的部分予以认定。同时，《文化遗产保护法》第137条还指出，对于由于管理不当而引发重要文化景观的消亡或破损的行为，文化厅长官应该对其所有人进行劝告，督导其改善管理方法或采取其他必要管理措施。

重要文化景观的认定应该依据相关标准。平成17年（2005）文部科学省告示第47号《重要文化景观认定标准》指出，重要文化景观的认定需具备以下条件：

第一，由该地区的风土民情以及住民的生活与生计共同组成，能够反映百姓生活的特色，具备独特性和典型性。

（1）水田、旱田等有关农耕的景观。
（2）草原、牧野等有关采草，牧业的景观。
（3）森林、防灾林等有关森林利用的景观。
（4）养殖筏、海苔养殖网等有关渔业的景观。
（5）储水池、水路、港湾等有关水资源利用的景观。
（6）矿山、采石场、工厂群等有关采矿、制造业的景观。
（7）道路、广场等有关流通往来的景观。
（8）围墙、住宅园林等有关房屋的景观。

第二，由以上各个景观复合形成的景观地区，能够反映百姓基础生活的特色，具备独特性和典型性。

平成18年（2006）1月，作为第一处重要文化景观，"近江八幡水乡"（滋贺县近江八幡市）入选。之后，"一关本寺农村景观"（岩手县一关市）也获得重要文化景观认定。平成18年（2006）12月，日本政府向联合国教科文组织世界遗产中心提出以"平泉净土思想之文化景观"为名的世界文化遗产认定申请,"一关本寺农村景观"作为构成景观之一,也被列入其中①。

平成19年(2007)至今,文化厅已接到40余处有关文化景观的调查申请和重要文化景观的认定申请。对于这些申请,文化厅目前正在积极制定《文化景观保存计划》。

(二)传统建筑物群的保护制度及应用

昭和30年代至40年代(20世纪50年代至60年代),日本进入经济高度发展期。都市和乡村的人们生活方式发生巨变。住宅用地大规模开发,乡村的人们举家搬离故乡前往城市,日本人的传统居住环境大面积大规模地消逝或遭到破坏。在这样的大环境下,保护村落原貌运动在民间兴起,文化遗产保护制度面临新课题。昭和50年(1975)法修订时,《传统建筑物群保存地区》制度出台。

1. 居民与观光游客共同参与的保护运动

对于传统建筑物群的保护,在民间兴起的保护村落原貌运动中对整个保护活动起到了巨大的推动作用。

例如,在长野县南木曾町,作为原中山道驿站区,妻笼地区的居民们自发开展保护活动。作为长野县明治百年纪念活动的一环,在保护这一大原则下合理开发观光资源,积极开展驿站小镇这一景观的修整完善活动。居民组成"妻笼热爱会",确立"三不原则",即"不卖、不借、不破坏",并于昭和46年(1971)制定了"居民保护妻笼驿站宪章",对驿站小镇的景致与环境的维护和形成制定了严格的律己制度。在这场活动的促进之下,昭和48年(1973),南木曾町制定了《妻笼驿站保护条例》,旨在保存保护历史驿站景观,将珍贵的文化遗产传承给后代,同时进一步发展居民的文化生活。该条例指定了驿站景观保护地区、乡土景观保护地区和自然景观保护地区。规定对建筑物、土地形式、色彩

---

① 文部科学省编:《平成23年度(2011)文部科学白皮书》,东京:佐伯印刷株式会社,2012年版,第277页。

的变更、竹木的栽植与砍伐、土石类的开采等采取申报制，南木曾町政府对相关保护工作有建议、劝告的权力，同时也对相关保护工作给予一定补助。

类似长野县南木曾町制定自治条例，许多市町村也有同样的举动。昭和43年（1968）就有金泽市制定了"传统环境保护条例"，仓敷市制定《传统美观保护条例》。昭和47年（1972），高山市、京都市、萩市、神户市、高梁市、平户市；昭和48年（1973），南木曾町、松江市、津和野町等，都制定了自己的保护条例。就这样，通过市町村自己制定保护条例来开展市容保护的活动在全国范围内展开。这些活动都直接反映到昭和50年（1975）《文化遗产保护法》修订中，促进了《传统建筑物群保存地区制度》的出台。

妻笼驿站保护活动被媒体报道后，吸引了众多游客到访妻笼。随着经济高度发展，百姓的旅行兴趣大增，类似妻笼这样的地区，游客到访人数激增。众多游客的到访无疑为地区经济的活跃发展起到了巨大的作用。于是各个地区开始致力于将地区内的代表性建筑物改造成资料馆或物产馆，面向游客开放。

据昭和61年（1986）年度数据显示，传统建筑物群保护地区游客到访人数在角馆町达130万人、南木曾町60万人、高山市200万人、京都市220万人、神户市150万人、仓敷市400万人、内子町15万人、萩市100万人、知览町30万人，月共计1300万人。到平成9年（1997），整个地区迎来游客数共计2800万人。

2. 传统建筑物群的新型保护制度——地区条例与国家的认定

一直以来，文化遗产保护制度的施行方式都是由国家认定重要保护对象，然后将其列入保护制度范围之下。而对于国家认定以外的文化遗产则依据地方公共团体条例进行保护。但是，作为百姓生活场所的地区景观，为保护其价值由国家单方面进行认定和保护显然不合时宜。同时，制定各自保护条例的地方公共团体也希望能从政府获取补助。于是，新型保护制度诞生，即以居民达成共识为前提，依据市町村制定的保护条例（或都市计划）决定对本地区景观进行保护。政府则从这些地区中甄选出重要保护地区，并对其给予财政上的援助。这样，由居民、地方公共团体、政府三者各自履行其职能的新型保护体系实现制度化。

重要传统建筑物群保护地区的认定须根据《文化遗产保护法》第144条第1项，即在市町村的申请中，对于具备特别高价值的传统建筑物群保护地区的全部或一部分，文部科学大臣可以认定其为重要传统建筑物群保护地区。传统建筑物群保护地区首先应该是符合当地居民和市町村的价值判断。之后由国家再次进行甄选，并对选定的重要传统建筑物群保护地区实行必要的经济补贴。

同时，《文化遗产保护法》第143条第5项规定，文化厅长官和都道府县教育委员会对于传统建筑物群的保护工作，可以对市町村给予必要的建议与指导。第146条规定，作为重要传统建筑物群保护地区的保护工作，各个市町村对于本地区内由建筑物和传统建筑物群组成的景观环境进行保护时所采取的管理、修理、复原等措施，国家应该给予一定的经济补助。

市町村依据《文化遗产保护法》第144条第1项向文化厅提出认定申请时，其申报资料中应该注明保护地区名称、本地裁决日期、所在地以及面积、保护地区现状、保护地区内传统建筑物的特征、保护地区的保护计划等。同时添附上能够反映保护地区的位置以及范围的图纸、与保护计划有关的图表照片以及其他可以作为参考的资料。

国家认定标准则参考《重要传统建筑物群保护地区认定标准》（昭和50年（1975）文部省告示第157号）。具体内容如下：满足以下条件之一者即可获得重要传统建筑物群保护地区的认定。

第一，传统建筑物群整体独具匠心，特别优秀。

第二，传统建筑物群以及地界划分很好，保持原来状态。

第三，传统建筑物群以及其周边环境具备显著地方特色。

至平成19年（2007）1月1日止，国家认定的重要传统建筑物群保护地区分布在38个都道府县68个市町村内，共计79处。大概可以分为武家小镇、驿站小镇、港口小镇、商家小镇和山地村落这几大类别。

八、结语

文化不仅能培养人类的创造力，提高人类的表现力，同时还能够为人类心灵之间的沟通和相互理解提供土壤，进而形成具有强大包容力的温暖社会。文化自身拥有着固有的意义与价值，也承载着国家发展特征与历史风貌。

近年来，世界各国都致力于如何通过文化艺术的力量提升国家魅力。日本文化厅也提出"Cool Japan"的口号，期望通过现代日本文化与古代优秀传统文化并行的方式向世界表达日本魅力，以推进世界对日本文化的理解与向往，从而为世界和平发展贡献力量。平成13年（2001）12月，文化厅实施《文化艺术振兴基本法》，即以此为基本文化方针，鼓励国民创造能够与世界共鸣的艺术形式，并不断向世界发送信号，推进文化艺术的国际交流，"文化立国"俨然成为国家政策。

尤其在文化遗产保护工作方面，本着世界各国的文化遗产都是人类共同的财富这一精神，文化厅也立足制定有关文化遗产保护工作的国际交流与合作方针。在日本，相当长的一段时期，国内外文化遗产的调查研究工作持续进行，对于文物的保存与修复拥有着高度精湛的技术能力，并积累了众多的经验。国际文化遗产保护工作也对日本能够参与进入文化遗产保护工作中寄予极高的期待。

平成18年（2006）6月，文化厅发布《推进海外文化遗产保护国际合作的相关法律》[1]，平成19年（2007）12月，文化厅又制定了《推进海外文化遗产保护国际合作的具体方针》[2]。本着这一方针，日本文化厅开展了许多文化遗产保护国际支援活动。例如，平成16年至18年度（2004—2006）阿富汗国立公文书馆所藏文字文化遗产保存支援活动、

---

[1] 文化厅监修：《为实现文化艺术立国——文化厅40年史》，东京：株式会社GYOSEI，2009年，第142页。

[2] 同上书，第145页。

平成17年至18年度（2005—2006）印度尼西亚州立公文书馆藏品保存支援活动、平成17年（2005）越南升龙皇城遗迹专家派遣活动、平成18年至19年度（2006—2007）印度尼西亚爪哇岛中部地震受灾状况调查支援活动等。

此外，从平成11年（1999）开始，联合国教科文组织亚洲文化中心文化遗产保护合作事务所（ACCU奈良事务所）邀请亚洲太平洋地区专家开展了文化遗产保护调查修复研修（集体和个人研修）活动。从平成12年至19年（2000—2007）间，已累计接收来自32个国家的139人参加研修[1]。

本章围绕日本《文化遗产保护法》，对日本政府为保护传统文化遗产所制定的法律法规以及政策进行了深入的解读，对于日本国民对传统文化遗产的认识与责任也进行了全面的介绍。同时，日本相关文化遗产保护机构精湛的保护技术也为世界文化遗产的保存与修复贡献着巨大的力量。

文化遗产是全人类共同的财富。联合国教科文组织也在积极倡导各个国家在文化遗产保护领域加强合作，共同促进文化遗产保护的和谐发展，促进世界文化的多样性。本章期待通过对日本传统文化遗产保护制度展开研究，在探索本国传统文化遗产保护模式时能够起到些许参考作用，通过学习发达国家的文化遗产保护经验，促进本国文化遗产保护体制和机制的建立与完善。

（谢秦）

【参考文献】

1. 文化厅监修：《为实现文化艺术立国——文化厅40年史》，东京：株式会社GYOSEI，2009年。
2. 竹本住大夫、和多田胜：《文乐说语》，大阪：创元社，1985年。
3. 星野纮：《人口稀少地带传统艺能再生现代民俗艺能论》，东京：株式会社国

---

[1] 文化厅监修：《为实现文化艺术立国——文化厅40年史》，东京：株式会社GYOSEI，2009年，第290页。

书刊行会，2012 年。

4. 马场宪一：《地域文化政策新视点——从文化遗产保护到传统文化的传承》，东京：雄山阁株式会社，1998 年。

5. 国立剧场监修：《日本传统艺能》，东京：第一法规出版株式会社，1973 年。

6. 东京都教育厅总务部教育情报课编：《东京都教育（平成 23 年版）》，东京：东京都生活文化局广报广听部都民之声课，2011 年。

7. 文部科学省编：《平成 23 年度（2011）文部科学白皮书》，东京：佐伯印刷株式会社，2012 年。

8. 宋振春著：《日本文化遗产旅游发展的制度因素分析》，北京：经济管理出版社，2009 年版。

9. 于海广、王巨山主编：《中国文化遗产保护概论》，济南：山东大学出版社，2008 年版。

10. 早稻田大学演剧博物馆编：《演剧百科大事典》，东京：平凡社，1960—1962 年。

11. 河竹繁俊编：《综合日本戏曲事典》，东京：平凡社，1983 年。

12. 南邦男等监修：《人间国宝事典工艺技术篇》，京都：美术书出版株式会社芸艸堂，2012 年。

13. 日本文部科学省文化厅官网，http：//www.bunka.go.jp/

14. 日本国立国会图书馆日本法令索引，http：//hourei.ndl.go.jp/SearchSys/

15. 日本总务省行政信息提供网站"电子政府综合窗口 e-Gov"，http：//law.e-gov.go.jp/cgi-bin/

16. 东京国立博物馆官网，http：//www.tnm.jp/

17. 京都国立博物馆官网，http：//www.kyohaku.go.jp/jp/

18. 奈良国立博物馆官网，http：//www.narahaku.go.jp/

19. 九州国立博物馆官网，http：//www.kyuhaku.jp/

第二章 韩国文化产业政策研究

【摘要】 本章主要对韩国文化产业的发展战略、各种文化政策的出台背景、具体内容及其实效进行综合考察和实证研究，力图为我国制定相关政策提供一些有价值的参考依据。具体地讲：第一，着重分析韩国历届政府在文化领域施政理念的变化轨迹，进而探讨这种理念变化对韩国文化产业政策的实际影响。第二，着重探讨韩国历届政府政策推进体系，具体分析其连续性及阶段性特点。第三，着重探讨韩国历届政府文化产业政策的执行情况，并分析其利弊及适时进行调整情况。

一、绪论

（一）研究背景和目的

21世纪堪称"文化的世纪"，或者是"文化艺术的世纪"。其重要特点之一就是文化的产业化使传统的产业模式发生重大变化。伴随世界经济一体化进程和知识经济时代的来临，越来越多的国家把悠久的历史经验和知识的产物——文化资产与尖端技术融合起来，开始追求文化的产业化，并把它作为提高本国在国际上的认知度、创出经济文化高附加值的主要成长动力产业。因此，在这个"文化的世纪"里，具有高附加值、知识集约型、环境亲和型特点的文化产业，成为经济增长和社会发展的中心轴，主导21世纪的未来型产业。

在文化产业方兴未艾，各国政府积极谋划相关发展战略之际，曾因"亚洲四小龙"而著称于世的新型工业国——韩国，近几年来也不误时机地制定了"文化强国（C-KOREA）二〇一〇"战略，先后推出了一系列文化产业政策，旨在跻身于世界文化产业五大强国之列。其核心课题包括培育具有国际水平的文化产业市场，刷新文化产业流通结构，构筑能够激活著作权产业的稳固基础，推动韩流世界化以强化国家品牌等。在其中，集中培育数字化时代的核心——文化 CONTENTS 产业逐渐成为政府决策的重点，并以此为依托，力求达到"世界三大游戏强国（Game Korea）"、"世界五大电影强国"、"亚洲音乐强国（K-POP）"、"广播影视先进国"等现实目标。

为此，韩国政府所采取的具体措施首先是制定和实施与此相匹配的政策性法规。如：《文化产业振兴基本法》（1999年）、《关于音像、录像及游戏的法律》（2001年）、《综合广播法》《电影振兴法》《CONTENS 产业振兴法》（2011年）等。其次，每当新一届政府出任时，都发表了旨在振兴文化产业的中长期综合计划，以推动文化产业的稳步发展。如："文化产业飞跃二十一"（2001年）、"文化强国（C-KOREA）二〇一〇飞跃"（2005年）、"CONTENS 产业振兴基本计划"（2011年）等。再次，改革政府行政机构，保障相关政策法规的有效执行。如：1994年在文化体育部所属部门增设文化产业局；1999年在文化观光部主持下组成了韩国文化产业振兴委员会；2011年在国务总理下属部门设置了 CONTENTS 产业振兴委员会，并在财政上持续加大了支持力度。

韩国政府所推行的文化产业振兴政策，与传统的文化政策有较大的不同。过去，韩国政府所推行的文化政策，充其量也只是强调其历史的象征性和传承性，对培育健全的现代大众文化生活给予较大的关注。诸如设立国家图书馆和博物馆，建设国立剧院、组建国立国乐院、制定文化保护措施等。在这种情况下，韩国社会文化部门曾经沦为被政府控制和监视的对象，而不是其努力培育和扶持的一种"产业"。但是，当今在文化所拥有的历史象征性和传承性已开始转换为一种经济力，变成一个物化了的新产业的历史条件下,韩国的"二十一世纪型文化政策"也就不能老调重弹了。这就需要有一个"观念更新"和"体制更新",从而能够把从前的"控制"和"监视"模式转变为"自律"和"振兴"模式。在这一点上,韩国已经走在我们的前列,开始与世界先进国家并驾齐驱。近些年,韩国在动漫、服饰、音乐、游戏、电影、电视剧等领域所取得的新成就,已充分证明这一点。

我国是拥有5000年璀璨文明的泱泱大国。仅就文化"资源"而言,亦堪称世界之最。如何使我国从文化"资源"大国转变为文化产业强国,这无疑是摆在我们面前的新课题。新兴的文化产业所具有的文化与高科技相融合的智力型产业特点,就决定了它离不开政府的政策性支援和引导。只有公共权力的有效推动,才能促进"文化与科技融合",发展新型文化业态,提高文化产业的规模化、集约化、专业化水平[1]。在这一点上,我国的近邻——韩国的一些决策与措施很值得关注,其经验与教训更值得借鉴。通过对韩国的个案分析,力图为我国制定相关政策提供有价值的参考依据,这正是本论文的目的所在。

(二)国内外研究动态

对韩国文化产业政策的研究,周边诸国都给予了不同程度的关注,亦可见到相应的研究成果。但限于笔者之精力和能力,在此只介绍韩国和中国学者的专项研究。

1. 韩国对文化产业政策的研究

在韩国学界,对文化产业政策的研究可算是热门课题。社会不同领域的专家学者对此都有所涉猎,足见其受重视的程度。一般来说,韩国文化产业政策研究可以分为博士学位论文和学术论文。现择其重点介绍如下:

博士学位论文开始聚焦文化产业政策始于2000年。本章积笔者目力之所及,共收集分析了具有代表性的十几篇论文。这不仅缘于对学位论

---

[1] 胡锦涛:《坚定不移地沿着中国特色社会主义道路前进,为全面建成小康社会而奋斗——在中国共产党第十八次全国代表大会上的报告》,人民出版社,2012年11月版,第33页。

文分量过大之无奈，而且主要还是考虑到文中内容是否直接与本章课题有关。

韩国明治大学李永斗博士在其论文《韩国文化产业各领域特性及培育政策研究》中①，将韩国文化产业领域分为应用艺术文化产业和纯粹艺术文化产业，并以对各领域市场规模的预测及经济效益为基础，提出了有关企划—生产—资本—流通等流程方面的政策性建议。此后，文化产业、文化CONTENTS等用语开始流行，论文题目中也常出现"文化CONTENTS"之类的词汇。

到2000年代中期，韩国檀国大学金馨洙博士在《关于文化CONTENTS产业培育政策——以游戏产业和动漫产业为中心》一文中，以政府介入的必要性为前提，探讨了文化产业支援政策②。在产业环境要素中，他指出了专业人才培养政策效率低的问题，并呼吁政府为培养创造型专业人才要制定和实施人才供给规划，应注重人才培养项目的实效性。同时，他还强调要进一步细化专业人才教育，尤其是培养文化行政人员的重要性和必要性。至于影响文化产业的因素，政府是否已经确立了较完善的文化产业政策等方面，他的研究只涉及到游戏和动漫产业政策，而没有对文化CONTENTS产业进行综合研究。

韩国汉阳大学刘振龙博士在《韩国CONTENTS产业政策和革新体制研究——以韩国文化CONTENTS振兴院的支援事业为中心》中，主要分析了承担和执行文化CONTENTS政策的韩国文化CONTENTS振兴院工作③。他在分析政府、公共支援机构和企业及研究教育机构等三个主体要素的基础上，指出能够协调和链接这三个要素乃是确立政府决策的重要方向。韩国东西大学王都斗博士进而对中日韩三国的文化CONTENTS

---

① （韩）李永斗：《韩国文化产业各领域特性及培育政策研究》，明知大学校研究生院博士学位论文，2000年。

② （韩）金馨洙：《关于文化CONTENTS产业培育的政策——以游戏产业和动漫产业为中心》，檀国大学校行政研究生院博士学位论文，2004年。

③ （韩）刘振龙：《韩国CONTENTS产业政策和革新体制研究——以韩国文化CONTENTS振兴院的支援事业为中心》，汉阳大学校行政研究生院博士学位论文，2005年。

第二章 韩国文化产业政策研究

产业振兴政策进行比较分析①,试图寻求确立可合作的政策途径。为此,他针对政府、企业、教育者、研究者和开发商进行了问卷调查,以发现和分析所存在的问题。但是,此项研究基本上以国家介入文化CONTENTS产业为前提,对中日韩三国的政策比较也以片面的罗列为主,并没有能够凸显各自的特点,也未能指出可合作的具体途径。

韩国汉阳大学金昌洙博士的研究则把目光转向国内,从文化的公共性角度比较分析了韩国历届政府的文化产业政策②。他认为,韩国的文化产业政策基于其经济模式,由社会公共部门创出效益,民主地加以运营,并已实现了运营体系的制度化。在此基础上,他强调了构筑国际性纽带和国际间交流合作的必要性。但遗憾的是,他的论文尚缺乏事实依据,案例分析显得不够充分。相对系统地分析韩国文化产业政策的形成、发展、特点及成效的研究成果,可举出首尔大学金奎璨博士的论文《韩国文化CONTENTS产业振兴政策的阶段性特点及成果——以1974—2011年文化预算分析为中心》③。该论文历史地考察和分析韩国文化CONTENTS产业振兴政策之后,指出已出台的韩国文化CONTENS政策系当局通过提高财政预算,实现雇佣创出效果,进而实现社会文化价值的产业振兴政策。但并没有对整体的文化产业政策进行系统的解读。

与学位论文相比,学术论文选题更加具体,问题比较集中,范围也相对有限。本章所收集分析的论文,主要是在2000—2012年间发表在韩国各种刊物上的论文。

金正秀在《韩国政策学会报》上发表的《"韩流"现象对文化产业政策的意义——韩国文化产业的海外输出和政府的政策性支援》一文④,

---

① (韩)王都斗:《韩中日文化CONTENTS产业振兴政策研究》,东西大学校设计与IT专门研究生院博士学位论文,2008年。
② (韩)金昌洙:《立足文化公共性概念比较历届政府文化产业政策——以电影和文化CONTENTS政策为中心》,汉阳大学校研究生院博士学位论文,2009年。
③ (韩)金奎璨:《韩国文化CONTENTS产业振兴政策的阶段性特点和成果——以1974—2011年文化预算分析为中心》,首尔大学校研究生院博士学位论文,2012年。
④ (韩)金正秀:《"韩流"现象对文化产业政策的意义——韩国文化产业的海外输出和政府的政策支援》,《韩国政策学会报》,第11卷,第4号,2002年。

分析了2000年代初期在东亚地区刮起"韩流"的原因和特征,深入探讨了"韩流"对文化产业政策的影响,指出为文化产业发展及成功地进入国际市场,在政策上保障创作自由和开放文化市场之必要性。金绍英在分析韩国文化产业政策实施十多年来的成果时[1],又指出了政府决策只注重量的扩张,却忽略质的飞跃问题,并提出了艺术—人文社会科学—文化产业相互紧密联系的重要性,主张尽早构筑文化与教育政策的有机纽带。

尹成植在《知识信息社会的文化产业政策》一文中指出,在数字化时代,既要强调文化的所谓正统性,同时还要保障其独立性和普遍性,而且还要符合消费者的要求。为此,他主张要培育CONTENTS开发人才,营造富有创意的CONTENTS开发环境,并努力开拓国际市场[2]。

李延婷等[3]在《文化产业政策十年:评价与展望》一文中,着重分析了1994—2005年间韩国文化产业相关法律法规、制度、文化产业预算、文化产业局的组织机构变化、人才培养、文化消费等情况,进一步探讨了出版、广播、电影、动漫、游戏等产业的变化,并指出在今后十年间,随着信息通讯技术的发展,韩国文化产业界将会兴起兼并浪潮,从而给韩国文化产业带来重大结构性变化。基于这种认识,他主张政府决策也要有超前意识,跟上正在发生变化的新形势,正确把握和引导文化产业发展方向。

李炳民撰写的《对"参与政府"的文化产业政策评价与展望》一文,对"参与政府"(卢武铉政府——笔者注)执政期间的文化产业,特别是在销售、输出、雇用等经济效益方面所取得的成果给予较高的评价,并认为这一时期所推行的文化产业政策,在提高以"韩流"为中心的国家品牌形象方面起到了积极作用。但同时也指出,文化产业不应局

---

[1] (韩)金绍英:《政府文化产业政策的成果分析和新的推进战略》,《文化科学》,第43号,2004年。

[2] (韩)尹成植:《知识信息社会的文化产业政策》,《政府学研究》,第10卷,第2号,2004年。

[3] (韩)李延婷等:《文化产业政策十年:评价与展望》,韩国文化观光政策研究院,2005年。

限于文化艺术层面,今后更要注重开发和利用更多的创意资源,从而进一步搞活文化市场①。

吴泰宪在《韩日文化 CONTENTS 产业支援政策的现状和特征》一文中,比较分析了韩国和日本的文化 CONTENTS 产业支援政策之后,指出富有实际内涵的政策手段是"强化国内产业基础"与"强化国外营销"的重要前提;在巩固国内产业基础方面,韩国扩大了市场规模,革新了传统的流通结构,而日本在此方面略显乏力;在"强化国外营销"方面,两国都着眼于文化 CONTENTS 而积极探索进入国际市场途径,但韩国侧重于经济支援政策而忽略提供信息,而日本则更侧重于提供相关信息②。

朴光国撰写的《韩国文化产业的决策方向——以文化体育观光部的作用为中心》一文,分析了国家文化部如何为文化产业的振兴转变职能问题。他认为:第一,文化产业振兴政策应该提高到总统的国政日常工作层次;第二,文化部长官应该由副总理兼任,其下安排决策专家(公务员、外部专家)以辅佐副总理调整政策;第三,把零散的文化产业法律加以系统化,以形成一种相对完整的体系;第四,为了提高文化 CONTENTS 产业主管部门的组织竞争力,应改善教育和培训系统,以打破组织内的权威主义,使其变得更加民主、高效③。

金馨洙在《文化 CONTENTS 产业的战略管理方案》一文中,探讨了韩国文化 CONTENTS 产业政策现状,进而着重对以动漫产业为中心的文化产业进行剖析,从中指出了几点很值得思考的问题:第一,"文化"的价值取向要素和追求"产业"合理性要素之间还存有距离,甚至有些相互矛盾;第二,由于培育专门人才政策的非效率性,尚缺乏富有竞争力的核心技术;第三,由于对知识产权重要性的认识不足等原因,存在

---

① (韩)李炳民:《对"参与政府"的文化产业政策评价与展望》,《韩国行政学会冬季学术会议发表论文集》,2006 年。
② (韩)吴泰宪,《韩日文化 CONTENTS 产业支援政策的现状和特征》,《日本研究论丛》2007 年,第 25 号。
③ (韩)朴光国:《韩国文化产业的决策方向——以文化体育观光部的作用为中心》,《文化产业研究》,第 8 卷,第 1 号,2008 年。

着浪费社会资源的现象①。因此，他主张要成功地实施文化 CONTENTS 产业政策，就要从战略上有效地支援文化 CONTENTS 产业。

纵观韩国学界对其文化产业政策的研究，具有跨学科、讲效益、针对性强等特点，反映出韩国学界对此问题的重视。但是，上述有关韩国文化产业政策研究，基本上集中于行政学、经营学、经济学领域，近年来甚至还有延伸到"数字 CONTENTS"、影像学、新闻学等具体领域的趋势。这就不免给外界从宏观上把握其政策全貌带来困难，所以很有必要从社会学角度分析其政策出台背景、决策特点、推进模式、社会效果、国际影响等问题，更有必要开展国际横向对比研究，充分凸显其特色，分清利弊，以资借鉴。

2. 中国对韩国文化产业政策的研究

近年来，由于受"韩流"的影响，我国学界对韩国文化产业政策也给予较大的关注，相关研究成果也不断涌现。现将笔者所能接触到的具有代表性的相关研究成果介绍如下：

赵丽芳、柴葆青撰写的《韩国文化产业爆发式增长背后的产业振兴政策》一文，主要阐释了韩国文化产业得到迅速发展的原因，并详细介绍了 1995—2005 年十年间韩国政府先后出台的诸如《文化产业振兴基本法》等相关法规，分析了相应的政府机构职能（"韩国文化产业振兴委员会"、"韩国工艺文化振兴院"、"文化产业振兴院"等）和文化产业资金支持机制②。

陈博在《韩国发展动漫产业的政策措施评析》一文中，在具体分析韩国发展动漫产业的政策措施后，对其整体文化产业政策给予充分的肯定。他认为，自 1998 年金大中总统提出"文化立国"方针之后，韩国政府在政策法规的制定、组织机构建设、市场管理、人才培养等方面付出了巨大努力，进一步改善和优化了文化产业的发展环境，并适时地提

---

① （韩）金馨洙：《文化 CONTENTS 产业的战略管理方案》，《东北亚研究》，第 24 卷，第 2 号，2009 年。
② 赵丽芳、柴葆青：《韩国文化产业爆发式增长背后的产业振兴政策》，《新闻界》2006 年，第 3 期。

出了"韩国文化世界化"的目标,从而把文化产业列为韩国 21 世纪发展国家经济的战略性支柱产业加以优先发展,这正是韩国动漫产业得到迅速发展的重要原因①。

王维利在《韩国文化产业政策分析及当前主要问题》一文中,强调政府在制定文化产业政策、支援和培养文化艺术人才等方面起到不可或缺的作用,同时也指出了韩国文化产业自身存在的一些问题,以及政策上的局限性②。

樊晓娜、袁野撰写的《韩国文化产业政策及对我国的启示》一文,③介绍了韩国从中央到地方的政策制定过程和实施情况,并从政策倾斜、立法支持、资金投入和人才培养等四个方面进行了具体的分析。此文虽篇幅不长,但重点突出,层次分明,基本上概括了韩国文化产业政策的突出优点。与此相关的还有姜锡一、赵五星撰写的专著《韩国文化产业》,此书则用较大的篇幅比较详细地介绍了韩国的文化产业政策和相关产业的发展情况④。此外,向勇、权基勇撰写的《国政方向与政策制定:韩国文化产业政策史研究》,从历史的角度考察了韩国金泳三政府、金大中政府、卢武铉政府、李明博政府等历届政府推行的文化产业政策,试图从中勾画出韩国文化产业政策的形成、发展的基本轨迹,进而探讨其特点和存在的问题⑤。

通过以上介绍不难看出,我国对韩国文化产业政策研究尚处于初级阶段,宏观多于微观,综述多于分析,学科交叉还不明显,纵深挖掘明显乏力。

(三)研究范围和方法

本章主要对韩国文化产业政策进行综合考察和实证研究,并运用文

---

① 陈博:《韩国发展动漫产业的政策措施评析》,《当代韩国》,2008 年夏季号。
② 王维利:《韩国文化产业政策分析及当前主要问题》,《中国商界》,2008 年第 11 期。
③ 樊晓娜、袁野:《韩国文化产业政策及对我国的启示》,《商业文化》,2010 年第 8 期。
④ 姜锡一、赵五星:《韩国文化产业》,外语教学与研究出版社,2009 年版。
⑤ 向勇、权基勇:《国政方向与政策制定:韩国文化产业政策史研究》,《福建论坛·人文社会科学版》,2012 年第 8 期。

化行政学的研究方法、政府对文化产业的政策性支援背景、立案和实施过程及特点进行具体分析。其内容主要是：第一，着重分析韩国历届政府在文化领域施政理念的变化轨迹，探讨这种理念变化对韩国文化产业政策所带来的实际影响。第二，着重探讨韩国历届政府政策推进体系，具体分析其连续性及阶段性特点。第三，着重探讨韩国历届政府文化产业政策的执行和落实情况，并分析其利弊及适时进行调整情况。

本章共分八个部分加以论述。在绪论部分，主要阐明研究背景和目的、国内外研究动态、研究范围及方法等。第二部分对文化产业政策相关概念进行解析，着重对文化、文化产业、文化 CONTENTS 产业的概念及文化产业政策概念进行理论探讨。第三至第六部分内容属于实证研究范畴，主要介绍和分析了韩国历届政府，诸如金泳三（"文民政府"）、金大中（"国民的政府"）、卢武铉（"参与政府"）、李明博总统执政时期的文化产业政策，重点探讨不同时期的不同特点，并试图从中勾画出韩国文化产业政策的形成和发展的基本轨迹。在第七部分中主要回顾和分析我国文化产业现状及相关政策实施情况，在比较视野中进一步探讨韩国的文化产业政策究竟对我国有哪些启示，第八部分为本论文的结论部分，概括和梳理了本论文内容。

本章所引资料源自于韩国政府公布的报告书、白皮书等文献资料，已出版的专著和论文，以及官网公布的相关统计数据。

二、文化产业政策相关概念解析

（一）文化、文化产业及文化 CONTENIS 产业的概念

1. 文化的概念

对"文化"概念的解释，据大英百科全书统计，在全世界正式出版物中就有 160 种之多，至今还没有一个完全一致的看法。如果把它加以分类和归纳，主要有如下四种看法：第一，认为文化是指生活方式。如：

威斯莱（Wisser）在《人与文化》中说，文化是一定民族生活的形式①。第二，认为"文化"是过程。埃尔伍德（Ellwood）在《文化进化》中就认为，文化是一种学习和制造工具，特别是制造定性工具的过程。第三，认为文化是人类特有的现象，是一个社会群体所特有的文明现象的总和。第四，认为文化是一种复合体。如英国人类学家泰勒（Tylor）在其《原始文化》一书中说，文化"包括知识、信仰、艺术、道德、法律、习惯以及其他人类作为社会的成员而获得的种种的能力、习性在内的一种复合整体"②。我国著名学者周谷城先生在《论中西文化的交融》中也认为，"所谓文化，无论是中国的或世界的，东方的或西方的，都只能是一个概括的、复杂的统一体"③。这种强调文化内涵的多样性和复杂性的观点，逐渐被人们所接受。

参考以上观点，对在本章中所把握的文化内涵，考虑到新的时代环境还可以做如下新的诠释：首先，文化是一种生活方式。在如此广义的概念中，文化实际上包含着社会和集团所共有的态度、价值观、风俗、制度等，这正是文化政策所涉及的对象。因为文化政策所追求的最重要的目标之一，就是提高社会成员的文化生活质量。同时，还应该认识到，生活方式反过来又可以给艺术创作活动和文化产业提供重要的源泉。如：艺术作品或文化 CONTENTS 的故事结构，无一不是源之于社会生活世界。

其次，文化不仅是一种"学习和制造工具，特别是制造定性工具的过程"，而且也是对知识、精神、艺术进行再生产的过程。在此，应该特别强调人类特有的创意性特质，如对传统文化遗产的继承和发展、各种艺术创作、文化 CONTENTS 等。英国的文化传媒体育部把创意产业定义为"以个人的创意性、技术和才能为基础的产业，也就是通过知识财产的生产和开发，创出财富和职业的有潜力的产业"。其中包括目前能

---

① 朱狄：《艺术的起源》，中国社会科学出版社，1982 年版，第 37 页。
② 庄锡昌等编：《多维视野中的文化理论》，浙江人民出版社，1987 年版，第 98 页。
③ 复旦大学历史系编：《中国传统文化的再估计》，上海人民出版社，1987 年版，第 372 页。

够创出较高附加值的广告、艺术、工艺、古玩拍卖、时装设计、电影和电视剧、音乐、演出、出版、电脑软件和硬件开发等诸多领域。因此，可以说文化在对知识、精神、艺术进行再生产的过程中，也可以转变为一种产业。

再次，文化又是一种象征体系。人与动物不同，能够活用象征性的东西，对于对象、关系、观念赋予新的价值和含义，并以象征意义为媒介相互沟通或产生影响。艺术作品和文化CONTENTS都是再现了生活世界的象征性意思。正因为如此，通过利用文化的象征性特点，既可以塑造国家形象，扩大对外影响，也可以把它利用在经济领域创出效益。通过这种象征性意思获得收益的产业，就是文化产业。如今把文化产业纳入到国家发展战略范畴，政府纷纷推出相关政策，盖源于此。

2. 文化产业的概念

"文化产业"（Culture Industry）最早被译作"文化工业"，见于法兰克福学派学者瓦尔特·本雅明（Waler Benjamin）在1926年发表的《机械复制时代的艺术品》一文中。后来，西奥多·阿多诺（Theodor Wiesengruand）与马克斯·霍克海默（M·Max Horheimer）在1947年出版的《启蒙的辩证法》中，还专列"文化工业：欺骗群众的启蒙精神"一章，首次系统地使用了"文化工业"这个概念。但是，文化产业概念被众人所接受是在进入1980年代以后。此时，在文化产业部门已出现了多国企业，由此引发了对文化的支配和归属、文化正统性、文化产业支援政策等一系列问题，从而引起了各国政府的极大关注。进入1990年代之后，随着尖端数字技术和网络技术融入文化产业，新的创意产业得到长足的发展，而其成本与效益上的巨大反差，终于使人们意识到文化产业应该成为知识信息社会的核心产业[1]。由此，文化产业开始成为世人关注的焦点，许多学者给文化产业下了不同的定义。

在界定文化产业的定义时，首先应该注意"文化产业"和"文化的产业"之不同含义。文化产业是以文化自身为素材的产业[2]，而文化的

---

[1] 韩国文化观光部：《文化产业蓝图二十一》，2000年，第5页。
[2] D. wynne, "Cultural Industries", The Culdustry, Avebury, p. 1.

产业则是利用文化的特性和素材制造纤维、化妆品、家具等产品的制造业[1]。如果把文化产业的概念简单限定为"娱乐的要素对商品的附加价值产生巨大作用的产业"[2],那么由于其范围过于狭隘而不能反映日新月异的文化产业发展现实,也直接影响到政府决策的公正性和实效性。但是,如果把它加以延伸而界定为"包含传统和现代内容的文化和艺术领域里的创作或者商品化,以及参加流通的所有阶段的产物"[3],那么将会极大地扩大文化产业的范围,从而弱化其特色,给政府决策带来许多困难,甚至还会引起诸多非议。

有鉴于此,西方先进产业国一般把文化产业理解为"为了大众制作文化商品而追求盈利的产业"[4]。其中包括电影、电视、广播、出版、音像及文化CONTENTS等。这种文化产业产品都具有技术依赖性高、重复使用率高、产出效益高等"三高"特点。特别是在当今"数字化"环境里,大部分文化商品能够多次播放,反复使用,极大地降低了转换费用,而新的网络环境又给这些产品提供了无穷无尽的市场。当然,西方各国因社会、文化背景和产业技术发展情况不同,在对文化产业的内涵及范围界定上也呈现一些差异。

在英国,从文化产业中又引申出所谓"创意产业"(Creative Industry)[5],其概念最早见于1998年出台的《英国创意产业路经文件》中。其中明确地把创意产业定义为:"源于个体创造力技能和才华的活动,它通过知识产权的生成和取用,可以发挥创造财富和就业的潜力。"[6] 其中就包括广告、建筑设计、美术品及古董、手工艺、设计、电影、游戏

---

[1] A. J. Scoot, "The Cultural Economic of Cities", *IJURR*, *Vol21*, pp. 327 – 328.
[2] (韩)许政峭:《文化经济学》,韩奥尔出版社,2003年版,第94页。
[3] (韩)文化观光部:《2000年文化产业白皮书》,2000年,第2页。
[4] H. Koivnen, "Value Chain in the Cultural Sector, Paper Presented in Association for Cultural Economics Intermational Conference", *Barcelona*, 1998, pp. 14 – 17.
[5] (韩)许政峭:《文化经济学》,韩奥尔出版社,2003年版,第49页。
[6] [澳]斯图亚特·坎宁安:《从文化产业到创意产业:理论、产业与政策的涵义》,见林拓、李惠斌、薛晓源主编《世界文化产业发展前沿报告》,社会科学文献出版社,2004年版,第134—135页。

和教育用双方向软件、音像、演出、出版、电视和广播等①。

美国是从著作权法的层面上理解文化产业②的。在美国知识产权法联盟规定的著作权产业里，就包括了报纸、杂志、书籍、广播与电视、有线电视、录音和磁带、电影、广告、电脑软件等，并力求实现著作权产业和文化产业的结合现实化。同时，在信息产业（Information Industry）中，又包括了出版、电影、音像、广播与通讯、信息处理服务等内容，并注重文化产业的信息CONTENTS化③。

在加拿大，文化产业包括电影、广播、出版、音像、公益艺术、视觉艺术、庆祝会等，同时还把体育再细分为"文化活动"和"比赛"，把大众体育活动归入文化活动范畴。加拿大文化省所属文化产业发展基金会（Cultural Industry Developmen Fund）认为，文化产业领域还应包括书籍和杂志的出版，音像、电影及录像的制作④。

在亚洲，日本政府并不使用"文化产业"这个术语，当然也没有相应的定义。最近出版的《CONTENTS经营报告书》中，日本政府选定影像、游戏、音像产业进行了统计，这意味着把文化、娱乐产业领域视同CONTENTS领域⑤。可见，日本还没有对文化产业进行独立的分流，它仍分散在制造业和服务行业之中。

我国的情况与日本不同。国家统计局对文化产业明确地下了如下定义：文化产业是"为社会公众提供文化、娱乐产品和服务的活动，以及与这些活动有关联的活动的集合"。国内学界主流观点认为，文化产业是有别于提供公共文化产品（满足基本文化需求）的，主要提供私人文化产品（满足个性化文化需求）的产业门类。它是新技术时代高端产业

---

① （韩）文化观光部：《2000年文化产业白皮书》，2000年，第4页。
② （韩）韩国文化经济学会：《文化CONTENTS产业产业分类研究》，文化CONTENTS振兴院，2004年，第44页。
③ 韩国文化观光部：《2001年文化产业白皮书》，2001年，第6页。
④ Cultural Industry Development Fund, "Cultural Industries, Activities and Events," Canada's Culture, Heritage and Identity: A Statistical Perspective, 1997, pp. 103 – 107.
⑤ （韩）黄周星、洪有镇：《文化产业支援中心设立方案》，文化政策开发院，2000年，第8页。

第二章 韩国文化产业政策研究

的组成部分,属于"战略性、先导性产业"①。

那么,韩国究竟如何认知和把握文化产业之概念呢?

最近,通过查阅韩国文化观光部公布的报告书,得知在韩国已普遍地使用了文化产业这个概念。但从中亦可发现,学界对此概念的理解各有侧重,可分为如下三类:第一,以商品的复制性为基准下的文化产业定义;第二,注重与CONTENTS产业的连贯性下的文化产业定义;第三,狭义和广义上的文化产业定义。此外,还有以文化商品的企划、制作、流通、消费为中心下的文化产业定义②。但不管其侧重面有多大不同,大多还是从文化经济学的角度去认知和把握文化产业,即把它当作以文化和艺术为素材制作商品,并流通这些商品的产业部门。

韩国传统的文化产业部门包括出版、印刷、报纸、广播、电影、博物馆等。近来,随着信息通讯技术的急速发展,韩国在文化产业领域中又追加了动漫、数字CONTENTS、多媒体CONTENTS等领域。尽管如此,这种变化也没有影响到人们对"文化产业"概念的理解,反而使之变得更加清晰。诸如已不再把机械或者电子机器等硬件产业划入文化产业领域便是一个例证③。

至此,韩国《文化产业振兴基本法》对文化产业所下的定义是:"有关文化商品的企划、开发、制作、生产、流通、消费等服务型行业的产业。"而韩国《文化艺术振兴法》之下的文化产业定义则是:"以文化艺术的创作物或者文化艺术用品为产业手段,进行企划、制作、演出、展示、销售的行业"。可见,《文化产业振兴基本法》强调文化产业的经济层面,而《文化艺术振兴法》则强调其创意层面,自有侧重,凸显特色。

3. 文化CONTENTS产业的概念

在韩国,"文化CONTENTS产业"这个概念最早进入公众视野是通

---

① 孔建华:《中国文化产业政策的制定原则及其思想来源》,《中国文化产业评论》,上海人民出版社,2011年版,第30页。
② (韩)韩国文化经济学会:《文化CONTENTS茶叶产业分类研究》,韩国文化CONTENTS振兴院,2004年,第35—38页。
③ (韩)文化观光部:《2001年文化产业白皮书》,2001年,第7页。

过2000年2月25日刊登在《文化日报》上的一篇文章。其实，在这之前，韩国政府机构中早有文化产业局所属的"文化CONTENTS振兴科"和准政府机构"韩国文化CONTENTS振兴院"等专门机构。但是，当时"韩国文化CONTENTS振兴院"的主要业务范围仅限于漫画、动漫、卡通形象、音乐等产业。韩国电影产业属于"电影振兴委员会"管辖范围，包括对其基金的管理。报业和广播业则由各韩国言论财团和"韩国广播委员会"主管，而游戏产业又划归"游戏产业开发院"管理。可见，在韩国媒体上第一次出现"文化CONTENTS产业"概念之时，其涉及范围十分有限，只是作为文化产业的一部分而存在，当然也就不能与整个文化产业划等号。

但是，2008年2月，李明博政策出台之后，上述的文化产业部门间的界限逐一被打破，结果文化CONTENTS产业就变成泛指所有文化产业的通称。这体现在政府机构的名称上，把原来的"文化产业局"和"文化产业本部"更名为"文化CONTENTS产业室"（2008年）。2009年政府又对"韩国文化CONTENTS振兴院"和广播产业、游戏产业实行合并，更名为"韩国CONTENTS振兴院"。到了2010年，政府在全面修改原有的"网络数码CONTENTS产业发展法"之后，改称"CONTENTS产业振兴法"，并据此设立了"CONTENTS产业振兴委员会"。随即"文化CONTENTS产业"概念迅速扩散到社会各领域[①]。"韩国CONTENTS产业"逐渐成为对当今韩国文化产业的通称。

那么，"文化CONTENTS"究竟是什么意思？对"文化"之概念前边已有解释，但在"文化"之后追加"CONTENTS"这样一个英语词汇究竟寓意何在？

按照英汉词典上的解释，"CONTENTS"具有"核心"、"内容"之意。如果把它作为综合性用语，与频道（CHANNEL）、传播媒介（MEDIA）、平台（PLATFORM）等特定传媒用语相联系，那么"CONTENTS"就会引申出诸如故事、电话号码、小说、电影等多种含义。也许

---

① 事实上，从2009年开始韩国文化部每年发行的《文化产业白皮书》和《文化产业统计》已变更为《CONTENTS产业白皮书》和《CONTENTS产业统计》。

是这种缘故，在韩国《文化产业振兴基本法》第二条第三项中就把"CONTENTS"的概念解释为"符号、文字、声音、音像及影像等资料或信息"，而对"文化 CONTENTS"的概念则定义为"文化的要素体化的CONTENTS"。在此，"文化的要素"意味着艺术性、创意性、娱乐性、休闲性、大众性。因此，"文化 CONTENTS"可以理解为"把艺术性、创意性、娱乐性、休闲性、大众性体化为符号、文字、图形、色彩、声音、音像、图像和影像的资料或者信息"。基于这种认识，对"文化CONTENTS产业"也就可以理解为通过"企划、开发、制作、生产和流通把艺术性、创意性、娱乐性、休闲性、大众性体化为符号、文字、图形、色彩、声音、音像、图像及影像的资料或者信息的服务型产业"。如此界定概念未免过于繁琐，很难把握其要点。因此，将其加以抽象化，似乎可界定为：系统地生产和使用文化商品的服务型产业。

但是，文化 CONTENTS 的对象却具有人道性、社会性，其表现方式又有创造性特点。据此判断，数据库就不能成为文化 CONTENTS，另外，像法院判决书那样不具有独创性等核心属性的资料，也不能成为"文化 CONTENTS"。同时，还应该注意到，对"人道性"和"创造性"，不同的人群也会有不同理解。如此看来，"文化 CONTENTS"的具体范畴目前也很难界定。尽管如此，在本书中考虑到韩国文化产业政策的连续性，仍将沿用从前的"文化产业"这个概念，以此来涵盖韩国历届政府在制定文化产业政策时所使用过的诸如"文化产业"、"CONTENTS 产业"、"文化 CONTENTS 产业"等多少有些区别的概念。

（二）文化产业政策对象及范围

关于文化产业的政策对象及范围，主要体现在韩国政府已颁布实施的《文化艺术振兴法》《文化产业振兴基本法》《CONTENTS 产业振兴法》之中。韩国政府最早颁布和实施的《文化艺术振兴法》中，明确规定此法适用于"以文化艺术的创作物或者文化艺术用品为产业手段，并据此企划、制作、演出、展示、销售的行业"。在此法中提到的"文化艺术",实际上指"文学、美术(包括应用美术)、音乐、舞蹈、戏剧、电影、演艺、国乐、摄影、建筑、语言及出版"等行业,这就意味着能够把这些行业的创造物或者用品作为产业手段,并据此企划、制作、演出、展示、销售的行业均可适用《文化艺术振兴法》加以支持。可见,此法中的"文化艺术"与后来的文化产业概念与范畴并不相矛盾。因此,这一条款自1972年出台后,至今从未修改过。

1999年制定的《文化产业振兴基本法》,则更明确地把"文学艺术"改称为"文化产业",其政策对象及范围被规定为"有关文化商品的企划、开发、制作、生产、流通、消费及其相关的服务型行业的产业"。在这里提到的"文化商品"是指"把文化要素(艺术性、创意性、娱乐性、休闲性、大众性)体化之后,创出经济附加值的有形、无形财货(包括文化CONTENTS、数字文化CONTENTS、多媒体文化CONTENTS)及其服务,或者是它们的复合体"。在此,已经格外凸显了"文化要素"和"经济附加值",使其步入产业化轨道。此后,该法几经修改(2011年5月25日,第25次修改),把文化产业范围进一步加以扩大和细化,现已基本上确定为如下十个行业:

电影产业;音像、录像产业;出版、印刷、定期发行刊物的产业;广播电视产业;有关文化遗产的产业;有关漫画、卡通形象、动漫、教学游戏程序、手机文化CONTENTS、设计(不包括产业设计)、广告、演出、美术品、工艺品的产业;有关数字文化CONTENTS、使用者制作文化CONTENTS和多媒体传播媒介对文化CONTENTS的收集、加工、开发、制作、生产、储存、检索、流通等产业及其相关服务型行业;利用传统素材和技法进行商品生产和流通的产业,以及有关服饰、造型、装饰用品、小商品和生活用品的产业;以文化商品为对象举办展示会、博览会、庆典活动的产业;在以上各文化产业中,兼容两种以上行业的产业。

当然,确定以上十大行业并非意味着今后其范围不再发生变化。事实上,自韩国《文化产业振兴基本法》实施以来,其政策对象及范围一直在发生变化,其详情可参见表1所示。

第二章 韩国文化产业政策研究

表1 "文化产业振兴基本法"适用对象和范围变化情况①

区分	1999年2月	2006年4月	2009年2月	2011年5月
电影、录像	○	○	○	○
音乐（音像）		○	○	○
出版（漫画）、印刷、定期刊物	○	○	○	○
广播电视	○	○	○	○
文化遗产	○	○	○	○
教学游戏程序	○	○	○	○
手机文化CONTENTS		○	○	○
设计（不包括产业设计）	○	○	○	○
广告	○	○	○	○
演出、美术品、艺术品	○	○	○	○
数字文化CONTENTS	○	○	○	○
使用者制作的文化CONTENTS			○	○
多媒体文化CONTENTS		○	○	○
传统服饰				
传统食品	○	○	○	○
传统造型物、装饰用品、生活用品等				○
文化商品展示会、博览会、庆典活动等				○

值得注意的是，到了2010年韩国国会通过了《CONTENTS产业振兴法》，从而把文化产业的政策对象及范围扩大到所谓"CONTENTS产业"。分析韩国政府已出台的文化产业政策相关法令就不难看出，"文化CONTENTS产业"与"CONTENTS产业"既有联系，又存有明显区别。其详情如表2所示：

---

① （韩）金奎燦：《文化CONTENTS产业振兴政策时期别特征和成果：1974—2011文化预算分析为中心》，首尔大学校博士学位论文，2012年，第19页。

表2 在韩国现行法令中出现的 CONTENTS 相关概念①

区分	定义	备注
文化产业	把艺术性、创意性、娱乐性、休闲性、大众性体化之后，创出附加价值的有、无形财货及其有关企划、开发、制作、生产、流通、消费等服务型行业的产业。	文化产业振兴基本法
	以文学、美术（包括应用美术）、音乐、舞蹈、戏剧、电影、演艺、国乐、摄影、建筑、语言、出版创作物或者用品为产业手段，并据此企划、制作、演出、展示、销售的行业。	文化艺术振兴法
CONTENTS	符号、文字、图形、色彩、声音、音像、图像、影像（包括它们的复合体）等的资料或者信息。	文化产业振兴基本法 CONTENTS 产业振兴法
CONTENTS 产业	创出经济附加价值的 CONTENTS，或者有关提供这些制作、流通、利用的服务性行业的产业。	CONTENTS 产业振兴法
文化 CONTENTS	把艺术性、创意性、娱乐性、休闲性、大众性加以体化的符号、文字、图形、色彩、声音、音像、图像和影像等的资料或者信息。	文化产业振兴基本法
文化 CONTENTS 产业	把艺术性、创意性、娱乐性、休闲性、大众性加以体化的符号、文字、图形、色彩、声音、音像、图像和影像或者信息加以企划、开发、制作、生产、流通、消费或者投资相关服务的产业。	文化产业振兴基本法

---

① （韩）金奎燦：《文化 CONTENTS 产业振兴政策时期别特征和成果：1974—2011 文化预算分析为中心》，首尔大学校博士学位论文，2012 年，第 22 页。

通过表2说明得知,如果说"文化CONTENTS产业"是生产、流通、消费文化的组成要素,那么,"CONTENTS产业"则是一个更为宏观的概念,它强调具有经济附加值的资料或者提供服务的效率。这就是说,在概念上"文化CONTENTS产业"属于下位概念,从属于"CONTENTS产业"。由此可见,《CONTENTS产业振兴法》的出台,实际上反映了政府急欲扩大《文化产业振兴基本法》所规定的有关"CONTENTS"对象及范围的意愿,这无疑标志着韩国文化产业发展到一个新阶段。

韩国政府的如上意图,通过分析该项法令的来源及内容亦清晰可见。原来,该项法令源自于2002年制定的《网络数字CONTENTS产业发展法》,把它加以改头换面就变成了《CONTENTS产业振兴法》。其目的就在于"为了国民生活的提高和国民经济的健全发展,指定振兴CONTENTS产业所必要的事项,以奠定CONTENTS产业基础,强化其竞争力"。在该法令的内容上,有些条款也明显地与《文化产业振兴基本法》相互重复。如:《CONTENTS产业振兴法》第十三条规定的"激活创业"部分,相当于《文化产业振兴基本法》第七条;《CONTENTS产业振兴法》第二十五条规定的"标准合同书"相当于《文化产业振兴基本法》第十二条第二项;《CONTENTS产业振兴法》第十五条"促进技术开发"项目,则相当于《文化产业振兴基本法》第十七条等等。

在概念的界定上,《CONTENTS产业振兴法》对"CONTENTS"所下的定义与《文化产业振兴基本法》中的定义基本一致。如在《CONTENTS产业振兴法》中,把"CONTENTS"定义为"符号、文字、图形、色彩、声音、音像、图像和影像等资料或者信息"。然而,在《CONTENTS产业基本法》中,并不使用"文化CONTENTS"这个概念,而是用"CONTENTS产业"取而代之。而对"CONTENTS产业"的概念解释为"创出经济附加价值的CONTENTS,或者有关提供这些的制作、流通、利用等服务型产业"。这无疑是对《文化产业振兴基本法》中的"文化CONTENTS产业"概念加以延伸和抽象化,并赋予更宽泛的内涵,只是对艺术性、创意性、娱乐性、休闲性、大众性等具体的组成要素略而不谈罢了。

但是，文化产业对象及范围的扩大，并不意味着《CONTENTS 产业振兴法》只有量上的追求，却没有重点可言。实际上，政府在制定新法时，已经非常关注与媒体相关的文化 CONTENTS 领域。这是因为文化产业的生产和消费相当部分是通过媒体来实现的。政府要想通过政策手段有效地推动文化产业的发展，就必须重视与媒体相关的文化 CONTENTS 领域。所以，2011 年发行的《2010CONTENTS 产业白皮书》中，已明确地把电影、动漫、音乐、游戏、卡通形象、漫画、出版（书籍）、定期刊物（报纸、杂志）、广播、广告、知识信息、服装文化等 12 个领域纳入 CONTENTS 产业范畴。另据《2010CONTENTS 产业统计》，已纳入 CONTENTS 产业的行业分别是：出版、漫画、音乐、游戏、电影、动漫、广播、广告、卡通形象、知识信息、CONTENTS 设计、演出产业等 12 领域，这几乎与《2010CONTENTS 产业白皮书》相一致。特别值得一提的是，在《2010CONTENTS 产业统计》中，有意凸显知识信息、CONTENTS 设计、演出产业之后，重点统计了从出版产业到卡通形象产业的 9 个领域。这就意味着政府的政策支持重点放在了这些领域。

（三）文化产业政策内涵及性质

1. 文化政策的概念

所谓政策（Policy）是国家利用公共权力介入民间活动领域的行为。国家政策的目标是，对社会问题采取适当的方式加以解决，以体现社会公益。其有效途径一般是政府介入社会公共问题，探索并实施其解决方案。在此总体概念之下，所谓"文化政策"（Cultural Policy）是"为稳固文化活动基础，国家所采用的行政、财政手段的总体"。有些学者则把它解释为"支援为了满足包括文化和艺术的国民情绪性欲望的活动以及继承文化传统的行政"[1]，"国家依据公共权力解决有关文化的公共问

---

[1] （韩）郑红益：《文化政策研究的领域和接近方法》，《文化政策论丛》，第 8 集，1997 年版。

题的过程"①，等等。

2. 文化政策领域的变化与政府介入的依据

文化具有自身的本质属性和自生性特点，政府人为地调整所有文化领域显然不够现实。所以，国家不可能把社会所有的文化现象划入政策领域。一般来说，文化政策领域的选定，取决于文化自身的发展需要、文化部门的市场性、文化要素间的相互影响性、社会发展水平等因素。在韩国，传统的文化政策领域包括保护本国的语言、文化遗产、历史传承等部门。同时，旨在振兴和普及文化艺术的多种支援业务，也一直成为政府的文化政策所要涉及的领域。

但是，近来社会文化领域本身就开始发生很大变化。具体地讲，从高雅艺术转移到草根艺术，从艺术家转移到市民，从非经济领域转移到市场。对这些变化，政府文化部门显然不能视而不见，只依赖市场或民间自律。特别是当出现一些负面效应时，政府有必要采取政策手段加以纠正。这就为政府作为调节者介入市场提供了一种现实依据。对政府介入文化艺术市场的必要性，韩国学者金正秀从经济和社会角度提出了颇有说服力的见解。

从经济角度考虑，首先，艺术作品需要以高度熟练的人的技艺来完成，这就排除了大量生产及生产标准化的可行性，通过技术革新所换来的进步也会相对微弱，其结果只能是无法快速提高其劳动生产性，大大降低资本的利用效率。因此，文化艺术团体即便其管理能力再出色，也无法挽救亏损倒闭的命运。这就是著名的"鲍莫尔的成本病"理论。据此，金正秀认为，政府有必要对文化艺术领域投入资金加以扶持。

其次，文化艺术要得到发展，应具备能够发掘和支援有望新秀的相关制度。但因缺乏对这些有望新秀的信息源，而难以找到适当的投资对象。更何况文化艺术的生产者与消费者相见本身就需要剧场、展示馆等"过渡性交易成本"，所以为降低这些成本只能是选定个别出名的艺术家或作品作为投资对象，由此极易造成垄断局面。为了打破个别垄断，保

---

① （韩）金正秀：《文化行政论：理论的基础和政策的课题》，集文堂，2010 年版，第 96 页。

证文化艺术的健康持续发展，也需要政府的干预。

再次，在把创意性视为生命的文化艺术领域里，尚难杜绝恣意利用已发表的成果为己谋利的现象。如果任其泛滥，不仅极大地降低了文化商品的市场性，而且也会打击作者的创作热情，甚至损毁整个演艺界的社会形象。要想杜绝这种现象，单靠文化艺术界的自律显然难以奏效，必须由政府承担遏制剽窃和不法复制效果的主体，通过行政手段和政策性干预有效地治理这些乱象。

再从社会文化价值角度考虑，如果文化艺术的生产和消费只依赖市场功能，就会因消费群体的水平所限，使文化艺术所拥有的属于本质性的价值，不易被一般消费者所认知和把握，结果在无形中导致其价值流失现象，这在民间自律选择中尤甚。因此，政府有必要适当地介入其中，使文化的非物质性价值免遭人为贬损，以保证优化的文化商品交易。

同时，为了有效地保存和继承民族文化遗产，也需要得到政府的行政力和政策性支援。对任何一个国家而言，保护文化遗产都属于公益事业，且费时、费力、费资，在短期内很难有什么经济效益。这种公益性、非经济性特点就决定了此项事业的承担主体只能是国家公共机构，而不应该是自发的民间组织。

最后，要想维护文化生产和消费的社会公平，也需要政府的行政介入和资金支持。这从生产者角度上讲，即便有出色的才能和热情，但如果无法维持其基本生计，就难以向社会提供有价值的文化产品；再从消费者角度上讲，根据地区或者工资水平的不同，每个人的文化消费水平也不尽相同，而其差距目前正呈扩大之势。这就很容易造成国民虽在权利义务上平等，但事实上却因机会不均而有失社会公平的现象。毫无疑问，在解决此类问题上，政府的作用是任何一个民间组织所不能替代的。

3. 韩国文化产业政策的性质

对世界各国现存的文化产业政策模式，一般可分为自由市场模式、国家支援模式、和限制模式等三种类型。但从实际运作过程看，主要采取自由市场模式和国家支援模式。拥有雄厚产业基础的美国和日本，主要采用自由市场模式，使政府介入最小化，推行保护自由市场活动的政策。但是，诸如法国、德国、澳大利亚、加拿大等西方国家，却采取了国家支援模式，实行保护和培育本国文化产业的政策。其原因并不在于其产业基础如何，而是出于抵御美国对这些国家的文化影响的现实需要。面临这种形势，美国和日本政府虽然在内需市场上诱导公平竞争，但在应对国际市场竞争方面并非无所作为。为确保本国文化产业在国际竞争中免遭损失，两国政府已作出不少努力帮助本国文化产业打开国际市场。可见，所谓自由市场模式也有其两面性，内外有别，其关键在于本国的利益需求。

在韩国学界，对其产业政策的性质虽有不同看法，但争论焦点并不在于政府究竟采取那种政策模式。在肯定政府介入的前提下，强调文化产业的经济特性的学者主张把它归入为产业政策范畴，而强调文化的公益性特点的学者则主张把它划入文化政策范畴。对"文化"和"产业"两个基本要素的地位、作用及影响的不同认识，是导致以上两种不同观点的根源。

强调文化产业的经济特性的学者认为，韩国政府在制定文化产业政策的时候，其核心要义在于其经济价值，通过实现文化的产业化来追求商业利润是其首要目标，然后才是包括繁荣本国文化在内的综合效果的极大化[1]。为此，有的学者还进一步探讨了文化政策与产业政策之间的关系，指出：文化政策是奖励以文化的主体——个人所进行的自发、自主的文化活动的实际举措。不仅如此，通过政策手段还可以排除制约个人、团体活动的客观不利因素，从而为其学习、创造、传达、享受、积累、交流等活动创造良好条件。相比之下，产业政策对象则是文化产业的结构、经营及效益，并对其提供导向及政策支持。可见，两者在其对象、作用及影响等方面明显不同。值得注意的是，文化产业的基础要素是知识，它必须以知识的发展为前提。正因为如此，"奖励个人所进行的自发、自主的文化活动"与针对文化产业所制定的政策具有联系性和兼容性特点。这就意味着即便强调文化产业的经济特性，也不会损坏或

---

[1] （韩）李炳民：《参与政府文化产业政策的评价和日后政策方向》，《人文 CONTENTS》9，2007年版。

影响文化自身的发展①。

但是，强调文化的公益性的学者认为，文化产业政策是针对文化产业领域里出现的经济主义、商业主义倾向而制定的，其核心要义在于优化文化生产方式，倡导民主的文化生产参与方式。为此，他们甚至还提出了"创出自律的文化公共领域"的方案，以便让市民参与社会行政管理领域，活跃社会文化力量②。总之，他们主张文化不能成为政治和经济的手段，文化政策的原则应该设定在强化文化民主主义、公益性和社会责任上。这样，他们把文化产业政策的最终目标理解为建设理想的文化社会。

以上两种观点的对立持续至今，纷争不已，但不管韩国学界的观点如何，文化的产业化已是大势所趋，不可逆转。同样，文化产业始终是以"文化要素为媒介的产业"这一点也不会有什么变化。如果能够把这两者兼容并蓄，也许会成为折中上述两种截然不同观点的突破口。即：不能因强调文化产业的经济特性而贬低或无视其文化价值，也不能因强调文化的公益性而忽视其经济价值。两者是互为表里、相互依存的关系。

三、文化产业世界化战略的提出

（一）"文民政府"对文化产业的认识

1993年2月，金泳三出任第十四届韩国总统之后，为了同以前的军部权威主义政府相区别，自称"文民政府"③，宣布以"创建新韩国"为

---

① （韩）具文模：《文化产业的发展方案》，乙酉文化社，2000年。
② （韩）申光铉：《向文化社会新文化运动的课题》，《为了文化社会》，文化科学社，1999年版。
③ 金泳三自称他的政府为"文民政府"，即：文职的、民选的、民主的政府，以示有别于过去的军部政权或卢泰愚的半军部政权。

施政理念，开始推行一系列民主化改革。政治上，清算从前的独裁政治，促进民主化；经济上在世界化口号下标榜新自由主义，通过采取金融实名制和加入经济合作与发展组织（OECD）等措施，促进经济的民主化、世界化进程；文化上首次提出了产业化和世界化的目标，开始强调对文化产业的认识和政策转换。所有这些举措标志着人们热切向往的民主化时代的到来。

"文民政府"执政之初制定的文化政策，主要体现在1993年7月发表的《新文化、体育、青少年振兴五年计划》中有关文化领域的发展计划——《文化繁荣五年计划（1993—1997）》。从内容上看，此计划基本上承袭了第六共和国时期（卢泰愚政权——笔者注）制定的《文化发展十年计划（1990—1999）》内容，但同时又强调"把事业及投资的优先顺序有现实性地进行再调整，制定出反映这个时代要求和符合'创造新韩国'之国民情绪的文化政策及事业计划"，以示革旧图新之意。

《文化繁荣五年计划（1993—1997）》的政策目标，仍然是通过文化繁荣来实现国民生活质量的提高，从而进入先进文化福祉国家行列。但是，实现这一目标的途径和方法却与过去有些不同，特别强调了从限制到自律、从中央到地方、从创造阶层到享受阶层、从分裂到统一等符合民主化时代精神的政策转换，从而实现社会文化从专业艺人到普通民众、从上流阶层到弱势群体、从政府到民间的变革，以达到进入先进文化福祉国家行列的目标。由此可见，新出台的文化政策力求体现"创建新韩国"施政理念指导下的民主主义原则和对文化的观念更新。

遗憾的是，这种文化政策理念如同其他新政一样，当时还停留在宣言或者是口号上，并没有体现在具体政策上。因此，其政策内容就显得有些抽象和空洞，远没有达到整治和改善社会文化环境的目的。当国民忽然意识到其对民主化的热情和期待并没有换来生活质量的提高之时，人们对"文民政府"颇感疑惑不解，甚至有些失望。在此背景之下，政府痛感重新审视其文化政策之必要，终于在1995年制定的《文化产业发展方案》中，首次提出了"文化产业"概念及其世界化基本方向，以及具体的推进计划①，以表明"文民政府"并非无所作为。

在《文化产业发展方案》中，首先把文化产业理解为"未来产业之花"，在政策上从"消极的限制和保护"转变为积极"筹备基于自律和创意的积极的发展环境"。其次，推出构建文化产业园区、招引产业资本、构筑应对WTO的流通体制、完善国际竞争方案、培育专门人才、整备法令或制度的实际举措。再次，以影像出版产业为突破口，制定振兴影像综合政策，构筑影像和广播等相关产业之间的协作体制，探索与大企业的合作方案。这种全新的文化产业政策的制定，实际上意味着"文民政府"在文化政策上的重大转变，奠定了韩国文化产业政策的基础。此后几届政府基本上承袭了"文民政府"的文化产业政策，只是在其范围的设定、重点的选择以及与时俱进的调整和补充等方面各有侧重而已。

《文化产业发展方案》把决策重点放在优先发展影像出版产业上②。为此，该方案在分析文化产业现状，充分把握韩国影像、出版、音像行业优势和缺陷基础上，提出了具体的政策性课题。其内容包括：第一，强化影像产业的国际竞争力；第二，构筑漫画产业的发展基础；第三，体制上改善出版产业；第四，加快音像产业的世界化进程；第五，培养专业人才；第六，开发文化商品等。其中，对影像产业的具体政策，诸如全面改组电影振兴公司、成立独立的首尔综合制片厂、有系统地培养电影专门人才、集中支援和培育漫画电影或特殊影像物制作等具有国际竞争力的影像产业、举办国际电影节等③，基本得到落实而且初见成效。尽管如此，该方案在政策覆盖面上仍有只顾一点不及其余的片面性，在惠及百姓丰富国民文化生活等方面，远不及其初衷。

有鉴于此，到"文民政府"末期，政府意识到进一步实现文化模式

---

① （韩）崔振镛等：《韩国电影政策的流向和新的展望》，集文堂，1994年。
② （韩）元勇镇：《通过文化政治学角度，看"国民的政府"文化政策》，《韩国言论学研究》创刊号，1999年。
③ （韩）李延婷：《文化产业政策十年，评价和展望》，韩国文化观光政策研究院，2005年，第31—32页。

转变之必要,制定和颁布了《文化蓝图二〇〇〇》计划,并提出了面向未来的新的文化模式。即:"多样性和综合性的文化"、"丰饶的生活和民主主义的文化"、"文化的产业化和产业的文化化"、"面向统一的民族文化"、"文化的世界化和文化的普遍化"等。为实现这些转变,所要完成的政策性课题是:"扩大对文化艺术创作的支援"、"支援文化的产业化和产业的文化化"、"搞活各地方性文化"、"确立面向统一的民族文化"、"韩国文化的世界化"等[①]。但遗憾的是,由于这些政策性课题提出过晚,已无法在"文民政府"任期内完成,更由于1997年席卷韩国的金融危机,迫使韩国进入国际货币基金组织(IMF)管理体制,整个国家一时丧失了经济"主权",这极大地影响了各项政策的正常执行。

总之,"文民政府"执政时期,虽然政府在"创建新韩国"的施政理念下认识到文化产业的重要性,并确定了文化产业的总体发展目标,但其政策内涵及涉及范围上仍有较大的局限性,终究还是没能完全克服旧制之弊端及其历史惯性。其根源就在于"文民政府"本身所具有的两重性:一方面它与历届军人政权不同,国家元首金泳三原出身于在野党,是政治民主化的主倡者;但他又是作为卢泰愚政府执政党的总统候选人而当选总统,所以这个"文民政府"很难与旧政府完全决裂。因此,"文民政府"时期的文化产业政策明显带有过渡性特点,既有承袭旧制的一面,也有创新发展的一面。但不管怎样,"文民政府"对文化产业的观念更新和世界化战略的提出,为今后韩国文化产业的发展指明了方向,起到了积极的作用。

(二) 文化产业振兴体制的形成

伴随对文化产业的观念更新和世界化战略目标的提出,"文民政府"通过改组行政机构,开始设置专门负责管理文化产业的政府机构。具体

[①] (韩) 元勇镇:《通过文化政治学角度,看"国民的政府"文化政策》,《韩国言论学研究》创刊号,1999年。

地讲，继1990年文化部成为独立的政府行政部门之后（第六共和国时期），"文民政府"再把原来的体育青少年部加以合并，成立了文化体育部（1993年3月），下设文化政策局、生活文化局、艺术振兴局、语文出版局、体育政策局、体育支援局、国际体育局。但在此次机构改革中，并没有设置文化产业局。直到翌年5月，政府取消原有的语言出版局之后才正式设置了文化产业局。这意味着文化作为产业开始得到政府的认可和重视。

文化产业局正式成立之后，政府先后把艺术振兴局所属电影振兴科和影像音像科以及语文出版局所属的图书出版科和出版资料科划归文化产业局，但此时就把图书出版科和出版资料科加以合并改称"出版振兴科"。在此基础上，新设文化产业企划科负责总体企划业务，文化产业局所属各科室趋于完备。其具体分工如下：（1）文化产业企划科主管有关文化产业的调查和研究，制定和实施综合的计划，开发和普及文化商品等事项；（2）出版振兴科主管有关国内外刊物、出版物和印刷品的政策事项；（3）电影振兴科主管有关电影的进出口业务和供需调节，以及有关影院和制片商业务事项；（4）影像音像科主管有关振兴和培育音像和录像物事项。后来，把影像音像科的职能扩大到有关公演伦理委员会的业务（1995年11月）。到了1996年6月，政府又把原艺术振兴局所属著作权科移归文化产业局，主管有关著作权政策的制定、著作权许可、注册业务，以及著作权审议调整委员会、著作权国际合作与交流事项等①。

文化产业局具备以上5科室（文化产业企划课、出版振兴科、电影振兴科、影像音像科、著作权科）运营机制之后，政府开始对文化产业部门投入一定的财政预算，以保证其正常运营。当时，政府投入文化部门的财政预算不超过政府年度总预算的1%，其中投到文化产业部门的预算只占文化部门总预算的5%。其详情如表3所示：

---

① （韩）李延婷：《文化产业政策十年，评价和展望》，韩国文化观光政策研究院，2005年版，第31—32页。

表3　政府对文化产业局投入经费情况（单位：亿韩元）

年度	政府预算总额	文化体育部预算			
		预算总额	政府预算对比占有率（%）	预算总额	文体部预算对比占有率（%）
1994年	432500	2815	0.66	87	3.1
1995年	548241	3838	0.70	153	4.0
1996年	629626	4591	0.73	196	4.3
1997年	714006	6531	0.91	132	2.0

资料来源：（韩）韩国文化体育部：《文化产业白皮书》，1997年。

从表3中可以看出，"文民政府"时期对文化体育部的经费预算持续增长，将近达到1.0%，但直接投到文化产业局的预算比率相对少了些。至此，"文民政府"文化产业振兴体制初具规模。

（三）影像产业振兴政策剖析

如前所述，"文民政府"把文化产业的发展重点放在影像产业上，所以有关文化产业的法令和政策的制定较多地针对这一特定领域。第一部有关文化产业的法令《影像振兴基本法》的出台就是一个很好的证明。

"文民政府"决意要把影像行业作为突破口，有其特定历史原因。1985年，MPEAA在美贸易代表部将韩国政府采取有限发行外国电影之举视为不公正贸易行为，并欲起诉韩国政府。迫于这种开放电影市场的国际压力，当时的全斗焕政府（亦称第五共和国）与美国第一次签订了《韩美电影协定》，随后政府通过修改《电影法》（1987年第6次修改），允许外国电影公司进入国内。从此，外国电影公司不仅可以在韩国设立电影公司，也可以在韩国直接发行电影。翌年，美国好莱坞电影公司又向韩国政府要求修改对影片拷贝的各种限制，于是韩国政府极不情愿地修改了《韩美电影协定》中的相关规定①,进一步开放了韩国电影市场。从此,在韩国电影市场上出现了从电影制作到发行乃至票房收入均由外国资本支配的局面②,这就需要新的对策来保护韩国电影市场。

正是由于这种切肤之痛,"文民政府"执政伊始就十分重视对影像产业的培育和发展。早在1993年7月发表的《国家新经济五年计划》中,就把影像业列入"产业发展战略部门",明确表明把它培育成制造业的水平。这种决策意志不仅缘于保护本国文化产业之现实需要,还有一个巨大的经济利益驱动,那就是影像产业所能创出的巨大经济效益③。因此,1994年1月,文化体育部和商工资源部共同制定了"影像产业出口发展计划",从而首开跨部门合作制定影像产业发展计划之先例。在此基础上,文化体育部、商工资源部、邮电部、科学技术处、公报处等五部处群策群力,终于制定出旨在繁荣影像文化、振兴影像产业、强化影像产业竞争力的《影像振兴基本法》(1995年12月)④,并决定从1996年7月正式开始实施。

《影像振兴基本法》的核心在于缓解行政规制,制定振兴韩国电影的有效方案。在缓解行政规制方面,需要进一步放宽的条款包括:电影制作业登记制、电影制作和收入实绩制、短片制作篇数限制和电影审议制。而需要完全废除的条款为:电影制作申告制、出口电影推荐制和电影收入业绩义务制等。同时,作为振兴韩国电影的方案,该法明确了政府为搞活影像物的制作、流通、供应所要承担的义务,规定了电影制作业种、提供影像资料的义务、设立专用影院和电影振兴金库等。特别值得一提的是,新设的电影振兴金库制度(第30条),对振兴韩国电影业具有特别重要的意义。由此可见,《影像振兴基本法》旨在"从规制向振兴的转向",把过去以对电影业的干涉与限制为主的政策改为以相对

---

① (韩)姜乃碛:《市场开放后,韩国电影政策变迁》,《电影新作》2008年6月。
② (韩)李东延:《强化文化的独占和多国文化产业的地形》,《大众文化研究和文化批评》,文化科学社,2002年版。
③ 在1994年总统每年例行报告中,指出美国电影《侏罗纪公园》收益等于国产汽车200万辆销售收益之后,人们对电影有了产业概念的认识。
④ (韩)文化体育部:《文化蓝图二〇〇〇》,1997年。

自律和振兴为主的政策，为韩国影像产业的发展进一步扫除了障碍。

1996年10月，针对没有通过"审议制"而被国家机关起诉的影片《再开学校大门》，韩国宪法裁判所最后裁定国家行政机关违宪。这实际上意味着国家审议机关"审议制度"违宪，所以不得不修正原来的审议制度。1997年4月，政府第一次修正了《电影振兴法》，新设"公演艺术振兴协议会"替代以前的"公演伦理委员会"，用电影分级制的改革来替代审议制度。这与旧法的区别在于，以前的"公演伦理委员会"是由文化部长官委任几位委员而组成的行政机关，带有较浓厚的官方色彩和长官意志；而"公演艺术振兴协议会"则是以国家艺术院院长推荐、总统委任的方式组成的民间机构，至少在形式上更强调民意和自律。至于电影分级制，按不同年龄可分为四级：1. 老少皆宜；2. 12岁以下不宜（含12岁）；3. 15岁以下不宜（含15岁）；4. 18岁以下不宜（含18岁）。但对一些问题电影，仍然实行了事前审查制。即：对有"违背宪法的基本精神"、"有损国家权威"、"过度地描写暴力、色情而有损于美风良俗或扰乱社会秩序"之嫌的电影，设定了等级保留条款，并对其实行事前审查制。

（四）电影产业政策的执行及实效

"文民政府"的电影产业政策的特点可以概括为缓解规制和强化支援。首先就缓解规制而言，具有代表性的措施就是废除对外国电影限制拷贝制度（1994年）[①]。这一措施看似给外国电影进入韩国市场提供方便，但它实际上取消了首映影院与非首映影院之别，这就给大企业进入影院市场提供了良机。其显著效果表现在电影供应体制的变化和多厅影院的出现，以及影院票房收入的增加。这无疑给传统的电影市场注入了活力。

再就影像产业的支援政策而言，最引人注目的举措是金融、税制支

---

① （韩）金大豪等：《1990年代对韩国电影产业的评价：对危机论的反论》，《韩国演论学报》第43—2号，1998年。

援和影像制作支援。如1995年韩国政府在税制上对电影制作行业给予与制造业同等的税制优惠。又如，1996年政府又把电影制作确定为信用保证基金对象行业，为电影业的发展提供财源①。此外，在通商产业部制定的《培育风险企业特别法》（1997年）中，就把影像产业视同"风险企业"，在创业时提供金融、税制、人力等多种支援。在支援影像制作方面，从1994年起伴随电影振兴金库的设置，采取了事前支援电影制作措施，还对首尔综合摄影所建设、韩国艺术综合学校影像院设施建设、电影振兴公司所属电影学术研究院提供了资金支援。

在基础设施建设方面，最大的项目投资当属在电影振兴公司承建的首尔综合摄影所建设。首尔综合摄影所选址在京畿道南杨州，自1989年开工之后，历经8年努力，于1997年正式交付使用。整个摄影所由特殊摄影棚、小型、中型和大型摄影棚、野外露天影城、传统韩屋布景、录音编辑洞等组成②。其建设费由政府支援433亿韩元，自筹资金133亿韩元，总计投入了566亿韩元。可见，如果没有政府的鼎力支持，此项建设项目不知还要拖延多久。

在培育人才方面，在政府的支持下设立了首尔艺术综合学校影像院（1995年），共开设四个专业。第一年就招收了46名学生，1996年招收63名学生，1997年招收70名学生③。此院设立目的就在于培养与电影振兴公司的电影学术研究院不同的专业人才。院内还设有研究生班，以提高培养层次，确保教育质量和专业化水平。

最后，积极支援大型国际文化交流活动是政府推动文化产业国际化的重要举措。诸如举办釜山国际电影节、首尔国际图书展、首尔国际漫画联欢节是其代表性的活动。这些活动不仅成为展示韩国文化产业成果的重要窗口，也为实现文化产业世界化目标迈出坚实的一步。

---

① （韩）文化体育部：《文化蓝图二〇〇〇》，1997年。
② 同上。
③ 同上。

四、文化产业政策体系的形成

(一) 危机中萌生的"新文化政策"

1998年初,韩国的金融危机发展为全面的经济危机。在这种严峻的形势下,反对党领袖金大中出任第15届韩国总统,并在就职演说中指出本届政府是"依靠国民的力量形成的真正的'国民的政府'",主张建立"小而有力的政府"。8月15日,金大中在大韩民国成立50周年祝词中,把他所推进的改革称作"第二次建国",并提出了6项"国政运营"任务,即:实现从权威主义到参与民主的转变、民主市场经济、普遍的世界主义价值观、以知识为基础的创造性国家、合作的劳资新文化、和解与交流的南北关系[①]。其核心可归结为两点:市场经济和民主主义,这是摆脱当时IMF管理体制的重要途径。

要完成以上"国政运营"任务,"国民的政府"当时直接承受的压力和需要破解的难题主要集中在两个方面:一是如何通过结构调整提高效率,二是如何包容社会基本劳动者阶层确保社会稳定[②]。为此,政府就把财阀、金融、公共部门、劳动部门作为突破口进行改革,以此缓解社会矛盾,提高生产效率,尽快摆脱经济危机。因此,"国民的政府"执政伊始,自然把决策重点放在结构调整和搞活市场经济上。在此大背景之下,政府所推行的文化政策也带有明显的文化经济化倾向,留下较深的时代烙印。

"国民的政府"的文化政策基本框架,初现于金大中在竞选总统时曾向国民作出的承诺上:第一,废除对文化艺术的审查制;第二,保障

[①] (韩)金大中:《开辟克服困难和再飞跃的新时代》,《当代韩国》1998年第3期,第1—2页。

[②] (韩)崔泰旭:《世界化和韩国的政治改革》,《世界化和韩国的改革课题》,韩吾尔学术研究院,2003年。

创作表现的自由；第三，设立独立的文化部，并对其加以扩大和改组，确保1%的文化部财政预算；第四，实现文化的地方化，保证国民文化享受权利，消除地区、阶层、年龄上的文化差距；第五，实现文化产业的国家基干产业化；第六，振兴韩国电影；第七，废除公报处；第八，保存文化遗产；第九，韩国文化的世界化；第十，把观光产业培育成21世纪国家战略产业等。其中，文化产业的国家基干产业化、提高观光产业的战略地位、进一步改革影响文化产业发展的行政规制等内容，虽然暂为口头承诺，却已表明了金大中有别于"文民政府"的决策志向。

"国民的政府"正式上台后，有关文化方面的政策集中体现在"新文化政策"上（1998年）。"新文化政策"在"支援而不干涉"的原则下，确定了如下决策方向：1. 用文化的力量创出经济高附加价值；2. 追求把文化作为社会核心价值的知识信息社会；3. 通过追求文化主义奠定成熟的文化市民社会和民族共同体的基础；4. 确立韩国文化的正统地位，但同时也体现追求世界主义的开放性文化等。为实现这些政策目标而需要完成的课题主要有：为实现21世纪文化国家目标奠定政策基础；通过实现文化福祉提高国民生活质量；构筑文化产业划时代的发展体制；以文化为基点追求地区间的均衡发展和社会和谐等。

由此可见，"国民的政府"执政后正在履行大选承诺，并努力体现文化的本质。关于这一点，我们还可以从韩国文化观光部发布的《文化产业白皮书二〇〇一》中得到进一步验证。据此白皮书称，政府为追求"第二次建国"和实现文化国家目标，明确规定确保1%的政府预算来支援文化基础设施建设。其次，强调实现文化的地方分权化、扩大国民享受文化的机会，通过文化福祉提高国民生活质量。再次，通过支援文化产业和观光产业，把它培育成为国家基干产业，使之成为新的经济增长点，以有效克服经济危机，谋划"文化立国"和"先进韩国"方略[1]。

在文化产业化的世界大潮中，特别是在经济危机的特定环境下，"国民的政府"对文化产业也给予极大的关注。制定"振兴文化产业五年计

---

[1] （韩）文化观光部：《2001年文化产业白皮书》，2001年。

划"（1999年）便是一个很好的例子。在此项计划中，首先明示了政府对文化产业的基本认识，指出：文化产业已跃升为知识经济领域的核心产业，如何培育文化产业已成为国家和时代的课题。然后提出了主要工作目标，其内容包括：1. 构筑文化产业基础设施；2. 提高打入国际市场能力；3. 开发出口战略产品；4. 促进创业和制作；5. 实现流通领域现代化；6. 巩固文化产业发展基础等。在如何确定文化产业具体部门及其工作目标上，"振兴文化产业五年计划"明确地把文化产业分成影像、游戏、音乐、出版、文化商品、文化产业综合支援等六个部门，各部门工作目标确定如下：

第一，在影像产业部门，以进入21世纪世界主要影像产业国行列为工作目标，把首尔综合摄影所建设成尖端影像基地，并以此为依托开设影像主题公园，设立企划、制作、供应等专业影像投资组合。

第二，在漫画、动漫、卡通形象产业部门，要构筑相互协同体系，建设动漫创作中心，把国产动漫剧播放率提高到50%。

第三，在构筑文化产业综合支援体制方面，以"文化产业协同效果极大化"为目标，支援地方自治团体的文化产业园区建设，有效地管理和使用文化产业振兴财源（约5000亿韩元），推进设立文化产业振兴财团计划（创业培育中心），发掘和培育新的文化产业。

为推进文化商品的海外输出，该计划又新增文化产业输出商品种类，以及筹办"世界新文化产业博览会"的设想。此外，诸如培育游戏产业、出版产业和文化商品等方面的政策目标，皆旨在强化国际竞争力。

为有效地实施"振兴文化产业五年计划"，政府决定将分三个阶段加以落实：第一阶段，即1999年为奠定基础阶段，主要开展整顿制度、确保财源、培养专门人才等基础性工作。第二阶段（2000—2001年）为"走出去"阶段，主要推进对出口商品的开发、开拓国外市场等强化国际竞争力的事业。第三阶段（2002—2003年）为推进文化产业的国家基干产业化阶段。为此，主要推进文化产业园区建设，注重内涵建设、可持续发展和规模效应，以确保国际竞争力，进而实现国家基干产业化的目标。1999年2月，"振兴文化产业五年计划"以制定《文化产业振兴法》为契机，全面开始付诸实施。

综上观之，如果说"文民政府"在文化领域所追求的是文化的产业化，那么，"国民政府"则注重"文化产业的协同效果极大化"，并更加明确和细化文化产业领域划分及各部门发展目标，以此作为摆脱经济危机的新途径和奠定文化立国之根基。

（二）"国民的政府"文化产业政策推进体系

1. 调整文化产业行政机构

"国民的政府"对文化产业行政机构先后进行了三次调整[①]。1998年2月，政府在把原来的"文化体育部"改为"文化观光部"的时候，就把文化产业局所属部门扩编为文化产业统筹科、出版振兴科、电影振兴科、影像唱片科、新闻杂志科、广播广告行政科。其中，文化产业统筹科（原文化产业企划科）的业务范围扩至同国际通商机构及外国政府机关合作等涉外业务。随着新政府取消原公报处，其业务分别由新闻杂志科和广播广告行政科承担。新闻杂志科的主要业务是对新闻、通讯进行调研并制定或调整相关政策，还分担政府"刊物调整审议委员会"业务。广播广告行政科则承担关于国内外广播和广告产业的所有业务。通过这次调整，文化产业局统揽被称为"传媒产业"的诸如出版、广播、广告等部门的所有业务，这显然有利于文化产业的健康发展。

1999年5月，政府对文化产业局内部机构做进一步调整，取消出版振兴科、新闻杂志科、电影振兴科和影像唱片科等四科室，然后设立出版新闻科、影像振兴科、游戏唱片科、文化商品科。出版新闻科在原有的业务基础上，增加了出版、印刷和定期刊物等项业务，以及出版物的南北交流、占领海外市场、促进国际交流等方面的业务。出版电子书籍和漫画的业务也归出版新闻科管理。影像振兴科在原有的电影业务基础上，又增加了动漫、录像等多种影像产业的业务。文化商品科主管开发

---

① （韩）李延婷：《文化产业政策十年，评价和展望》，韩国文化观光政策研究院，2005年，第32—34页。

和普及设计、卡通形象、陶器、传统工艺品等文化商品的业务,同时还主管搞活传统文化商品、韩服产业和其他优秀传统工艺品的业务。游戏音像科主管有关培育游戏和音像产业的业务、开发和普及尖端双向媒体节目的业务。有关影像物等级委员会的业务,也归游戏音像科主管。通过第二次调整,政府对文化产业局内部进行了优化组合,扩大和增加了新的机构,充分体现了扩大和改组文化产业领域,以求"文化产业协同效果极大化"之初衷。

2001年5月,政府又把"文化商品科"更名为"文化CONTENTS振兴科",从而第一次把集知识、创意、文化创意、尖端技术为一体的知识产业纳入国家行政管理范畴。文化CONTENTS产业具有能够创出高附加价值、产业连贯波及效果大等特点的生态产业,可谓21世纪决定国家竞争力的核心产业。基于这种认识,政府在第三次机构调整中,决定由"文化CONTENTS振兴科"主导如下业务:1. 支援数字文化CONTENTS开发机关,奠定高品质文化CONTENTS的制作和供应基础;2. 为了培养文化CONTENTS的专门人才和有效地进行技术开发,制定和实施各种有实效的政策;3. 推进改善文化CONTENTS产业流通结构的工作。

作为"文化CONTENTS振兴科"的执行机构,政府成立了"韩国文化CONTENTS振兴院",具体负责落实支援文化CONTENTS产业的相关事宜。该机关主要由产业支援本部和CONTENTS开发本部组成。产业支援本部主要负责支援优秀CONTENTS的制作、进入海外市场、培养专门人才、租赁设施器材等事宜。产业支援本部下设四个中心:游戏支援中心、音乐支援中心、动漫支援中心、漫画/角色支援中心等[①]。CONTENTS开发本部下设CONTENTS事业组和开发支援组。CONTENTS事业组主要负责开发和企划文化CONTENTS、支援战略课题的发掘、构筑韩国文化原形存档站、开发应用CONTENTS等工作。开发支援组主要负责支援文化CONTENTS产业的应用技术开发、管理技术开发专利等工作。

然而,韩国文化CONTENTS振兴院成立之后,其业务范围出现与政

---

① (韩)文化观光部:《2001年文化产业白皮书》,2001年版,第54—55页。

府其他机构重叠现象。如：影像 CONTENTS 的播放由广播委员会和广播影像产业振兴院来管理，电影由电影振兴委员会来管理，游戏由游戏综合支援中心管理。此外，为了培育游戏产业，1999年政府又设立了游戏综合支援中心，开始正式支援游戏产业。该中心于2001年更名为"韩国游戏产业开发院"。因此，韩国文化 CONTENTS 振兴院成立后，并没有统揽文化 CONTENTS 产业，而只限于支援动漫的一部分和其他文化商品开发等事业。

由此可见，"国民的政府"的文化产业行政机构，由于它尚处于探索和调整阶段，出现上层分工相对清晰而基层分工模糊的混乱现象，结果造成政府重视有余，实际执行乏力的局面。

2.《文化产业振兴基本法》的制定和修改

在"国民的政府"出台之前，国家振兴文化产业的法律依据是《文化艺术振兴法》。但它在范围上只限于文化艺术领域，在具体内容上，也存在"个别化"倾向，所以很难统揽全局。甚至有些条款过于抽象化、宣言化，很难起到法律保障作用。最要紧的是，当时社会环境已发生了变化，原有的法律规定很难适应新情况、新需求。鉴于这种情况，1999年2月政府就制定了《文化产业振兴基本法》[①]。该基本法明确指出，制定新法旨在对文化产业进行支援和培育，以完善文化产业发展基础，增强其竞争力，从而为提高国民文化生活质量，促进国民经济发展作出贡献。其具体内容如下：

第一，根据时代的变化和要求，明确了文化产业的概念和范围。该法把文化产业的概念确定为"有关文化商品的生产、流通、消费的产业"。文化产业范围包括具有国外竞争力的五大战略领域，即：游戏、动漫、音像、电影、广播影像产业，就是所谓"文化 CONTENTS"。第二，设立文化产业振兴基金。以政府捐款和融资为支援文化产业的主要财源，通过发行债券或支援金、转入金等途径筹措财源。此项基金的设立，实际上有望克服从前口号式政策的局限性，为振兴文化产业提供了

---

① （韩）李延婷：《文化产业政策十年，评价和展望》，韩国文化观光政策研究院，2005年，第5—7页。

经济保证。第三，为振兴文化产业，设立"韩国文化产业振兴委员会"。通过该委员会，制定和调整有关文化产业的振兴计划和政策方向，有效地筹集和运营文化产业振兴基金。第四，对文化产业领域的创业，政府在融资和税收上提供优惠条件。第五，建设和运营文化产业基础设施——"文化产业园区"。

由此可见，《文化产业振兴基本法》进一步明确了文化产业的概念和范围，规定了振兴文化产业的财源及优惠方法，设立了推进文化产业发展的组织机构及其具体的培育设施——文化产业园区，因而具有目标明确、财源稳定、措施得力等特点。但是，对文化产业的范围划定上，实际上局限于游戏、动漫、音像、电影、广播影像产业等五大战略领域，仍无法统揽全局，今后有待于扩大和细化。更值得一提的是，旨在均衡发展各地方文化产业的"文化产业园区"建设，由于在地方并不具备建设文化产业园区必备的大企业、高等院校、研究所等基本条件，所以真正搞活地方文化产业园区尚需时日。此外，为振兴文化产业而设立的"韩国文化产业振兴委员会"，其业务涉及范围很广，具有跨部门和跨行业特点，这就给实际操作增加了许多困难。尽管后来为提高效率曾把主管负责人升至长官级（部长级——笔者注），但终因各部门间相互协调不力，实效甚微。

2002年1月，政府修改了《文化产业振兴基本法》。根据修改法的规定，文化产业的支援中心发生移位，开始重点扶持数码经济所需要的网络在线、离线的CONTENTS产业。因此，在修改法中就把文化产业的范围扩至数码文化CONTENTS产业，开始使用"CONTENTS"、"数码CONTENTS"、"数码文化CONTENTS"、"多媒体CONTENTS"等概念，还为保护数码制作物和强化电子商贸基础引入数码识别体系（DOI），并且给韩国文化CONTENTS振兴院提供了特殊法人化依据。其目的就在于促进文化产业的技术开发，给"数码CONTENTS"的生产和流通大开方便之门。

但是，政府把文化产业的范围扩至数码文化CONTENTS产业之后，其归属问题却引发了一场争论，认为它归属模糊，责权不明。文化观光部认为,"数码文化 CONTENTS"是"包括网络在线和离线的 CONTENTS",而信息通讯部则认为"数码文化 CONTENTS"限定在"在信息通讯网上流通"。因此,在 2001 年 7 月召开的"经济政策调整会议"上,政府首次对"数码文化 CONTENTS"的归属问题进行了商讨,最终决定文化观光部为培育 CONTENTS 产业的主管部门,负责应用技术开发和人才培养。而信息通讯部、产业资源部分管 IT 基础技术开发和 IT 基础人才培养。尽管如此,政府各部门间的矛盾并没有得到解决,直到 2008 年政府正式取消信息通讯部才算有所缓解。

在制定和修改《文化产业振兴基本法》的同时,文化产业具体领域的相关法律也得到进一步完善。其中,最主要的是《电影振兴法》、《音像录像物及游戏物相关法律》的制定和修改。

1999 年 2 月,政府对《电影振兴法》进行了第二次修订。此次修订的意义在于解散政府所属机构"电影振兴公司",把电影产业管理权进一步下放,由政府机构移至民间合议的行政机关"电影振兴委员会"。该委员会由 10 名委员组成,从中通过选举产生委员长和副委员长,所有委员任期三年。这是"国民的政府"在解除行政规制上迈出的重要一步,直接为韩国电影产业的繁荣提供了重要转机。

随着电影以外的音像、录像、游戏业的迅速崛起,政府认为有必要对此加强管理和引导,便决定从 1998 年 8 月 27 日起,把保健福祉部管理的电脑游戏厅和由警察厅管理的练歌厅全归文化观光部统一管理。翌年 2 月,政府制定了《音像录像物及游戏物相关的法律》取代原来的《音像及录像物相关法律》,以适应变化了的新形势。根据该法规定,"公演伦理委员会"(后改称"公演艺术振兴协议会")对录像物的事前审议改为"影像物等级委员会"的等级分流,对外国录像物进口许可制改为推荐制,营业场所用游戏业务也归文化观光部管理。从此,文化观光部包揽了《音像录像物及游戏物相关法律》范围内的所有业务。在此基础上,政府于 2001 年修改了《音像录像物及游戏物相关法律》,其主要内容是:第一,游戏业区分为青少年游戏厅和一般游戏厅,并实行申报制;第二,从 2002 年开始多媒体设备提供业(电脑房)改为自由业;

第三，取消对外国录像物、游戏物进口推荐制度；第四，对音像、录像、游戏物的制作和配给行业许可，由登记制改为申报制，并取消对其销售和租赁业的登记制而改为自由业；第五，为了保护青少年身心健康，以上各业种须安装切断淫乱信息的系统或装置。通过以上修改，政府进一步放宽了对文化产业的准入市场规定，在法律上由限制改为积极扶持。

3. 文化产业预算和基金运营情况

增加多文化部门的投资，这是"国民的政府"财政预算的重要特点之一，也是金大中总统在大选时向国民所做的重要承诺。因此，即便是在经济危机的环境中，政府对文化产业领域的财政投入有增无减，其详情如表4所示：

表4　政府对文化产业局的财政预算规模　（单位：亿韩元）

年度	政府预算总额	文化观光部预算			
		预算总额	政府预算对比占有率	预算总额	文化观光部预算对比占有率
1998	807629	7574	0.94%	168	2.2%
1999	884850	8563	0.97%	1000	11.7%
2000	949299	11707	1.23%	1787	15.3%
2001	1060963	12431	1.17%	1474	11.9%
2002	1161198	13985	1.20%	1958	14.0%

资料来源：（韩）文化观光部：《2003年文化产业白皮书》，文化观光部，2003年。

如表4所示，"国民的政府"执政第一年（1998年）的财政预算系前一届政府制定的预算金额，其对文化产业的预算只占文化观光部总预算的2.2%，总计168亿韩元。与此相比较，1999年文化观光部的预算虽在政府预算总额中增幅不大（只增加0.03%），但对文化产业局的预算却增加了6倍，总计达1000亿韩元。这在文化观光部内部的预算比例中占11.7%，比前一年增加了5倍。到了2000年韩国经济开始好转，政府兑现承诺而对文化观光部的预算提高到1.23%之时，文化产业局的预算就增至1787亿韩元（增加了79%），相应地在文化观光部内部的预算比例也升至15.3%，从而达到金大中总统5年任期内的顶峰。这充分表明了"国民的政府"要振兴文化产业的坚定意志。

韩国政府对文化产业的资金投入，还有赖于依据《文化产业振兴基本法》（1999年）而成立和运营的文化产业振兴基金。1998年12月，在文化观光部、财政经济部等部门联合召开的经济政策调整会议上，政府决定今后5年内从国库中每年调出500亿韩元筹措文化产业振兴基金，支援文化商品的开发、制作、创业等事业，5年累计总额达到2500亿韩元。同时，对投资公司、投资组合公司、专业流通公司、国家间共同制作或合作投资项目，也从文化产业振兴基金中划出一定资金加以支援。

对文化产业振兴基金的运营分为融资和投资两大类。当初对此项基金的运营相当慎重，为防止基金流失主要开展融资业务，融资还需要提供相应担保。融资主要对象为文化商品开发部门和流通结构及设施现代化事业。但是，从2000年开始转向投资业务，主要对拥有技术力和创意力，但担保能力不足的公司提供援助，其详情如表5所示：

表5　文化产业振兴基金运营现状　　（单位：百万韩元）

分类		1999年	2000年	2001年	2002年（计划）	2003年（计划）
总计		7798	29574	54912	75000	61000
融资	文化商品开发	2097	9615	14498	28000	29000
	流通结构及设施现代化	5701	14959	20414	27000	32000
投资			5000	20000	29500	

资料来源：韩国文化观光部：《2002年文化产业白皮书》，2002年。

从表5中可以看出，政府对文化产业基金的运营，融资多于投资，基金运营相对保守。但不管怎样，基金来源于国库，这是政府支援文化产业的政策意志的象征，而且每年呈增加之势，这赢得了业界的肯定。

与文化产业基金相比，电影振兴金库设立较早（1994年设立），截至 1998 年共融资 170 亿韩元。"国民的政府"出台后，又决定在 5 年内每年从国库中抽出 100 亿韩元支援电影产业，总计达 500 亿韩元。此外，在 1999 年 5 月召开一次的国务会议上又决定向电影产业追加融资 1000 亿韩元，以表明政府振兴电影产业的决心。但是，电影振兴金库的运营也存在一些问题，如版权担保融资、电影制作费融资等事实上不可回收性融资较多，这与投资加在一起可占电影振兴金库的 62%，所以照此以往只能会导致财源枯竭。

（三）"国民的政府"主要文化产业政策

一般来说，产业的发展取决于资金、人力、技术、设备、市场营销等方面的管理是否得力。文化既然成为一种"产业"，其发展当然不能不受这些因素的制约。因此，要考察分析"国民的政府"振兴文化产业的具体政策，就不能不较多地关注政府对这些关键领域所采取的政策。

1. 投资政策

文化产业虽具有无限的成长潜力，但由于在产业化阶段市场并没有成熟，产业规模也非常有限，且具有高投入、高风险的特点。因此，在文化产业起步阶段，如何保证财源，就成为文化产业能否生存和发展的先决条件。为此，政府所采取的应对方案是，组织和运营以政府有限的投资带动民间资本投资的引资机构——"投资组合"[①]。即：通过"投资组合"形式，政府出资一部分，从民间再引出一部资金来确保稳定的财源，以培育和发展文化产业。其详情如表 6 所示.

---

① "投资组合"是指对一般投资者或法人作为组合员出资的资金，经高科技风险投资公司（创业投资公司）作为业务执行组合员判断其投资价值后，将其收益分配给组合员的制度。"投资组合"一般由个人和法人构成的一般组合员、执行组合业务的业务执行组合员和保护一般组合员权益的特别组合员组成。引自韩国文化观光部：《2002 年文化产业白皮书》，2002 年，第 634 页。

表6 文化产业投资组合成立情况（单位：亿韩元）

投资组合名	运营组合员	投资规模（出资公司/政府捐助）	投资领域	成立时间	政府出资财源
德林影像IT风险企业1号	德林风险投资	135/20	电影、动漫、游戏、制造业	2000年	电影振兴金库
考威尔多媒体	考威尔创业投资	100/10	电影、动漫、游戏、制造业	2000年	电影振兴金库
晓比1号风险企业	晓比创业投资	100/15	电影、动漫、游戏、制造业	2000年	电影振兴金库
体浮影像1号	体浮投资	100/20	电影、动漫、游戏、制造业	2000年	电影振兴金库
MVP创业投资1号	MVP创业投资	100/13	电影、动漫、游戏、制造业	2000年	电影振兴金库
风险附加多媒体	风险附加	100/13	电影、动漫、游戏、制造业	2000年	电影振兴金库
日新动漫	日新创业投资	50/9	电影、动漫、游戏、制造业	2000年	电影振兴金库
游戏专门投资组合1号	韩索尔创业投资	150/50	游戏	2000年	文化产业振兴基金
文化CONTENTS1号	IMM创业投资	123/30	漫画、动漫、角色、设计领域等	2001年	文化产业振兴基金
文化CONTENTS2号	韩国技术投资	108/30	e-book多媒体及在线contents领域等	2001年	文化产业振兴基金
文化CONTENTS3号	韩索尔创业投资	100/30	文化contents出版者等文化contents制作流通领域等。	2001年	文化产业振兴基金

续表

投资组合名	运营组合员	投资规模（出资公司/政府捐助）	投资领域	成立时间	政府出资财源
游戏专门投资组合2号	CJ创业投资	100/25	游戏领域	2001年	文化产业振兴基金
游戏专门投资组合3号	韩索尔创业投资	100/25	游戏领域	2001年	文化产业振兴基金
影像投资组合8号	KTB网络	100/20	电影、动漫、游戏、制造业等	2001年	电影振兴金库
影像投资组合9号	无限技术投资	100/20	电影、动漫、游戏、制造业等	2001年	电影振兴金库
SKYLIFE CONTENTS	韩国IT风险投资	200/10	电影、动漫、游戏、制造业等	2001年	电影振兴金库
小计		931/190			
MVP创业投资2号	MVP创业投资	100/17	电影、动漫、游戏、制造业等	2002年	电影振兴金库
文化CONTENTS4号	M风险投资	95/45	文化contents全部	2002年	电影振兴金库
文化CONTENTS5号	三星风险投资	100/45	文化contents全部	2002年	电影振兴金库
文化CONTENTS7号	KTB网络	107/30	角色有关领域	2002年	电影振兴金库
放送影像投资组合	CJ创业投资	140/50	广播影像	2002年	电影振兴金库
总计		2308/527			

资料来源：韩国文化观光部：《2003年文化产业白皮书》，2003年。

从表6中可以看出，2000—2002年间投资规模总计达2308亿韩元，其中政府基金投入仅为527亿韩元，占全部集资额的23%，这说明政府以有限的投资带动民间资本投资还是有成效的。尤其是通过"电影振兴金库"向韩国电影制作业投资的组合占比率最高，其成效也体现在电影制作数量的逐年增加上。如1999年制作电影共49部，2000年达到59部，但是到投资组合成立后的2001年，电影制作数量达到65部，到2002年再增至78部。这同样也说明政府介入的投资事业至少在电影产业成效显著（参见表7）。

但是，不容忽视的问题在于，对其他业种的投资执行率都明显低于电影业，其详情如表7所示：

表7　各主要投资组合执行情况（2000年6月~2002年11月）（单位：亿韩元）

	组合名	成立时间	集资额	投资额	执行率
文化CONTENTS投资组合	第1号	2001.12.31	123	49	39.8
	第2号	2001.11.15	108	24	22.2
	第3号	2001.11.17	100	19	19
	角色投资组合	2002.6.25	107	10	9.3
游戏投资组合	第1号	2000.12	150	95.7	63.8
	第2号	2001.12	100	10	10
	第3号	2001.12	100	16	16
电影投资组合	德林影像IT风险企业1号	2000.6.2	135	140.8（51.1）	104.3
	考威尔多媒体	2000.6.2	100	108.2（87.5）	108.2
	晓比1号风险企业	2001.12.21	100	85.5（28.3）	85.5
	体浮影像1号	2001.12.21	100	98.5（98.5）	98.5
	MVP创业投资1号	2000.12.29	100	132.2（64.9）	132.2

续表

	组合名	成立时间	集资额	投资额	执行率
电影投资组合	风险附加多媒体	2001.12.29	100	101.5（64.3）	101.5
	日新动漫	2001.8.10	50	26.6（22.6）	53.2
	KTB 电影院 1 号	2001.8.10	100	87.9（87.9）	87.9
	MBC 无限影像风险企业 2 号	2001.9.20	100	71.6（67.1）	71.6
	MVP 创业投资 2 号	2002.1.15	100	85.7（55.7）	85.7

说明：括弧中的数据为除掉制造业领域的数值。
资料来源：（韩）文化观光部：《2002 年文化产业白皮书》，2002 年。

从表 7 中可以看出，投资最活跃的是电影领域，有 4 个投资组合的投资执行率超过 100%。相比之下，文化 CONTENTS 投资组合就显得低迷不振，投资执行率最高也不过 40%，而最低者仅为 9.3%。这是投资组合并没有充分考虑到文化产业的特点（高风险、高投入、高效益），过分强调使用者的担保能力所致。

更值得关注的问题是投入与产出之间的矛盾比较突出。这主要发生在当时尚属投资"热门"的电影产业中。一方面当时出现的"电影热"使其制作费用不断攀升，另一方面在其投资效益没有保证的情况下竞相投入，最终导致不少电影大片没有获得相应回报而蒙受巨大损失。其中的原因，客观上可归结为文化产业发展环境尚未成熟，但主观上的问题也是十分明显的。诸如没有透明的会计系统和收益核算系统、产业主营者道德松懈、钻政策空隙营私舞弊等。总之，"国民的政府"对文化产业的投资政策，政府倾斜有余，实际运营乏力，并没有达到预期目的。其投入和产出之间的反差，特别是"电影振兴金库"的投资损失，只能由下一届政府弥补。

2. 人才培养政策

如前所述，文化产业的特点在于集知识、创意和尖端技术为一体，这就决定了它对人才的依赖程度比以往任何产业还要高。政府充分认识到这一点，就着手对文化产业人力供需现状进行了调研。根据文化观光部发布的信息，2002—2005 年间文化产业领域人力供需情况如表 8 所示：

表 8　文化产业领域人力供需情况（单位：名）

	2002 年	2003 年	2004 年	2005 年	合计
人力总需求	1640000	181000	200000	223000	
需要补充人力	20000	22700	25800	29400	97900
可供人力	13800	14500	14900	15100	58300
绝对不足人力	6200	8200	10900	14300	39600

资料来源：（韩）文化观光部：《2001 年文化产业白皮书》，2001 年。

从表 8 中可以看出，截至 2005 年，政府掌握的国内从业人员总数为 22.3 万人，实际需要人力累计达 9.8 万人，而可供人力仅为 5.8 万人，所以绝对不足人力近 4 万人。其中，在企划、创作领域所需要的顶级人力不足现象十分突出。同时，随着数码技术的持续发展和变化，IT 部门专业人才需求也急剧增加[1]。基于以上判断，政府在 2005 年适时地制定了集中培养文化产业精锐人力 4 万名的方案，其投资额度达 2000 多亿韩元。此项方案重点在于集中培育游戏、动漫等具有增长潜力的文化产业专业人才，并加快对集技术和创作、企划能力为一体的教育项目的开发，以培养具有创意的人才[2]。其具体方案如下：

第一，集中培育具有民族固有特性并能够发挥创意、企划能力的文化产业领域专业人才。其首选目标是游戏、动漫领域的有用人才，具体方法是扩大以"首尔游戏研究院"为轴心的游戏研究院，并与国外著名的相关教育机构建立合作关系，组织专业人员到国外研修。

第二，通过产、学、研合作，搞好文化产业人才培养和相关信息流

---

[1]（韩）文化观光部：《2001 文化产业白皮书》，2001 年，第 42 页。
[2]（韩）文化观光部：《文化产业专门人才培育方案》，2001 年。

通。为此，以产业界为中心成立人才培养对策机构——"CT产业人才培养委员会"，通过它定期对不同产业的不同职业供需状况和培训需求进行调查。同时，人才培养机关则通过信息公开系统定期发布专业人才信息。通过这种供需信息互动，促进人才的良性流动。

第三，由产、学、研共同设置"教育机关认证委员会"，对优秀教育机关依照其成果给予相应奖励。如：提供设施、装备的购买费，创作活动所需经费等。如果四年制大学增设文化产业相关学科，政府将对引进师资、课程建设提供相应援助。对非正规教育机关的奖励，则提供扩大运营游戏、影像、电影研究院等方面的优惠。

第四，推进文化产业教育机关与产业部门间的业务合作，努力培养适合生产现场实际需要的有用人才。其具体措施是，在韩国文化CONTETS振兴院构筑教育网站，通过它将视频教育过程传送到CT人才培养机关和产业现场。

第五，设立研究和开发有关创意、意象、故事等CONTENTS原型的"文化CONTENTS开发中心"，并开设和运营"文化CONTENTS研究生院大学"，培养集艺术创作能力和数码技术为一身的顶尖人才。同时，通过加强与国外优秀教育机构的交流，积极引进国外高级人才。

由此可见，"国民的政府"对文化产业人才培养支援政策，主要针对高等院校和文化观光部所属的各种研究院。但是，对高等院校的援助而言，由于政府在用十分有限的资金同时向许多高等院校提供援助，所以其支持力度并不大，成效也不明显。再对所属研究院的支援而言，问题似乎并不在于政府的支持力度，而是在于研究院本身的局限性，即：研究院颁发的资格证书不像高校文凭那样拥有社会认可度，所以很难吸引优秀人才入院接受相关教育，其人才培养质量自然要大打折扣。

总之，"国民的政府"人才培养政策，虽然可以评价为决心坚定、目的明确、自成体系、注重实践，但其制定和实行过程有些急躁，仍留下不少缺憾。例如：对人才供求关系的分析，只注重数据统计，却忽略了与产业一线部门间的沟通，导致其判断有误；又如：对人才培养机构的援助，本应该同主管正规教育的国家教育部进行深入的商讨，制定出切实可行的计划之后再提供相应援助，但文化观光部却选择了撇开教育部直接面向高校提供援助的方法。其主要弊端在于，有不少高校受利益驱动而不顾实情盲目开课，导致师资不到位且水准低下（获博士学位者极少）、开课随意性增大、常以实习代替教学等一系列问题。

3. 技术开发政策

2002年12月21日，政府发布了以6T为新一代增长动力，在今后5年内共投资13兆韩元的计划。这6T包括：IT（Information Technology，信息通讯技术）、BT（Biology Technology，生命工学技术）、NT（Nano Technology，纳米技术，超精密原子技术）、ST（Space Technology，宇宙航空技术）、ET（Environment Technology，环境工学技术）、CT（Culture Technology，文化技术）。其中，CT（文化技术）作为新兴的文化产业的象征首次出现在政府公文中，这再一次表明了"国民的政府"发展文化产业的坚定决心。

文化产业是表现创意力的多样技术集约型产业。为了满足消费者对高品质CONTENTS的需求，十分有必要开发制作高品质CONTENTS的技术，即所谓"文化技术"（CT：Culture Technology）。政府把CT分为三种[1]：第一种是适用于整个文化CONNTENTS产业的企划、剧本、感性、流通、服务等基础技术；第二种是适用于动漫、音乐、放送、游戏、电影等领域的应用技术；第三种是适用于具有产业性、公益性的文化遗产和文化福祉等领域的技术等。此项技术开发第一年（2002年）政府投入了250亿韩元，并且计划至2006年共投资3771亿韩元。

CT开发政策是"国民的政府"执政末期制定的政策，其成效尚需实践的检验。但由于其理念先进、技术高端、支持力度较大而受到业界好评。

4. 创作基础建设政策

文化产业部门一般由中小企业或个体创作者为中心的企业组成，所以其基础建设投入相当有限，这不能不影响到企业的产出和效益。针对

---

[1] 韩国文化CONTENTS振兴院：《CT（Culture Technology）蓝图及制定中长期战略》，2004年，第20页。

这种情况，政府制定和实施了创作基础建设政策，为文化产业的中长期发展奠定基础。例如：通过构筑并运营与角色、动漫、漫画相连接的共同制作室，以及提供优良CONTENTS电子书行、独立制作社制作系统等措施，为文化产业提供综合性的服务。

文化CONTENTS产业要善于发掘具有趣味性和创意性的CONTENTS，但韩国文化CONTENTS产业界最大的缺憾在于对创作题材的发掘不够得力。因此，很有必要在丰富的韩国历史文化积淀中提炼出精华部分，把它加以题材化之后像数据银行那样储存起来，以备后用。为此，政府所采取的具体措施是：第一，先由各产业部门挑选有价值的文化原型，在5年内分阶段把它加以CONTENTS化；第二，对被挑选的文化原型CONTENTS化产品，采取由政府招募的方式落实到民间执行；第三，构筑文化产业内相互协作体制，以便有效利用所藏资料和公共DB；第四，已被CONTENTS化的文化原型，通过政府的"韩国文化CONTENTS资源中心"向用户提供网络服务。

由于当时文化CONTENTS产业尚处于起步阶段，政府并没有充分了解和把握文化CONTENTS产业的特性，由此导致政府介入过甚而阻碍民间力量成长局面，在客观上又助长其对政府的依赖。特别是对"文化原型的CONTENTS化"工作，由政府直接向各高校摊派任务，结果不仅质量不达标，也挫伤了业界积极性，造成事与愿违的结局。

5. 地方文化产业培育政策

金大中在竞选总统时曾向国民做出承诺："实现文化的地方化，保证国民文化享受权利，消除地区、阶层、年龄上的文化差距。"因此，"国民的政府"自成立之日起，始终坚持各地方文化的均衡发展原则。这体现在文化产业政策上，集中表现为地方文化产业园区建设。根据《文化产业振兴基本法》的解释，"文化产业园区是为企业、大学研究所、个人共同致力于文化产业相关研究开发、技术培训、信息交流、共同制作等事业而形成的土地、建筑物、设施的集合体"。各地方根据其文化传统和特点，建设尖端数码文化产业的企划、制作、生产、流通的基地和主题公园，政府则根据《基本法》规定给予支援和培育[①]。

建设文化产业园区的方案，最初源自于1990年代中期美、英、法等发达国家。其主要特征为：第一，以地方自治团体、国家或大企业、大学研究所为主导，形成相互间的紧密联系和互动机制；第二，以地方的特性为基础，发掘其中具有长期效益的项目，并确保其专业性；第三，通过引入系统的运营模式，创出具有国际影响的成功事例[②]。

借鉴以上外国范例，政府决定在2001—2010年10年间建设10个具有鲜明地方特色的传统文化产业园区，同时还要建设十多个游戏、动漫、音乐、影像、电子出版等尖端文化产业园区。根据此项计划，政府于2001年5月把大田、春川、富川、青州等4个地区确定为首批文化产业园区建设指定点。同年10月，政府又批准光州、全州、庆州等3个地区为第二批文化产业园区建设指定点。这样，文化产业园区建设启动伊始就有7个地区被确定为文化产业园区建设指定点。

与此相配套，政府在主要地方据点城市建立"地方文化产业支援中心"，以便向所属产业园区提供创业空间、信息、技术、营销等便利，促进文化产业迅速向地方扩散。为此，2000年政府向釜山、光州、大田等地区提供设立中心费60亿韩元，2001年又向大邱、富川、春川、青州、全州等5个地区拨款100亿韩元[③]。这些措施虽然在"国民的政府"执政期间收效不大，但仍可视为把文化艺术与地方开发相结合的首次尝试，为今后搞活地方经济指明了方向。

当然，"国民的政府"在推进文化产业园区建设过程中所遇到的问题，也给下一届政府提供新的启发和宝贵的借鉴。具体地讲：首先，文化产业具备文化要素和产业基础之后才真正具有竞争力。但是，就地方情况而言，虽具有丰富的文化资源，但缺乏可供依托的产业基础，文化产业集中于首尔（首都圈）的现象一时很难打破。如：文化产业的

[①] 韩国文化观光部：《2001年文化产业白皮书》，2001年，第50页。
[②] 韩国文化CONTENTS振兴院：《地区文化CONTENTS产业活性化和政策课题》，2003年，第23页。
[③] 韩国文化观光部：《2000年文化产业白皮书》，2000年，第51页。

84.9%、其销售额的90%以上都集中在首尔。因此，在文化产业园区建设初期，诸如招引入住企业、引进人才搞活地方文化产业等方面，就遇到了相当大的困难。

其次，政府决策主观色彩浓厚，脱离地方实际，更缺乏积极互动。如：在文化产业园区建设所需土地问题上，市区固然有租赁费用昂贵的问题，但在郊县却遇到如何变更自然农田用途的难题，结果文化产业园区建设所需土地难以得到落实。又如：政府在决定搞各地方文化产业园区建设时，虽明文规定"地方自治"原则，但由于地方政府并没有做好充分的准备，也没有制定详细的发展计划，更缺乏振兴地方文化产业的决心和意志，结果还是未能摆脱政府唱戏、地方随声附和的消极被动局面[1]。

再次，对文化产业园区建设投资，中央政府是采取配套基金的形式提供援助，所以地方政府首先要确保必要的预算。如果地方财政预算不得力，中央政府支援就会遇到麻烦，最终因为资金不到位，地方文化产业园区建设也会陷入困境。

五、文化产业政策的调整与稳定

（一）文化产业强国战略的提出

自称"参与政府"的卢武铉政府出台时，在"朝小野大"的政治格局中举步维艰，并且在各地方盛行的地方割据主义倾向也影响到政府决策的顺利实施。面临如此局面，卢武铉总统果断地举起了改革、和谐、民主主义的旗帜，提出了三大施政目标："国民共建民主主义"、"建立国民共享、均衡发展的社会"和"迎接和平与繁荣的东北亚时代"[2]，并为此推行了与前一届政府既有联系又有区别的一系列政策，表现出较强

---

[1] （韩）产业研究院：《文化产业和Cluster政策》，2001年，第55页。
[2] （韩）卢武铉总统就任辞（2003年2月）。

的脱权威主义领导意志，更加注重理念和政策的实用性[①]。

由于卢武铉在竞选中获胜主要得益于社会文化力量的推动，因此市民社会文化团体对卢武铉总统的期待值非常之高。所以，卢武铉特别重视国民的参与，努力摆脱传统、正视现实、抛弃权威、接近于民、洁身自好、取信社会。在这种背景下，新一届政府还没有正式组建，其周围就云集了众多社会文化团体，还共同举办"新政府文化相关政策提案讨论会"，探讨即将要出台的卢武铉政府的文化政策原则、方向及课题等。在此次讨论会上，大家对"文化"达成新的共识，认为它是不从属于政治和经济的有相对自律性的社会范畴，并以此为出发点提出了如下几点政策性建议：1. 应该把以经济为中心的文化产业运营方式改变为以文化CONTENTS为中心的运营方式；2. 韩国文化CONTENTS振兴院的运营方式，也应该从以企业为中心的运营方式改变为以文化艺术人员或文化专家为中心的运营方式；3. 为了扩大文化的公益效果，应该把公共文化基础设施进一步加以扩充运营；4. 为提高文化的生产性，应对文化产业流通系统进行改革，进一步搞活文化艺术教育，实现文化基础设施复合机能化等[②]。

但是，当新一届政府（以下称"参与政府"）把这些议案提到国家政策层面上时，却不能不感到来自民间的理想化提案与国家政策之间实际存在的距离。这是因为：第一，民间提案并没有充分考虑到具体的组织运营、法制建设、预算安排等诸多国政决策系统要素；第二，也没有考虑到政策本身的的延续性、权威性等问题，特别是因新旧政策之间的矛盾而将会出现的政策性混乱；第三，更没有考虑到因新旧政策惠及人群的不同而极易出现的经济损失和利益冲突等等。恰逢此时，韩国社会整体经济状况不景气，国民经济年增长率徘徊在5%以下，出现了相对的低增长势头，再加上社会高失业性雇佣结构所造成的失业率达到4%，整个社会不稳定因素开始增大。至此，"参与政府"执政伊始不能不认真反思来自选民的呼声及大选时的承诺。

[①] （韩）金虎琦：《韩国市民社会的省察》，阿尔克，2007年，第188—189页。
[②] （韩）金昌洙：《立足文化公共性概念的政府别文化产业政策比较研究—电影和文化CONTENTSs政策为中心》，汉阳大学校大学院博士学位论文，2009年，第88页。

第二章　韩国文化产业政策研究

不过，韩国经济整体上萎靡不振，主要缘于传统的产业部门效益跌落，相比之下新兴的文化CONTENTS产业却是另外一番景象。特别是电影、电视剧市场受到"韩流"的影响，开始呈现繁荣景象，其出口规模逐年增大，这无疑给韩国经济带来绝处逢生的机会。在"韩流"的启发与推动下，"参与政府"也备感前一届政府持之以恒地对文化CONTENTS产业进行培育和支援之重要性，因此于2003年7月正式把文化CONTENTS产业选定为"十大国家未来战略产业"[①]。8月31日，卢武铉总统在"庆州文化博览会"开幕式演说中进一步表明其实现"世界五大文化产业强国"的意志，并向国民郑重承诺政府将为此提供"最佳支援"。其具体内容集中反映在12月17日在青瓦台召开的"参与政府文化产业政策蓝图报告会"文件中。

那么，"参与政府"为何如此重视文化CONTENTS产业呢？"参与政府文化产业政策蓝图报告会"文件较详细地说明了"参与政府"对文化CONTENTS产业的如下基本认识：

第一，政府注意到文化CONTENTS产业能够改变世界的魔力所在。在数字化时代，一方面媒体间的接触与融合异常迅速，这已超过以往任何技术交流手段；另一方面，伴随人们休闲时间的增多以及对文化消费的增大，多媒体CONTENTS的巨大市场已经形成并呈日益扩大之势。这就彻底改变了以文化艺术、形象、创意等为基础的文化CONTENTS产业面貌，使之成为数字化时代新的经济增长点。

第二，政府认识到"创意力"是文化产业赖以生存和发展的源泉。这不仅是因为它投入少量的费用却能够创出较高的效益，而且富有创意的成功原作还具有无限复制和再创新作的可能性，而其中的潜在效率将会远远超出传统产业扩大再生产能力，它对市场的冲击也是以往任何一种制造业所不能比拟的。

第三，政府发现了文化CONTENTS产业引领新的雇佣机会的功能。文

[①] 十大新增长动力产业：数码电视/放送、展览、智能型机器人、未来型汽车、新一代半导体、新一代移动通讯、智能型本地网路、数码CONTENTS/SW设计、新一代电池、生物工程新药/脏器。

化产业的持续发展，使集知识与技术为一身的崭新的职业人群异军突起，他们反过来又会创造出更多的雇用机会，如此循环往复将会造成就业市场的良性循环和规模效应，这对搞活各地方的人力市场也会起到积极作用。

第四，政府切身感受到文化商品可以改变整个国家形象。这已在"韩流"的波及效果中得到充分的验证。如：借助于韩流明星的广告效应，使韩国产品国际知名度倍增。又如：韩剧艳丽的人物造型及情景描绘，不仅给国外观众带来美的享受，更吸引众多游客纷纷前往韩国亲身体验这个国家及人民的生活。而所有这一切，将会改变世人对长期遭受列强凌辱的不幸的国家和民族的看法[①]。

（二）调整文化产业政策推进体制

1. 文化产业行政管理机构调整

"参与政府"执政初期，文化产业管理机构基本上承袭了前一届政府的做法，由文化产业局主管新闻和媒体产业，局长掌管6个科的总体业务。但是，2004年之后，由于客观环境发生了变化，先是从文化产业局中分出文化媒体局专管文化媒体产业，后几经周折形成相对稳定的文化产业行政管理机构。其详情如表9所示：

表9　政府文化产业管理机构变化情况

第一次编制改编（2004.11.18）	
文化产业局	文化媒体局
文化产业政策科 影像产业振兴科 游戏音乐产业科 CONTENTS振兴科	文化媒体产业振兴科 广播广告科 出版产业科

---

① （韩）文化观光部：《2003年文化产业白皮书》，2003年，第487—488页。

第二章 韩国文化产业政策研究

第二次编制改编（2005.8.16）	
文化产业局	文化媒体局
文化产业政策科 影像产业振兴科 游戏产业科 Contents振兴科 著作权科 文化技术人力科	文化媒体产业振兴科 广播广告科 出版产业科

第三次编制改编（2007.5.22）	
文化产业局	文化媒体局
文化产业政策组 影像产业组 游戏产业组 CONTENTS振兴组 著作权政策组 文化技术人力组	媒体政策组 广播广告组 出版产业组 新媒体产业组

第四次编制改编（2007.9.19）	
文化产业本部	
文化产业振兴团	文化媒体振兴团
文化产业政策组影像产业组游戏产业组CONTENTS振兴组著作权政策组文化技术人力组	媒体政策组广播广告组出版产业组新媒体产业组

资料来源：（韩）文化观光部及其附属机关编制施行规则（2004年、2005年、2007年）。

如表9所示,2004年11月,政府进行第一次调整时,把电影、动漫、游戏、音像等与文化CONTENTS有关的业务同出版、新闻广播、广告等媒体相关的业务加以区分开来,设立文化产业局和文化媒体局分别进行管理。如此调整虽比原有管理机构更加科学有效,却对文化CONTENTS产业管理仍有些漏洞。当时IT技术、CT技术已有很大的发展,著作权功能在文化CONTENTS产业中所起到得作用日显突出,于是著作权归口管理就成了现实问题。即:把著作权业务归属于文化媒体局管理就显得很不合时宜。此时,对技术和人力培养等业务归口管理问题,专设游戏产业科以加强管理等问题也被提到议事日程。2005年8月,政府最终决定专设著作权课、文化技术人力科和游戏产业科并归文化产业局管理,而把音乐产业业务归CONTENTS振兴科管理。这反映了政府对这些领域管理意识的提高,同时也意味着其社会影响在不断扩大。

经过第二次调整,文化产业局长主管6个科室的业务,这种行政体制在归口管理方面虽有些合理性,却出现其业务量过大而管理效率低下、责权界限不明等问题。针对这个问题,政府决定进行第三次调整,以进一步简化管理机构。其主要措施是实行"业务小组管理制"。即:把原有的"科室体制"改为"小组体制",由三级管理(科长—股长—主管)变为二级管理(组长—主管),目的在于提高行政管理效率和专业化水平[1]。在此基础上,2007年5月,政府把原来的著作权组再分为著作权政策组和著作权产业组,以加强对著作权者的保护和使用者的规范管理。同时,为了加强对互联网经济的管理,政府还增设新媒体产业组,设定新媒体产业范围,策划系统的支援方案,最终形成《新媒体产业发展战略》[2]。

2007年9月,为了强化CONTENTS产业的竞争力,把文化产业局和文化媒体局更名为文化产业振兴团和文化媒体振兴团,并且把两个机构合并为文化产业本部,实行分散与集中相结合的多级管理,这是"参与政府"执政期间进行的最后一次调整。其主要特点是提高各级管理机构

---

[1] (韩)文化体育观光部:《2007年文化产业白皮书》,2008年,第8页。
[2] 同上,第77页。

的行政级别，以示重视和扩大行政话语权。如：新设的文化产业本部定为室长级（副部级——笔者注），下属2个团则升为局长级（厅局级——笔者注），这样2个团的地位实际晋升1级。除此之外，下属"小组体制"并没有实质性变化，业务责权范围依旧，文化产业行政管理机构渐趋稳定。

但是，文化CONTENTS产业实际上又是具有跨行、跨业特点的"边缘产业"，这就在行政管理上不可避免地会出现与其他部处业务重叠的现象。例如：数码CONTENTS与信息通讯部、人才培养与教育人力资源部、CT等技术开发与科学技术部、著作权与警察、检察及法务部都有密不可分的业务联系。另外，以"韩流"为中心的韩国文化CONTENTS海外广告与外交通商部、有关财政预算又与企划财政部发生业务联系。如何协调政府各部门之间的关系，将直接影响到文化CONTENTS产业健康有序的发展。事实上，在"参与政府"执政时期，也经常遇到各部处间的管辖权之争，有时相互矛盾还相当激烈。有鉴于此，政府迫切感到文化观光部内部调整与构筑部处间管辖权调停、合作体制同时并举的必要性。

2004年10月，文化观光部与矛盾最大的信息通讯部率先签订了合作协定（MOU），其内容包括两部处间定期举行政策协议会，有关网络游戏的审议一律划归"影像物等级委员会"管理，文化观光部应参与数码CONTENTS技术企划及"信息化促进基金运用审议会"。为促进数码CONTENTS的流通、保护和输出，两部决定共同召开国际游戏展示会"GSTAR"等等。此后，两部严格按《文化产业振兴基本法》和《互联网数码CONTENTS产业发展法》的基本精神，努力协调共进，双方矛盾渐趋缓和。

2005年4月，文化观光部与科学技术部缔结了合作协议（MOU），决定在韩国科学技术院（Kaist）成立"文化技术（CT）研究生院"。CT研究生院是为了培养具有科学文化知识和艺术素养的理工科专门人才和文化产业专门人才而设立的教育机构。2005年9月，文化观光部与KAIST缔结MOU后，CT研究生院即宣告正式成立。

2005年8月，通过文化观光部和法务部缔结的合作协议，确定了联合取缔违反著作权法的违法复制品方案，并决定通过共同召开研讨会、现场体验访问等活动,加强相互了解和合作。

此外,文化观光部与外交部就开拓海外市场问题进行了磋商,决定采取共同行动促进韩国文化产品在海外流通。为促进文化 CONTENTS 迅速向大众扩散,文化观光部与教育人力资源部也进行了协商,签订了韩国文化 CONTENTS 振兴院和韩国教育学术信息院合作谅解备忘录,据此达成了教学游戏 CONTENTS、人才培养、数码 CONTENTS 识别体系等三个领域的合作协议[①]。

由此可见,政府在调整文化观光部内部机构的同时,构筑与其他部处间的协调机制方面也卓有成效,为文化产业的健康发展提供了可靠保证。

2. 文化产业法制建设

与前一届政府相比较,"参与政府"时期有关文化产业的法制建设,具有稳中求变、变中细化、讲究实效的特点。所谓"稳中求变",就是在继承前一届政府法制的基础上,根据变化了的新环境及时修正相关法律;"变中细化"则是根据实际情况制定了一些部门法,以求效果极大化。其重点就在于进一步解除各种不合理的法律限制,努力营造文化产业发展的良好环境。

在"参与政府"执政五年间,反复修改《文化产业振兴基本法》可算是其文化产业法制建设的重要一环,其详情如表 10 所示:

表10 "参与政府"修改《文化产业振兴基本法》情况

修订日期	主要修改内容
2003. 5. 27	文化产业定义规定中包括了"企划领域"。
2005. 3. 24	扩大文化 CONTENTS 的流通专门公司范围。 扩大文化产业专门人才培养义务和指定权者。 制定、执行有关文化产业的技术开发和促进商品制作政策。 指定技术开发事业专务机关。

---

① (韩)"教育部—文化部,教育 CONTENTS 互助",《电子新闻》,2005 年 11 月 18 日。

续表

修订日期	主要修改内容
2006.4.28	在文化产业定义中追加教学游戏、多媒体CONTENTS、文化CONTENTS。 有关文化CONTENTS流通的交易认证、追加知识产权保护义务，新设文化产业统计调查及文化产业消费者保护规定。 指定文化产业振兴地区。 设立文化产业专门公司。 取消文化产业振兴基金，在投资母胎（Fund of funds）组合内文化产业其他账户中出资。
2007.7.27	中小企业投资母胎组合出资权限的规定。

资料来源：（韩）国会文化观光委员会：《文化产业振兴基本法一部分修订法律案审查报告书》，2003年5月、2005年3月、2006年4月、2007年7月。

如表10所示，2003年5月，政府第一次修改"基本法"时，由于其国政运营尚处于起步阶段，表现出较慎重的态度，只在文化产业的定义范围上增加了对文化商品的预先企划领域，这说明政府对文化产业的认识在深化。到2005年3月，政府对"基本法"进行在第二次修改时，把文化CONTENTS公司中专业流通公司的范围扩至各市、道（省——笔者注）申报的公司。其意义在于把专门人才培养义务扩大到地方自治团体，这显然有利于文化CONTENTS产业的全面扩散。与此相比较，第三次修改可谓涉及面广、修改力度大，且颇有新意。

首先，把"文化CONTENTS"这个用语纳入定义条款之中。文化观光部曾把"文化CONTENTS"与"文化产业"概念并用，但在法律上还没有"文化CONTENTS"这个概念，结果造成官方用语上的混乱。但是，在第三次修改中明确规定"'文化CONTENTS'是文化要素体化的CONTENTS"（第三次修改法第二条）。这种界定理清了"文化CONTENTS"概念，改变了文化产业用语抽象、范围不定的混乱局面，为"文化CONTENTS"概念提供明确的法律依据。

其次，新设了有关消费者的保护规定。修改前的《文化产业振兴基本法》，从支援和培育文化CONTENTS产业角度上看，基本上是以供给者（即制作者）为主的法律，并没有体现对文化CONTENTS消费者的保护和支援等内容。但是，第三次修改法中对消费者的保护规定，以及对供给者和消费者的权利和义务规定，表明政府对文化CONTENTS的认识发生了重大转变。

再次，指定了"文化产业振兴地区"。前一届政府为谋求各地方的均衡发展，依照《文化产业振兴基本法》第二十四条规定，曾指定一些文化产业园区加以扶持，但结果不尽如人意。为了解决这些问题，"参与政府"首次使用了"文化产业振兴地区"的概念，并制定了有关"文化产业专业公司"制度，目的在于有效地培育地方文化产业。

2007年7月进行的第四次修改，主要局限于对附则的修改，即对中小企业投资母胎组合出资权限的规定。至此，"参与政府"对"基本法"修改基本结束。

除此之外，"参与政府"根据实际需要，制定和实施了一些"部门法"，其主要法律规定如下：

第一，《音乐产业振兴法》。此法源自于《有关音像、录像物及游戏物的法律》，政府根据文化产业发展情况，认为有必要对音乐产业单独立法，以消除发展障碍。其主要内容是把从前的音像涉及范围具体地界定为音源、音像、音乐文件、音乐影像物、音乐影像文件等，以科学地区分音像和文件。该法的特别之处在于增加了对知识产权的保护条款，这为防止非法复制、保护音源提供了法律依据。同时，该法还通过增加使用者权利保护条款、消费者的社会责任条款、以及对消费者不满和损失的补偿条款，最大限度地为供应者和消费者双方提供法律保护。

第二，《游戏产业振兴法》。在前一届政府执政时期，游戏产业从保健福祉部移归文化观光部管理之后，在整个文化CONTENTS产业中属于发展最快的行业。但是，相关法律却与音像、录像捆绑在一起，纳入《有关音像、录像物及游戏的法律》规定中，这就很难反映游戏物固有特性，其相关规定针对性也不强。因此，2006年4月，政府制定了《游戏产业振兴法》。其主要内容有：制定游戏产业振兴综合计划、搞活创业、培养专门人才、推进技术开发和标准化、规定知识产权保护、确立流通秩序、支援国际协作与海外出口、振兴健全的游戏文化、设立"游戏等级委员会"等。但是，该法对赌博游戏没有进行明确的定义，也没有提出对赌博行为的应对方案，结果引发一些不良后果。有鉴于此，2007年1月对该法进行了第一次修改，确定了赌博性游戏物的概念，把游戏提供业改为许可制，把网络电脑游戏设施提供业（PC房）改为登记制，并且进一步细化游戏等级分类，强化了事后管理，禁止向青少年提供成人游戏物等，从而加强了对赌博游戏物的控制。2007年12月，政府再次对《游戏产业振兴法》进行了修改，规定凡是提供非法赌博游戏、未经登记分类的游戏物、未按登记内容提供游戏物者加以处罚。

第三，《电影及录像物振兴法》。随着互联网和数码技术的发展，电影和录像物的界限日趋淡化，特别是录像物的流通与数码技术和互联网关系密切，这就有必要扩大从前的"电影"概念。因此，2006年4月，在《电影振兴法》中追加了有关录像物的规定，由此形成《电影及录像物振兴法》。其主要内容有：在录像物范畴中增加了网络影像物，有关电影申报业务移归到电影振兴委员会管理，改善了"韩国电影认证制度"，新设对影像物等级委员会委员的禁忌、回避等条款。2007年1月，针对录像物市场日趋膨胀之势，政府为预防电影产业的萎缩，通过修改《电影及录像物振兴法》，新设了"电影发展基金"，规定该项基金可以向电影振兴金库外的影像专门投资组合出资，以支援艺术电影的发展，促进影像文化的多样性、公益性。

3. 文化产业预算和基金运作

关于文化产业的政府预算，如果说"国民的政府"时期主要以增加相关投入为特征，那么"参与政府"预算除了2005年有所增加外一直呈减少之势，特别是从2006年开始文化观光部在文化产业局的预算中占10%以下。其详情如表11所示：

表11 政府预算中文化产业局所占比例变化（单位：亿韩元）

年度	政府预算总额	文化观光部预算		文化产业局预算	
		预算总额	政府预算中所占比率	预算总额	文化观光部预算中所占比率
2003	1, 151, 323	14, 864	1.29%	1, 890	12.7%
2004	1, 201, 394	15, 675	1.30%	1, 725	11.0%
2005	1, 352, 394	15, 856	1.17%	1, 911	12.1%
2006	1, 448, 076	17, 385	1.20%	1, 363	7.8%
2007	1, 565, 177	18, 239	1.17%	1, 287	7.1%

说明：2006年文化媒体局预算为890亿元，占文化观光部总预算的5.1%。

2007年文化媒体局预算为1047亿元，占文化观光部总预算的5.7%。

资料来源：（韩）文化观光部：《2007年文化产业白皮书》，2008年。

值得注意的是，政府公布的《2007年文化产业白皮书》中称，"从2006年起分设文化产业局和文化媒体局之后，这两个局在文化观光部总预算中所占的比率增多了"。具体地讲，"2006年文化产业局预算为1,363亿元，占文化观光部总预算的7.8%，文化媒体局预算为890亿元，占文化观光部总预算的5.1%"，这两个局的预算总额相加自然会得出预算额度增加的结论。但是，政府早在2004年11月机构调整时就已新设文化媒体局，其预算也是分开使用的。这两个局统一使用预算是在2007年9月设立文化产业本部之后的事情。因此，在《2007年文化产业白皮书》中公布的文化产业局财政预算可能有误。特别是2005年8月第二次调整机构时，文化产业局由4科室增至6科室（新增"著作权课"和"文化技术人力科"），但其预算总额并没有多大变化，这进一步能够说明政府对文化产业的预算投入实际上比过去减少了。

设立"文化产业振兴基金"是前一届政府就开始实行的积极扶持文化产业的重要举措。当时政府就决定从1999年开始5年间从国库中出资2500亿韩元支援文化产业，截至2003年政府共出资2200亿韩元。但是，2005年5月，"参与政府"企划预算处基金运用评价团呈交国务会议的报告中却认为基金数额太多，存在着基金重复支援等浪费和低效率问题，所以建议取消财源与事业间联系性不强的"文化产业振兴基金"。结果，2006年日4月，通过修改《文化产业振兴基本法》，完全取消了"文化产业振兴基金"，把它转入中小企业厅母胎资本所属的文化产业帐户。其资助对象为电影、动漫、演出、艺术等领域，截至2007年分三次共出资627亿元。此举直接使文化产业部门失去了政策性资助和象征性鼓励机制，但政府却摆脱了奔波于文化产业界金融积案的烦恼。

与此相对照，政府对电影产业似乎情有独钟，特设"电影发展基金"。此项基金是由政府出资2000亿元、社会融资2000亿元、从过去的"电影振兴金库"中再拿出1000亿元，总计5000亿韩元作为起步基金。但其具体运营却不尽人意，对电影产业的支援也是以短期支援为主，并没有形成长效机制。

由此可见，"参与政府"对文化产业的财政预算和基金运作，以减少对文化观光部的预算、取消"文化产业振兴基金"以及有限支援电影产业为特征，这显然有违于政府积极培育和支援文化产业之初衷。但是，从中亦可窥见出政府发展文化产业的新的战略意图，即：提高产业的客观性和透明度，依靠民间力量发展文化产业。换句话说，把政府主导改为市场主导，提高产业自生能力，并根据客观标准削减企业泡沫成分。关于这一点，在此后政府财源大幅减少的条件下，民间产业仍然持续得到发展的事实中，可以得出肯定的结论。

（三）"参与政府"的主要文化产业政策

"参与政府"在制定文化产业政策时，实际上面临着与前一届政府所不同的社会压力。一方面，对政府本身而言如何把财政预算与实际成果挂钩，并且在实践中能够证明其有效性；另一方面，市民社会则要求政府决策从经济价值中心模式转变为文化、社会价值中心模式，从个别支援政策转变为构筑文化产业公共基础设施为中心的支援政策。因此，政府已不能延续过去以粗放型投入为特征的文化产业政策基调，而应该努力摆脱国家资本介入产业竞争模式，另谋搞活文化产业的新途径。

1. 投资政策

"参与政府"对文化产业的投资，基本上沿用前一届政府建立的投资组合继续进行直接投资，但大幅度减少了新的投资组合数量和规模。其详情如表12所示：

表12　2003年以后文化产业投资组合成立现状

投资组合名	组合规模/政府出资（亿）	投资领域	业务执行组合员	成立日期
CJ创图6号电影组合	90/18	电影、动漫等影响领域	CJ创图投资	2003.1.9
数码影像CONTENTS投资组合	500/125	CG基础的动漫、电影	苏比克创业投资	2003.1.27
小计（2003）	590/143			
音乐投资组合	100/25	音乐专门	日新创业投资	2004.8.4
广播影像2号	100/25	广播影像CONTENTS专门领域	KTB网络	2004.10.21
小计（2004）	200/50			
KTB多样性专门投资组合	80/40	电影企划开发	KTB网络（株）	2006
ACTI企划开发专门投资组合	40/20	电影企划开发	亚洲文化技术投资（株）	2007
总计	910/253			

资料来源：（韩）文化观光部：《2003年文化产业白皮书》，2003年。

（韩）文化观光部：《2007年文化产业白皮书》，2008年。

再从文化产业振兴基金投资组合的投资项目看，动漫占25.2%，游戏占29.4%，电影占14.6%，仅这三项就占整个投资额的69.2%。这说明投资项目相对集中，尚缺乏多样性。不仅如此，其投资收益率更是令政府难以承受。仅就电影产业而言，其平均收益率在2002年就下滑到-8.9%，此后持续负增长（2005年除外），到了2007年竟然下滑到-40.5%。结果，在影像投资组合成立阶段就遇到投资者流失现象，很难确保应有的资金额度。

2006年4月，政府决定取消"文化产业振兴基金"后，该项基金就移到"中小企业投资母胎组合"的"文化产业账户"中。其出资情况如表13所示：

表13 母胎组合文化账户组合出资情况

投资组合名	组合规模/母胎资本（亿韩元）	投资领域
KTBCONTENTS专门流动化投资组合1号	200/60	secondary
CJ创图9号广播影像CONTENTS投资组合	100/30	影像
波斯顿影像CONTENTS专门投资组合	187/51	影像
IMM公演艺术专门投资组合	100/40	公演技术
ISU—文化CONTENTS投资组合	250/75	电影
密歇根全球CONTENTS投资组合	100/30	影像、公演
KTIC文化CONTENTS专门投资组合	100/30	文化新产业/互联网Contents
小计	1037/316	
M风险第1号公演艺术专门投资组合	150/60	公演技术
BINXSCT2号投资组合	120/36	数码音源
MM数码文化CONTENTS专门投资组合	290/116	动漫/角色
忠南全球动漫1号投资组合	200/80	动漫/角色
苏比克Contents专门投资组合	200/80	动漫/角色

续表

投资组合名	组合规模/母胎资本（亿韩元）	投资领域
Benex 数码文化 Contents 投资组合	300/90	文化产业
ACTI 文化 CONTENTS 专门投资组合 1 号	150/45	文化产业
MVP 创图文化产业投资组合	300/90	文化产业
COMPANYKPARTNERCONTENTS 专门投资组合	100/30	文化产业
小计	1810/627	
总计	2847/943	

资料来源：（韩）文化观光部：《2007 年文化产业白皮书》，2008 年。

正如表 13 所示，通过母胎资本的出资比前一届政府投资组合规模要大，而且投资条件要求也相对严格。特别是过去集中于电影产业的投资渐趋于多样化，相比较而言，对演出艺术的投资有所增加。

与政府取消"文化产业振兴基金"相辅相成的新举措，则是能够诱导间接投资的优惠政策。如：依照《租税特例限制法》，政府把税额减免对象从中小企业扩至电影产业、公演产业、广播电视业，并且把所得税或者法人税的减免比率从 5% 提高到 30%。这样的税制改革，有助于搞活文化产业领域的企业活动，为奠定文化产业基础起到了巨大的作用。同时，采用"技术性保证制度"，对担保能力差的中小企业以技术性、事业性评价的形式实施融资，并且简化了融资程序，从而为中小企业排忧解难。此外，为提高资金利用的透明度，政府设立了"文化产业专门公司"（SPC）[1]，把项目责任公司和资金管理公司分离开来，加强对制

---

[1] "文化产业专门公司"是为了完成电影、游戏、音像制作及演出等文化产业领域的特定项目而设立的特殊公司（SPECIAL PURPOSE CONPANY），系没有办公室和职员的名义上的公司（PAPER COMPANY）。通过设立这个公司，把项目责任公司和资金管理公司分离开来，即把项目事业委托给该项目的专门投资公司或制作社，资金管理委托给金融公司或者会计法人及法务法人。

作投资、管理系统、收益分配的管理,以取信于民,激活对文化产业的投资。

2. 人才培养政策

政府制定人才培养政策的基本依据就是对人才市场供求关系的客观预测。"参与政府"在2003年制定的《文化CONTENT产业人才培养综合计划》中,提出了两种截然不同的人才供求预测展望:乐观的预测显示,到2008年文化产业人才过剩将达到605名,但整体上还是供给不足;而悲观的预测则显示,到2008年供给过剩达4万名。其详情如表14所示:

表14 文化产业人才供给展望(单位:名)

区分		2003	2004	2005	2006	2007	2008
人才供给①		12005	13311	14481	15843	17448	19368
最佳状态	人才需要②	15785	16335	21501	20630	19716	18762
	供给过不足②—①	3780	3023	7019	4787	2269	-605
	供给过剩或不足累计	3780	6803	13823	18610	20879	20274
最差状态	人才需要③	6438	8696	10572	9659	7997	5718
	供给过剩或不足③—①	-5567	-4615	-3909	-6184	-9451	-13650
	供给过剩累计	-5567	-10182	-14091	-20275	-29726	-43376

说明:是供给过剩人才。

资料来源:(韩)文化观光部:《文化Contents人才培养综合计划》,2008年。

以上统计的设定前提是国内经济年增长率为5.2%,国内文化CONTENTS产业增长率为5%—15.6%。从"参与政府"人才培养政策上判断,其参照依据基本上是如上较乐观的市场预测。

2003年政府在《文化CONTENTS人才培养综合计划》中,就确定了人才培养三大重点目标。第一，为了培养文化产业人才，政府将致力于构筑人才培养基础设施；第二，弥补以前人才培养工作中的不足点；第三，通过促进新项目开发，满足业界、学界多种人才培养需要。在此目标之下，2004年制定的《文化CONTENTS人才培养综合计划》中，进一步提出了如下几个问题：第一，核心人才的培养体系还不完善；第二，对从业人员的再教育问题重视不够；第三，教育机构数量不足，向文化CONTENTS产业吸收优秀人才的体制不完善等等。针对这些问题，政府认为有必要设立培养文化CONTENTS产业核心力量的专门教育机构，以提供早期发掘创意人才的有利环境。其具体措施之一就是《参与政府文化产业政策蓝图》中提出的设立文化产业研究生院（CT大学院）的方案。2005年文化产业研究生院（CT大学院）正式成立，招收首批30名学员，专门培养具备企划能力的最高专门人才。

3. 技术开发政策

"参与政府"的技术开发政策，主要体现在对文化技术（CT）的开发上。如前所述，对CT技术的开发是"国民的政府"执政末期制定的政策。由于其技术高端、理念先进而备受业界关注。因此，"参与政府"执政伊始就非常重视对CT技术的开发，并着手把相关政策具体化。

2003年5月，政府责令"国家科学技术委员会"所属的"未来战略技术委员会"提交其各部处对超一流技术领域的培育计划。在此计划中明示了"十大新一代成长动力产业"，其中就有文化CONTENTS和数码CONTENTS的制作、利用、流通等内容。据此，2004年文化观光部发表了题为《CT蓝图及中长期战略》的计划书，并由文化观光部、科学技术部、信息通讯部、产业资源部共同组成CT委员会，协调和推进此项计划的落实。其具体职能部门为韩国文化CONTENTS振兴院所属的"CT战略研究所"。至此，推进CT技术开发的组织体系日臻完备。

2005年7月，为了进一步把CT技术开发具体化，政府又制定了《CT蓝图及Road-Map》，提出三大目标和三大促进计划。三大目标分别是：第一，通过文化与科技的融合，确保先进国水准的CT技术力量；

第二，通过构筑CT基础设施，创造技术革新和CT产业培育环境；第三，通过激活CT技术和开展对内外合作，确保企业的全球化竞争力。三大促进计划分别为：第一，研究开发（R&D）及扩大服务；第二，人才培养及建设基础设施；第三，激活CT及扩大对内外合作。

在此基础上，政府从2007年开始实施《文化技术（CT）开发五年计划》。其内容包括今后5年间各领域重点课题、战略产品核心技术，重点投资技术、战略性投资方向、未来成长动力等。但是，由于CT技术开发政策所涉及的部门较多，这就不可避免地引发各部处间管辖权之争；而文化观光部在CT技术方面相对脆弱，在由它牵头落实相关政策时，就遇到许多技术上的难题而束手无策，由此很容易造成主客颠倒的现象，这不能不影响到相关政策的贯彻力度。结果，政府已确定的20多项技术开发课题，虽耗资逾100亿韩元，却在2006年只完成2项课题的技术转让。

4. 创作基础建设政策

"参与政府"所推进的文化产业创造基础建设，主要集中在"文化原型数码CONTENTS化"事业和如何有效地保护著作权者的合法权益上。

"文化原型数码CONTENTS化"是政府为应对经济不景气而引发的购买力弱化趋势而采取的一项举措。2004年9月，为了调动更多的社会力量参与"文化原型数码CONTENTS化"事业，文化观光部和韩国文化CONTENTS振兴院向社会公布了50亿韩元规模的"文化原型数码CONTENTS化"项目[1]。此后，政府继续加大对此项事业的投入，总计投入550亿元以上的政府预算。结果，到2006年共有280多个公司、高校的3500多名投入"文化原型数码CONTENTS化"建设，先后开发出历史、民俗、神话、建筑、艺术等领域160多项课题的60万个项目[2]。与此同时，政府为便于开发者了解相关信息，通过韩国文化CONTENTS振兴院和著作权审议调停委员会，共同投入26亿韩元预算构筑文化CONTENTS

---

[1] （韩）文化观光部：《2004年文化产业白皮书》，2005年，第435页。
[2] 同上，第171页。

网站（culturecontent.com），并提供了160余件开发信息。

但是，"文化原型数码 CONTENTS 化"本身并不是目的，关键在于它能否被企业利用后变成文化产品最终投入到市场。从这个角度考虑，政府推进的"文化原型数码 CONTENTS 化"事业实际成效不容乐观。比如：对其利用率而言，2004 年 37 件、2005 年 160 件、2006 年 1058 件（脱线 133 件）、2007 年 2331 件（脱线 148 件）[①]。又如：对其资金回收率而言，2006 年政府征得的著作使用费只有 300 万韩元，这比起五年间 550 亿韩元的政府预算投入，其业绩实在是惨淡不堪。究其原因，由于政府没有制定对"文化原型数码 CONTENTS 化"内容进行评价和验证的制度，所以各专业公司所提供的内容并没有超出在全国各地博物馆或文化遗产厅所藏资料水准，使用部门自然对此不太感兴趣。其结果，此项事业并没有给文化产业界带来多大实惠，反而造成财源分配和使用上的扭曲现象，即：把大部分资金用在人员扩充等新增就业岗位的事情上，而对其质量的把握和内容的开发明显乏力，致使"文化原型数码 CONTENTS 化"质量普遍不达标，最终也就无法达到预期目的。

关于如何有效地保护著作权者的合法权益的问题，前一届政府并没有引起足够重视，真正把它纳入国政运营范畴的是"参与政府"在文化产业局属下增设"著作权科"为起点（2005 年 8 月，第二次文化产业局机构改革）。此后，政府成立"著作权保护中心"，把取缔违法复制品业务一元化，并构筑了囊括互联网在线、脱线的综合管理体制。该中心与著作权审议调停委员会、音乐、影像、出版等委托权利者团体合作[②]，对违法复制物采取严厉的行政及法律的制裁措施，以有效地保护著作权者的合法权益。

2006 年 6 月，为了进一步保护著作权者的权益，搞活著作权的实际利用率，政府修改了《著作权法》，新设公众传输权，向实演者赋予"声明表示权"、"同一性维持权"等，并根据相互主义原则规定外国实

---

① （韩）文化体育观光部：《2007 年文化产业白皮书》，2008 年，第 84 页。
② 这些团体主要有：韩国音乐著作权协会、韩国音源制作者协会、韩国音乐产业协会、韩国艺术实演者联合会、韩国影像产业协会、韩国复制传送权管理中心等。

演者和音像制作者在韩国也可以得到相应补偿金。同时，对P2P服务提供者等特殊类型的互联网服务提供者实施技术保护措施，并把"著作权审议调停委员会"改称为"著作权委员会"，以扩大其管辖范围和权利。此外，修改法还规定，向文化观光部、市长、道知事（省长——笔者注）、郡守（县长——笔者注）、区厅长赋予没收或取缔违法复制物的行政命令权，以加强对《著作权法》的执行力度。

随着数码技术环境的成熟，对著作权信息的数码化也成为现实需要。为此，2006年文化观光部通过著作权审议调停委员会适时地制定出《搞活著作权利用率综合计划》。同时，作为搞活著作权注册的方案，政府建立了著作权执照综合管理系统和对违法CONTENTS的追踪管理系统。

所有这一切，充分表明了"参与政府"对维护著作权问题上的坚定意志，其方法得当且有力，但同业界链接环节上尚需改进和深入。

5. 地方文化产业培育政策

如前所述，在"国民的政府"执政时期作为地方文化产业培育政策的一环，曾制定和实施了建设文化产业园区政策，但因其主观色彩浓厚，脱离地方实际，更缺乏地方的积极互动等原因收效甚微。特别是其法定依据不够明确，直接造成执行难的实际问题。如：根据《文化产业振兴基本法》第二十四条规定可以确定地方文化产业园区，当初政府确定的地方文化产业园区建设指定点共有7个，但其领域和开发程序的确定又受制于《有关产业布局和开发的法律》第七条规定，结果最终被政府认可而告示于众的只有青州一个地方，其他地方因用地不当、未经有关部门检验等原因而终未获准。

为解决这个问题，"参与政府"在2006年4月修改《文化产业振兴基本法》之时，开始新增"文化产业振兴地区"概念，以避免上述两种法律相抵触的现象。由此形成了文化产业振兴地区，文化产业园区、文化产业支援中心等，各地方可因地制宜，招引进文化产业相关企业。其分类标准如表15所示：

表 15　各地方文化产业集群分类标准

区分	文化产业园区	文化产业振兴地区	文化产业支援中心
合理布局要求	1. 可进行大规模园区开发的中小城市。 2. 远离市中心且地价低廉，土地征用不受法律限制的地区。 3. 有必要建设主题公园等大规模体验设施的地区。	1. 大城市中心地段或副中心地段，文化产业相关企业相对集中的地区。 2. 受地价限制无法开发大规模产业园区的地区。 3. 便于产、学、研联动的地区。	1. 有必要振兴文化 CONTENTS 产业，但条件相对差的中小城市。 2. 没有文化 CONTENTS 产业的中心企业，但有必要创建文化产业设施的地区。

资料来源：（韩）韩国文化 CONTENTS 振兴院：《地方文化产业集群评价体制改善及咨询》，2007 年。

根据以上标准，2002 年青州率先获准文化产业园区，2007 年春川文化产业园区也相继获准成立。到 2008 年 2 月，釜山、大邱、大田、富川、全州、济州、天安等 7 个地区也被选定为文化产业振兴地区。

表 16　各地文化产业园区和文化产业振兴地区一览

区分	地区	重点招引业种	地址	面积
园区	青州	教学游戏程序	青州市兴德区内谷洞（利用城市闲置设施）	50637 ㎡
	春川	动漫	西面玄岩里	196200 ㎡

续表

区分	地区	重点招引业种	地址	面积
地区	釜山	影像、游戏	海云台区佑洞	343959 ㎡
	大邱	游戏、移动内容、角色、新媒体内容	南区大明洞	117666 ㎡
	大田	尖端影像（电影）、游戏	儒城区道龙洞（博览会公园内）	338570 ㎡
	富川	出版、动漫	远美区上洞（影像文化园区一员）	600263 ㎡
	全州	韩样式、影像	完山区中老松洞、校洞、丰南洞、高士洞（韩屋村、电影之街一员）	472138 ㎡
	天安	文化设计	文化洞、大兴洞	306722 ㎡
	济州	设计影像、移动内容	二徒2洞（济州市厅附近）	127657 ㎡

资料来源：（韩）文化观光部：《2007年文化产业白皮书》，2008年。

至于文化产业支援中心建设，政府决定从2005—2013年投入400亿韩元成立和扶持文化产业研究中心（CRC：Culture Research Center）。其支援领域分技术开发中心型和资源开发中心型两大类，并通过产学研的紧密联系，为地方创造富有创意并面向未来的研究条件。

总之，"参与政府"对地方文化产业的培育政策，试图改变过去只支援个别企业的做法，积极扶持以地方自治团体为中心的文化产业建设，并努力构筑地区产学合作网络，在文化产业相对薄弱的地方奠定产业基础，从而为各地方经济均衡发展做出贡献。

6."韩流"政策

所谓"韩流"是指韩国文化潮流的传播，这个词最早出现并使用于中国的媒体。"韩流"迅速向海外传播，韩国政府当初始料未及。直到

"参与政府"执政后,才开始把它纳入国政运营范畴,对韩国大众文化给予政策性关注,其范围随即扩至饮食、时装、体育等韩国人全部生活范畴,并把它纳入产业化轨道。

"参与政府"对"韩流"的政策基调是避免直接介入,调动民间自发力量,注重政策性引导,积极提供相应援助。迎合这种要求而出台的就是2003年成立的"亚洲文化产业交流财团",它作为政府外围机构,组织国内文化产业各领域的团体、协会、企业等单位,支援"韩流"在海外的传播。在此基础上,文化观光部在2004年制定了《韩流的持续扩散方案》,提出了培养制作优质CONTENTS的文化力量,构筑文化CONTENTS产业基础的具体方案,以便使"韩流"冲出亚洲走向世界。其主要内容是:一是以民间为主导促进韩流的扩散,政府积极支援民间活动;二是通过共同促进文化韩流、经济韩流、数码韩流,增大其综合效应;三是为消除韩流的负面影响,强化双向文化交流与合作。

为此,政府从2006年开始在海外公馆特设"韩国文化院",使之成为"韩流"扩散的前沿基地。但是,政府的这一举措常常变成文化观光部的一厢情愿,很难与政府其他部门相互协调,企业界依旧按市场逻辑各行其是,所以政府欲求增大"韩流"综合效应的努力收效不大。有关政策有待于进一步调整和完善。

六、文化产业政策新导向:集中培育核心文化CONTENTS

(一)文化CONTENTS产业政策基调和方向

李明博在2007年底进行的总统大选中,相对于执政党候选人以压倒多数的选票当选了第十七届韩国总统。李明博在参加总统竞选时,就在竞选纲领中提出了"747经济发展计划",即:经济年增长率达到7%、10年后人均GDP达4万美元,使韩国跻身于世界七大经济强国行列。在

第二章 韩国文化产业政策研究

此计划目标之下,李明博强调以民间自律性为中心的市场经济运作模式,并提出了为激活企业投资、缓解政府对企业的限制等方面的政策公约①。

2008年1月,李明博正式就任总统后,就着手把"747经济发展计划"落实到实际国政运营当中,提出了通过实现经济的先进化、生活质量的优质化和主动接受和创出国际规范等途径,实现世界上得到承认的高品质国家目标②。其国政运营指标则设定为建设服务型政府、搞活市场经济、主动落实社会福祉、成为人才培养大国等。同时,为了向国民表明政府的诚意和责任感,李明博总统不再使用对政府称谓上的修饰语,诸如"文民政府"、"国民的政府"、"参与政府"等,而直接以总统尊名作为本届政府的公用名称——"李明博政府",以凸显其特色和意志。

但是,李明博政府执政伊始,其经济政策受到内外诸多挑战。一方面,当时韩国经济受到国内外负面余波的影响,贫富差距越拉越大,这使李明博政府所标榜的亲民政策遭到质疑。从收入分配三大指标上看,收入分布的不均衡系数,即吉尼系数为0.315,达到1990年之后最高值;5分位分配率也达到4.82,比1990年的3.72增大许多;相对贫困率从1990年的7.8%增长到14.9%③。特别是把重点放在创出就业岗位的政府预算投入,对提高民间雇佣能力及增大附加值方面效果欠佳,并没有创出求职者喜欢的优良就业岗位④。所有这些,无疑暴露出了韩国经济的弱点,其结果深化了收入两极化,减少了中产阶层,进一步恶化了家庭收支,增加了社会失业率。

另一方面,2008年4月在重新决定进口美国产牛肉问题上波澜再起,国民的反对呼声一浪高过一浪,最终酿成大规模的蜡烛示威活动。这使李明博政府执政伊始就面临严重的信任危机,对总统的支持率一下子跌到20%。更有甚者,有些人在互联网上发起了弹劾总统署名运动,

---

① (韩)韩国经济研究院:《李明博政府政策评价及先进化课题(上)》,2011年,第29页。
② (韩)青瓦台网站(http://www.president.go.kr/kr/policy/principal.php)。
③ (韩)《韩国,贫富差距大并且其速度快》,《中央日报》,2011.10月26日。
④ (韩)韩国经济研究院:《李明博政府政策评价及先进化课题(上)》,2011年,第252页。

一时间署名人数达到 140 万人以上。此后，围绕着变更世宗市建设计划问题在野党又开始发难，指责政府违背承诺随意更改，最后此项争论发展成场外集会，这就更加深了李明博政府初期的执政危机。

在此背景之下，李明博政府认为，要在没有雇佣的增长环境中搞活经济、减少失业、提高国民福祉水平，就必须寻找新的突破口。2010 年 12 月 7 日，李明博总统在文化体育观光部做业务报告时指出："今后韩国要走的路我想应该是发展 CONTENTS 产业。现在是 CONTENTS 产业领导制造业的时代，这是世界性趋势。如果不重视发展 CONTENTS 产业，而只重视制造业的话，我们就会落入二流国家境地。今后，CONTENTS 分别由文化体育观光部和广播通讯委员会承担。希望大家对这领域特别要留意，集中把事情做好。"① 李明博总统的指示，实际上与他就任演说中提出的"文化也是产业，提高 CONTENTS 产业的竞争力，巩固文化强国的基础"的主张一脉相承。他在正式就任前，也曾指示总统接管委员会把"集中培育核心 CONTENTS 及扩大相应投资"作为国政课题加以研究。

根据总统指示，文化体育观光部制定了今后付诸实施的几项重点课题：第一，应对环境变化，整合 CONTENTS 政策推进体系；第二，为营造健全的文化市场，打击违法复制行为，保护著作权者利益；第三，强化 CONTENTS 产业的核心力量——创作力量；第四，支援 CONTENTS 企业打入海外市场；第五，为了最大限度地发挥 CONTENTS 企业的创意性，营造最佳的市场环境②。其当务之急就是构筑 CONTENTS 政策推进体系，完善相关法制，提供资金支持，为文化 CONTENTS 产业的发展提供制度保障。

（二）文化 CONTENTS 产业政策推进体制

1. 文化 CONTENTS 产业管理机构调整

李明博政府在追求以民间自律和创意为中心的市场经济运行目标下，

---

① （韩）青瓦台网站：有关文化体育观光部业务报告简报。
② （韩）文化体育观光部：《2008 年文化产业白皮书》，2009 年，第 3 页。

先后采取了多种缓解限制的措施。这首先体现在精简政府机构,把重复性的职能部门加以整合,构成多元复合的小政府。具体地讲,2008年2月,政府正式出台后,把文化观光部改称为文化体育观光部,取消了以前的信息通讯部,并把CONTENTS管理部门移交到文化体育观光部,把广播和通讯管理部门移交到广播通讯委员会管理。这样,文化体育观光部成了管理各部处CONTENTS业务的CONTENTS政策综合管理部门,下设文化CONTENTS产业室、韩国CONTENTS振兴院、CONTENTS产业振兴委员会分别负责决策、执行和协调等业务。

文化CONTENTS产业室是为政府提供决策依据的重要职能部门。2008年3月,李明博政府第一次机构调整时,把"参与政府"时期的"文化产业本部"更名为"文化CONTENTS产业室",下设CONTENTS政策馆、著作权政策馆和媒体政策馆。总之,在第一次机构调整时,大体上只改变了机构名称,但把著作权科单独分离后设"著作权政策馆",并附设2个科自成体系,足见政府对著作权的重视程度。

5个月后,政府进行了第二次调整。即把CONTENTS技术人力科、CONTENTS振兴科、战略软件科加以合并,只设战略CONTENTS产业科和数码CONTENTS产业科。此外,在著作权政策馆又增设了著作权保护组。这两次调整相互比较而言,虽然经过第二次调整缓解了各科室业务重复的矛盾,但文化CONTENTS产业室掌管3个政策馆12个科,这未免过于庞大。特别是媒体政策馆与宣传支援局、宣传CONTENTS企划馆的业务还有所重复。

第三次调整时,政府新设"通商协力组",旨在进一步强化了著作权管理,看来这是每次调整的重要动因。果不其然,在第四次调整时取消著作权政策馆下设的通商协力组,而把著作权保护组更名为著作权保护科。媒体政策馆从文化CONTENTS产业室分离出去,单独成立媒体政策局。同时,取消在CONTENTS政策馆下设的战略CONTENTS产业科,并在各科名称上都追加CONTENTS以凸显文化CONTENTS产业室特色。尽管如此,在不同的CONTENTS之间仍无法避免业务上重叠现象,时常会带来政策执行上的困惑及混乱。

表17 文化CONTENTS产业室改编情况

第一次编制改编（2008.3.6）		
文化CONTENTS产业室		
CONTENTS政策馆	著作权政策馆	媒体政策馆
文化产业政策科 影像产业科 游戏产业科 CONTENTS技术人力科 CONTENTS振兴科 战略软件科	著作权政策科 著作权产业科	媒体政策科 广播影像广告科 出版印刷产业科 新媒体产业科

第二次编制改编（2008.8.12）		
文化CONTENTS产业室		
CONTENTS政策馆	著作权政策馆	媒体政策馆
文化产业政策科 影像产业科 游戏产业科 战略CONTENTS产业科 数码CONTENTS产业科	著作权政策科 著作权产业科 著作权保护组	媒体政策科 广播影像广告科 出版印刷产业科 新媒体产业科

第三次编制改编（2009.1.1）		
文化 CONTENTS 产业室		
CONTENTS 政策馆	著作权政策馆	媒体政策馆
文化产业政策科 影像产业科 游戏产业科 战略 CONTENTS 产业科 数码 CONTENTS 产业科	著作权政策科 著作权产业科 著作权保护组 通商协力组	媒体政策科 广播影像广告科 出版印刷产业科 新媒体产业科

第四次编制改编（2009.5.4）	
文化 CONTENTS 产业室	
CONTENTS 政策馆	著作权政策馆
文化产业政策科 影像 CONTENTS 产业科 游戏 CONTENTS 产业科 数码 CONTENTS 产业科	著作权政策科 著作权产业科 著作权保护科

资料来源：（韩）《文化观光部及其所属机关编制实行规则》（2008 年、2009 年）。

韩国 CONTENTS 振兴院是政府文化产业政策的执行部门。李明博政府成立该机构的目的在于精简机构、讲究实效。因此，2009 年政府把原来的韩国文化 CONTENTS 振兴院、韩国游戏产业振兴院、韩国广播影像产业振兴院、韩国软件振兴院、韩国 CONTENTS 中心等 5 个机构加以合并，正式成立了"韩国 CONTENTS 振兴院"。内设经营管理本部、制作支援本部、世界化事业本部、文化技术本部、基础建设本部等 5 个本部，并且还设立了融合型CONTENTS团和CONTENTS利用者保护中心。韩国CONTENTS振兴院成立之后，缓解了过去政府各职能部门分别执行政策而引发的矛盾，在产业界、学界与有关政府部处之间的合作方面，韩国CONTENTS振兴院起到了中心作用。

CONTENTS产业振兴委员会是文化产业政策协调部门。过去，在CONTENTS领域各部处之间存在不少矛盾，特别是信息通讯部与文化观光部之间业务重叠引发的矛盾尤为突出，并为此长期争论不休。有鉴于此，政府根据2010年修订后的《CONTENTS振兴法》，于2011年4月成立了"CONTENTS产业振兴委员会"。该委员会由国务总理任委员长，由11个部处的长官和8名民间人士组成委员会成员。该委员会主要从事制定CONTENTS产业中长期基本计划和实行计划、统筹调停CONTENTS产业振兴政策及其开发和咨询等业务。但是，仍有一些结构性的矛盾难以根治。如：政府规定整个CONTENTS产业的业务由文化体育观光部承担，但是构成CONTENTS产业重要一环的广播业务仍属于广播通信委员会业务范畴，而教育CONTENTS业务又离不开教育科学技术部的指导，这就给CONTENTS产业振兴委员会的工作增加了难度。

2. 文化CONTENTS产业的法制建设

在文化CONTENTS产业法制建设方面，李明博政府除了继续致力于完善《文化产业振兴基本法》之外，把主要精力放在制定《CONTENTS产业振兴法》和反复修改和完善各部门法上。

如前所述，《文化产业振兴基本法》自1999年2月"国民的政府"时期正式出台以来，历届政府都非常重视对该法的修改和完善，到李明博政府出台之时已趋于成熟。因此，李明博政府虽然也对《文化产业振兴基本法》进行了三次修改，但基本内容并没有太大的变化，部分修改内容如表18所示：

表18　李明博政府对《文化产业振兴基本法》的修改情况

修改日期	主要修改内容
2009.2.6	1. 设置完成保证帐户。 2. 指定文化技术价值评价机构。 3. 制定企业附设创作研究所及企业创作专门负责部门认证制度。 4. 把文化产业振兴地区认定为风险企业培育促进地区。 5. 整合CONTENTS振兴机构。
2009.5.21	取消文化产业振兴地区审议委员会和文化产业振兴委员会的有关规定。
2011.5.25	1. 根据利用传统文化资源之规定，从"施行令"改为具体法律条款。 2. 文化产业可接纳残疾人参与。 3. 降低设立文化产业专门公司的资本金标准。

资料来源：（韩）国会文化体育观光广播通讯委员会，《文化产业振兴基本法——部分修订法律案审查报告书》，2009年2月，2009年5月，2011年4月。

如表18所示，在第一次修改《文化产业振兴基本法》时，政府为了确保文化商品的制作和完成，新增如下法律规定：1.设置"完成保证账户"，以保证对可能发生的债务的清理；2.指定专门评价机构分析评价文化商品、文化技术价值，并根据评价结果筹措资金附设企业创作研究所开展研发；3.制定了对企业创作专门负责部门的认证制度，使企业积累制作文化商品的能力；4.把文化产业振兴地区认定为风险企业培育促进地区，以提供如同风险企业的税制优惠；5.把管理游戏、广播等各个CONTENTS振兴机构加以合并整合，为设立韩国CONTENTS振兴院创造条件。通过这些修改，进一步细化了投资和质量保障机制和提供税制优惠标准，并为政府精简机构、整合管理、减少部门间的摩擦消耗提供了法律依据。

其余两次修改基本上与文化产业并没有直接的关联，属于简化机构、完善相关细则范畴。如：取消"文化产业振兴地区审议委员会"和"文化产业振兴委员会"的相关规定，主要鉴于这两个机构已失去存在意义；对利用传统文化资源方面的规定亦可视作一项补充条款；而新增有关残疾人的规定，其实通过其他法律也能得到充分的保障。至于降低设立文化产业专门公司的资本金标准规定，即从原来的 1 亿韩元（折合人民币约 50 多万元——笔者）降低到 1000 万韩元，这看似重要，实则无碍大局。因此，李明博政府对《文化产业振兴基本法》的修改，主要是在细化投资、质量保障机制、提供税制优惠标准，以及精简机构、整合管理上可给予肯定的评价。

相比之下，李明博政府取消信息通讯部后把主管业务移交到文化体育观光部，随即把原来的《互联网数码 CONTENTS 产业发展法》改为《CONTENTS 产业振兴法》（2010 年 6 月），这可算是有别于历届政府的开创之举。其主要内容和体系如表 19 所示：

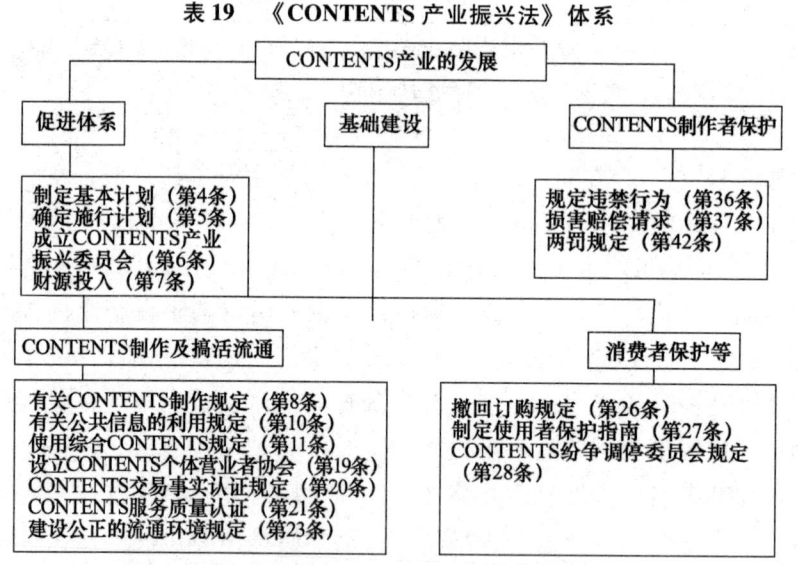

表 19 《CONTENTS 产业振兴法》体系

```
                    ┌──── CONTENTS产业的发展 ────┐
                    │              │              │
                 促进体系        基础建设     CONTENTS制作者保护
                    │                             │
          制定基本计划（第4条）            规定违禁行为（第36条）
          确定施行计划（第5条）            损害赔偿请求（第37条）
          成立CONTENTS产业                 两罚规定（第42条）
          振兴委员会（第6条）
          财源投入（第7条）

          CONTENTS制作及搞活流通              消费者保护等

          有关CONTENTS制作规定（第8条）     撤回订购规定（第26条）
          有关公共信息的利用规定（第10条）   制定使用者保护指南（第27条）
          使用综合CONTENTS规定（第11条）    CONTENTS纷争调停委员会规定
          设立CONTENTS个体营业者协会（第19条）（第28条）
          CONTENTS交易事实认证规定（第20条）
          CONTENTS服务质量认证（第21条）
          建设公正的流通环境规定（第23条）
```

资料来源：（韩）国会文化体育观光放送通讯委员会，《互联网数码 CONTENTS 产业发展法全部修订法律案审查报告书》，2010 年 4 月。

如表 19 所示，《CONTENTS 产业振兴法》的基本框架由 CONTENTS 产业促进体系、基础建设及对 CONTENTS 制作者的保护措施等三大部分组成，其主要创新点在于：第一，变更了法律名称，并重新界定 CONT-

ENTS 的概念；第二，扩编 CONTENTS 产业振兴委员会，以加强行政支持力度；第三，为搞活 CONTENTS 制作及流通提供具体的法律依据；第四，建立了有关 CONTENTS 品质、识别和交易的认证体系，第五，制定了对制作者和消费者的保护措施等。

在制定《CONTENTS 产业振兴法》的同时，政府对各部门法也进行了相应的修改。如：《有关游戏产业的法律》经过了三次修改，并且随着《青少年保护法》的修改，政府制定了"互联网游戏限时制（Shut-down 制）"[①]。为预防青少年过度陷入游戏，政府还明确规定了游戏相关从业者及政府有关部门所要承担的义务。又如：《有关振兴电影及录像物的法律》进行了 5 次修改，明确了数码电影院的定义、振兴数码电影院的基本方向、影像技术的开发标准等。总之，政府对各部门法的修改，主要以强化管制为特征，因而与其振兴文化产业之策有相互矛盾的地方，由此引发不少争议，其实效可谓喜忧参半。

3. 政府预算和基金的变化

李明博政府对文化 CONTENTS 产业的预算变化，主要体现在持续加大对文化 CONTENTS 产业的投入上，这显然与其重视文化 CONTENTS 产业的决策意志密切相关。其详情如表 20 所示：

表20　李明博政府预算变化情况（单位：亿韩元）

年度	政府预算总额	文化体育观光部预算		文化 CONTENTS 产业室预算		媒体政策局预算	
		预算总额	政府预算对比占有比率	预算总额	文化部预算对比占有比率	预算总额	文化部预算对比占有比率
2008	1749852	15136	0.86%	1508	9.9%	558	3.7%

---

① 互联网游戏限时制（Shutdown 制）：在上午0时至上午6时期间，不向未满16岁的青少年提供互联网游戏而切断连接的制度。

续表

年度	政府预算总额	文化体育观光部预算		文化CONTENTS产业室预算		媒体政策局预算	
		预算总额	政府预算对比占有比率	预算总额	文化部预算对比占有比率	预算总额	文化部预算对比占有比率
2009	1968712	17350	0.88%	2422	14.0%	562	3.2%
2010	2012834	18762	0.93%	2561	13.6%	836.9	4.4%
2011	2099302	19603	0.93%	2321	11.8%	1136.3	5.8%

资料来源：（韩）文化体育观光部，《2010年文化产业白皮书》，2011年。
　　　　（韩）文化体育观光部，《2011年CONTENTS产业白皮书》，2012年。
　　　　（韩）企划财政部，《2012年国家生计》，2012年。

如表20所示，2008年的预算是前一届政府制定的预算，当时文化产业本部（文化CONTENTS产业室前身）的预算只占文化体育观光部预算的9.9%，但在此后的政府预算中，文化CONTENTS产业室的预算比前一年突然增加了60%，此后几年持续维持了较高的预算投入。特别是对媒体政策局的预算在2010年增加了48%，2011年又增加了36%，如果把这两个部门的预算加起来，那么李明博政府对CONTENTS产业所投入的预算可创下了历届之最。

关于文化产业振兴基金的设立和运营，李明博政府延续了"参与政府"的做法，完全取消了文化产业振兴基金。特别是对文化CONTENTS产业，除了母胎组合和电影发展基金以外，并没有设立特别的政府基金加以支援。这就意味着政府倍加重视的文化CONTENTS产业并没有来自公共机构的稳定财源，其资金筹措与运营基本上依靠民间资本。李明博政府认为，担保不力或经营业绩不突出者，不能作为政府的投资对象。其原因就在于预防政府基金使用上出现的浪费和低效问题。

(三) 李明博政府的文化 CONTENTS 产业政策

李明博政府在制定文化产业政策时,特别重视对文化 CONTENTS 产业的培育和扶持,提出了《新一代融合型 CONTENTS 培育方向》,并且把虚拟现实、CG、U—学习 CONTENTS、广播和通讯相融合的 CONTENTS、虚拟世界 CONTENTS 等五大 CONTENTS 选定为"新一代融合 CONTENTS"。在此基础上,2008 年 10 月发表了具体的培育政策,即《新一代融合型 CONTENTS 培育战略》。其主要内容是:第一,构筑亚洲最大的 CG(Computer Graphics)制作基地;第二,培育数码虚拟世界;第三,先占作为新技术基础的广播、通讯相融合的 CONTENTS 市场;第四,培育 U—学习 CONTENTS 产业;第五,创出虚拟现实领域的新市场。为此,政府在 5 年间拟投入 6500 亿韩元预算,创出 7 兆韩元的市场和能够吸纳 13 万人的新岗位。这与政府急欲寻找新的经济增长点和扩大就业岗位的战略意图相吻合,成为这一时期文化产业政策的基本导向,而把文化产业政策重心从文化产业的创意性领域转移到文化 CONTENTS 的技术与服务性领域,是李明博政府文化产业政策的鲜明特色。当然,从长远的角度考虑,这种以技术为中心的文化产业政策,将会影响到文化 CONTENTS 的健康和持续发展。

1. 投资政策

李明博政府执政时期,截至 2010 年底在母胎基金文化帐户上共成立了 30 个组合,其了基金规模达到 1672 亿韩元。基金投入虽面向制作演出艺术、游戏、动漫、音源、电视剧等领域[①],但较多地集中在电影等特定领域。特别是对角色、动漫等担保余力不足且很难获得融资的领域,竟然出现了回避出资的现象。其结果是母胎基金文化账户的收益率每况愈下,其详情如表 21 所示:

---

① (韩)文化体育观光部:《2009 年 Contents 产业白皮书》,2010 年,第 126 页。

表21 母胎基金文化账户收益率（截止2010年末，单位：韩元）

组合名	母胎基金出资金额(A)	评价金额(B)	收益率(B-A)/A
波士顿影像CONTENTS专门投资组合	5100000000	4463259391	-12.5%
CJ创图9号电影投资组合	3000000000	2425740894	-19.1%
ISU—文化会议投资组合	7500000000	5043572081	-32.8%
KTIC文化会议专门投资组合2号	3000000000	1930140217	-35.7%
普利司通公演艺术专门投资组合	4000000000	4260612109	6.5%
密歇根全球化CONTENTS投资组合	3000000000	2375508888	-20.8%
M风险第1号公演艺术专门投资组合	3000000000	2769063673	-7.7%
BINEXTCT2号投资组合	2160000000	1863889501	-13.7%
普利司通数码CONTENTS专门投资组合	11600000000	11606720899	0.1%
Company K PartnerCONTENTS专门投资组合	3000000000	2931885506	-2.3%
ACTI文化CONTENTS专门投资组合1号	4500000000	3888882823	-13.6%
MVP创图文化产业投资组合	7200000000	6516853540	-9.5%
苏比克CONTENTS专门投资组合	8000000000	9284985536	16.1%
Beineix数码文化CONTENTS投资组合	7500000000	6497211683	-13.4%

续表

组合名	母胎基金出资金额(A)	评价金额(B)	收益率(B-A)/A
BINEXTCT3 号投资组合	4800000000	4846227441	1.0%
KNET 文化 CONTENTS 专门投资组合	20000000000	19261959932	-3.7%
日新 M&C 投资组合	4000000000	3944245012	-1.4%
密歇根全球会议投资组合 2 号	5000000000	4717917785	-5.6%
CJ 创图 11 号文化 CONTENTS 投资组合	3000000000	2641802650	-11.9%
文化产业组合	5500000000	5756974259	4.7%
M 风险文化激活组合	4000000000	4033689166	08%
Company K Partnets 游戏专门投资组合	2000000000	1954206440	-2.3%
CJ 创图 12 号全球 CONTENTS 投资组合	13200000000	12997109931	-1.5%
Geon 游戏专门基金 1 号	4800000000	4850298676	1.0%
密歇根全球会议投资组合 3 号	2250000000	2127210016	-5.5%
苏比克全球 CG 投资组合	7500000000	7525026219	0.3%
同门媒体 CONTENTS& 文化技术投资组合	12000000000	12025458924	0.2%
大韩民国电视剧专门投资组合	504000000	445431849	-11.6%
波士顿全球影像 CONTENTS 投资组合	4400000000	4463203784	1.4%

续表

组合名	母胎基金出资金额(A)	评价金额(B)	收益率(B-A)/A
ISU—全球CONTENTS投资组合	1690000000	1701266157	0.7%
合计(组合数:30个)	167204000000	159150354982	-4.8

资料来源:(韩)中小企业厅资料(株)韩国风险投资(http//www.k-vic.co.kr/page/sub025.asp)。

自从政府取消文化产业振兴基金后,运用母胎基金对文化CONTENTS产业的投资收益有所改观,得到比较透明而系统性的管理。但是,由中小企业厅运营的母胎基金,并没有充分考虑到高危险、高收益的文化CONTENTS产业的特性,而一味强调认知度或者担保力,结果又出现无法惠及拥有创意和技术力的中小企业的问题。一般来说,中小企业十分零散,除了CONTENTS的无形资产外尚缺乏物质担保力,所以很难获得金融圈的投资或者融资,直接导致其慢性的资金不足问题。照此以往,有可能阻碍文化CONTENTS制作,从长远看,将会失去CONTENTS产业的发展动力。为了解决中小企业资金难的问题,李明博政府采取了积极诱导投资的间接政策。它源于卢武铉政府时期的"技术信用保证制度",通过实施这一政策,2010年政府对文化CONTENTS领域担保了5104亿韩元,惠及企业超过2116所[①]。

与此同时,李明博政府从2008年7月开始实施对文化商品的"完成保证保险"制度。这在2009年修改《文化产业振兴基本法》时已被纳入新法中。根据此项规定,从2009年至2011年,先实行了以公共部门为中心的完成保证保险制度。然后,从2012年开始拟在民间推广完成保证保险。但是,从公共部门为中心的完成保证保险制度实际成效看,虽然担保了共29件课题(约235亿韩元的规模),但与其他政策相比却收效甚微。

---

① "企保,对文化Contents也要有保证",(韩)《每日经济》,2010年12月27日。

2010年6月29日,韩国CONTENTS振兴院开发并公布了CONTENTS价值评价模型,目的在于搞活对游戏、电影、电视剧、广播、动漫等五大CONTENTS产业的投资、融资。大的项目由制作基础设施、CONTENTS竞争力、价值创出等内容组成,具体项目则以定量评价和精选评价的调和、企业评价和CONTENTS评价的调和、计量评价和专家评价的调和为原则组成,从而把完成可能性、票房可能性等表现为数值。但是,该模型没有反映出CONTENTS制作公司的意见,也没有考虑到CONTENTS产业的机构、不同制作公司的特殊性,被业内评价为缺乏实效性。2010年9月,韩国CONTENTS振兴院重新公布了CONTENTS价值评价模型,进一步细分评价模型的业种,以适用于各种担保和保险业务。

总之,李明博政府虽然承袭"参与政府"的投资政策,但仍没有改变投资收益性差的问题,间接的投资诱导政策也未达到预期目标。其原因在于没有同业界进行良好的沟通与互动。

2. 人才培养政策

李明博政府执政时期,并没有制定出更多的有关文化CONTENTS产业人才培育方面的具体计划,给人们留下了把人才培养的责任转嫁给业界和学校的印象。但是,这并没有阻碍文化产业相关人才总量的增加,相反地持续呈增加之势。其详情如表22所示:

表22　CONTENTS产业从业者人数增加情况（单位:名）

2007年	2008年	2009年	2010年	全年对比增加率
508537	496357	521876	532445	2%

资料来源:(韩)文化体育观光部,《2010年CONTENTS产业统计》,2011年。

如表22 所示,李明博政府执政时期,产业从业者增加率为2%,按各年度平均值计算,三年间约增加了8000名从业者。但是,值得注意的是,人才总量的增加并不意味着社会总需求人力过剩,更不意味着相关企业能够在人才市场上随时找到满意的人才。这是由人才供给与实际需求不一致的矛盾所致。一方面,韩国高校有关文化CONTENTS产业的学科从

2006年的932个增长为2008年的1325个,其增幅为40%,但另一方面企业又为寻找合适人才四处奔波,其详情如表23所示:

表23 对企业人才录用情况采访统计

区分	全体	职务群					
		总括企划	游戏企划	项目	图形	声音	服务运营	销售
采访事例数	144	69	62	81	23	21	26	49
过去三年间录用人才难度(4分尺度)	2.22	1.94	2.00	2.05	1.96	2.48	2.50	2.49
对五年后的预测(4分尺度)	2.32	2.06	2.14	2.18	2.05	2.52	2.68	2.57

说明:4分尺度:1分为非常难/2分为比较难/3分为不太难/4分为一点不难。
资料来源:(韩)文化体育观光部,《2008年文化产业白皮书》,2009年。

如表23所示,在2008年至2010年的三年间,企业在录用所需人才难易度方面,相关问卷调查统计结果为2.22分,而五年后的难易度统计为2.23分,这显然对高校所培养的人才表示不信任。相比之下,文化CONTENTS相关学科的教师共有9214名,其中专职教师为6,052名,占全体教师的65.7%,如此众多师资的职业素养和培养能力已遭到社会质疑。结果,不仅使政府对人才市场预测常常陷入误判,而且所承受的人才过剩压力要比前几届政府还要大。作为解决问题的方案,李明博政府决定支援企业工作现场所需要的集企划、创作、销售为一身的专业人才培养,并且提供文化CONTENTS从业者经历认证、教育培训、求职信息等综合服务。

3. 技术开发政策

李明博政府执政时期,随着CONTENTS领域数码化、复合化、智能化的加速,高品质技术成了CONTENTS制作的必备要素。特别是2010年3D电影《阿凡达》的成功上映,引发了电影产业的革新浪潮,成为整个CONT-

ENTS产业转换为3D CONTENTS的重要契机。同时,智能手机的迅速普及又推动了手机CONTENTS产业的新变化,苹果公司的N屏幕战略、智能TV等技术的出现进一步扩大了文化技术(CT)应用领域,其范围包括文化CONTENTS、设计、建筑、国防、制造业等广泛领域。因此,对文化CONTENTS技术开发就成为李明博政府文化产业政策的重要一环。

为此,李明博政府上台伊始,就废除了原来的信息通讯部,使国家CONTENTS管理机构实现一元化,减少从前一直存在的部门间摩擦损耗,进一步提高了效率。2008年8月,文化体育观光部、韩国文化CONTENTS振兴院顺应CONTENTS振兴体系一元化和相互融合的时代要求,建立并开始运营新的CT R&D企划团。该企划团主管支援核心技术开发事业、支援文化CONTENTS技术研究所培育事业、观客旨向性演出艺术开发支援事业、文化CONTENTS故事技术开发支援事业、智能型文化空间体现技术开发事业、CT全球化课题技术开发支援事业等。

在此基础上,2009年政府又出台《文化技术中长期路线图》,设定了六大核心战略领域(游戏、影像、新媒体、虚拟现实、创作演出展示、复合公共文化服务),并提出了重点推进课题。2010年,随着电影《阿凡达》的成功上映,李明博政府及时与各部处合力发表了《CONTENTS—媒体—3D产业发展战略》。特别是为重点扶持3DCONTENTS,政府制定了《3D产业发展战略》,并指明今后十年间的《3D产业综合技术路线图》。

4. 创作基础建设政策

李明博政府执政时期,有关创作基础建设政策涉及面较广,在内容上既有传承又有创新,反映出与时俱进、勇于创新的决策意志。

"文化原型数码CONTENTS化"事业是"参与政府"执政时期推行的创作基础建设措施。由于其投入与产出反差极大,曾受到社会各界的不少非议,政府则为此承受了要求削减预算的巨大社会压力。但是,李明博政府仍坚持推进此项事业,进一步强化了相关宣传力度,动员企业参与对此项事业的投入。同时,政府还支援对现代韩国文化资源开发和东北亚古代韩民族文化原型素材开发,使相关高校和研究机构获得实惠。但其实效尚待实践的检验。

如何有效地保护著作权者的合法权益,这也是李明博政府非常关注的一个问题。为保证著作权保护的实效性,2008年6月13日政府公布了《关于行使司法警察管理职务者的职务范围的法律》,通过此项法律第一次实行了"著作权特别司法警察权制度"。同时,在《著作权法》中增加了"著作权委员会"的业务(第120条规定),即:为构筑信息管理系统及其有效运营机制,组织"著作权信息中心"的条款。在《著作权法施行令》中又新增"著作权交易所"条款(第66条规定),使"数码著作权交易所"拥有在互联网上能够综合管理所有著作物的权利,并且通过该交易所还可以支援从事著作权产业的个别权利者和著作权集中管理团体的服务事业[①]。此外,2010年政府构筑了"著作权网站",使著作权者通过该网站确认本人所参与的著作物的权利关系,必要时还能够请求正当的补偿,同时还可以让使用者容易辨认著作权者不明的著作物,使其能够有效地加以利用[②]。这些著作权政策受到国内外一致好评,使韩国摘掉了被美国贸易代表部(USTR)指定的"优先监视对象国"或者"监视对象国"的帽子(1989年)。

激活故事创作是李明博政府在创作基础建设政策中的重要变化之一。这实际上意味着政府所推行的创作基础建设政策已从以硬件为中心的政策转变为以CONTENTS创作为中心的政策。2009年开始的"大韩民国故事募集大典",共悬赏4.5亿韩元,大力推进发掘培育电影、电视剧、动漫等CONTENTS领域的世界性原创故事业务。该募集大典悬赏额度之大、涉及范围之广可谓史无前例,备受社会关注。不仅如此,政府通过支援故事的完成及CONTENTS化等事业,为其制作、投资、销售、进入海外市场等方面提供诸多便利。如:通过增开"故事创作中心"提供了创作设施,通过召开釜山电影节、亚洲胶片销售发表会提供销售渠道等。这表明李明博政府已经认识到扩大外形基础设施之功效,在以技术为中心的政策氛围中,积极探索CONTENTS创作的成功途径。

支援OSMU精彩CONTENTS制作政策亦可谓李明博政府之首创。此

[①] (韩)李宰林:"数码著作权交易所构筑现状及启示",《2008年SW著作权等技术及政策动向》第1号,2008年,第204页。

[②] (韩)文化体育观光部:《2010年CONTENTS产业白皮书》,2011年,第217页。

项政策当初是为克服政府在支援不同领域 CONTENTS 时所存在的缺陷而制定的新政,系支援原作 CONTENTS、制作和营销派生 CONTENTS 等 OS-MU 全过程的事业。

表 24　支援精彩 CONTENTS 制作课题情况

年度	课题名	主管机关名	业务内容
2008	Kkambu 神秘的爱尔兰	角色可利亚	OS:动漫 MU:游戏、出版、商品化、音乐剧
2009	最后的教父	英九艺术	OS:动漫 MU:游戏、出版、商品化、音乐剧
	电信影院	三和网络	OS:动漫 MU:游戏、出版、商品化、音乐剧
	Vroomiz	三 G 动漫	OS:动漫 MU:游戏、出版、商品化、音乐剧
2010	无籍者	指纹鉴别	OS:电影 MU:游戏、出版、商品化、音乐剧
	非常主播	OD 公司	OS:电影 MU:游戏、出版、商品化、音乐剧
	Tera	Blueholestudio	OS:游戏 MU:出版、商品化、音乐剧
	成均馆绯闻	*Raemongraein*	OS:电视剧 MU:游戏、出版、商品化、音乐剧

资料来源:(韩)文化体育观光部,《2010 年 CONTENTS 产业白皮书》,2011 年。

如表 24 所示,从 2008 年开始,李明博政府为制作《Kkambu 神秘的爱尔兰》向"角色可利亚"(制片厂——笔者注)支援了 12.24 亿韩元,2009 年为制作《最后的教父》又向"英九艺术"(制片厂——笔者注)支援了 18.5 亿韩元。截至 2010 年政府总计支援 8 部作品制作,共投入 50 亿韩元以上的资金。但是,从 OSMU 观点来看,除了三 G 动漫《Vroomiz》以外的作品均不能算成功。不仅如此,有些大公司,诸如"Blueholestudio"、"英九艺术"、"三和网络"等公司是在不接受政府支援的情况下,也可以充分地吸引投资开展业务,这使政府的支援变得可有可无,其实效自然要打折扣。更重要的是,政府的支援只停留在单纯地向企业支援制作费用层面上,尚缺乏一种导向及激励机制,也没有一个客观公正的评价标准,结果 CONTENTS 制作似乎也难以达到"精彩"境地。

培育"一人创业企业"也是李明博政府推行的新政策,目的在于充分发挥高学历就业者的特长及满足其就业需要。所谓"一人创业企业"是指通过个人劳动"把知识服务业、制造业(工艺品等)领域中的创意、专门技术、知识、知识财产权等加以事业化"的企业[1],而文化 CONTENTS 领域正是最适合于一人创业的知识服务型行业。有鉴于此,从 2009 年开始,政府通过韩国 CONTENTS 振兴院实施了"CONTENTS 一人创业企业示范事业",在对文化商品的企划、开发、制作、生产、流通、消费等有关 CONTENTS 的领域选定创业支援项目。2010 年,在文化 CONTENTS 产业部门共选定了 56 个课题,到 2011 年 1 月,实际出成果的课题只有 4 件。可见,此项政策实效并不够理想,从长远考虑,其成功可能性也不大。如:美国的"智能手机经济学"报告书指出,收费软件开发费用平均需要 4000 万美元,回收程度年均只有 80 万美元而已[2]。如此巨大的资金压力,个人创业者显然难以承受。因此,与其鼓励"一人创业企业",倒不如强调共同创业,这似乎更符合世界性趋势[3]

努力创造公平竞争环境,这也是李明博政府的创作基础建设政策的重要一环。先从数码 CONTENTS 情况看,小规模制作社与大资本流通事业者之间出现不公平的交易问题。再从互联网音源情况看,可以发现音源制作社与流通社,即 MELON、BUGS、DOSIRAK、SORIBADA 等主要音乐网站

---

[1] (韩)1 人创造企业协会网站(http://www.1company.or.kr)
[2] http://communities-dominate.blogs.com/brands/2010/06/full-analysis-of-iphone-economics-its-bad-news-and-then-it-gets-worse.html.
[3] 《'1 人创造企业'是青年失业的解法吗?》,(韩)《朝鲜日报》2011 年 2 月 8 日。

间的不公正交易问题。如果不及时纠正这些不公平交易现象,不仅使某些弱小企业蒙受经济损失,而且还会给消费者带来了损害。有鉴于此,文化观光部进行定期调研和检查,并于2008年11月成立了"公平竞争环境建设特别委员会"加以监督。政府介入文化CONTENTS市场之后,对大企业垄断、违规操作等现象采取下达纠正令或向法院提出诉讼等方法加以纠正,取得了可喜的成果。

构筑互联网集市,积极为中小企业打开销路,这也是李明博政府开创的新措施。过去,文化CONTENTS的流通,采取以离线为中心的流通方式,这显然对已具备流通网的大企业非常有利。相比之下,没有流通网的中小企业,即便制作出优秀的CONTENTS,却苦于没有相应的流通网,常常很难开拓销路[1]。为此,从2010年开始政府推进了公共互联网流通网事业(KOME:Korea Open Movie Exchange),惠及CONTENTS提供者和从事相关服务业者。同时,为了提高数码电影流通的透明度,政府还扩大了附加版权市场,构筑了CONTENTS综合管理系统(DCMS:Digital Contents Management)。在这一系统上,版权所有者随时通过任何渠道都可以了解自己的电影被下载的情况,并且从事服务业者则通过合法的程序可以利用自己所需要的电影文件[2]。

5. 地方文化产业培育政策

培育地方文化产业政策始于"国民的政府",相对成熟于"参与政府"执政时期。李明博政府出台之后,也非常重视培育地方文化产业,于2008年2月就审议决定釜山、大邱、大田、富川、全州、济州、天安等7个地区为文化产业振兴地区。同年12月,又指定了仁川、高阳等地区为文化产业振兴地区。到了2010年,李明博政府又追加指定城南、安东地区为文化产业振兴地区。至此,各地方文化产业振兴地区达到11个,其规模也比以前得到扩大,但特别强调因地制宜,各显其能,体现各自特色。如:釜山以影像城为特色,富川成为漫画、动漫城市,在光州主营亚洲文化中心推进团等。

---

[1] (韩)金相旭:"通过文化Contents产业的经济特征分析的支援政策方案研究",《韩国政策研究》第11卷第1号,2011年,第37页。

[2] (韩)"流通、结算、统合管理电影Contents",《电子新闻》2008年1月22日。

李明博政府支援地方文化产业共有 12 项,但同时强调其课题成果与实际效益挂钩。但是,如同前两届政府那样,其实效上仍存在不少问题,只在釜山(电影)、城南(动漫)等个别城市开始形成特色,初见成效。

6. 韩流政策

李明博政府的"韩流政策"基本上延续了"参与政府"时期以民间为中心的支援政策。但是,此时"韩流"已从中国、东南亚开始冲进欧洲,韩国现代流行音乐(K—POP)风靡西方社会。在其中 IT、通讯技术,特别是"Youtube"对"韩流"冲入欧洲起到了重要作用。对此,韩国《中央日报》曾载文称"'Youtube'是韩流的传教士"。SM 关系者也说,"'少女时代'走红日本列岛之前,在'Youtube'上的点击记录就达数千万次"[①],从中亦可得知"Youtube"的巨大影响。

面临这种形势,李明博政府不再满足于对"韩流"的民间自律政策,于 2011 年制定并颁布了《强化大众文化产业世界化竞争力方案》,指定"K—POP 特性化教育机关"专门从事发掘和系统地培育 K—POP 明星事业,并向业界表明政府在开发演艺人教育课题标准模式之时,将给予相关政策性支援。同时,政府还努力引导相关部门把"韩流"的范围从大众文化领域扩展到传统文化和纯粹艺术领域。所有这些举措表明,李明博政府对"韩流"的政策开始发生了变化,即:从民间自律转变为政府积极介入。

李明博政府介入"韩流"输出,主要通过扩大运营驻外"韩国文化院"加以落实,使其变成"韩流"的海外扩散基地。但是,在实际操作层面上,政府仍采取动员民间力量付诸实施的方法,甚至在相关用语的使用上,也尽量避开十分醒目的"韩流"等字样,而多用"文化交流"等柔性词汇,以防出现"反韩流"、"嫌韩流"等负面效应。

七、韩国文化产业政策对中国的启示

韩国的文化产业已经历了 20 多年的发展历程,其历届政府采取了一

---

① (韩)《"Youtube"是"韩流传教士"》,《中央日报》2011 年 2 月 23 日。

系列措施积极扶持和推动文化产业的发展,由此形成了相对系统的政策体系和法制体系。在为实现中华民族的伟大复兴而全面推动社会主义文化大发展、大繁荣之时,韩国政府的决策与措施很值得我们关注,其经验和教训更值得借鉴。

(一)中国文化产业政策概观

改革开放30多年来,我国为全面实现小康社会目标实际上实施了三大发展战略,即:发展经济的创造财富战略、发展科技的革新战略以及发展文化的创意战略。其中,前两者为改革开放路线的主旋律,而后者则是近十年来逐渐得到重视并付诸实施的新战略。

在我国,对文化产业的认识也经历了漫长的过程。在改革开放以前,文化领域曾经作为与敌对势力争夺意识形态阵地的重要前沿,长期被政府严格管控。即便到改革开放初期,文化领域仍属于国家计划性管控范畴,很少考虑或发掘其"产业"价值,更不用说制定行之有效的政策加以推动。直到国务院办公厅批转的国家统计局《关于第三产业的统计报告》(1985年)中把文化艺术纳入第三产业范畴之后,文化领域首次在国民经济和社会发展指标体系中获得了"产业"身份。几年过后,文化部、国家工商总局联合发布了《关于加强文化市场管理工作的通知》(1988年),这是在政府文件中首次出现的"文化市场"概念,其中还规定了文化市场的范围、管理原则和具体任务等,由此开始改变文化市场管理无章可循的局面。

1991年国务院批转的《文化部关于文化事业若干经济政策意见的报告》中,开始使用了"文化经济"的概念。1992年6月,中共中央、国务院发布的《关于加快发展第三产业的决定》指出,要以产业化为方向加快发展包括文化生产和服务在内的第三产业,促进文化单位由单纯的财政消费型部门转为生产型部门。1993年11月14日,文化部还专门召开了部分省市文化部门负责人座谈会,讨论如何发展我国文化产业的问题。文化部常务副部长高占祥在座谈会上发表了题为《在改革开放中发展文化产业》的讲话,较系统地阐释了文化产业概念、产业政策、产业规则、人才培养和市场机制等方面的重大理论问题。这是中国政府文化行政部门领导人首次对文化产业发表的政策性意见,这表明我国政府对文化产业的认识已达到崭新的境界。

我国政府对文化产业认识的变化,促成了相关行政管理机构的诞生。1998年8月,文化部文化产业司宣布成立并制定了工作规则,这是我国第一个政府部门的文化产业专门管理机构。其主要职责是:拟定文化产业发展规划和政策,起草有关法规草案;扶持和促进文化产业建设与发展;推进文化产业信息化建设;指导文化产业基地和区域性特色文化产业群建设;督促重大文化产业项目的实施,配合外交部门推进对外文化产业交流与合作;指导动漫、网络游戏产业规划、产业基地、项目建设、会展建设、行业协会等。在此过程中,政府的文化产业政策也开始得到孕育。2000年10月,党的十五届五中全会通过的《中共中央关于制定国民经济和社会发展第十个五年计划的建议》中,第一次把"文化产业政策"提到议事日程。该建议提出:"要完善文化产业政策,加强文化市场建设和管理,推动有关文化产业的发展。"这标志着我国政府开始有意识地运用产业政策,有效地推动文化产业的发展。在2002年召开的党的"十六大"报告中,把文化事业和文化产业从概念上明确地区分开来,进一步对文化产业的发展进行了定性分析,并指出发展文化产业是市场经济条件下繁荣社会主义文化、满足人民群众精神文化需求的重要途径。随后国家统计局先后发布了《文化及相关产业分类》和《文化及相关产业分类指标体系》(2005年)等政策性文件,这意味着我国文化产业政策正式被纳入整个国家的产业政策系统[①]。

把文化产业的地位提高到实现中华民族伟大复兴的重大事业的高度,使其成为国民经济支柱产业的重要转机,出现在2011年10月召开的中国共产党第十七届中央委员会第六次全会上。在此次全会上,认真总结我国文化改革发展的丰富实践和宝贵经验基础上,通过了《中共中央关于深化文化体制改革,推动社会主义文化大发展大繁荣若干重大问题的决定》,

---

[①] 胡惠林:《文化产业学》,高等教育出版社,2006年版,第352—356页。

力争到2016年把文化产业发展成国民经济支柱产业。在这之前,国务院常务会议已经通过了《文化产业振兴规划》(2009年7月),明确规定国家将重点推进的文化产业包括文化创意、意识制作、出版发行、印刷复制、广告、演艺娱乐、文化会展和动漫等。在此基础上,胡锦涛在党"十八大"报告中进一步指出:"文化实力和竞争力是国家富强、民族振兴的重要标志。要坚持把社会效益放在首位,社会效益和经济效益相统一,推动文化事业全面繁荣、文化产业快速发展。"[1]

具体地讲,1.发展哲学社会科学、新闻出版、广播影视、文学艺术事业;2.加强重大公共文化工程和文化项目建设,完善公共文化服务体系,提高服务效能;3.促进文化和科技融合,发展新型文化业态,提高文化产业规模化、集约化、专业化水平;4.构建和发展现代传播体系,提高传播能力;5.增强国有公益性文化单位活力,完善经营性文化单位法人治理结构,繁荣文化市场;6.扩大文化领域对外开放,积极吸收借鉴国外优秀文化成果;7.营造有利于高素质文化人才大量涌现、健康成长的良好环境,造就一批名家大师和民族文化代表人物,表彰有杰出贡献的文化工作者。所有这些内容,成为制定我国文化产业政策的基本依据和决策方向。

总之,在经济体制改革和国家文化建设过程中,我国的文化产业政策从计划性管制调控逐步演变为方向性导航,实现了从自发到自觉、从全面封闭到逐渐开放、从单一到多元、从政府主导型到政府与市场二元推动型的转变[2]。

(二)韩国文化产业政策对中国的启示

我国与韩国虽然自然条件不同,社会制度不同、治国理念不同,但互为近邻,在文化传承上又拥有共同的基础。随着世界经济一体化的进程,两国间经济文化交流日益频繁。特别是在文化政策上,中韩两国都曾经历了

---

[1] 胡锦涛:《坚定不移地沿着中国特色社会主义道路前进,为全面建成小康社会而奋斗——在中国共产党第十八大全国代表大会上的报告》,人民出版社,2012年11月版,第33页。

[2] 胡惠林:《文化政策学》,书海出版社、山西人民出版社,2006年版,第3页。

从计划性管制调控逐步转变为方向性导航过程。当今在文化所拥有的历史象征性和传承性已开始转换为一种经济力,变成一个物化了的新产业的历史条件下,如何实现"观念更新"和"体制转换",从而能够把从前"控制"和"监视"模式转变为"自律"和"振兴"模式,从而实现文化产业的快速发展,韩国的经验给我们留下诸多启示。

韩国文化产业政策对我国的启示可以概括为如下几个方面:第一,要审时度势,凸显"文化强国"战略。韩国最早提出"文化强国"战略比中国至少要早十年,历届政府在这一点上达到高度一致,先后推出了《文化产业发展五年计划》、《二十一世纪文化产业蓝图》、《文化产业发展推进计划》等,有力地推动了文化产业的迅猛发展。中国作为拥有雄厚文化资源的大国,又面临加快转变经济发展方式、调整经济结构的艰巨任务之时,应该以文化产业作为突破口或新的增长点,尽快搞出类似韩国《二十一世纪文化产业蓝图》的"顶层设计"而登高远望,催人奋进。即:要深刻认识文化产业所拥有的产业价值,以"科教兴国战略"、"可持续发展战略"、"西部大开发战略"的高度去审视和确定"文化强国战略"。特别是要以实施《国家"十二五"时期文化改革发展规划纲要》为契机,抓住机遇不断深化文化体制改革,着力构建现代文化产业体系,全面推动文化产业跨越式发展。

第二,要完善文化产业相关法律体系。目前,我国制定的文化产业相关法律在发展中国家当中尚属前列,如:《中华人民共和国广告法》(1995)、《中华人民共和国商标法》(2001)、《中华人民共和国文物保护法》(2002)、《中华人民共和国拍卖法》(2004)、《中华人民共和国专利法》(2008)、《中华人民共国著作权法》(2010)、《中华人民共和国非物质文化遗产保护法》(2011)等。与文化产业相关规定也在陆续出台,如:《广告电视管理条例》(1997)、《出版物印刷管理规定》(1997)、《电影管理条例》(2002)、《中华人民共和国文物保护法实施条例》(2003)、《信息网络传播权保护条例》(2006)、《出版管理条例》(2011)、《音像制品管理条例》(2011)等等。但是,问题在于这些法律法规仍徘徊在"填空白"式的制定部门法阶段,因而相对分散且效力层次低,不同法规内容之间还存在着重复与相冲突的现象。更有甚者,由于我国文化立法尚有许多盲点,使不法营业有机可乘,扰乱文化市场秩序。

有鉴于此,我们不妨借鉴韩国的文化产业法律法规,尽快完善文化产业法律体系。韩国政府为了发展文化产业,很早就制定了一系列适应现实需要的有关文化产业法律法规。如:《文化产业振兴基本法》《电影振兴法》《音像录像物及游戏物相关的法律》《公演法》《有关振兴音乐产业的法律》《有关振兴游戏产业的法律》《有关振兴电影及录像物的法律》《CONTENTS产业振兴法》等。其中,最主要的是《文化产业振兴基本法》,历届政府都非常重视对此项法律的修改和完善。其原因就在于它实际上在文化产业领域里起到统帅作用,制约其他部门法及其诸多相关法规。如果文化产业的法制建设只停留在制定部门法的阶段,那么其文化法规体系还不能说是完备的,当然也无法为文化产业的发展提供有效的法律保障。文化产业相关法规效率层次底、盲点多,且还没有一个统揽全局的权威法,这不能不是我国文化立法上的重大缺陷。

第三,政府财政扶持要坚持投资主体多元化原则。韩国文化产业的发展主要得益于政府的各项财政、基金扶持以及灵活的投资机制。公司、基金会和个人的商业性赞助及公益性捐款是文化产业领域的主要资金来源,其数额高于各级政府的资助和拨款。当然,政府对文化产业事业及相关产业也给予不同程度的财政支持:一是中央政府直接提供赞助、补助等;二是地方政府提供支持文化产业发展的财政预算;三是政府通过文化登记制度、税收减免制度等扶持措施,鼓励企业对文化产业的投入。如:为鼓励企业为文化产业发展提供赞助,出资企业可以享受3%左右的税收优惠等。但不管怎样,政府的投资应严格控制在市场导向层次上,决不能错位,更不能出现政府为企业买单现象。韩国政府在多次挫折中摸索出的以调动民间资本为主、政府积极协助、设立专项基金、广开文化产业融资渠道的做法,很值得借鉴。

第四,处理好政府和企业的关系。毫无疑问,韩国政府在文化产业发展过程中起到至关重要的推动作用。政府是文化产业的主倡者,又是最有力的支持者,但这并不意味着由政府大包大揽。政府应该注意运用市场经济规律,调动企业作为市场主体的积极性,起到引导和推动作用。产业发展的主体始终是企业本身，应该尊重企业的主体地位，遵从市场竞争规律，实现企业自律经营。倘若过分强调政府的作用，而造成政府功能的"越界"，极容易导致经营失败。由韩国政府主导的地方文化产业园区建设几度受挫，便是一个很好的例子。不仅如此，从信息成本角度考虑，要能够判断出主导产业，就必须获得丰富的信息资源。但无论是获得信息的能力，还是信息传播链条的长度，政府并不比处在市场竞争第一线的企业更具优势。因此，韩国文化产业能够获得成功，从某种意义上说，就在于正确处理了政府和企业之间的关系，特别是把政府的推动因素放在合理的位置上。只有准确把握文化产业发展规律，做到尽职而不越位，才能在选择主导产业、制定产业政策、推动产业发展方面作出正确的决策。

第五，在人才培养上要有力支撑文化产业。文化产业的发展关键在于创意，而创意是人类特有的思维活动，这就决定了文化产业对人才的依赖程度何等巨大。在培养文化产业人才方面，韩国政府在人力、财力上曾给予全力支持。如：政府曾决定在2000—2005年间共投入2000多亿韩元，培养复合型人才，还专门成立"CT产业人才培养委员会"，负责文化产业人才培养计划的制定和协调。又如：文化产业振兴院建立文化产业专门人才数据库，帮助企业挑选有用人才。在国内人才市场不能满足实际需求的情况下，韩国政府极力推进与国外的人才交流与合作，积极选派相关人员出国研修，加快培养具有国际水平的文化产业人才，以增强国际竞争力。相比之下，我国的传统学校教育过早地文理分家，致使承担21世纪文化产业发展重任的人才后备力量出现严重的知识偏门和缺失现象，在文化产业的重大决策中，专家的参与度并不高，也很难听到经济学、管理学界的专家学者，或者产业经营、投资金融从业人员的声音，更不用说倾听具有理工专业背景的技术人才的见解。这说明我国重视人才力度不够，途径不畅，措施还不够得力。因此，在现有条件下，我们要以更宽容的姿态重新界定文化产业人才概念，要放眼未来认真商讨培养文化产业人才计划，更要注意调动其积极性，这才有可能造就一大批适应新世时代要求的文化产业人才队伍。

第六，充分调动中央和地方的积极性，谋求文化产业均衡发展。韩国政府特别注重文化产业的区域平衡和发展。如：2000年韩国政府投资60亿韩元在釜山、光州、大田等地建设"文化产业支援中心"，2002年在木浦、庆州和济州等地开设文化产业园区，以求文化产业的区域平衡和全面发展。我国幅员辽阔，地区发展很不平衡，但区域文化各具特色，丰富多彩。如果中央和地方协同规划，中央政府给予政策上的优惠，有效地调动各地方的积极性，那么有可能改变目前各地方文化产业过分依赖固体文化遗产的局面，使其提升到创意产业层次，进而能够把地方文化产业效果极大化。这不仅有利于保护个地方自然人文景观，也会对缩小个地区差别起到积极作用。

韩国谋求地方文化产业均衡发展的实际举措，对上海等重点城市文化产业发展也有借鉴意义。与世界公认的大都市相比，上海的发展重心长期偏向于传统产业，对新兴的文化产业没有给予足够的重视，这将不利于上海的可持续发展。近年来，尽管上海的文化产业总体规模在扩大，但其产业规模、经营水平、运作方式乃至经济效应都无法与其他产业相比。随着改革开放的深入和世界经济一体化进程加速，外国文化资本事实上已经挺进上海市场，使得上海的文化产业面临巨大的挑战。因此，上海必须加快文化产业发展步伐，积极提升文化竞争力。

考虑到上海这个国际化大都市的特点以及市民对文化消费的实际需求，我们不妨借鉴韩国的经验，首先对现有文化产业的融资办法进行改革试点，放宽民间资本进入限制，鼓励民间资金兴办文化企业。在融资方式上可采取多元化，既可以用资金方式投入，也可以土地、无形资产和技术方式投入；还可以通过股票市场发行股票、债券以及文化彩票等方式筹措资金。其次，为了提升文化产业资源配置的国际化程度，亦可大胆引进外资，实现合作共赢，引领全国文化产业的发展。再次，要密切关注消费市场的变化，实现文化企业与消费者"双赢"。我们要在强调社会效益的前提下，密切关注市场，根据消费者的需求，生产出适销对路的产品，在创意中寻找发展机会，从而既能使顾客得到满足，企业又能从中获得利润，真正达到消费者和企业的"双赢"。

八、结论

本章对韩国文化产业政策的论述,在时间上跨越了世纪界限,即:世纪之交的前后10年,这正是国际环境发生巨变时期;在内容上又涵盖了这20年间韩国历届政府所制定和实施的主要文化产业政策。在时代需要和政策变化的对比中,试图解读韩国文化产业政策,这乃是笔者的初衷。在本章中,首先对"文化产业"的概念进行了分析和解读。在与世界各国的对比中,说明了韩国对此有何理解。韩国《文化产业振兴基本法》对文化产业定义是:"有关文化商品的企划、开发、制作、生产、流通、消费等服务型行业的产业。"韩国《文化艺术振兴法》对文化产业定义是:"以文化艺术的创作物或者文化艺术用品为产业手段,并据此企划、制作、演出、展示、销售的行业。"可见,《文化产业振兴基本法》强调文化产业的经济层面,而《文化艺术振兴法》强调创作的层面,两者互为表里,相互依存。本书就以此作为了解韩国文化产业政策的基本切入点。"文民政府"执政时期(1993年2月至1998年1月)是韩国文化产业政策形成期。金泳三总统执政伊始就提出了文化产业的世界化战略目标,积极推行文化产业振兴政策,其决策意志反映在1993年初制定的《文化畅达五年计划(1993—1997)》之中,但其内容有些抽象而空洞。"文民政府"较具体的文化产业政策体现在"世界化推进委员会"向总统提交的世界化推进课题中的《文化产业发展方案》(1995年)上。为了实现文化产业的世界化目标,"世界化推进委员会"规定了6个领域的政策课题:第一,强化影像产业的国际竞争力;第二,构筑漫画产业的发展基础;第三,体制上改善出版产业;第四,扩大音像产业的世界化进程;第五,培养专门人才;第六,开发文化商品等。1997年"文民政府"重新制定并发表了《文化蓝图二〇〇〇》计划。但是,这些计划因金融危机和政府换届,均未付诸实施。

为了振兴文化产业,"文民政府"时期对政府机构进行了改组(1994年5月),在文化体育部新设文化产业局统揽文化产业管理事业。同时,政府对文化部门投入了大量的预算,将近达到了政府总预算的1%。"文民政府"具体的文化产业政策可以概括为影像、漫画、出版、音像的商品化和产业化。但政府对文化产业的法制建设,只限于影像产业领域,《影像振兴基本法》(1995年12月)的出台证明了这一点。由此电影产业政策也应运而生,它就成了韩国文化产业政策的发端。电影产业政策的特点在于缓解规制和强化支援。在缓解规制方面,1994年政府废除了对外国电影复制篇数限制。在强化支援方面,在金融、税制上实行了优惠政策,在影像制作方面,实行了支援政策。

"国民的政府"执政时期(1998年2月至2003年月)是韩国文化产业政策发展成熟期。金大中总统对文化产业实施了国家基干产业化战略,其具体的内容是:(1)确保文化预算占政府整体预算中的1%来支援文化基础建设;(2)实现文化的地方分权化、扩大国民分享文化机会,并通过文化福祉事业提高"国民生活质量";(3)把文化产业和观光产业培育成为国家基干产业,以克服经济危机,并通过文化立国谋求先进韩国。为此,政府于1999年制定和公布了"文化产业蓝图二十一"和"CONTENTS韩国蓝图二十一"计划。根据这一计划,在广播、电影、动漫、音乐等部门开设创作和支援中心,"文化产业振兴财团"也是根据这一需要而设立。在国民的政府"执政时期,对文化产业部门行政体系经过了三次调整,最终由文化产业局统揽文化产业事业。

在法制建设方面,"国民的政府"颇有作为,《振兴文化产业基本法》的制定便是其突出的成果。该法旨在对文化产业进行有效的支援和培育,进一步完善文化产业的发展基础,增强国际竞争力,从而为提高国民文化生活的质量、促进国民经济的发展作出贡献。《振兴文化产业基本法》正式出台之后,各部门法也相继出台,诸如《电影振兴法》《音像录像物及游戏物相关的法律》《公演法》(修改版)等,韩国文化产业法制基础日臻完备。

在财政支援方面,"国民的政府"对文化产业的预算支出创下历届之最,政府对文化部门的预算持续地增长1.23%(2000年),其中对文化产业局的预算增加了79%。政府还设立"文化产业振兴基金"和"电影振兴金库",对文化产业投入了大量资金。以此为依托,政府先后制定和颁布了《文化产业发展五年计划》(1999年)、《文化产业蓝图二十一》(2000年)、《CONTENTS 韩国蓝图二十一：文化 CONTENTS 产业发展推进计划》(2001年)等。

在投资政策方面,采取了政府出资一定部分的基础资金带动民间资本的投资的方法,并为此成立了各种投资组合。在投资组合中,政府通过基金投资23%,却成功地引来77%民间资本。其主要成果表现在每年增加的电影篇数上。在人才政策方面,政府根据对文化产业领域预测人才供需的基础上,制定了2005年为止共投入2000多亿韩元集中培育文化产业精锐人才4万名的培养方案。此外,在构筑和支援 CONTENTS 基础设施方面,最突出的成果可数"文化原型的数码 CONTENTS 化"事业。

在地方文化产业培育政策方面,根据各地区传统文化特点,在有可能发展文化产业的地方,或者文化产业企业密集的地方,制定了建设尖端数码文化产业的企划、制作、生产、流通基地和主题公园政策。据此大田、春川、富川、青州、光州、全州、庆州等地区先后被指定为文化产业园区建设点。在技术开发政策方面,2002年把 CT(文化技术)视为新的文化产业增长动力,投入大量资金加以培育。

"参与政府"执政时期(2003年2月至2008年1月)是韩国文化产业政策的调整和完善时期,政府提出了实现"世界五大文化产业强国"(2003年)的政策目标。为此,首先对文化产业局进行机构改革,把它分为两个部门,即文化产业局和文化媒体局,到2007年再把两个部门加以合并成立了文化产业本部,并进一步提升其行政级别(副部级)。同时,为有效地推进政府各部处间的相互合作,文化产业政策各部处之间缔结了 MOU(合作协定)。

在法制建设方面,"参与政府"时期对《文化产业振兴基本法》进行了四次修改,进一步完善了法制内容。随后各部门法相继出现,如:《有关振兴音乐产业的法律》《有关振兴游戏产业的法律》《有关振兴电影及录像物的法律》等等。但是,"参与政府"对文化产业的预算呈现出减少的趋势(2005年除外)。特别是从2006年开始,在文化观光部总预算中文化产业部门占10%以下。此时还废除了文化产业振兴基金,把它转入中小企业母胎资本账户。

经过一番调整之后,政府相继制定了《参与政府文化产业蓝图实践计划》(2004年)和《文化强国C—Korea 二〇一〇》(2005年)计划,设定了振兴文化产业的核心课题及各领域的五年计划。在投资政策方面,依靠投资组合和母胎资本落实其投资政策,同时并行间接诱导的投资政策,取得了较的成效。在人才培养政策方面,2003年制定了《文化CONTENTS产业人才培养综合计划》,并通过设立文化产业研究生院(CT大学院),开始培养文化产业高级人才。在创作基础建设政策方面,政府主要推进了"文化原型数码CONTENTS"事业,但其结局可谓喜忧参半。在著作权政策方面,新设了公众传输权,并且向实演者强化了"声明表示权"、"同一性维持权"等。在地方文化产业培育政策方面,划分文化产业园区、文化产业振兴地区、文化产业集积设施(中心)等三个不同层次加以扶持,使地方文化产业开始呈现活力。在技术开发政策方面,政府设立了CT委员会、CT战略研究所,实施发展CT技术的政策。在韩流政策方面,2004年制定出《韩流的持续扩散方案》,注重与各国间的文化交流,并为此开设了韩国文化院,截至2006年共开设12所。李明博政府执政时期(2008年2月至2013年1月)是对文化CONTENTS产业政策的改革时期,政府提出了更高的建设"世界一流国家"的发展蓝图。李明博总统坚持"文化也是产业,提高CONTENTS产业的竞争力,巩固文化强国的基础"的基本立场,对文化产业政府机构进行了大胆的改革。2008年3月,第一次改组文化产业机构时,政府把文化产业本部更名为文化CONTENTS产业室,以凸显其文化产业政策新导向——集中培育核心文化CONTENTS,其下设置了文化产业政策馆、著作权政策馆、媒体政策馆。与此相配套,政府在此后的三次改组中,陆续成立了"韩国CONTENTS振兴院"、CONTENTS产业振兴委员会等政府外围机构,辅佐政府实施文化产业政策。在法制建设方面,根据时代要求先后三次修改了《文化产业振兴基本法》,重新订《CONTENTS产业振兴法》,并制定出"互联网游戏限时制(Shutdown制)"等新规。在财政预算方面,自2009年以后,虽然文化观光部预算占政府总预算的1%以下,但文化CONTENTS产业室的预算却比前一年增加了60%,这一直持续到

2012年,特别是媒体政策局预算在2010年增加了48%,2011年又增加了36%。

李明博政府文化产业政策重点在于集中培育和扶持"新一代融合CONTENTS"。为此,政府发表了《新一代融合型CONTENTS培育方向》,把虚拟现实、CG、U—学习CONTENTS、广播和通讯融合的CONTENTS、虚拟世界CONTENTS等五大CONTENTS选定为"新一代融合CONTENTS"。其具体推进目标是:第一,构筑亚洲最大CG(Computer Graphics)制作基地;第二,培育数码虚拟世界;第三,先占作为新技术基础的广播、通讯融合CONTENTS市场;第四,培育U—学习CONTENTS产业;第五、创出虚拟现实领域的新市场。在此目标之下,实施了如下文化CONTENTS政策。在投资政策方面,实行了通过母胎基金的投资政策,并继承"参与政府"的投资政策,实行了间接的诱导投资政策。在人才政策方面,根据2008年韩国文化CONTENTS振兴院推进的《文化CONTENTS人才培养中长期综合政策方案》制定了相应的人才培养政策。在创作基础建设政策方面,继续推进了"文化原型数码CONTENTS化"事业。在著作权政策方面,制定出"著作权特别司法警察权制度",构筑了"招著作权的网站",以有效地维护著作权者的合法权益。此外,激活故事创作、制作了OSMU精彩CONTENTS、鼓励1人创业企业、创造公平竞争的环境、构筑互联网集市等举措,均可视为李明博政府富有创意的新政策。

在地方文化产业培育政策方面,指定了釜山、大邱、大田、富川、全州、济州、天安、仁川、高阳、城南、安东等地为文化产业振兴地区。在技术开发政策方面,建立、运营了新的CT R&D企划团。随着电影《阿凡达》的成功上演,政府及时制定了《CONTENTS—媒体—3D产业发展战略》和《3D产业发展战略》,并把实发展3D产业的政策。在韩流政策方面,政府通过发表《大众文化产业世界化竞争力强化方案》,对"韩流"政策从民间自律转变为政府积极介入。

综上所述,韩国的文化政策在不同时期具有不同特点:"文民政府"时期为文化产业政策的形成时期,其特点在于对文化产业的认识变化及初步制定出文化产业化目标;"国民的政府"时期为文化产业政策体系的发展和成熟期,其特点在于对文化产业投入的增大和组织机构、法制体系、各项政策基本完备;"参与政府"时期为调整稳定期,其特点在于大幅削减不合理的政府投资,进一步调整和完善相关法制,努力把文化产业运作纳入正常的市场化轨道,使其稳步持续地得到发展;李明博政府时期为文化CONTENTS产业政策改革时期,其重点在于集中培育核心文化CONTENTS,从而出现政府导向的新变化。纵观韩国文化产业政策的形成、发展和变化过程,它给我们所留下的启示是:目标超前、政府引导、有法可依、尊重人才、投资多元、企业自律。其中,法制建设经验和投资多元战略以及消费者与企业"双赢"的市场运作模式尤其值得借鉴。

(李春虎　李钟洙)

【参考文献】
一、韩国参考资料

1. 企划财政部:《2012年国家生计》,2012年。
2. 文化体育部:《文化蓝图二○○○》,1997年。
3. 文化观光部:《文化产业蓝图二十一》,2000年。
4. 文化观光部:《2000年文化产业白皮书》,2000年。
5. 文化观光部:《2001年文化产业白皮书》,2001年。
6. 文化观光部:《文化产业专门人才培育方案》,2001年。
7. 文化观光部:《2002年文化产业白皮书》,2002年。
8. 文化观光部:《2003年文化产业白皮书》,2003年。
9. 文化观光部:《2004年文化产业白皮书》,2005年。
10. 文化观光部:《2005年文化产业白皮书》,2006年。
11. 文化观光部:《2006年文化产业白皮书》,2007年。
12. 文化体育观光部:《2007年文化产业白皮书》,2008年。
13. 文化体育观光部:《2008年文化产业白皮书》,2009年。
14. 文化体育观光部:《2009年CONTENTS产业白皮书》,2010年。
15. 文化体育观光部:《2010年CONTENTS产业白皮书》,2011年。
16. 文化体育观光部:《CONTENTS产业统计2010》,2011年。
17. 文化体育观光部:《2011年CONTENTS产业白皮书》,2012年。
18. 文化观光部、韩国文化CONTENTS振兴院:《CT(Culture Technology)蓝图及制

定中长期战略》,2004 年。

19. 李源宰:《参与政府文化政策的改革课题及为提示对策政策的公开讨论会资料集》,2003 年。

20. 宪法裁判所:《判例集》第十卷,第二集。

二、著作

（一）中文著作

1. 陈红玉:《中国文化产业创意新政策研究》,北京理工大学出版社,2012 年版。
2. 崔振铺等:《韩国电影政策的流向和新的展望》,集文堂,1994 年版。
3. 戴维·思罗斯比著、王志标、张峥嵘（译）:《文化创意产业译丛:经济学与文化》,中国人民大学出版社,2011 年版。
4. 复旦大学历史系编:《中国传统文化的再估计》,上海人民出版社,1987 年版。
5. 国会文化观光委员会:《音像录像及游戏物相关法律改订法律案审查报告书》,2001 年版。
6. 胡惠林:《文化政策学》,书海出版社、山西人民出版社,2006 年版。
7. 胡惠林:《文化产业学》,高等教育出版社,2006 年版。
8. 胡惠林:《我国文化产业政策文献研究综述》,上海人民出版社,2010 年版。
9. 胡惠林、单世联、李康化:《中国文化产业评论》,上海人民出版社,2011 年版。
10. 胡锦涛:《坚定不移沿着中国特色社会主义道路前进,为全面建成小康社会而奋斗——在中国共产党第十八大全国代表大会上的报告》,人民出版社,2012 年 11 月版。
11. 刘泓、袁勇麟:《文化创意产业十五讲》,四川大学出版社,2012 年版。
12. 朱狄:《艺术的起源》,中国社会科学出版社,1982 年版。
13. 庄锡昌等编:《多维视野中的文化理论》,浙江人民出版社,1987 年版。
14. 朱狄:《艺术的起源》,中国社会科学出版社,1982 年版。
15. 庄锡昌等编:《多维视野中的文化理论》,浙江人民出版社,1987 年版。

（二）韩文著作

1. 产业研究院:《文化产业和ClUSTER 政策》,产业研究院,2001 年。
2. 国会文化体育观光放送通讯委员会:《文化产业振兴基本法一部分修订法律案审查报告书》,2009 年 2 月,2009 年 5 月,2011 年 4 月。
3. 国会文化体育观光放送通讯委员会:《互联网数码 CONTENTS 产业发展法全部修订法律案审查报告书》,2010 年。
4. 韩国文化经济学会:《文化 CONTENTS 茶叶产业分类研究》,韩国文化 CONT-

ENTS振兴院,2004年。

5. 韩国文化CONTENTS振兴院:《地区文化CONTENTS产业活性化和政策课题》,2003年。

6. 韩国文化CONTENTS振兴院:《地区文化产业集群评价体制改善及咨询》,2007年。

7. 韩国经济研究院:《李明博政府政策评价及先进化课题(上)》,2011年。

8. 韩国文化CONTENTS振兴院:《文化CONTENTS人才培养中长期综合政策方案的制定》,2008年。

9. 黄周星、洪有镇:《文化产业支援中心设立方案》,文化政策开发院,2000年。

10. 金虎琦:《韩国市民社会的省察》,阿尔克,2007年版。

11. 金正秀:《文化行政论:理论的基础和政策的课题》,集文堂,2010年版。

12. 姜锡一、赵五星:《韩国文化产业》,外语教学与研究出版社,2009年版。

13. 李延婷等:《文化产业政策十年,评价和展望》,韩国文化观光政策研究院,2005年版。

14. 向勇:《面向2020,中国文化产业新十年》,金城出版社,2011年版。

15. 许政峭:《文化经济学》,韩奥尔出版社,2003年版。

三、论文

1. [澳]斯图亚特·坎宁安:《从文化产业到创意产业:理论、产业与政策的涵义》,见林拓、李惠斌、薛晓源主编《世界文化产业发展前沿报告》,社会科学文献出版社,2004年版。

2. 陈博:《韩国发展动漫趁夜的政策措施评析》,《当代韩国》2008年(夏季号)。

3. 崔长集:《韩国政治经济的危机和摸索对策:"民主的市场经济的并行发展论"为中心》,《韩国政治经济的危机和对应》,OREUM,2002年。

4. 崔泰旭:《世界化和韩国的政治改革》,《世界化和韩国的改革课题》,韩吾尔学术研究院,2003年。

5. 金昌洙:《立足文化公共性概念比较政府别文化产业政策的研究—电影和文化CONTENTS政策为中心》,汉阳大学校研究生院博士学位论文,2009年。

6. 金大豪等:《1990年代对韩国电影产业的评价:对危机论的反论》,《韩国演论学报》第43—2号,1998年。

7. 金奎璨:《文化CONTENTS产业振兴政策的时期别特点和成果:1974—2011年文化预算分析为中心》,首尔大学校研究生院博士学位论文,2012年。

8. 姜乃磋:"市场开放后,韩国电影政策变迁",《电影新作》2008 年 6 月。

9. 金绍英:"政府文化产业政策的成果分析和新的推进战略",《文化科学》第 43 号,2004 年。

金馨洙:《关于文化 CONTENTS 产业培育的政策——以游戏产业和动慢产业为中心》,檀国大学校行政研究生院博士学位论文,2004 年。

10. 金正秀:"'韩流'现象的文化产业政策的含义——韩国文化产业的海外出口和政府的政策支援",《韩国政策学会报》第 11 卷 4 号,2002 年。

11. 金馨洙:"作为国际战略的文化 CONTENTS 产业的战略管理方案",《东北亚研究》第 24 卷,第 2 号,2009 年。

12. 金相旭:"通过文化 CONTENTS 产业的经济特征分析的支援政策方案研究",《韩国政策研究》第 11 卷,第 1 号,2011 年。

13. 孔建华:"中国文化产业政策的制定原则及其思想来源",《中国文化产业评论》,上海人民出版社,2011 年版。

14. 刘振龙:《关于韩国 CONTENTS 产业政策和革新体制的研究——韩国文化CONTENTS 振兴院的支援事业为中心》,汉阳大学校行政研究生院博士学位论文,2005 年。

15. 李东延:"强化文化的独占和多国文化产业的地形",《大众文化研究和文化批评》,文化科学社,2002 年版。

16. 李炳民:"参与政府文化产业政策的评价和日后展望",《韩国行政学会冬季学术发表论文集》,2006 年版。

17. 李永斗:《关于韩国文化产业的领域别特性和培育政策的研究》,明知大学校研究生院博士学位论文,2000 年。

18. 李宰林:《数码著作权交易所构筑现状及启示点",《2008SW 著作权等技术及政策动向》第 1 号,2008 年。

19. 朴光国:"韩国文化产业的政策方向——文化体育观光部的作用为中心",《文化产业研究》第 8 卷第 1 号,2008 年。

20. 樊晓娜、袁野:《韩国文化产业政策及对我国的启示》,《商业文化》2010 年第 8 期。

21. 王都斗:《关于韩中日文化 CONTENTS 产业振兴政策的研究》,东西大学校设计与 IT 专门研究生院博士学位论文,2008 年。

22. 吴泰宪:《韩日文化 CONTENTS 产业支援政策的现状和特征》,《日本研究论丛》第 25 号,2007 年。

23. 向勇、权基勇:《国政方向与政策制定:韩国文化产业政策史研究》,《福建论坛·人文社会科学版》2012年第8期。

24. 杨承默:《21世纪新的成长动力:文化CONTENTS产业》,《持续可能的韩国发展模式和成长动力》,首尔大学校出版文化院,2009年版。

25. 尹成植:"知识信息社会的文化产业政策",《政府学研究》第10卷,第2号,2004年。

26. 元勇镇:"通过文化政治学角度,看'国民的政府'文化政策",《韩国言论学研究》创刊号,1999年。

27. 王维利:"韩国文化产业政策分析及当前主要问题",《中国商界》2008年第11期。

28. 郑相哲:"文化产业政策和国家战略——韩中日FTA为中心",《韩国行政学会夏季学术发表论文集》,2012年。

29. 郑红益:"文化政策研究的领域和接近方法",《文化政策论丛》第8集,1997年。

30. 赵丽芳、柴葆青:"韩国文化产业爆发式增长背后的产业振兴政策",《新闻界》2006年第3期。

31. Cultural Industry Development Fund, "Cultural Industries, Activities and Events," Canada's Culture, Heritage and Identity: A Statistical Perspective, 1997.

32. H. Koivnen, "Value Chain in the Cultural Sector, Paper Presented in Association for Cultural Economics International Conference", Barcelona, 1998.

33. OECD Committee for Information, Computer and Communication Policy: Content as a New Growth Industry, 1998.

四、网站

1. 韩国CONTENTS振兴院网站
（http://www.kocca.kr/cop/main.do）。

2. 韩国文化体育观光部网站（http://www.mcst.go.kri）。

3. 光洲信息文化产业振兴院网站
（http://www.gitct.kr/main.php）。

4. 青瓦台网站
（http://www.president.go.kr/kr/policy/principal.php）。

5. (私)"1人创造协会"网站（http://www.1company.or.kr）。

第三章
埃及旅游文化政策研究

【摘要】客观而言,无论是有意还是无意、主动还是被动,埃及的旅游文化政策对于旅游文化资源的开发推广、扩大旅游业的影响力、吸引世界各国游客,都起到了至关重要的作用。从文化政策的角度审视,埃及旅游业的繁荣也因为其经济文化政策具体应用和开发旅游资源的成功。因此,研究埃及的旅游文化政策不仅对深入理解埃及旅游业成功的原因具有重要意义,而且对如何将旅游业与文化进行有效结合具有重要的借鉴和启示意义。本章着重阐释以下三个方面:埃及旅游业发展概述;埃及旅游文化资源、政策法规及其实践;埃及的经验教训对上海旅游业发展的启示。

自有旅游活动以来,旅游与文化就从未分离过,旅游的核心是探寻文化、体验文化、享受文化。旅游具有承载文化、展示文化、传播文化的功能。没有文化的旅游,是没有灵魂的旅游,是失去魅力的旅游。而没有旅游的文化,也会失去回归社会与自然的活力。旅游的优势体现在显性的外在市场,文化的优势则在于其隐性的内在魅力。站在旅游的角度,抓住文化就抓住了旅游的灵魂,站在文化的角度,抓住旅游就会重现文化的活力,就能掌控住一个巨大市场。

埃及旅游业之所以在中东地区一枝独秀,在复杂多变的中东局势下,仍能达到今天的发达程度,与埃及历届政府不遗余力地将旅游与文化进行有机而有效的高度结合相关。众所周知,埃及拥有丰富的多元文化元素,如法老文化、科普特文化、非洲文化、伊斯兰文化等等。单就见证这些文化的活化石——"历史文明古迹"来说,埃及保存完好的文明古迹约占世界总数的三分之一,它们是供世人凭吊和研究的无价之宝,于是人们常常这样说:"不去巴黎,不知道什么是艺术之都;不去埃及,不知道什么是艺术之源。"埃及厚重的文化资源使其成为如火如荼发展的世界旅游业中的重镇。

埃及政府一直采取"政府主导、民间放开参与"的支持旅游业发展的政策,同时把握机遇,打出文化牌,不断进行自我调整,积极发展可持续的旅游文化产业,从而使得埃及旅游业成为其国民经济的支柱产业和最大创汇产业之一。旅游业不仅提供了大量的就业机会,而且对于稳定其国内局势、提升国际地位也有着重要的作用。

一、埃及旅游业发展概述

古希腊历史学家希罗多德游历埃及时,对埃及令人惊叹而神往的异于希腊的风情、风貌与文化进行了大量的描述。自此,人们纷纷前往埃及旅游、考古、探险,以猎奇为主要目的的观光旅游成为古代和近现代旅游者的主旋律,这一现象一直延续到埃及共和国建立之初。从严格意义上说,埃及现代旅游业开启于纳赛尔政权后期,至今历经了四个发展时期,即纳赛尔时期、萨达特时期、穆巴拉克时期与后穆巴拉克时期。综而观之,埃及旅游业发展与国家政治、经济发展紧密相关,是伴随着政治、经济、社会发展而兴盛起来的。

(一)纳赛尔时期(1952—1970年)

纳赛尔政权的最初 10 年,旅游并未成为独立产业,只是埃及社会经济行业中的一种润滑剂。1960 年政府第一个"五年计划"出台,首次采取宏观经济方式对经济和社会发展进行部署,将服务业纳入了发展战略规划之中,并提出了"服务业收入年增长4.2%"的目标①。其间,旅游业作为服务业的重要组成部分,创汇收入逐年增加,成为超额完成服务业指标的主要部门,因此,旅游业的地位得到加强。1965年埃及政府设立专门规划和发展旅游行业的埃及旅游局。次年,埃及旅游业年度创汇达1亿美元之多,俨然成为国民经济中的一个新增长点。但是,接踵而至的第二次中东战争、也门内战和第三次中东战争给埃及的旅游业带来了毁灭性的破坏,旅游业进入了低谷期。

(二)萨达特时期(1970—1981年)

萨达特执政初期,尽管在1971年9月颁布了第65号法令以吸引阿拉伯人和其他外国人来埃及投资。但是,旅游业吸收外资的进展却收效甚微。1974年4月,萨达特发表了纲领性文件《十月文件》,提出实行内外经济开放政策,鼓励本国私人投资,加强利用外资力度。1974年6月,埃及议会通过了《关于阿拉伯与外国投资和自由区》的43号法律。1977年6月又颁布了32号法律,对43号法律的某些条款作了修正。在此期间政府还发布了一系列相关的法律和法规,进一步明确了工业、采矿、能源、旅游、交通等投资范围,尤其是对发展旅游业的项目给予了特别优先考虑。这些法规促进了国内资本大量流向旅游业,为旅游业注入了新鲜血液,促进了旅游业的发展。埃及政府还建立了第一个旅游发展银行,资本约1000万埃镑,为旅游项目和建造新旅游区提供资金帮助。仅1979年一年,埃及政府用于98个旅游项目的投资就达5亿美元左右②。

除此之外,政府还对一些损坏严重的历史文物古迹进行整修,在金字塔区和卢克索卡纳克神庙增加夜间声光节目,使旅游景点在夜间焕发出新的光彩。政府还划出地中海沿岸、红海沿岸、尼罗河流域和三角洲等地为旅游区,并配套修建了许多旅馆、饭店、海滨浴场和疗养场所。《戴维营协议》的签署,标志着埃以结束了战争和对峙状态,和平的环境也使来埃及

---

① 杨灏城、江淳:《纳赛尔与萨达特时代的埃及》,北京:商务印书馆,1997年版,第109页。
② 王京烈:"埃及经济的四大支柱",载《西亚北非》1980年第5期。

观光的游客与日剧增。1978年到埃及的游客增至105万,收入达4.09亿埃镑。次年旅游收入达到5亿埃镑[①]。

总的来说,从萨达特1974年全面实行经济开放政策到1982年底,埃及在许多方面取得了重大成效。经济的飞速发展,带动埃及旅游业有了质的飞跃。据统计,在这一期间,埃及国内第三产业的收入总值由1973年的13.5亿埃镑,上升为1981年的69.8亿埃镑,增加了4倍多。埃及内地批准和投产的项目共计1273个,资金为50.121亿埃镑。其中,旅游项目数为115项,占总项目的9%,资本为7.5亿埃镑,占内地总投资13%。埃及旅游人数1973年为53.48万人,1979年为106万人。1981年达到137.6万人,增加了1.5倍左右。旅游收入也由同期的6090万埃镑增至3.65亿埃镑,再跃升为4.108亿埃镑,增加了5.5倍之多。全国共有1.2万间专供旅游用的房间,其中国营为4700间,其余为私营或与外资联营。从此,埃及从侨汇、石油、运河和旅游业获得的外汇收入逐渐超过了棉花出口所得的外汇收入,这也标志着旅游业收入逐步成为埃及四大外汇收入之一,旅游业已经发展成为埃及经济腾飞不可或缺的重要行业。

(三)穆巴拉克时期(1981—2011年)

穆巴拉克执政后,旅游业得到大力发展,也可以说埃及旅游业是在穆巴拉克时期快速发展起来的。穆巴拉克提出了旅游业发展的三原则:"一是吸引私有企业投资旅游业,让私有经济承担这一充满活力的产业中的大部分投资压力;二是完善旅游景点的建设,并开发新的旅游景点;三是提早认识到改造埃及机场的重要性,逐步改造和增加机场,更好地迎接游客。[②]"整个穆巴拉克时期,埃及政府依据上述三原则,不断出台相关政策和措施,将旅游业打造成为埃及经济的支柱产业。

依据穆巴拉克执政时期整个埃及旅游业相关数据的变化情况,可以将

[①] 王京烈:"埃及经济的四大支柱",载《西亚北非》1980年第5期。
[②] 埃及新闻部国家新闻总署:《穆巴拉克与现代化国家建设》,埃及驻华使领馆新闻处,2006年版,第60页。

旅游业发展划分为三个阶段。第一个阶段是发展期(1982—1991年);第二个阶段是调整期(1991—2001年);第三个阶段是飞跃期(2001—2011年)。

穆巴拉克时期埃及旅游业相关数据①(1982—2011年)

时间	旅游收入(10亿美元)	人均每晚开支(美元)	旅游人数(百万)	过夜数(百万)	旅行社(个)	各类旅馆及度假村(个)	各类旅馆及度假村床位数(千)
1982	0.3	—	1.4231	9.600	331	263	37
1983	—	—	1.498	8.8568	397	295	44
1984	—	—	1.5604	8.5721	442	328	48.4
1985	0.901	—	1.5184	9.0070	502	350	53.2
1986	1.586	—	1.3115	7.8474	546	401	61.6
1987	—	—	1.7950	15.8616	589	411	63.7
1988	—	—	1.9696	17.8640	637	427	67.5
1989	2.058	—	2.5034	20.5827	695	491	77.7
1990	1.994	—	2.6002	19.9427	709	632	101.4
1991	1.6	100	2.2143	16.2306	721	638	105.6
1992	2.5	125	3.2069	21.8357	736	663	109.8
1993	2.4	125	2.5078	15.0890	765	692	116.5
1994	1.8	130	2.5821	15.4328	774	718	120.8
1995	2.3	130	3.1335	20.4514	791	752	120.9
1996	3	132	3.8959	23.7646	816	789	140.7
1997	3.6	140.3	3.9614	26.5788	841	829	150.9

---

① 数据来源:The Egyptian Cabinet Information and Decision Support Center, http://www.eip.gov.eg/nds/nds_view.aspx?id=4169(上线时间:2012—08—10);1982年、1985年、1986年、1989年、1990年旅游收入来自陈秀英主编《世界经济统计简编1997》,北京:中国物价出版社,1997版,第288页。

续表

时间	旅游收入(10亿美元)	人均每晚开支(美元)	旅游人数(百万)	过夜数(百万)	旅行社(个)	各类旅馆及度假村(个)	各类旅馆及度假村床位数(千)
1998	2.9	137	3.4539	20.1505	890	869	166.8
1999	3.2	125.9	4.7965	31.0021	959	914	187.2
2000	4.3	126.7	5.5066	32.7879	990	1010	227.2
2001	4.3	132	4.6485	29.8133	1018	1050	240.4
2002	3.4	119.9	5.1017	32.6641	1048	1172	264.4
2003	3.8	115	6.04416	53.1300	1083	1152	273
2004	5.475	75	8.10361	81.6691	1083	1207	296
2005	6.43	75	8.607807	85.17192	1191	1321	341
2006	7.235	85	9.082777	89.3041	1334	1332	350.7
2007	8.183	85	11.09086	111.4658	1406	1370	380.382
2008	10.827	85	12.835351	129.23393	1486	1490	421.694
2009	10.488	85	12.536	126.534	1561	1458	429.066
2010	11.591	85	14.7	147.4	1844	1473	446.16
2011	10.589	85	9.803895	114.2	1847	1367	364.614

第一阶段发展期(1982—1991年)。从上表数据中不难看出,这一时期,埃及旅游收入、入境人数、游客过夜数、旅行社数量、各类旅馆、度假村及床位数等都在继续增长,旅游业稳步向前发展。这主要是因为穆巴拉克在应对错综复杂的政治、经济和社会矛盾的同时,依然想方设法开拓发展旅游业。众所周知,穆巴拉克执政后,埃及旅游业受到政局的影响,一度出现破碎化、边缘化趋势。为改变旅游业各项指标下行的趋势,尽管埃及政府也做了大量努力,但是效果不佳。关键时刻,穆巴拉克发表了重要讲话,他说:"我们要使人民认识到,旅游业是外汇重要的基本来源,是调解国民

经济不平衡性的重要手段",发展"旅游业是我们共同的责任"①,与此同时,政府采取了以下强有力的措施:

第一,发挥"促进旅游总署"的作用,进一步支持私营和外资旅游公司的发展。为了贯彻穆巴拉克关于"吸引私有企业投资旅游业,让私有经济承担这一充满活力的产业中的大部分投资压力"的指示,政府除了依靠国家的力量发展旅游业,让"促进旅游总署",统一管理埃及的旅游事业,并在蒙特利尔、纽约、日内瓦、法兰克福、巴黎、旧金山、雅典、伦敦、东京设立了分支机构。对私营旅游公司和外资旅游公司投资旅游项目也非常支持。很多外国公司都获得了承建各种各样新型旅游休闲场所的机会。如1990年一个阿尔及利亚投资团队在红海沿岸的120平方公里土地上完成了一项总投资为1.2亿美元的工程。而从1985年开始,埃及旅游酒店管理也开始了私有化进程。

第二,增加旅游业投入,改善旅游接待环境。穆巴拉克提出:1981—1986年的五年计划首先在四个国民经济部门启动,旅游位列其中第二。期间,政府为旅游事业的发展拨款了3.125亿美元,其中3650万美元用于建造房屋,开发红海沿岸新的旅游区以及在西奈建立新的旅游村。同时,相应的基础设施建设也全部启动。1990年,埃及旅游民航部拨专款3000万美元用于更新机场设备、建设旅游景点等。

第三,尝试开发新的旅游项目。历史、宗教等文化类旅游是埃及最早推出的旅游项目,也是最主要的旅游项目。但是,随着世界旅游业的发展和同行业激烈的竞争,埃及政府开始尝试开发新的旅游项目,以吸引更多的世界各地的游客。

20世纪80年代中期,国际上兴起了生态旅游热。为适应这一需求,埃及政府批准建设包括"穆罕默德角保护区"和"圣凯瑟琳保护区"在内的一批自然保护区,截至2012年12月,埃及宣布共有30个自然保护区,其中在此期间建成的就有14个。同时,埃及政府还通过了一项大力发展冬季旅游的计划。该项计划的主要内容是在埃及西部沙漠中修建一个世界

---

① 唐宇华:"埃及的经济开放政策及其调整",载《西亚非洲》1988年第2期。

第三章 埃及旅游文化政策研究

上规模最大的旅游区,它以锡瓦绿洲为中心,共由11个绿洲组成,届时沙漠上将会出现著名的枣椰林、泉眼群、山丘、湖泊、五光十色的谷地和沙漠植物林带等旅游景观,此外还将建造相应的别墅、清真寺、教堂、要塞、旅馆、娱乐场所等各种设施。80年代末期,埃及政府还允许在尼罗河的水面上修建可以漂浮移动的旅馆,使旅馆住宿呈现多样化和个性化特点,为旅游者提供更多的选择。

尽管在推进旅游业发展中,埃及政府不遗余力,但始终受到下述因素的制约,即政策规划战略性缺失(如开发造成的环境可持续性发展问题)、政策倾斜度不够(旅游部门地位较低,发言权重较小)、政府资金投入过少、国内政治暴力回潮(工人罢工、教派冲突、恐怖袭击等),加之海湾局势持续动荡等影响。这一时期的埃及旅游发展呈现两大明显特征:一是旅游业发展的速度相对缓慢。尽管旅游收入、旅行社数量、各类旅馆、度假村及床位数等都继续增长,但是10年间旅游人数未实现翻番,相比后两个发展阶段而言,此阶段旅游增长速度较为缓慢(见上表)。二是旅游产品结构单一,观光型旅游产品为其主要类型。旅游产品结构合理,是旅游业得以发展的重要保证,也是现代旅游业生存的重要基础之一,旅游产品的种类、数量和质量直接关系到旅游业的兴衰成败。这一时期,虽然政府尝试开发新的旅游项目,但是埃及旅游业仍以单一的观光游为主,主要集中在比较著名的历史经典古迹,偏重于人们耳熟能详的自然风光、历史文化遗迹,如金字塔、尼罗河、卢克索神庙等等。游客对埃及的感知始终停留在这些历史古迹名称的串联上,而对其他旅游产品基本上没有概念。

第二阶段调整期(1991—2001年)。1991年的海湾战争影响了中东地区旅游业的发展,但是随着战争结束和1991年10月中东和平进程的启动,中东地区的旅游业很快在一定程度上得到了恢复,受益较大的就是埃及[①]。另外,世界银行和国际货币基金组织对于非洲的支持,使得非洲投资环境得以改善,一定程度上也促进了中东地区经济形势的好转,尤其有利于埃及旅游业吸引更多的投资。非洲和中东地区经济形势逐渐转好,使

---

① 世界经济年鉴编委会:《世界经济年鉴1993—1994》,北京:经济科学出版社,2004年版,第7页。

得更多的商家和旅游爱好者前往埃及投资或旅游。但是，随着恐怖主义活动再次趋于活跃，埃及也成为国际恐怖组织袭击的对象，旅游业受到不同程度的冲击。总体来看，这一时期，还比较脆弱的埃及旅游业受到国内外动荡局势的严重影响，与此同时，埃及政府积极采取各项措施，以保持旅游业的正常发展。

首先，政府严厉打击恐怖活动，确保国内旅游环境安全。为了保持良好的社会环境，保证国内旅游环境的安全，穆巴拉克政府高度重视打击国内的恐怖活动，并采取一系列严厉措施，对圣战组织、伊斯兰集团等恐怖组织给予了坚决的镇压。

其次，加大对外宣传和服务力度。为减少影响旅游业发展的不利因素，旅游部门在这一阶段开始加大对外宣传力度。如1992年埃及政府把驻美国旅游办事处的数量由2个增至4个。邀请了新加坡各大报刊记者考察和报道埃及旅游业的发展。在巩固和扩大欧洲和海湾两个传统市场的同时，努力挖掘美国和东南亚两座"金矿"。2001年投资了近50亿埃镑用于旅游宣传工作，特别是对主要的客源国进行宣传，通过双方的新闻媒体介绍埃及旅游景点和埃及饭店的接待能力。埃及的主要报纸还经常整版地刊登有关旅游的文章，以广告宣传形式为旅游开路。1996年埃及新闻总署在互联网上开设网站，积极宣传埃及历史、文化、现代化建设的成就等信息。同时，考虑到来埃及旅游的外国人大都选择飞机作为交通工具，埃及政府在开罗、卢克索、阿斯旺等旅游景区兴建了国际机场，使游客能直接往返于目的地和客源地。埃及政府还大力发展陆路交通，兴建埃及的二号地铁，该地铁共分为五个工期完成，前四个工期分别在1996年、1997年、1999年和2000年完工。

第三，出台一系列复兴旅游业的政策。进入20世纪90年代后，埃及政府开始实施新的旅游发展政策。其中一些决策对埃及旅游业的发展起到了很大的推动作用，如1992年成立旅游开发署、制定各种优惠和保障措施，吸引投资者到埃及的沙漠深处和偏远的海岸地区兴建新的度假村、机场和公路等，从而推动了埃及旅游业的全面发展。旅游开发署的成立促使埃及旅游产业有了一次巨大的飞跃。1997年，埃及政府出台《刺激投资和担保法》,允许在旅游景区建设的配套设施免税10年,投资者还可以申请减税5年。这部法律规范了投资行为,保护了投资者合法的收益,进一步鼓励了私人资本进入旅游业。在此政策的促进下,1998—1999年间旅游业的私人投资额达到12.5亿埃镑,占到旅游总投资的52%,1999—2000年为15.98亿埃镑,占旅游总投资的88.6%。

第四,大力开发新的旅游产品。7000年的文明及其一流的文化遗产无疑是埃及发展旅游业的先天财富。自上世纪90年代起,文化旅游日渐萎缩,因为随着人们对缓解工作压力需求的增加,休闲度假游开始兴起。埃及旅游部门人士意识到必须要加快寻找本国旅游新的增长点。埃及虽然90%以上土地都是沙漠,但它濒临红海和地中海,一年四季温暖舒适,波清水静,具备了海滨休闲度假游最基本的条件"三 S"(Sun,See,Sand)。埃及政府决定把红海和地中海沿岸定为有限发展区域,大力发展休闲度假旅游。政府积极在外交、新闻等多种场合,频繁进行宣传,吸引国外各种专业会议在埃及召开,力争把开罗打造成一个国际会议中心。埃及旅游部门还成立了专门机构同世界各国的同行、著名大公司进行联系,推出有奖旅游。与此同时,还大力推出宗教、体育保健、疗养、探险等多种新形式的旅游,以吸引更多的游客。

第五,保护环境,实现可持续旅游发展。埃及政府在发展旅游业的同时,也意识到了旅游业给环境带来的负面影响。为了实现可持续旅游发展,埃及政府采取了严格的引导措施。例如,保护红海环境的生态性,尤其是保护鱼类和珊瑚礁的自然生态环境,在海岸建筑群与珊瑚礁之间设立分界线等。具体措施主要有以下几点:一是制定相关法律法规。为使保护环境有法可依,埃及政府相继制定了一系列的法律、法令和条例。如1994年颁布的第四号法律中,就强调了对环境的管理和保护,并建立了环境事务管理局以代替先前的环境局;1995年颁布第338号法令,作为1994年四号环境法律下的行政法规;1997年第275号总统令,任命了埃及历史上首位政府环境事务管理局局长。二是建立专门的环境保护机构。1994年,成立埃及环境事务管理局,任命了该国历史上第一个政府环境局长,并给予该局行使环境评估的权利。根据1994年的第四号法律,所有新建项目和原有项目扩建部分的实施,都必须提交环境评价报告,同时向埃及旅游发展局和政府相关部门提出申请。此外,工业部、农业部、投资局和其他相关部门,在实施大规模项目时,都有专门的环境办公室或部门负责处理环境事务,以加强对环境的监控。三是制定对环境影响评估的程序。1994年的第四号法律还规定了埃及对环境评估的法定程序。为切实保护好环境,加强项目审批时对环境的评估,埃及环境事务管理局还制定了指导纲要,并在纲要中对需要进行环境评估的项目做了明确的说明。

综上所述,这一时期埃及旅游业发展的主要特点有:

第一,旅游业发展"一波三折",受恐怖活动事件影响较为严重。从上表中不难看出,从1991—2001年,埃及旅游业发展最大的特点就是旅游人数出现了"三起三落"。而出现这种情况最重要的原因就是受到了恐怖活动的影响。

第二,旅游对外宣传活动逐渐增多,基础设施和管理工作不断完善。埃及旅游的对外宣传力度在这一时期明显加大。2001年埃及政府投资了近50亿埃镑用于旅游宣传工作,并利用国内外媒体频繁报道埃及旅游业的发展。同时,这一时期与旅游相关的基础设施不断完善,旅游业的管理工作也大大加强。2000年埃及政府更新了220公里铁路,完成了225公里长的伊斯梅里亚至拉夫赫铁路各期工程,在苏伊士运河上修建了连接东塔夫里亚港的法尔丹吊桥等等。此外,埃及还积极引进外资,并提供优惠条件,兴建新旅馆和其他旅游设施。同时注重旅游景区的服务质量,对服务不达标的单位在媒体上进行曝光,情节严重的则取消其营业资格。

第三,旅游产品类型渐渐丰富,度假休闲游成为新的增长点。这一时期,埃及的旅游产品类型开始丰富起来。埃及在继续搞好历史文化古迹观光游的同时,还大力开展休闲、娱乐、会议、有奖、体育保健、宗教等多种形式的旅游,吸引了更多的游客。首都开罗国际会议中心是会展游的核心区域,每年都有很多国际会议在此召开。仅2000年就有第一届国际旅游证券交易所会议、第一届地中海国际女实业家大会、拉丁美洲各国旅游公司和组织联盟会议在此召开。同期还有英国TIP、德国FAIP和荷兰TRADE等国际公司来此展览。同时政府把红海、地中海沿岸地区定位为有限发展区域,以大力发展休闲度假旅游。2000年以来,在埃及旅游的游客中40%都选择了休闲度假游,而且这个比例还有继续上升的趋势。

第三阶段飞跃期(2001—2011)。埃及旅游在这10年中获得空前发展,这得益于国际政治环境趋于缓和及世界经济的复苏。其间虽然"9·11事件"、阿富汗战争、伊拉克战争、巴以局势动荡以及国内政治不稳定等都对旅游业产生了不同程度的影响,但埃及政府为进一步深化经济改革所采取的诸多有效措施对埃及旅游业的快速发展起到了重要的助推作用。

首先是出台了削减地价等新土地政策。2004年埃及投资与自由区管理总局,批准了杜姆亚特自由区土地使用价格下调幅度的申请报告,土地使用价格下调幅度达到50%[1]。另外,外国人在埃及购买旅游用地仅需埃及旅游部审批即可[2]。

其次是出台新海关关税政策。埃及进口关税税率大部分降至40%以下,以帮助实现加速民族经济发展和未来18个月使埃及的经济平均增长率再提高1.25%的目标。海关关税改革除了将征收的种类从原来的27种税目降低到6种以外,还对征税条款进行了简化,废除了所有关税条款中繁冗的细则,使其从1.3万条减少至不到6000条。

在上述政策支持下,埃及旅游部门还致力于整合资源,打造跨行业、跨国家、跨地区的竞争合作新模式。众所周知,世界各国对发展旅游业的兴趣日益浓厚,旅游业的竞争愈演愈烈。现代旅游的竞争不仅仅是企业与企业之间的竞争,而且是国家与国家之间的竞争,世界各国政府频繁开展的旅游年活动就是举国竞争的具体表现。增加海外促销宣传经费、利用高科技手段改善促销宣传方式已经成为强化竞争优势的重要途径。竞争手段也不再是单纯的价格竞争,更多的是旅游产品质量和种类的竞争、信息的竞争和旅游管理人才的竞争。与此同时,竞争又引发了国与国之间的联盟和行业间的合作竞争。一方面是区域内的多国联盟,许多国家联合开发,共同促销的形式日趋多样化。另一方面是行业之间的联合,其中有同行业

---

[1] 周华:"埃及现政府经济改革思路探析",载《阿拉伯世界》2005年第4期。
[2] "非洲重要经贸国家——埃及",《阿里巴巴贸易资讯》,http://info.1688.com/detail/5423479.html(登陆时间:2013—09—28)。

之间的合作,例如世界各国航空公司之间的合作、饭店集团之间的合作等。也有不同行业之间的合作,如交通与住宿业的合作、旅游业与商业的合作、旅游业与金融业的合作等。

这一时期,埃及旅游业发展的实践可以归结为以下几点:

第一,进一步完善配套服务。这一时期埃及发展旅游业可谓是举国之力,旅游业与70多种行业保持着密切的关系,埃及政府从交通、酒店等相关行业着手,进一步加大基础设施和旅游配套设施建设,以此促进埃及旅游业的发展。

首先,大力投资旅游区交通基础设施建设。在这一时期,政府投资了2亿埃镑新建从阿西优特到尼罗河西岸阿斯旺高速公路;投资2.86亿埃镑修建从埃及到亚历山大沙漠公路的第三车道;完成了红海、游牧区、河谷南部一系列公路的双向改造;将西奈的主要公路接入三角洲和尼罗河谷主干道网;投资8亿埃镑来改善内河航线,扩大运河在运输、旅游中的作用;在沙姆沙伊赫港新建货运码头和客运码头,为海上体育和潜水旅游项目等服务。在航空运输方面:2005年政府开展了一系列现代化改造工程,改造了开罗机场1号大厅,新建了3号旅客楼、4号特殊服务大厅;耗资4.8亿埃镑为开罗国际机场修建一条新的航空监控通道;启用了造价为2.13亿埃镑的麦勒西机场;对卢克索机场、阿拉伯塔国际机场、沙姆沙伊赫国际机场等进行了改扩建,大大提升了航空运输能力。此外,埃及还开通了主要客源地国家的直飞航班,以方便游客出行。例如,自2005年起,埃及航空公司就开通了北京至开罗的直飞航班,后来又增开了开罗至广州的直飞航班。现在,中国游客到埃及旅游已经十分便利。

其次,大力投资餐饮酒店业。根据埃及国内外专家的研究和建议,政府制定了酒店改造和兴建计划,以保证埃及主要旅游地区和主要旅游城市拥有足够的酒店。2002年埃及投资了5.56亿埃镑,实施了建造16个新饭店的计划,埃及旅游开发署投资6.65亿埃镑在其管辖地区建造客房数达3166间的饭店。2003年埃及对餐饮业和宾馆业投资额达到了20.599亿埃镑,新建了33家宾馆饭店,有些酒店根据需要建在沙漠腹地和绿洲之中,还有些建造在尼罗河、纳赛尔湖上,成为漂浮的酒店。

再次，增加旅行社和培养旅游专业人才。2000年，埃及旅行社超过了1000家，2011年达到了1847家。随着旅游业的发展，到埃及旅游的外国游客日渐增多，埃及政府大力培养导游人才，在大学开设了导游专业。近年来，由于中国游客数量上升，中文导游一度紧缺。为培养中文导游，埃及政府在多所大学开设了中文系，缓解了埃及旅游市场上中文导游紧缺的状况。

最后，重视游客投诉。为了保证埃及旅游业的整体服务质量，提高埃及旅游业的服务水平，埃及旅游部自2006年1月起实施旅游宣传教育五年计划，目的是要逐步整治埃及旅游业中存在的一些诸如小商小贩兜售商品困扰游客等违规现象和行为。

第二，加大对外宣传和推介的力度。首先，针对国外客源市场举办大规模促销活动。埃及旅游部在世界各主要旅游市场（德国、意大利、英国、爱尔兰、法国、瑞士、奥地利、西班牙、东欧、中国、阿拉伯地区等），以及有发展潜力的市场（俄罗斯、英联邦国家、日本等）举办了大规模的促销活动。仅在2002年埃及就参加了8次国际旅游促销会、129次地区性旅游展览。同时，埃及政府为吸引更多的旅游者，还举办各种旅游节，其中包括红海国际钓鱼比赛、卢克索国际马拉松比赛、沙姆沙伊赫桥牌比赛等。2010年4月，埃及还在北京举行了"埃及旅游产品宣讲会"。其次，推出网络和旅游大使双重宣传方式。进入互联网时代以来，埃及充分利用了这个新的宣传渠道，截至2011年，埃及相关部门共推出了14种语言的专题网站，介绍各种旅游信息。同时投入巨资请世界知名创意公司制作广告在各种媒体上播放，以加大埃及旅游业的宣传力度。为了更有效地做好埃及国外旅游市场的拓展工作，埃及还向一些驻外使馆派出了旅游参赞，专门负责旅游促销和两国间旅游业具体事务的协调工作。目前，埃及已把中国作为一个重要的海外旅游客源地，并向驻中国大使馆派出旅游参赞。

第三，实行合理的低价策略。埃及的旅游业之所以能在世界旅游市场中占有重要的一席之地，并在中东地区独占鳌头，一个重要的因素就是其价格的优势。埃及政府为使本国旅游业在国内外旅游市场上更具有竞争力，一直坚持合理的低价策略。与欧洲和阿拉伯海湾国家相比，埃及旅游业的定价相对较低。例如在旅游旺季，开罗等大城市一般三星和四星级酒店的住宿费大约为70—150美元/晚,淡季则更低,而在同为中东旅游胜地的迪拜,大约为240—500美元/晚。为了使一些不太富裕的游客也能够在埃及旅游,埃及还开设了不少价格更加便宜的中小型旅馆。这种旅馆一般设在开罗等大城市的市中心区域,除了旅馆比较老旧和房间较小之外,其他设施一应俱全,每晚住宿费在30—50美元之间。另外还有一些类似青年旅社的小旅馆,每晚住宿费在10美元以下,这种旅馆受到不少自助游客和青年学生的欢迎。近年来,埃及各大旅游景点的门票价格虽有几次提价,但总体来说还是比较低的,比如金字塔景区的门票,外国游客为每人50埃镑(不足10美元),观看夜间狮身人面像前的声光表演只需60埃镑。埃及国家博物馆门票为每人50埃镑,学生只需半价。埃及政府为了鼓励国内民众旅游,对埃及本国公民的门票价格更低,一般景点的门票都只有2个埃镑。

第四,进一步完善相关鼓励和扶持政策。首先,2002年埃及政府制定了未来五年(2002—2007)旅游业发展战略,这项战略包括改造传统旅游胜地的旅游设施,开发有发展潜力的新景点,以减轻一些传统旅游地区,如伊斯梅里亚、马特鲁和亚历山大等地游客过多的负担。被埃及政府列入进一步开发的地方有:地中海沿岸的拉斯西克麦、西部沙漠的锡瓦、南部的明亚和阿布辛拜勒、西奈半岛的圣凯瑟琳修道院等。其次,鼓励私人资本投资旅游业。埃及政府推出了优惠的土地政策,政府在10年里以1美元/平方米的价格出让土地,投资者可以向埃及旅游发展署购买可出售的土地,并且可以分期付款,旅游设施建成以后,10年内免征营业税;埃及政府还降低了进口关税,对于建造宾馆所需要进口的设备,比如宾馆所用的空调、厨具、电梯等,都可享受特殊的进口优惠政策,基本上不需要交纳进口关税。再次,埃及对外汇转移、利润转移没有任何限制,外汇可以自由兑换,这些都为埃及旅游业的投资者提供了良好的环境。据统计,2007年,埃及全国餐饮酒店业的生产总值为437.3亿埃镑,其中私营部门的产值为432.25亿埃镑,占全部产值的98.8%。

由于埃及政府不断推出适合旅游文化发展的政策,因此,埃及旅游业的各项指标均有不同程度的提升。

第一,旅游业发展速度大幅度提升。首先,旅游业人数飞速增长。埃及旅游人数从2001年的464.85万人,增加到2010年的1470万人,年平均增长率为13.2%,远远高于1991—2001年的年平均增长率7.7%;从绝对数量看,2009年旅游人数是2001年旅游人数的2.7倍,是1991年旅游人数的5.7倍,是1982年旅游人数的8.8倍。其次,旅游收入直线上升。2001年埃及的旅游收入约为43亿美元,2006年约为72.35亿美元。2010年约为115.91亿美元,是2001年的2.7倍,年均增长率达到了11.6%。虽然部分年份出现下滑,但总体来说还是直线上升。再次,旅游酒店接待能力大大增强。进入新千年后,埃及酒店数就已经超过1000家,2008年埃及旅游酒店数已经发展到1490家,是2000年旅游酒店的1.42倍,是1991年旅游酒店数的2.34倍,是1982年旅游酒店数的5.67倍。

第二,深度体验游成为埃及旅游的主流项目。经历了观光游、休闲度假游后,埃及旅游逐步发展到深度体验游。这一阶段,埃及旅游主要以游客亲身体验为特征。重点是注重景点人文内涵的挖掘,进一步提升游客在精神层面的体验和感受,强调游客对历史、文化、生活的体验,强调融入性和参与性。如徒步游可以使旅游爱好者在这里享受探险的乐趣,可以看到生存在沙漠地区的野兽和各种候鸟;山洞游可以让游客深入到沙漠的山洞中身临其境地感受古埃及。特别值得一提的是,近来埃及旅游部门利用沙姆沙伊赫这个世界最大潜水基地优势推出的潜水活动项目极为火爆,取得了意想不到的成功。

第三,科学技术在旅游业产品中被广泛使用。随着科技日新月异,世界进入了信息全球化时代,旅游业向现代服务业转变的特征也越来越明显,旅游业与科技的有机结合是当前旅游业发展的一种趋势。电影《埃及艳后》就是通过先进的科技,将埃及古老的历史文化,转化成为优美的在线产品,对埃及历史人物进行了再现,使观众在视觉上产生冲击,对埃及旅游充满了无限的向往与好奇。2004年成立的"埃及自然和人文遗产鉴定中心",就是利用先进的信息技术鉴定自然和人文遗产,从而更好地保护它们。此外,埃及推出的多种语言综合门户网站,也是运用先进的科技建成的,成为吸引世界各地游客的有效工具。

(四)后穆巴拉克时期(2011—至今)

多年来,埃及旅游业一直是埃及摆脱经济困境、创造就业机会、提升经济增长点的四大支柱产业之一。但是,近几年来埃及持续的政治危机毁坏了这台经济增长的发动机。自埃及政治危机爆发后,大批旅游项目、旅游和娱乐设施逐渐闲置起来,历史古迹等旅游景点游人剧减。2011年入境游客为950万人次,出现了自2001年以来旅游人数首次下降的情况,旅游收入锐减30%。

2012年穆尔西政府迅速推出各项复兴旅游业的政策和措施,使得入境游客数回升到1150万人次,旅游业得到一定程度的恢复,旅游收入占到国内生产总值的11%,并为占埃及劳动力总数1/8的300多万人提供了就业岗位。穆尔西政府对旅游业的恢复显得信心十足,计划在2013年将旅游业恢复到2010年的水平。为此,政府采取了多项积极措施:一是强化安保工作,不断提高旅游客车的安全运行水平。埃及旅游部长努尔签发了部长令,颁布了一系列加强旅游客车安全管理的新规定,主要内容有:所有的旅游客车必须在一年内加装GPS,以便旅游部门实时监控旅游车辆的位置、时速等信息;所有的旅游客车必须配备三件套安全带,以使乘客在发生交通事故时更好地得到保护;所有的旅游客车司机必须接受国际司机培训中心(IDTC)的培训并获得相关证书,否则将吊销其旅游车驾驶资格;实施旅游客车凌晨禁止行车制度,即禁止旅游客车在凌晨2—6点之间行驶,以防范因疲劳驾驶发生事故。二是加强旅游部门与旅游机构的组织建设和能力建设。埃及新任旅游部长扎祖伊上任后采取的措施有:开通埃及旅游数据网(www.tda.gov.eg),为各国游客提供便捷的埃及旅游指南,向外国投资者介绍埃及旅游业的投资机会;将旅游部及其附属机构的文件数据化、电子化,建立一体化的旅游业发展数据库;在旅游部设立受理申诉办公室,及时解决旅游业从业人员遇到的问题,加强"旅游大家庭"建设;组建旅游专业委员会,定期开会,解决酒店、旅行社、海上俱乐部等旅游机构遇到的问题。三是采取更为优惠的低价政策。2013年9月,埃及旅游部采

第三章 埃及旅游文化政策研究

取的措施包括：旅游部与埃及航空、埃及航空快运等航空公司合作，为国内外游客提供打折服务；为游客定制人均消费不超过144美元的短期游项目，主要吸引对象为赞比亚、津巴布韦等非洲国家的游客，此外还制定了吸引葡萄牙、巴西、阿根廷和日本等国度假游客的措施。四是加强对外宣传与国际合作。2013年10月，埃及旅游部长希沙姆·扎祖伊与埃及外交部长法赫米一行出访了中国、英国、法国等几个重要的国家，介绍埃及为维护旅游景区安全所作的努力。同时，旅游部还邀请各国专家、媒体和代表团对景区安全状况进行实地考察。目前，包括日本、比利时、荷兰在内的18个国家已取消或降低了对去埃及旅游的警告，扎祖伊呼吁更多国家尽快取消赴埃旅游的警告或禁令。为进一步加大开放，大力促进国际旅游合作，2013年4月埃及推出了新的旅游宣传计划"今日埃及"，以加强与土耳其、希腊、塞浦路斯、约旦等周边国家以及欧美、俄罗斯、中国、日本等国家的旅游合作。同时，埃及也在34年后向伊朗游客开放。

但是受2013年7月埃及二次政治危机的影响，国内示威游行、恐怖暴力事件不断，旅游业受到重创，许多旅游竞争指数直线下降。据世界经济论坛发布的《2013年旅游竞争力报告》显示，由于埃及国内持续动荡，其在中东北非地区的旅游竞争力综合指数仅位列第10名，在全球竞争力指数排名中已经从2012年的第75位下降到第85位。其中，埃及的安全保障指数在140个国家中垫底，成为旅游最不安全的国家（全球排名第140）。报告同时表明，埃及政府缺乏有效的有利于旅游业发展的相关规章制度（全球排名为第76）。旅游业发展的陆地交通基础设施（全球排名第96）、旅游基础设施（全球排名第90）、ICT基础设施等的状况也较为糟糕。与2012年报告相比，埃及人力资源基础比2012年明显下降（全球排名第105），从而影响了竞争力的排名。当然，埃及的竞争优势是其独特的文化遗产（如世界七大文化遗址）以及举办多个国际博览会和展览会。此外，埃及旅游的价格优势非常显著（全球排名第四），包括酒店保持低价等[①]。

[①] 本节数据来源：World Economu Forum 2013, "The Travel & Tourism Competitiveness Report 2013", http://www.weporum.org/reports/travel-tourism-Competitiveness-report – 2013（登陆时间：2013 – 10 – 01）。

埃及旅游业相关数据①(2011—2012.6.30)

时间	旅游收入（10亿美元）	旅游人数（百万）	过夜数（百万）	旅行社（个）	各类旅馆及度假村（个）	各类旅馆及度假村床位数（千）
2011	10.589	9.803895	——	1847	1367	364.614
2012	9.419	11.5	137.8	2186	1267	412.108

二、埃及旅游文化资源、政策内容及其实践

(一)埃及旅游文化及其资源

埃及旅游文化资源与旅游文化的内涵极为丰富,几乎包括了从自然到人文、从社会生产到社会生活的诸多方面②。埃及在打造现代旅游业文化进程中,用它的灿烂文化、丰富的历史遗产和几千年古代文明,加之宜人的气候、现代化的城市、浩瀚的沙漠和美丽的海滨景观等自然景观、人文景观,与旅游活动巧妙地进行了无缝对接,从而形成了埃及现代旅游文化。具体而言,埃及旅游文化资源大致包括以下几个方面:

一是沙漠和绿洲文化与旅游。沙漠和绿洲是自然的产物,似乎与文化没有直接的关系。但在埃及旅游文化中,沙漠和绿洲是其重要的内容。穷探造化奥秘,善于欣赏自然,是埃及民族可贵的心理品质,它赋予了沙漠和绿洲独特的个性定位,是埃及和其他中东民族旅游文化的独特创造。在沙漠和绿洲生活中,渗透着人们对社会的认知和价值观。沙漠之险、神奇温泉,自然之美与人文情怀和谐地结合在一起,体现了埃及旅游文化的魅力。

---

① 数据来源: The Egyptian Cabinet Information and Decision Support Center, http://www.eip.gov.eg/nds/nds.aspx(上线时间:2013—02—10)。
② 陈万里、王有勇:《当代埃及社会与文化》,上海外语教育出版社,2001年版。

沙漠和绿洲文化是人化的沙漠和绿洲,人与沙漠、绿洲关系的极至就是人与自然的和谐精神。这是埃及旅游文化的精髓之一,不仅具有历史价值,而且具有时代精神。二是聚落(村落、部落、城市)文化与旅游。人群聚居形成了不同的聚落单元。埃及国土面积较为辽阔,各地区间的政治、经济、文化、宗教等差异,形成了区域性较强的聚落文化,它们也是埃及旅游文化中的重要组成部分,如以开罗和亚历山大为代表的城市文化、以贝都因人部落为代表的沙漠原住民文化,以及以科普特人聚居区为代表的西方外来文化等,这些都是埃及旅游文化的特色部分。三是建筑文化与旅游。建筑是埃及民族文化艺术和科学技术的结晶,反映了埃及传统的艺术和审美观念。建筑物的环境和建筑装饰既展现了它物质的一面,也反映了它精神文化发展的另一面。埃及建筑以石头结构为主,有严格的布局规范和等级观念,反映了埃及的历史文化、伦理道德、社会观念、审美情趣等,因此被称为"凝固的音乐、立体的诗画"。最具典型的莫过于不同时代的建筑遗产,如远古时代的法老神庙、金字塔群、基督教教堂以及伊斯兰时代众多的清真寺等。四是宗教文化与旅游。宗教文化是人类文化的源泉之一,宗教的内容与形式经过千百年的积累,形成了独特的宗教文化,其内容包罗万象,哲学、神学、文学、音乐、美术、建筑等无所不有。古埃及人的原始宗教是典型的自然崇拜。在他们心中,神灵无处不在,大到苍穹宇宙、山川河流,小到鸟兽鱼虫,均可成为崇拜的对象,如狮身人面像、古老神殿中的动物雕刻,以及无数座祭奉太阳神的庙宇等。同样,无论是基督教时代还是伊斯兰时代留下的大量宗教遗迹,从生前的宫殿到亡后的陵墓,有的已经成为稀世珍宝,有的成为了旅游胜地。五是民俗、民族文化与旅游。埃及拥有丰富的民俗与民族旅游文化资源,在饮食、服饰、文学、艺术、生产和生活方式等方面具有极大的旅游吸引力,其旅游活动带有浓厚的娱乐性和参与性,非常受旅游者的青睐。

上述独特的文化和自然景观,构成了埃及极为丰富的人文和自然旅游资源,并形成了不同类型的旅游文化项目,其中一些旅游资源被列入了《世界人类文化遗产目录》。

旅游项目类型	主要旅游资源
历史游领略埃及不同时代的辉煌文明	1. 开罗和吉萨：该地区有埃及最重要的历史遗迹如金字塔区、萨卡拉区、卡法拉水坝、奥恩城、达赫舒尔区等 2. 亚历山大：拥有古代和中世纪名城，曾是地中海沿岸政治、经济、文化和东西方贸易中心，有着众多古罗马时代的遗迹如古罗马剧场、古罗马浴室、庞贝石柱等 3. 卢克索市：拥有卡尔纳克神庙、卢克索神庙、帝王谷、王后谷以及卢克索干尸制作博物馆等 4. 阿斯旺市：拥有大小阿布辛贝勒神庙、菲莱岛、植物岛等 5. 贝利纳市：拥有艾比杜斯神庙等 6. 本尼萨维夫市：拥有梅杜姆古迹区、埃什姆宁城和图纳贾拜勒 7. 西奈：拥有马卡拉浮雕、萨拉比特哈蒂姆浮雕、穆萨山和萨尔拜勒山等 8. 费尤姆市：拥有拉胡恩金字塔、哈瓦拉金字塔、斯努斯尔特方尖塔和麦迪城
宗教游领略科普特文化和伊斯兰文化风采	1. 科普特古迹：悬空教堂、圣母教堂、芭尔芭拉夫人教堂、西撒哈拉的那特伦修道院、普莱修道院和白色修道院 2. 伊斯兰古迹：侯赛因清真寺、爱资哈尔清真寺、穆罕穆德·阿里清真寺、穆罕默德·阿里城堡、图尔城堡、士兵城堡等
博物馆游参观丰富典藏珍品	埃及博物馆、伊斯兰艺术博物馆、珠宝宫博物馆、姆尼勒博物馆、古希腊博物馆、阿斯旺博物馆、农业博物馆、邮政博物馆、法老村干尸制作博物馆
自然景观游欣赏自然保护区风光、绿洲风光	1. 自然保护区：穆罕默德角保护区—蒂朗岛——萨纳菲尔岛保护区、圣凯瑟琳保护区、艾赫拉什保护区、欧勒拜自然保护区、阿米德自然保护区、莱阳河谷保护区、纳巴格保护区等30个自然保护区 2. 锡瓦绿洲、巴哈雷亚绿洲、法尤姆绿洲、达赫拉绿洲以及哈里杰绿洲等

续表

旅游项目类型	主要旅游资源
休闲和海滨游休闲、度假	亚喀巴湾、萨法贾、沙姆沙伊赫、赫尔达格和亚历山大等

(二)埃及旅游文化政策内容

一般而言,"旅游文化政策"是社会权威(通常是政府)在特定情境中,为达到一定的旅游文化目标而制定的行动方案或行动准则。其作用是规范或指导有关机构、团体或个人的行动,其表达方式包括法律法规、行政规定或命令、国家领导人口头或书面的指示、政府大型的规划、具体行动计划及相关策略等,常表现为国家或地区的重要领导讲话、文化发展纲要、规划、文化法规等。[1]"

由此可以理解为,埃及旅游文化政策是在一定时期内埃及政府为实现一定旅游目标而制定的一系列调整旅游关系的行为依据和准则,其基本内容包含旅游文化事业发展的指导思想、基本目标任务和实现步骤等具体而明确的方针。从埃及旅游业发展轨迹来看,自纳赛尔掌握政权后,政府开始重视旅游文化资源的开发和利用,经过历届政府对旅游业发展的大力推进,形成了一套较为完整的基本指导思想与规划思路,并出台了多项针对旅游业发展的法律法规、规划计划以及具体政策措施,这些政府文献构成了埃及旅游文化政策体系的基本内容。

---

[1] 毛少莹:《公共文化政策的理论与实践》,海天出版社,2008年版,第8页。

埃及政府出台的主要旅游法规和规划(1991—2011)[①]

时间	采取的政策或措施
1965	设立旅游部、颁布有关旅游者的一号法令
1968	颁布关于成立旅游商会及商会联合会的第85号法令、关于1968年85号令中总统决议草案解释备忘录
1969	颁布关于成立旅游商会的决议的旅游部长1号令
1973	颁布关于旅游部对旅游胜地的监督和使用的决议2号令
1974	颁布第43号法令
1977	颁布旅游公司组织法(2009年3月29日修订)、联合委员会(文化、新闻、旅游)38号旅游公司法决议、38号法令解释备忘录
1978	颁布国家旅游规划(第一个旅游发展规划)
1979	5个历史遗迹进入世界遗产名录
1981	颁布旅游促进法(第124号法令)
1981	建立埃及旅游局(总统第134号令)
1982	颁布《第一个国家经济与社会发展五年规划》(1982—1987)
1983	颁布组建旅行社体系(第188号令)、建立自然保护区(第102号令)、旅游及民航部长222号决议、121号关于导游及导游协会法、121号导游法解释备忘录
1984	旅游及民航部长第29号决议:1983年121号导游法实施条例
1985	颁布重组旅游高级委员会(总统第266号令)
1987	颁布《第二个国家经济与社会五年规划》(1987—1992年)
1989	颁布投资法(第230号法)
1989	建立埃及旅游部旅游发展局(unit)
1989	建设埃及开罗国际会议中心

---

① 1965—1998年相关法令参见:Dr. Adel Rady(CEO of Tourism Development Authority), "Tourism and Sustainable Development In Egypt", submitted to Plan Blue, March 19, 2002, p.19。

续表

时间	采取的政策或措施
1990	颁布旅游部长 216 号关于旅游商会的基本条例决议、旅游部长第 244 号关于将旅游设施并入旅游商会管理委员会的决议
1991	颁布 8 号法令,出台埃及旅游恢复发展计划
1992	颁布关于旅游用品及纪念品店管理的 1 号令、关于 1992 年 1 号法令的解释备忘录、第 86 号令:旅游部长关于旅游用品及纪念品店法的实施条例、《第三个国家经济与社会发展五年规划》(1992—1997 年)、建立旅游发展总署第 425 号决议
1993	颁布出台旅游宣传计划、第 41 号旅游部长关于规定旅游用品及纪念品店标志的决议
1994	发布旅游发展计划和投资机遇分析报告、颁布第 17 号旅游部长关于旅游用品及纪念品的决议
1996	投资最高委员会核准 80 个旅游投资项目
1996	内阁通过促进旅游部门发展的决议
1996	通过了《选择性空间旅游发展战略》;埃及 21 世纪发展计划中包括旅游发展战略;埃及 2017 年以前的土地使用计划中包含旅游用地计划
1997	颁布《刺激投资和担保法》(第 8 号法令)、《第四个国家经济与社会发展五年规划》(1997—2002 年)
1998	颁布《南部埃及 2017 年以前的总体发展规划》
2002	颁布《第五个国家经济社会发展五年规划》(2002—2007 年)、《埃及未来五年旅游业发展战略》
2004	颁布《关于筹建控股公司负责开发利用和保护文化遗产政府令》
2007	颁布《第六个国家经济社会发展五年规划》(2007—2012 年)

1. 指导思想和规划目标

从埃及政府历次五年规划、旅游业发展战略以及旅游法律体系中,可以归纳出埃及的旅游指导思想与规划目标主要有:(1)以生态环保、可持续性发展理念为指导。(2)以"政府宏观指导、社会主体参与、鼓励民间资本主导投资"为策略,围绕埃及政府提出的"综合旅游开发计划",保持旅游业稳定健康、可持续性发展,使其成为国民经济的重要支柱产业和最主要创汇产业之一的战略目标,将旅游业发展全面融入到埃及各级各类的社会经济活动之中,以推动经济产业结构调整和地方经济健康发展。(3)以市场需求为导向,以旅游文化产品开发为中心,以建设旅游胜地为重点,着力打造以尼罗河河谷旅游圈为龙头,引领白色地中海、红海瑞维拉、西部沙漠旅游"四大旅游圈",带动与旅游业相关的工业、农业快速发展。(4)以联通"亚非"、对接"欧洲"、融入"全球"为最终目标,以集约性经营和质量效益型增长为核心,全面提升旅游产业素质和旅游核心竞争力,推动埃及旅游业全面、健康和可持续发展。

2. 埃及旅游法律法规中的旅游文化政策

埃及旅游法律法规中的旅游文化政策主要体现在由文化、新闻和旅游部组成的联合委员会通过的决议和相关政府令之中,涉及以下几个方面:

一是对旅游专业人员的任职条件要求较高。埃及旅游国际化程度较高,对旅游业专业人员的语言文化水准、任职条件要求较高,如2009年修订的《旅游公司组织法》第七条规定,旅游公司聘用经理应当具备的条件是:具有本科及以上学历且有4年的管理经验者,旅游业务经验不得少于10年;具有大专及同等学历且有6年的管理经验者,旅游业务经验不得少于15年;具有中专及同等学历且有8年的管理经验者,旅游业务经验不得少于20年。同时,该法要求,总公司经理必须为全职,不能在其他公司及任何部门任职(但可以兼任同城分公司经理)。分公司经理应当具备的条件:具有本科及以上学历者,旅游业务不得少于5年以上;具有大专、中专及同等学历者,旅游业务经验不得少于10年,且未在其他公司任职[①]。此外,导游作为埃及最好的四大职业之一(其余三个分别是医生、警察和工程师),从业资格有着严格规定,如所有的导游都必须是埃及人,必须精通

---

① "埃及旅游公司组织法及修正案实施条例",载韩玉灵等主编:《最新境外旅游法律汇编》,中国法制出版社,2012年版。

埃及历史,杜绝瞎编历史;在语言学院学习四年或具有同等水平及一年半的旅游学校专业学习经历,并且要在一年内通过10门学科的考试(要求一次性通过,如一门学科不及格,来年需要再考10门),才能获得导游资格,即才能获得导游证书。

二是注重对各类历史文化遗产的保护、修复和利用。埃及对文物的保护主要是通过立法,1983年8月埃及政府正式颁布了《文物保护法》(2010年初议会法律委员会又通过39项修订意见,加大了对文物犯罪的处罚力度),该法规定:禁止文物买卖和交易;禁止任何人收藏文物(祖传的除外)。文物修复保护工作主要依据埃及最高文物委员会根据2004年7月政府通过的筹建一家控股公司来负责开发利用和保护文化遗产的法令。该法令中写道:"鉴于埃及很多珍贵的文物和古迹场所正在遭受各种人为和自然因素的损害,为了把凝聚了数千年悠久文明的文物古迹留给子孙后代,埃及政府正在采取各种措施,加大保护文物古迹的力度。"依据法规,埃及决定成立由12个子公司组成的公司。

这些子公司又分为三类:第一类负责文物古迹的清洁、维护和安全;第二类负责监督文物古迹的修复、经营及承建博物馆旅游的设施;第三类为埃及国内外的博物馆和考古研究机构提供技术和咨询等服务。另外,埃及还通过向联合国申遗活动(即申请加入《世界遗产名录》)、宣布遵从《保护世界文化和自然遗产公约》、《马丘比丘宪章》、《雅典宪章》和《西安宣言》等,以获得国际法的保护和经济支持。

三是宣传和树立保护文物的思想与意识,培养专业人才。埃及政府一贯重视培养儿童保护文物的意识,从娃娃抓起,如创办儿童认识文物知识班,推出专门面向少年儿童的读物并配以图片说明等。另外埃及政府还十分重视文物专业人才的培养。为解决埃及文化遗产管理部门工作人员素质不高、缺乏专业知识的困境,相关部门成立了考古挖掘和文物维修等技术培训院校,并选派其中优秀者赴欧美学习。

联合国教科文组织根据《保护世界文化和自然遗产公约》认定的埃及历史文化遗产

名称	遗产类型	认定年份
阿布米奈基督教遗址	文化遗产	1979年
底比斯古城及其墓地	自然遗产	1979年
伊斯兰城市开罗	文化遗产	1979年
孟菲斯及其墓地——从吉萨到代赫舒尔的金字塔区	文化遗产	1979年
从阿布辛拜勒到菲莱的努比亚遗址	文化遗产	1979年
圣凯瑟琳地区	文化遗产	2002年
鲸谷	文化遗产	2005年

3. 埃及政府规划中的保护旅游文化计划

埃及政府规划中的保护旅游文化计划是以可持续发展理念为前提的，埃及政府充分认识到可持续发展有赖于环境与生态的保护，环境问题不应局限于保护自然资源和必要的开发自然资源，还应在此基础上培养对环境问题的文化认知和自觉保护意识。基此，历届政府出台了许多具体的环保计划，如：(1)保护尼罗河计划。(2)观测和改善空气质量的计划，建立因特网环境监测信息体系。(3)清除堆积物的紧急计划和废品物质管理的整体计划，引进无污染环保科技计划和全民植树造林、全民绿化计划等等。这些有效的计划和措施，大大促进了传统历史古迹（法老古迹、科普特古迹、伊斯兰古迹）游、积聚现代养身理念的医疗旅游、沙漠探险游、会议与展览旅游、体育旅游、休闲与海滩旅游、环保旅游以及高尔夫旅游等主题旅游的发展。

（三）埃及旅游文化政策的实践

埃及旅游文化政策的实践对埃及旅游业乃至整个经济产生了重要影响，其成功经验可简要归结为：

第一，建立旅游管理机构。埃及的旅游管理部门和监督机构为旅游业的发展提供了组织保障。1965年,埃及政府根据《有关旅游问题的1号法令》,设立了埃及最高旅游行政机构,即埃及旅游部,规定其主要职能是协调工作、制定政策、监督质量、吸引外资、研究分析和促进环保。随着旅游产业在埃及经济中的地位不断提升,旅游部长的地位也随之上升,在穆巴拉克时期擢升为埃及的内阁成员,一直保持至今,旅游业在埃及经济中的地位可见一斑。1981年,埃及旅游部下属的埃及旅游局(ETA)成立,作为一个国家的公共部门,它在接受部分私营捐助的同时,负责旅游宣传、教育培训及其他事务,该局共设海外办事处26个。

旅游部[①]

政策性部门		执行性部门	
旅游发展总署	旅游促进总署	国有机构	私有机构
		旅游公司管理办 宾馆度假办 旅游规划培训办 旅游国际关系办 部长办公室	旅游公司商会 宾馆度假村商会

第二,旅游文化政策与国家经济政策对接。20世纪90年代后,伴随着经济私有化改革趋向,埃及旅游业改革目标的导向也转向私营化,即最大限度地引导私营力量从事旅游开发,减少政府的行政干预。受这种目标导向的影响,私营部门成为埃及旅游业投资的主体,政府投入仅占旅游总投入的三分之一左右,主要用于支持私营部门的旅游开发,建立旅游服务类专门学校,对旅游从业人员进行培训等。政府还鼓励外资以BOT方式投资航空公司、机场、港口等基础设施建设,让旅游业从中直接受惠。埃及所有旅游景区实行收支两条线,门票收入统统属于最高文物保护委员会,

---

① 本表资料来源:韩玉灵等主编:《最新境外旅游法律汇编》,中国法制出版社,2012年版,第636页。

并直接划入文化保护基金,主要用于维修拨款。

第三,确立了埃及旅游文化产业结构。埃及政府建立埃及旅游部,标志着旅游业将作为一种特有的经济开始运作,也即意味着旅游业在整个国民经济中占有重要地位。在不同时期的五年规划中都强调了旅游业与其他行业要协调发展,旅游经济是国家宏观经济中的一部分。在具体法律法规中也强调了旅游产业结构要合理化组合,即食、住、行、游、购、娱这六大要素要合理配置,国内旅游业与国际旅游业要协调发展。

第四,协调了各地区的旅游政策。由于埃及各地经济发展状况不同,地区差异较大,导致了旅游产品、旅游服务的差异性。因此,埃及旅游部门针对不同地区制定了不同的旅游产业政策,引导不同地区根据各自的特点来发展旅游业,从而形成了较为合理的旅游产业布局。

第五,对发展旅游业进行了有效的规划和管理。埃及政府部门对旅游企业实际运行状况、旅游企业内部的经济运营和发展规模等问题,一直给予高度关注,并进行有效调控。

第六,对旅游文化市场进行了全方位拓展。旅游业的外向型决定了旅游文化市场的发展不仅要面向国内,更要面向国外,参与国际旅游市场的竞争。埃及的旅游文化政策中不仅包括相关的旅游市场开发政策,而且还包括对旅游企业的市场经营、宣传推销等工作的规范和引导、政策扶持和法律保障等,从而保证了整个旅游业经济效益的实现。

第七,大力开发旅游文化产品。旅游产品是旅游者综合性消费的内容之一。旅游产品的开发对旅游业的经营和发展有重要的作用。埃及对旅游文化产品开发给予了高度关注,及时出台相关政策扶持,并与国际旅游趋势及时接轨。在产品的类型、产品的技术含量等方面给旅游企业以全方位指导,从而增加了旅游业的附加值。

第八,与时俱进,采用新型科学技术。旅游行业是高新技术应用和推广的前沿区域,网络、电子、卫星通讯、新型交通工具、高新材料等都可在旅游业中得到推广和应用。高新技术的运用也是提高旅游产业素质的重要内容。埃及旅游文化产业的不断发展,在某种程度上也可以说是政策法规支持产业技术手段创新、促进应用技术开发、加速科技成果推广的结果。

第九,实施保障政策。旅游业能否健康发展有赖于其实施过程中能否有相应的体制和保障政策与之配套。长期以来,埃及在旅游业发展中实施保障政策,在发展规划设计中,其他经济部门的发展政策尽量与旅游产业政策保持协调一致。

第十,旅游业是综合性产业的准确定位。旅游业的持续、快速、稳定的发展,离不开各部门工作的协调,离不开各个环节的支持和配套。因此,在埃及旅游文化产业政策的制定和实施过程中,政府始终将相关的产业配套政策考虑在内,如基础设施、社会治安、环境卫生、市场秩序等,以保证旅游业发展的综合环境质量。

三、埃及经验教训对上海旅游业发展的启示

(一)埃及的成功经验与教训

旅游文化政策是一套综合性的政策体系,它与国家的总体产业政策相互交融,同时又具有旅游业自身发展的客观规律。埃及旅游文化政策的制定、构建、实施与其国家总体经济发展战略紧密相连,与国际旅游业市场紧密对接,政府在制订规划、出台政策、颁布法律法规和实施过程中,始终坚持五大原则,即:

第一,为加快旅游产业化发展提供特别优惠宽松的政策环境。在埃及旅游文化产业发展的各个阶段,政府和各相关部门大力支持,尤其在穆巴拉克后15年执政期间,政府从战略上采取了切实有效的具体措施,政策支持力度较大,加大了财政投入,扩大服务需求,不断创新服务领域。与此同时,政府还加强市场监管,改善市场环境,加快制定和完善行业服务标准和行为技术规范,加强行业自律,进一步提高服务质量和水平,以优质服务和诚信服务赢得市场。

第二,及时调整旅游文化产业政策的使用范围。旅游文化产业的发展不只是一个行业和一个产业的问题,它涉及到社会、经济、文化等各个相关

产业和行业。随着旅游文化产业内容的日趋发展和细化,现行的旅游政策应适时调整,以支持旅游文化产业不断发展。

第三,充分发挥旅游文化产业市场的连锁连动作用。埃及旅游文化产业在发展过程中,坚持产业化、社会化的发展方向,及时释放旅游文化市场的需求信息,充分发挥了旅游文化产业市场调节需求的基础性作用。同时,积极鼓励旅游文化消费,培育旅游文化服务市场,增强旅游文化信息服务的有效供给,特别是通过其他产业的升级换代,进一步拉动和引导旅游文化产业的开发,以满足不同层次旅游者的需求。

第四,进一步推进旅游文化产业的对外开放。在服务业和旅游业对外开放中,埃及顺应了国际旅游市场的需求,抓住机遇,引进外商直接投资,引进国外的先进理念和标准。通过旅游文化产业与各个相关领域的管理体制创新,加快改革步伐,通过实施"走出去战略",不断扩展合作领域。发挥埃及悠久的文化优势,努力创新旅游文化产品,努力打造旅游文化产业中的国际名牌产品和具有国际竞争力的旅游企业。

第五,坚持经济效益和社会效益相统一的原则,力求实现社会效益和经济效益的最佳结合。由于旅游文化产业的发展是一个需要不断完善的过程,唯利是图、经济效益第一的现象容易滋生,埃及历届政府基本上都强调旅游文化产业的发展不是单纯的经济增长,如果旅游秩序、旅游风气、旅游环境不好,缺乏文化内涵,缺乏文化品位,不讲求社会效益,旅游经济最终也是不能做大做强的。

可以说,埃及历届政府在有关旅游业发展过程中基本上坚持了上述原则,这也是其成功的主要因素,但是埃及在旅游文化发展过程中的教训也非常值得我们关注和深思。埃及旅游业要想保持持续的发展与繁荣,必须要解决好以下问题:

首先,要解决好影响旅游业发展的安全因素。没有稳定的政治局势,就没有安全的旅游大环境。从目前埃及局势来看,要想真正恢复埃及的旅游业,首先要恢复稳定和安全的国家政治局势,相比之前的动荡时期,埃及社会安全环境虽然已经有所改善,但仍存在着许多不稳定因素。新政府要尽快稳定国家政治局势,否则持续反复的政局动荡只会让旅游业随之起伏,难以实现真正的复苏和发展。

其次,要进一步规范旅游市场,完善旅游服务体系,注重营造有序竞争的旅游环境。从长远角度来看,埃及政局动荡和安全环境恶化是个短期现象,复苏旅游业并不困难,但要实现旅游业真正的跨越式发展,关键还在于其自身素质的提高。多年来困扰埃及旅游业发展的问题不少,如何解决市场管理不规范、无序竞争现象严重、旅游服务质量需要改善、旅游基础设施不足、旅游产品趋同度高等问题,依然是埃及新政府在实施旅游业长期规划时所要关注的重点。

第三,要进一步提升旅游业品牌形象和国家吸引力。埃及拥有丰富的旅游资源,但是,如何充分利用好这些资源,如何将古埃及历史文化游和现代休闲度假游结合起来,如何突破现有的旅游模式,开辟新的品牌旅游,提升国家吸引力,也是旅游部门需要十分关注和研究的问题。要避免文化资源开发的表面化和形式化,避免出现文化旅游产品趋同化,不断推出新的旅游品牌和特色旅游线路,进一步拓展游客市场,吸引更多的新游客。

第四,要进一步为旅游产业政策的实施提供必要的保障措施。旅游产业政策具体实施时,必须要有一定的法律手段和经济手段、行政手段来加以保障。因为,旅游业是一种依托性比较强的行业,它需要具备较强约束力的政策和法规来保障落实。而有关旅游法律制定、法治建设、旅游业投入与产出计划、旅游开发与投资风险的研究等,仍然滞后。

第五,旅游部门需要加强有关旅游文化发展政策的研究,与时俱进地提出更多新的思路。埃及在研究和制定旅游文化产业政策时,显然对许多重大问题的研究比较滞后,如对旅游业发展观念、发展形态的研究、对提升旅游产业发展机制、产业素质和服务质量的转型升级要求的研究,对旅游发展目标、发展规模、旅游体系的研究,以及旅游业对促进经济增长、产业结构优化、城市功能完善等的研究。由于对这类问题的研究落后于国际旅游形势的发展,加之国内政治危机,从而制约了埃及旅游业的全面、快速发展。在政策制定方面,埃及在旅游文化政策目标的针对性、稳定性和前瞻性等方面也存在着不同程度的问题,如在旅游文化产业政策制定的过程中,对国际旅游市场发展研究不足,造成了对旅游发展形势的误判,受到了阿联酋、约旦等国的强有力挑战。

(二)对上海旅游业发展的启示

上海旅游文化产业在发展过程中,既要从埃及旅游业发展的成功经验中汲取营养,又要从埃及旅游文化的政策构建、实施和研究的缺失中吸取教训。建议上海旅游文化产业发展在以下10个方面给予更多的关注:

第一,进一步明确上海旅游文化产业的产业定位。旅游业是上海重要的优势产业之一,是与其他经济产业发展关系密切的重要产业。上海具有中西文化融合的深厚积淀,又是全国文化体制改革的试点城市,由此催生的旅游加文化的产业,融合了二者的精髓,具有不可估量的发展潜力。进一步明确旅游文化产业的产业定位,有利于增强政府、旅游部门及相关部门、全体市民的旅游文化意识,有利于进一步明确责任,分级负责,官民并举,上下结合,多层次、多渠道、多形式、开展全方位大旅游的新格局,创造良好的大旅游环境和软硬设施,并形成产业集聚效应,促进旅游文化产业的加速发展。

第二,加强旅游文化产业的发展战略研究。上海的旅游业经过多年的发展,取得了巨大而又良好的经济效益和社会效益,在国际旅游市场和国内旅游市场发生巨大变化的今天,上海的旅游业也会面临更为严峻的挑战。旅游文化产业无疑是一项可持续发展的产业,目前国内外已经有很多发展现代旅游文化产业的成功案例,值得我们研究和关注。客观分析、评价上海旅游文化产业的发展和成功实践的案例,寻找与发达国家和地区之间的差距,结合旅游文化产业发展的趋势以及上海的实际情况,旅游文化主管部门应该设立专门的研究机构,对已有的和现行的各项政策进行梳理和跟踪研究,并适时地提出具有前瞻性、预测性、战略性的政策建议,在旅游总体布局、旅游文化产品开发、旅游资金投向、旅游市场管理等方面发挥政策导向作用。

第三,完善旅游文化产业的多元化投入机制,建立旅游文化产业基地。注重发挥国内外金融机构、社会资本的重要作用,充分利用财政、税收、信贷和价格等经济杠杆,允许和鼓励相关文化单位、机构和企业以及各类社会资金通过独资、合资、合作、联营、参股、特许经营等多种方式,进入国家未禁止的旅游文化产业领域。行业主管部门不得增设国家行政许可之外的前置条件,以引导银行积极向符合条件的旅游文化产业企业发放贷款;鼓励个人创业、风险投资机构和信用担保机构向旅游文化产业倾斜;有效吸引社会资金投入旅游文化产业的关键领域;进一步支持符合条件的旅游文化产业企业进入资本市场融资;通过上市、发行企业债券等多种方式筹措资金。同时可以依托 80 多家文化创意园和文化项目,如 1933 年老厂房、现代戏剧谷、800 艺术区、徐汇软件基地、张江高科园区、西岸创意园、迪斯尼项目、博物馆、美术馆等,鼓励支持旅游文化单位、机构和企业的文化产业项目在园区和基地落户,提高产业集聚和孵化功能,促进旅游文化产业集群发展。

第四,加快旅游文化产业领域的电子商务技术创新,积极搭建旅游文化产业发展的信息平台。要瞄准国际先进的旅游电子商务技术和旅游文化信息服务技术,努力提高旅游文化产业的市场竞争力和电子商务技术创新能力。在建立各种形式的旅游文化产业电子商务技术平台的同时,要鼓励旅游文化产业和相关企业增加对电子商务产品的研发,以构建高效的旅游文化产业信息咨询网和服务平台,为旅游文化单位、机构和企业提供便捷的法律法规与政策咨询、人才交流、数据统计、高新技术与项目孵化、银行信贷担保等信息服务。

第五,加大旅游文化产业知识产权保护的力度。目前市场上经常出现的旅行社之间"价格战"竞争,其主要根源在于旅游产品的相似性太大,新的旅游产品、新的旅游线路得不到有效的法律保护,旅行社之间相互模仿和替代性过高,严重扰乱了旅游市场的秩序。一些旅行社只能通过降低价格等方式来招揽客源,造成了普遍利润较低的不良局面。因此,建议旅游主管部门要建立健全旅游文化产业知识产权保护体系,研究制订旅游文化产业知识产权保护条例和实施办法;要搭建旅游文化产业知识产权交易平台,促进旅游文化产品合理、有效流通;要建立知识产权评估机构,健全保证知识产权使用机制,促进自主创新知识产权在旅游文化产业中的合法实施和运用。同时要鼓励公民以知识产权作为资本，依法创办中小旅游文化企业。并加大旅游知识产权保护的执法力度，坚决查处和严厉打击各种违法侵权行为。

第六，实施重大旅游文化产业项目的带动战略，依托资源优势，培育品牌，凸显上海特色，加快建设重点项目和特色项目。建议旅游业的相关部门充分发掘历史文化、民俗文化、革命文化、乡土文化、农家乐文化等优势旅游文化特色资源，带动与旅游文化密切相关的文艺演出、影视制作、动漫传媒、休闲娱乐、出版发行等行业的快速发展。依托文化重点建设项目，利用重大节庆活动、重大赛事、博览会、经贸洽谈会、重大文艺汇演、论坛与学术研讨交流、国际会议等载体，扩大旅游文化产业发展空间，打造上海旅游文化产业的创意品牌。

第七，实施精品旅游战略，鼓励旅游文化企业走出国门，形成优势明显的产业体系。建议在项目立项、产品制作、宣传推介、表彰奖励等方面对优势特色品牌和项目予以重点扶持，资助扶持一批体现时代特色、反映上海文化风貌、经济发展与社会效益俱佳的旅游文化产品。创立一批戏曲精粹、民间艺术、历史文化系列、文博会展、图书出版、影视制作等知名旅游文化产业品牌，进一步丰富旅游文化对外合作交流的内容。同时鼓励有实力的旅游文化企业走出去，在境外举办旅游文化交流活动。

第八，加强旅游文化人才队伍建设。完善人才激励机制，拓宽人才选拔途径，实施引得进、留得住、用得活的人才战略，创造优秀人才脱颖而出的环境。大力培养和吸引经营管理人才、旅游文化规划研发人才、创作演艺人才和文化经纪人才等旅游文化产业急需的各类人才，吸引和聘用海内外高级人才。鼓励和支持国家旅游文化产业创新与发展研究基地以及有条件的高等院校和职业技术院校，参与旅游文化产业人才的培养、培训工作，为旅游文化产业可持续发展积蓄人才与人力资本。

第九，不断创造有利于旅游文化产业又好又快发展的良好社会环境。政府和旅游、文化主管部门要进一步加快政府职能转变，按照旅游文化艺术生产的规律办事，推动建立为旅游文化单位、机构和企业服务的旅游文化产业发展商会、旅游文化企业家俱乐部等。加强旅游文化中介机构和行业的组织建设,制定完善旅游文化产业的行业规划及产品标准,强化行业自律。充分发挥工商联、商会、行业协会等社会团体和中介组织的作用,推动旅游文化单位、机构和企业不断发展壮大。

第十,进一步加强旅游业的法律法规建设,依法管理旅游文化产业。应在《中华人民共和国旅游法》的框架下,把较为成熟的行政法规变成法规,并根据旅游发展现状,出台一批与旅游文化相关的法规。完善执法机制,管理部门要有效的履行检查和监督的职能,运用法律手段和政策手段来规范旅游文化市场,使旅游文化产业管理法制化、制度化、规范化。政府应着重于宏观调控,正面引导,着重于理顺旅游文化市场管理机制,必要时也要动用行政手段干预旅游文化市场,对非法经营活动进行取缔和打击,使旅游文化经营活动健康有序地发展。

(陈万里 赵军)

【参考文献】

1.《2008年埃及旅游业研究报告》。

2.《埃及与21世纪》,1997年埃及政府文件。

3. 韩玉灵等主编:《最新境外旅游法律汇编》,中国法制出版社,2012年版。

4. 杨灏城、江淳:《纳赛尔与萨达特时代的埃及》,北京:商务印书馆,1997年版。

5.《世界文化和自然遗产保护名录》。

6. 王京烈:"埃及经济的四大支柱",《西亚北非》1980年第5期。

7. 陈秀英主编:《世界经济统计简编1997》,北京:中国物价出版社,1997版。

8. 陈万里、王有勇:《当代埃及社会与文化》,上海外语教育出版社,2001年版。

9. World Economic Forum,"The Travel & Tourism Competitiveness Report 2008—2013".

10. Jafar Alavi,"A Systematic Approach to Tourism Policy",http://ideas.repec.org/a/eee/jbrese/v48y2000i2p147—156.html.

11. Hala Mohamed Omar Al—Saby and Noha Fathy Ahmed Saleh,"A Plan for Disseminating E—Recreational Tourism in Egypt",*World Journal of Sport Sciences 4(4)*,2011.

12. Amr Atta,"Planning for Sustainable Tourism Development:an Investigation into Implementing Tourism Policy in the North West Coast Region of Egypt",Thesis submitted for Degree of Doctor of Philosophy of University of London,1999.

13. Mohammed I. Eraqi, "Egypt as a Macro—tourist Destination: Tourism Severces Quality and Positioning", *International Services and Operations Management*, Vol. 3, No. 3, 2007.

14. 世界旅游组织网站, http://www2.unwto.org/。

15. 埃及中央银行网站, http://www.cbe.org.eg/English/。

16. 埃及旅游局网站, http://www.egypt.travel/。

17. 埃及内阁信息与决策支持中心网站, http://www.eip.gov.eg/。

18. 上海旅游局政务网, http://lyw.sh.gov.cn/h/shhyjj/。

19. 上海市文化广播电视管理局网, http://wgj.sh.gov.cn/。

20. 非洲旅游网, http://aftour.bytravel.cn/。

21. 世界经济年鉴编委会：《世界经济年鉴 1993—2010》，北京：经济科学出版社，2011 年版。

第四章 以色列文化政策研究

Studies On Asian and African Culturobal Policies

【摘要】以色列十分强调公民的"以色列身份"认同中文化的作用、文化价值观对于军人的作用、文化教育对于公民成长的作用、文化艺术对于丰富人的灵魂的作用。因此,即使在20世纪以色列疲于应对军事、外交、农业、工业、经济发展的情势下,以色列的文化建设仍然按照社会和公民的物质、精神需求逐步地往前推进。对以色列而言,不管在文化教育部成立之前还是之后,其对"文化"的定义和分工一直比较模糊。而在真正处理文化政策上,以色列则一直秉承了务实的理念。以色列是一个就领土面积和人口而言的小国,但又是一个在军事上、科技上名列世界前列的强国,文化建设在其生存和发展中,承载着重要的功能,产生着巨大的作用。政府在发展文化的过程中,其管理机构、法律法规与政策、所依托的市场及协会,成功地构成了一个良性循环的文化发展体系。进入信息化时代,特别是进入21世纪以来,以色列在世界的文化舞台上,发生了很大的变化。开放、沟通,成为以色列与世界对话的关键词。

一、引言

以色列位于亚洲西部,1948年建国。国土面积25740平方公里,目前人口约820万,其中75%为犹太人。以色列是议会制国家,实行自由民主制。历史造成了以色列在中东地区冲突不断,发展军事是国家的头等大事。大多数以色列人到18岁时都服役参军,男性公民服过义务兵役后转入国防军预备役部队,至40岁为止。军事产业的需要,带动了以色列相关高科技产业的发达。以色列在军事科技、电子通讯、计算机软件、医疗器械、生物技术工程、农业、航空等领域具有世界先进水平。以色列文化交织着由犹太教和犹太人数千年以来的历史积淀,交织着宗教文明的传统和世俗生活的现时经验。以色列是一个由大量移民组成的国家,因此构成了其文化的丰富性和多元化。

在本章中,"文化"的概念是相对广义的,"政策"的所指也是包含多种性质的——既包含法律、规定等文本,也包括战略性发展目标、市场行为中蕴含的社会共同价值目标。

对以色列而言,不管在文化教育部成立之前还是之后,该国对"文化"的定义和分工一直比较模糊。而在真正处理文化政策上,以色列则一直秉承了务实的理念。这种模糊和务实同时存在的现象一开始就给政府部门带来了极大的不便。一些非文化部门(尤其像总理办公室和旅游部)就发现他们很多时候都在处理有关文化政策方面的问题。而在文化教育部内部,文化事务则从来就不是一个单独的个体;很多年来,各种文化活动问题都会在不同的附属部门间游走。一直到近年来,文化政策问题才开始在文化教育部(目前已分别为文化体育部、教育部)内部得到重视,也正是从这个时候开始,以色列文化政策才开始成为了一个独立的个体。

二、建国之初至20世纪末以色列文化领域的政策与文化发展状况

本节通过对以色列文化领域中语言、文学、艺术、图书馆、博物馆、档案馆以及教育的发展状况进行梳理,在归纳、提炼中考察以色列在该时期的文化政策与文化战略状况。下图为当时以色列文化教育部的机构设置结构图:

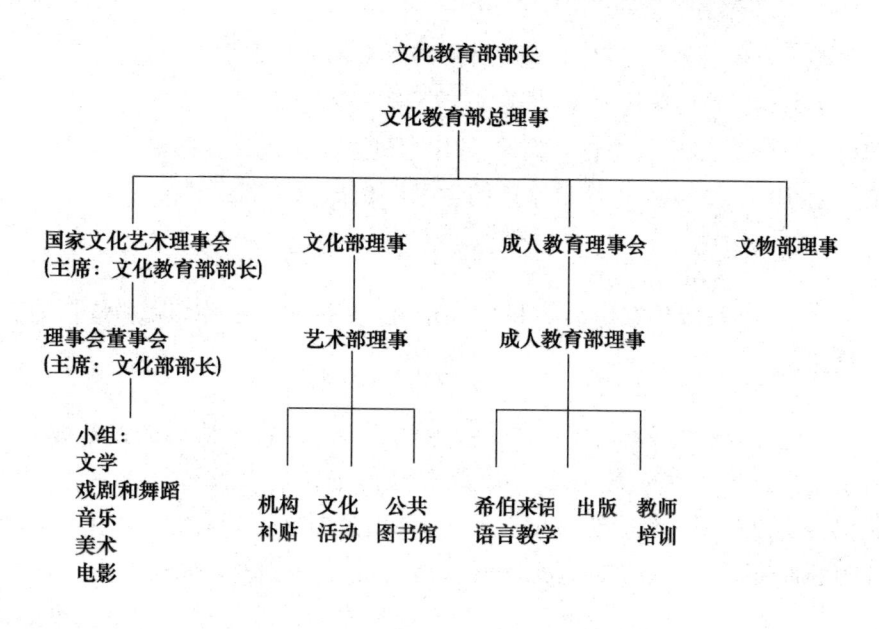

```
                    文化教育部部长
                         │
                    文化教育部总理事
   ┌─────────────────────┼─────────────────────┬──────────────┐
国家文化艺术理事会      文化部理事          成人教育理事会      文物部理事
(主席：文化教育部部长)
       │                  │                    │
   理事会董事会         艺术部理事         成人教育部理事
   (主席：文化部部长)
       │          ┌──────┼──────┐      ┌──────┼──────┐
      小组：     机构    文化   公共   希伯来语  出版   教师
      文学       补贴    活动  图书馆  语言教学         培训
      戏剧和舞蹈
      音乐
      美术
      电影
```

（一）语言：重视希伯来语教育，推进语言文化的发展

在以色列建国之初，文化教育部就非常重视希伯来语建设。众所周知，语言在作为交际的必要工具的同时，又承载着文化传播的功能。而以色列根据其特殊国情，特别将希伯来语作为文化建设的重中之重。因为政府意识到，学生经过在学校教育中对希伯来语的学习、传播与应用，不仅增强了学生对国家文化的认同，同时还通过学生将希伯来语带到他们的每一个家庭，以至于波及到整个社会，使以色列人在以希伯来语作为沟通、交流工具的同时，无形中也体现了一种社会的共同价值观。为此，以色列政府还成立了专门的希伯来语语言学校，该学校除了教学希伯来语之外，还有一个很重要的职能就是作为希伯来语标准化的权威机构，研究希伯来语的变化与发展，修正并规范希伯来语的正确拼写和语法。

以色列政府非常重视新移民的语言教育，如何使移民成为真正意义上的公民，语言无疑具有不容忽视的作用。因此，对新移民加强希伯来语教育一直以来受到政府的高度重视。虽然政府投入的预算不足以完全实现希伯来语课程教育所需的费用,但是政府一直以来不间断地投入,在很大程度上推进了新移民希伯来语水平的提高。历年来,除了政府对该方面的预算增加以外,政府还鼓励其他各个机构,如以色列总工会及犹太办事处等共同筹集资金,用于对新移民的希伯来语的学习与推广,并取得了很好的成效。

(二)文学:以作家协会等机构为依托,支持文学创作,促进本土文学的快速发展

以色列政府对文学创作的支持,主要体现在对作家协会的拨款方面。对于人口有限的以色列来说,纯文学作品的创作与出版都面临一定的困难,为此,以色列文化教育部出面参与组织出版工作,为优秀的文学作品和优秀的作家提供出版资助,帮助他们解除出版难的困扰。同时也为了解除一部分专业作家的生活困扰,以色列政府还专门出台了相关政策。譬如,政府通过一年颁发6项免税基金,以及在部分大学设立作家工作室等举措,支持作家们潜心创作。

由于希伯来语本身属于需要推广和加以保护的语言,所以,希伯来语的文学作品,以及产生这些作品的作家更是属于需要保护的人群。因此,以色列作家协会十分重视保护希伯来语作家的利益,促进和推广希伯来语文学作品的产生和出版。以色列作家协会在得到政府正常的经费支持之外,对致力于以希伯来语写作的作家以及出版商会给予特别的经费支持。

另外,政府为了扩大希伯来语作家与作品的国际影响力,在20世纪60年代专门成立了希伯来语文学研究所。该机构隶属于文化教育部、外交部等政府部门,特别为希伯来语作家提供翻译服务,以此推进希伯来语文学走向世界。

(三)艺术:成立国家文化艺术理事会,繁荣发展以色列艺术事业

为了繁荣发展以色列文化艺术,以色列政府成立了国家文化艺术理事会,这是一个专注于关心以色列文化艺术问题的专门机构。该机构在得到政府拨款的同时，还通过其他机构，如以色列总工会等组织向社会筹集资金。在以色列，不同的艺术种类有着不同的发展方式。以下分别进行阐述。

1. **戏曲戏剧艺术**

以色列的剧院大致可以分为两类：一类为国家剧院，其经费来源主要是国家预算拨款；另一类为商业化剧院，数量高于国家剧院，它们主要通过市场和票房维持生存发展。随着以色列政府在剧院投资上的不断增加，其在管理上相应地也采取了一系列措施，例如，为了鼓励产出更多的原创性作品，政府组织各类评奖和颁奖活动（设最佳男演员奖、女演员奖，最佳导演奖，最佳舞台设计奖，最佳音乐奖及最佳编剧奖）；为了规范管理，规定已经被列为政府拨款资助的剧院不能再接受个人和集体捐款等等。

2. **音乐艺术**

以色列拥有若干大大小小的乐团，其中最具影响力的乐团是以色列爱乐乐团。迄今为止，它依然是以色列音乐生活的核心，其运行得到政府的支持，但维持乐团的主要经费来源于每年11场的重大音乐会。相对于现代音乐而言，传统乐团都存在一定程度的生存危机，因此政府将根据乐团的贡献与实际情况给予固定的拨款。同时，在国家文化艺术理事会的提议下成立了以色列音乐学院。以色列音乐学院的诞生，为现代音乐的发展创造了有利条件，更是为以色列现代流行音乐走向世界提供了可能。在以色列音乐事业的发展中，还有一个值得一提的机构就是以色列广播电视局，无论是在交响乐团的组建还是在流行音乐的作曲和演奏方面，广播电视局都发挥了十分重要的作用。

3. **舞蹈艺术**

以色列的舞蹈主要可以分为芭蕾舞和民俗舞两大类。在以色列，民俗舞具有传统优势，随着俄罗斯移民的加入，以色列在芭蕾舞方面也不断涌现出优秀人才，这些优秀人才大部分都有着海外专业学习背景，所以从政府的角度起初对舞蹈并没有给予重视和支持，主要依靠民间组织筹资。但随着以色列专业芭蕾舞团组建以及上演新作，进入国际推广过程，其支持主要来自于政府。文化国家理事会不仅每年下拨专款组建专业芭蕾舞团，还以每年增加预算的积极态度支持和推进芭蕾舞团走向国际。民俗舞主要指东方犹太人舞蹈团的发展,除了文化教育部的拨款,同时还得到了美以文化基金会的大力支持。

4. 美术艺术

以色列政府对美术艺术的支持通常都是间接的。政府为艺术家们提供的最大支持就是通过各种有效途径提升他们的知名度。

以色列的画家们普遍都非常重视国际性的展览。一般以色列画家会定期参加位于威尼斯、圣保罗、巴黎、佛罗伦萨及东京的双年展和其他国际画展,并且由文化艺术国家理事会出面协调,对每一个国际展览向内阁部长推荐一位中介。经内阁部长批准的这位被委任的中介,将全权负责为展览挑选以色列参展作品。事实证明,在政府赞助下出席官方展览的艺术家,不仅能帮助画家提升声誉,还能帮助提高画作的价值。一旦参展成功后,这些委任的中介们会为内阁推荐作品,内阁通常也会购买其中的一些作品,而这些作品被买下后将用于巡回展览,最终这些由内阁买下的作品将永久性进入国家博物馆。

另外,以色列画家及雕塑家协会每年都会从政府得到一定的补助金举办画展,这些展馆不但展示协会成员们的作品,同时也为这些作品提供画廊以便商业销售,一方面鼓励顾客购买以色列画家的作品,另一方面有助于人们了解以色列画家,提升画家的知名度和影响力。

尽管以色列画家及雕塑家协会不断地向政府提出,希望能够规范地按照房屋建造成本比例,支付艺术家们为城市建设提供的艺术品的费用,但是至今还是没有任何关于这方面的法案被通过。而以色列实际的做法是,为了解决公共艺术家们为城市建设做出的艺术贡献,以色列政府通过一些国有或者私营企业,向那些为新老建筑提供装饰工程及树立纪念雕塑的艺术家们支付佣金,以解除他们的后顾之忧。这些佣金有效地帮助艺术家们在物质生活上得到改善。所以,不同于那些以色列作家们,以色列画家们是不能直接得到政府的经济拨款的。

(四)图书馆:成立图书馆公共委员会,负责向内阁政府提供发展建议

以色列的图书馆建设,在图书馆公共委员会的提议下,进行了图书馆法案草拟工作,并通过议会总干事上交给政府内务部。该法案规定:1. 内务部长有权强制地方当局在他们所管辖的地区内开设图书馆;2. 政府应该参与图书馆的维护;3. 所有图书馆应该由内阁政府监督管理;4. 内务部长应指定一个专门的顾问委员会负责指导政府有关公共图书馆的所有事务。此前,以色列除国家图书馆之外,主要依靠民间组织和民间捐赠建设图书馆。随着政府的支持与介入,以色列建立起更多的专业性图书馆,它们中大部分都涉及犹太文献。这些专业性图书馆得到了公众广泛的支持,并且经常收到来自个人的珍贵赠品,从而发展成全球范围的知名专业学术性图书馆。

在政府的指导下,还组织有经验的图书馆员,包括希伯来大学在内的图书馆专业的研究生,共同成立一个公共图书馆辅导中心。该中心专注于为公共图书馆建立中央供书体系,它在政府的监督下,根据图书馆管理的要求,将图书装上特别书皮后发放到各个地方图书馆,用以填充地方图书馆空闲的书架。这样,不仅为地方图书馆管理员减轻了工作量,同时还为所有图书馆建立了统一标准,再则,通过图书馆内部的跨馆业务,各个图书馆还可以将自己多余的图书分给其他有需要的图书馆。

以色列国家图书馆除藏书功能外,政府还赋予它一个很重要的职能,就是要求图书馆负责管理由文化教育部在二战后成立的手稿复印件部门。该机构的主要职能是保存全世界所有有关犹太历史手稿的复印件。政府还要求国家图书馆发起希伯来文书籍目录的收集工作,其中包括所有在以色列出现过的书籍以及定期出版的刊物。同时还要求收集其他国家有关《圣经》及犹太主题的全部书籍和杂志。

2000年图书法(Books Law)的设立,规定了以色列所有出版商、印刷商、版权拥有者在新书出版后必须向国家和大学图书馆无偿提供2本样书,包括在以色列发行的报纸同样执行本法。

(五)博物馆:以色列的博物馆大多以公司形式(即以个体的经营形式存在)运行,政府补贴为辅

以色列除了国家博物馆外,还有近百家大小不等的博物馆。即使是国家博物馆,也是以公司形式存在,并不直接归政府管理,唯有以色列军事历史博物馆由国防部管理维护。

根据数据统计,20世纪后半叶以色列大致有30家文物博物馆、12家艺术博物馆、19家历史博物馆、11家民族历史博物馆、9家民俗种族博物馆以及8家动植物博物馆。每家博物馆的经营模式都各不相同。总体而言,以色列政府希望博物馆以一种非政府机构的形式存在,鼓励以个体的形式经营博物馆,尽量不太多干预博物馆的经营。一旦博物馆需要政府支持时,就必须经过一个专门的委员会对其财务状况进行审核,更重要的是要评估这个博物馆的存在对于国家的重要性。

(六)档案馆:以色列政府非常重视档案馆建设,设立档案法院

由于犹太人长期离散和以色列建国时间不长的原因,以色列政府非常重视档案馆建设。例如,根据1955年的法令规定,国家档案馆是唯一可以储存所有政府部门、议会、总统办公室、司法部以及以色列使馆和使团文件的机构。根据1964年的法令,国有企业也必须将它们的历史文档储存在国家档案馆内。除此之外,以色列还制定了关于政府部门对文件保存的规定、从地方政府拿取文件的步骤、监督公共机构对一些之前被认定为官方档案的历史档案的保存、有关私人档案保存的约束及保证等等。

在管理层面上,以色列成立了档案法院。国家档案管理员是档案管理的最高权威,并且担任档案法院的主席职位。这个档案法院主要由政府官员代表及专业档案管理部门的专家组成。在20世纪下半叶,除了国家和地方档案馆外,立法还承认另外13家在国家档案管理员监督下的官方档案管理所。其他还有大约200家私人档案馆也同时登记成为保管公共档案的地方。所有官方认可的档案都免费对公众开放,其管理也同样遵照国家档案馆的做法。国家档案局的行政档案在20年后解密,政治档案在30年后解密,个人档案或者机密档案则在50年后解密。[①]

---

① 以上内容主要依据以色列驻上海总领事馆提供的资料:1. Cultural Policy in Israel by Jozeph Michman;2. בישראל לתרבות מדיניות:אליהואב ק,סלעה.

(七)教育:教育立法为以色列教育的成功提供了强有力的法治保障

1948年建国后,以色列的历届领导人遵循犹太民族的传统,一直把教育视为以色列社会的生存之本和开创未来的关键。被誉为"以色列国之父"的以色列第一任总理戴维·本—古里安在总结犹太历史经验时说道:"我们的经验只有一条,那就是'没有教育就没有未来'。"第四任总理果尔达·梅厄指出:"对教育的投资是最有远见的投资。"第三任总统扎尔曼·夏扎尔认为:"教育是创造以色列新民族的希望所在。"前总统纳冯教授甚至在卸任之后,又去担任教育部长,这在其他国家是罕见的。曾任以色列教育部总司长的希奥山尼博士在1994年出版的《以色列政府信仰教育》(The Government of Israel Believes in Education)的一书的序言中指出:"以色列国将教育作为民族优先的事业,因为我们相信投资教育将帮助以色列维持世界上最先进国家行列的地位。"

按照以色列国家意志,以色列进行了多项教育的立法。

《国家教育法》(State Education Law,1953年)。《国家教育法》规定:以色列的教育目的,一方面是让学生学习知识和技能,以适应国家发展的需求;另一方面是促进来自世界不同地区的犹太人之间的融合,消除他们之间的文化差别,以形成一种新的犹太国民文化。在这一宗旨下,以色列自建国至2000年代,制定、颁布了一系列有关教育的法律。

《义务教育法》(Compulsory Education Law,1949年)。本法适用于所有5—15周岁的儿童。该法规定,国家为5周岁(义务幼儿园教育)至15周岁(10年级)的儿童提供免费义务教育,为16—17周岁的青少年以及18岁尚未完成11年级学习的人士提供免费教育以及免费教材。国家教育机构的开办和维持由国家和地方政府共同负责,家长有权为子女选择任何一种法律认可的教育形式,包括非国家教育体系但国家认可的学校。本法具体规定了对不参加义务教育的适龄人口的处罚细则。

2011年,国家又出台了《义务教育法修正案》(Amendment of Compulsory Education Law,2001年)。该修正案规定凡年满3周岁的儿童和15周岁以下的少年必须接受国家的义务教育；学校校长根据教育部和地方教育局规定报告学生注册情况；未经教育部批准，在任何情况下学校均不得因为学生的学业成绩开除学生。修正案还规定禁止种族和宗教歧视，禁止选校歧视，禁止体罚学生，禁止在招生、就学地点以及学生升（留）级方面出现歧视，禁止在学生家长不在场的情况下对学生进行处罚。

《高等教育理事会法》(The Council for Higher Education Law, 1958年)。该法规定，依法设立的高等教育机构有处理本机构学术与行政事务的自由，并在适合本机构发展的预算范围内决定本机构的科研及教学项目、任命行政人员、教师以及规定教学和科研方法等。教育部长任高等教育理事会主任，理事会成员由教育部长提名，经政府内阁确认后报请总统任命。高等教育理事会的常设机构是计划与预算委员会。

高等教育理事会为负责以色列高等教育的国家机构。该机构的职能是为发展科学研究和建立高等教育机构向政府提供政策咨询建议，代表国家评估并批准成立高等教育机构，颁发新设立高等教育机构的办学许可证，赋予法律认可的高等教育机构授予学术学位之权力，并为拓展、改善和促进高等教育机构之间的教学及科研合作提供建议。《高等教育理事会法》还就国外高等教育进入以色列做出了具体的规定。

《特殊教育法》(Special Education Law, 1988年)。该法规定，特殊教育的目的是促进和开发有特殊需要儿童之潜能，纠正和改善他们的体能、智能、心理及行为表现；向他们传授知识、技能，培养良好习惯，从而提高他们适应社会的能力，使他们能真正融入社会，最终成为一名普通的社会公民。该法规专门为3—21岁的、接受能力受到限制的人群所制订。适用于特殊教育法的人群，将受到系统教学和系统训练，包括心理训练、语言训练、职业训练以及其他相关的训练。

2000年，以色列教育部还成立了一个专门委员会，针对特殊教育法颁布以后的贯彻执行情况进行评估。评估除了需要针对特殊教育法贯彻后给以色列社会带来的变化，还要评估特殊儿童在受教育的过程中是否享受到平等的权利，特别是要关注特殊儿童以及他们的家庭在受教育过程中是否能确保维护他们的尊严等等。

《患病儿童免费教育法》(Free Education for Sick Children Law, 2001年)。该法授权教育部为患病儿童制定免费教育规定,为患病或住院儿童在家休养或住院超过21天期间内提供免费补课。该法于2002年启动实施。经卫生部批准,教育部在医院建立教育网络,为全部患病的儿童实施免费教育。

《对地方政府教育拨款法》(Educational Allocations to Local Authorities Law, 2000年)。该法要求教育部依据规定,由总司长办公室和审计长会同内务部、司法部共同制定相应规定。该法规明确地方政府所接受的国家教育拨款,只能用于政府规定的使用范围,即教育机构教师和其他雇员的工资、教师和学生使用的设备以及教育机构的维持费用。并且要求地方政府设立专门账户,管理国家拨款,做到专款专用。[①]

三、新世纪以来更趋强势的以色列创新文化的发展

20世纪末21世纪初以来,世界进入信息化社会。以色列根据其特殊的历史传统和当今的生存现状,更加以科技和军事为基本、以文化和教育作助推,把已经融入犹太民族血脉的创业、创造、创新精神作为社会发展的动力。

(一)以色列高度重视公民的信息自由的权利,以立法的方式确立公民与社会在信息化社会发展中的基本法律地位

以色列于1998年施行的《信息自由法》是保护人权的一项法律。该法规定:如果以色列公民或居民提出要求,只要满足与外国信息自由立法的通行做法相当的限制条件,政府部门即有义务披露所掌握的信息。该法

[①] 以上内容主要引自陈腾华《为了一个民族的中兴:以色列教育概览》,华东师范大学出版社,2005年版。

还允许外国居民就他们在以色列的权利提出要求。如果要求被拒,可向行政法庭提出上诉。进入21世纪以来的十多年中,又两次对该法进行修正。2005年的修正新增规定:任何政府部门必须将所掌握的有关环境问题的信息,通过其部门的网页和环境保护部所确定的其他方式向公众公布;2007年的修正规定:除了司法部确定、经议会通过的宪法、法律及司法委员会批准的以外,国营公司一律必须执行《信息自由法》的规定。这些事关人的发展自由,也即公民社会文化发展的法律及政策的颁布,体现了以色列政府的下述宗旨:"以色列拥有一个开放、充满活力、多元化的公民社会,积极为自己的优先关注建言献策,勇于挑战政府行为。"①

(二)以色列的教育体制着意培养充满创新思维的国际化的公民

以色列教育部部长夏依·皮隆(Shai Piron)2014年11月期间在接受中国《环球时报》采访时说:"犹太人喜欢对话和争辩,讨厌没有思考的一团和气。在以色列,每天不提出新问题的人是没有资格睡觉的。"在这种文化背景下,"我们的教育体系反复强调我们的使命是改变世界,让学生站在更大、更高的角度看待教育。让他们知道接受教育不仅是为了自己,更是为了推动整个世界不断向前"。在如此教育环境下成长起来的公民,其创新意识和能力不可估量。以色列前总理西蒙·佩雷斯打比方说:"以色列挖掘大脑胜过沙特阿拉伯挖掘他们的油井。"而今的数据表明,截至2010年,以色列GDP为2132亿美元,多项创新相关指标居于世界前列:创业企业密度全球第一,平均每1844个以色列人中就有一人创业;人均风险资本投资全球第一,是美国的2.5倍、欧洲国家的30多倍;在纳斯达克上市的非美国公司数量全球第一,超过中国、印度、韩国、日本、加拿大和整个欧洲大陆的总和;科研支出占GDP的比例全球领先,自20世纪70年代以来,平均未低于4%……正是持续不断的创新,才让以色列在极端困难的

---

① 以色列根据人权理事会第5/1号决议附件第15(a)段提交的国家报告。

客观环境下生存了下来,而且不断发展壮大。① 一位以色列创业者曾这样说:"以色列和互联网是一对绝配,他们彼此等待了两千年。"②

(三)以色列与全世界犹太人在诺贝尔奖上创造的奇迹和以色列的创业、创造、创新

进入21世纪以后,在20世纪60年代曾获得诺贝尔文学奖以来一直沉寂的以色列在自然科学方面突然爆发,多次获诺贝尔化学奖。迄今为止,以色列国籍的诺贝尔获奖者为:1966年,萨缪尔·约瑟夫·阿格农(Shamuel Yosef Agnon)获诺贝尔文学奖。2004年,阿龙·切哈诺沃(Aaron Ciechanover)、阿夫拉姆·赫什科(Avram Hershko)与美国欧文·罗斯(Irwin Rose)获诺贝尔化学奖。2009年,阿达—尤纳斯(Ada Yonath)与英国万卡特拉曼·莱马克里斯南(Venkatraman Ramakrishnan)、美国托马斯·施泰茨(Thomas Steitz)获诺贝尔化学奖。2011年,丹尼尔·舍特曼(Dan Shechtman)获诺贝尔化学奖。2013年,以色列/美国籍亚利耶·瓦谢尔(Arieh Warshel)、迈克尔·莱维特(Michael Levitt)与美国马汀·卡普拉斯(Martin Karplus)获诺贝尔化学奖。2005年,罗伯特·约翰·奥曼(Robert J. Aumann)与美国托马斯·克罗姆比·谢林(Thomas C. Schelling)获诺贝尔经济学奖。1978年,以色列总理梅纳赫姆·贝京(Menachem Begin)获诺贝尔和平奖。1994年,以色列总理基茨夏克·拉宾(Yitzak Rabin)、以色列外长西蒙·佩雷斯(Shimon Peres)与巴解执委会主席亚西尔·阿拉法特获诺贝尔和平奖。

据有人统计,1901—2001年的100年间,全世界共有680位诺贝尔奖获得者,其中有犹太血统的获奖者为152人。另有大量的中国网络信息称"人口800万左右、占全球总人口的0.2%的以色列,却拥有162位诺贝尔

---

① 参阅张燕:《资源匮乏下的创新路径研究——以以色列为例》,载《科学决策》2013年第4期。
② 引自[以色列]唐娜·罗森塔尔(Donna Rosenthal)《以色列人——特殊国土上的普通人》,徐文晓、程伟民译,阮项审订,华东师范大学出版社,2009年版。

奖获得者"或者"以色列为何能出162位诺奖获得者",把以色列人与犹太人混为一谈。来自以色列官方人士的准确说法是:"在诺贝尔奖获得者中,犹太人的比例占到24%,而犹太人口却不及世界总人口的千分之二。"①可见,迄今获得诺贝尔奖的以色列国籍的人士是11位,更多的是全世界特别是美国的犹太人。然而,无论是以色列人还是世界各国的犹太人,创造和创新意识是融入他们血脉的文化传统和人生理想。即使作为科学家,科学研究的想象力、创造力也关乎文化层面的精神内核。为此,以色列政府掌管文化的官员说:"我们现代的生活节奏由于科技的迅速发展而变得飞快。这种飞快的脚步便需要我们的社会不断提供创新的思维及在各个领域里充满想象力的人群。不论是国家安全领域还是以色列作为世界一流先进工业化国家的需求,高标准的人类资源对各个领域都有着独一无二的作用。"②

在当今信息化时代,以色列政府通过政策和措施,大力推进公民的创业、创造、创新,将民族创新精神推向极致。以色列政府一方面充分发挥政府的示范和引领作用,另一方面积极吸引民间创投企业和国际创投机构共同参与、构建了覆盖全国的孵化器网络和创业风险投资行业,形成了一个长期的、持续的有利于创新的国内环境,为以色列成为创新型国家打下了坚实的基础。技术孵化器是以色列政府鼓励和扶植原创企业而设立的非营利性组织。以色列政府每年出资3000万美元对各地的孵化器给予财政支持。每个孵化器孵化8—10个处于初创阶段的公司。孵化期为两年,其间公司的权益结构为:50%归投资者和创业者所有,10%留给未来比较重要的员工,20%留给以后为被孵化公司提供资金的企业,20%归孵化器所有。在公司孵化期间,孵化器还拥有参与公司重大事件决策的权力。迄今为止,已有800多个项目先后得到孵化,其中70%得到外部资金支持,孵化成功率超过50%。目前以色列全国范围内已形成了多达24个技术孵

---

① 以色列教育部部长夏依·皮隆(shai Piron)2014年11月期间接受中国《环球时报》采访时答记者问。
② 参阅以色列文化与体育部官网。

化器的网络,超过 1500 名科学家在 300 多个项目中工作。[①]

四、信息化时代以色列文化的国际化趋势

与 20 世纪以色列建国初期,"文化建设对于以色列政府而言,无论如何也是一件很难摆上议事日程的问题"迥然不同,当今的以色列国家文化部门,明确地、具体地把文化建设提到十分重要的位置。以色列文化教育部,后来改变为文化、教育与体育部,目前分开为教育部,文化与体育部。在官方网站上,以色列政府文化部门的理念是——"以色列的文化生活和文化遗产是以色列国家民族体系及独特社会的关键组成部分。这些富饶的文化同时也是以色列大众增强对自身民族意识的主要核心。""每一个以色列人都有'文化主权'——即有权创造文化并有权享受文化。"

国家文化部门的职责有:

政府对以下文化活动给予极大的支持:音乐、戏剧、舞蹈及跨界艺术,文学、造型艺术、影视、艺术学校、图书馆、阿拉伯文化、德鲁兹和切尔克斯文化、业余及社区艺术、艺术研究及传承、以色列(希伯来语)歌曲及艺术节;

协助艺术机构和个人艺术家在相关艺术领域里开展艺术活动、艺术突破类活动及艺术展、举办艺术节及艺术方面的专业培训工作;

负责为各类艺术文化类的拓展工作提供相关的帮助;

负责定义补贴及资源分配的标准机制,帮助各类机构解决资源紧缺问题,并且负责为个人艺术家的成就和进步颁发相应的奖励;

负责支持文化和艺术机构,并处理每年成千份来自各个不同机构的项目补贴申请;

通过制定补贴的发放条件来制定和实施相关政策;

在实施政策方面主要通过相关立法和根据所制定的发放条件对实际

[①] 参阅张燕:"资源匮乏下的创新路径研究——以以色列为例",载《科学决策》2013 年第 4 期。

申请补贴机构的审核来落实;

给符合资格的机构、活动及艺术家发放补贴;

管理文化艺术公共委员会、电影委员会、博物馆委员会以及影评委员会;

监督所有有关文化艺术类公司的经营状况,主要表现为监督其是否符合国家相关法律法规以及是否治理有序;

鼓励和倡导各种发展以色列不同文化艺术领域相关的活动,特别注重发展不同社会阶层和地域阶层的艺术类活动;

为不同政府部门在有关文化艺术领域的相关事宜提供专业的意见和建议;

帮助在世界文化舞台上扩展以色列文化和艺术;

为鼓励表演及其他各类艺术家以及他们在艺术领域做出的贡献颁奖;

帮助解决文化机构所遇到的各类问题及危机。[1]

进入 21 世纪以来,以色列在文化走向国际方面,显示出一个明显趋势,就是十分注重以色列、犹太文化的国际推广。在上述国家文化部门的各项职责中,我们可以看到政府的这一项职责。以色列建国以来,在中东地区的争端中历来奉行强硬的外交政策和军事政策,为此,屡屡受到国际社会的谴责。据有关统计,在 1997 年之前,联合国安理会的 5 项决议和联合国大会的 15 项决议谴责了以色列的定居政策,谴责以色列不遵守国际法律。因此,以色列被认为是联合国安理会和联合国大会决议予以谴责最多的国家。进入信息时代以来,随着国际局势、中东局势和以色列内政外交政策的一些变化,联合国安理会和联合国大会决议谴责以色列的情况尚未发生,但是,以色列在国际上的"负面形象"仍旧存在。第 67 届联合国大会于 2012 年 11 月 29 日通过决议,在联合国给予巴勒斯坦观察员国地位。在美国和以色列强烈反对的前提下,此议案以 138 票赞成、9 票反对、41 票弃权的大比例赞成票通过,显示出当前国际政治、舆论环境对巴以局势的倾向与过去相比有了很大变化。说明以色列在国际上处于一种新的

---

[1] 以上内容参阅以色列文化与体育部官网:http://mcs.gov.il/English/Pages/About-the-Ministry-of-Culture-and-Sport.aspx。

战略危机之中。由于巴以和平进程基本死亡,以色列始终保持强硬态度,由此导致以色列近年来国际形象恶化的情况有增无减。[①] 对此,以色列顺应信息时代"地球村"人际沟通和信息交流极大发展的有利情势,在通过文化渠道向世界展示以色列文明、人性、富强的形象方面正在努力迈出实质性的步伐。

(一)第一次在中国上海世博会建以色列国家馆,并连续参与意大利米兰世博会,建以色列国家馆

以色列1948年建国。在2010年之前,按以色列驻中国大使安泰毅(Amo Nadai)的说法,以色列一般不参加世博会。从1948年建国至2010年之间,世界上举办过约22届世博会,而以色列只参加过四次世博会。1958年,以色列首次参加布鲁塞尔世博会。之后又参加了1967年蒙特利尔世博会、1992年塞维利亚世博会和2000年汉诺威世博会。此外,以色列参加了1998年在里斯本举行的小型展览会。在20世纪50年代和60年代的世博会,以色列只是以租用场馆的形式参加。以色列等国家在1970年的大阪世博会前虽然申请了,但是最后没有签约。

至上海世博会开幕前,共有246个国家和国际组织参展上海世博会(其中国家190个、国际组织56个)。以色列考虑到自己作为世界上重要国家的国际地位和展示良好国际形象的需要,以及历史上犹太以色列对中国尤其是上海的特殊感情,成为了2010年上海世博会的参展国。然而重要的是,以色列在参展形式上,第一次采取了自建馆的方式参加上海世博会,成为42个外国自建馆中的一个,以色列馆并以"海贝壳"的外形和丰富多彩的活动赢得赞誉。以色列馆分为"低语花园"、"光之厅"、"创新厅"三个体验区。供游客等候的"低语花园"中种植了54棵柑橘树,让观众实地体验以色列享誉世界的"滴灌技术"。在"光之厅",沿着弧状墙壁的多媒体展示了4000多年的以色列历史,并展现了"犹太文化在上海"的

---

① 参阅唐志超:"以色列需要战略新思维",载《环球时报》2012年12月1日。

内容。在"创新厅",通过漂浮在动态空间里的灯球呈现的360度视听环境,展现以色列在各领域中的科技创新及重要成果。以色列在2010年上海世博会投入了4100万谢克尔(折合人民币约8100万元),其中国家馆的建设投入达到2500万谢克尔(折合人民币约4800万元),这在以色列是史无前例的。综观、比较2010年上海世博会各个外国馆,以色列虽然不是大国,而且是第一次造自建馆,但是在场馆建筑、展示内容、相关活动等方面,达到了以色列政府希望的让观众"全面了解一个真实的以色列"的目的。比如"胶囊内镜"从一个实例展示了以色列"小国家大创新"的国家形象。

通过研究,笔者曾指出:"以色列参加2010年世博会的做法和取得的效果,具有世博会在上海举办这样一个'天时地利人和'的特殊条件,对于其他国家难有可比性;对于以色列可能也是今后参加世博会所不可复制的,我们甚至难以预测以色列对今后的历届世博会是以自建馆的形式,还是以租赁馆的形式,这些都是未知数。"出乎笔者意料的是,以色列在四年后的2015年,再次以自建国家馆的方式参与了意大利米兰世博会。米兰世博会的主题是"滋养地球,生命的能源",提醒人们对农业和食品问题的关注。以色列利用世博会的平台,集中展示"垂直种植和灌溉"等世界领先的农业科技,向世界展现了以色列的高科技和关注民生的正面形象。两届世博会的深度参与,可能预示着以色列的世博会文化战略已作出了稳定的调整。

(二)在重要国际电影大奖奥斯卡奖中连续荣获最佳外语片提名

电影是一种国际性语言,是表现社会和人性的一种综合艺术。电影市场在以色列非常活跃,全年各地各种名目的电影节繁多,有国际妇女电影节、儿童电影节、国际动画电影节、纪录片电影节等,其中耶路撒冷国际电影节是具有国际影响的电影节,迄今已经举办23届。据以色列文化体育部网站(http://mcs. gov. il/English/Pages/About-the-Ministry-of-Culture-and-Sport. aspx)提供的信息,"电影事业"乃以色列国家文化体育部明文规定予以支持的领域。

在 20 世纪六七十年代,以色列的电影多获"奥斯卡最佳外语片提名",它们是:《萨拉》(Sallah)(导演艾法姆·季松,1964 年);《警察》(The Policeman)(导演艾法姆·季松,1971 年);《我爱你罗莎》(I Love you Rosa)(导演莫什·米扎西,1972 年);《切罗基大街的房子》(The House on Chelouche Streeet)(导演莫什·米扎西,1973 年);《霹雳行动》(Operation Thunderbolt)(导演麦纳汉·葛蓝,1977 年);《围墙之外》(Beyond the Walls)(导演乌里·巴巴须,1984 年)。

进入 21 世纪,经过 24 年的沉寂,2007 年,以色列导演约瑟夫·希达执导的战争影片《波弗特》(Beaufort)获奥斯卡奖最佳外语片提名。为此,以色列电影人欢欣鼓舞。该片以第一次以黎战争为主线,描述 2000 年以色列撤离黎巴嫩期间以军的故事,经历战争的以色列军人,在战斗中服从指挥,参与战斗,但同样也经历恐惧和害怕。其后,以色列电影又频频获奥斯卡奖最佳外语片提名,它们是:《与巴什尔跳华尔兹》(Waltz with Bashir)(导演阿里·福尔曼,希伯来语与德语、英语,2009 年);《阿贾米》(Ajami)(导演斯堪达·科普提、亚伦·沙尼,阿拉伯语与希伯来语,2009 年);《脚注》(Footnote)(导演约瑟夫·斯达,希伯来语,2011 年)。以色列电影人把电影作为一种与国际社会交流的语言,我们可在获奖影片《波弗特》(Beaufort)导演希达的话语中看出,他说:"电影远比政治高明,以色列电影人由此可以高兴地和国际社会对话。影片(获得提名)将会使更多的观众有机会看这部影片。"①

"奥斯卡最佳外语片"奖是奥斯卡奖中颁发给年度最佳非英语电影的奖项,多年来,美国影艺学院都会邀请每个国家推派一部剧情片参加奥斯卡奖最佳外语片的竞赛。而每年差不多有 100 个国家会递交影片到影艺学院,近 15 年来每年都有影片报名的国家及地区则有以下 16 个:阿根廷、比利时、加拿大、克罗地亚、法国、德国、匈牙利、冰岛、以色列、意大利、日

---

① 据中国文化网:http://www.chinaculture.org/gb/cn_news/2008 - 01/25/content_106451.htm。

本、墨西哥、挪威、西班牙、瑞典和中国台湾。① 以色列作为人口仅800多万的国家与法国、意大利、西班牙等电影多产国一起,每年选送一部电影参加奥斯卡最佳外语片角逐,可见以色列对通过国际电影平台展现艺术实力的重视和投入。在此,我们再从另外一个角度来考察隐藏在电影艺术获奖与否背后的国家力量角逐的现状。2012年,伊朗影片《分离》(A Separation)获奥斯卡最佳外语片奖。据以色列《国土报》2012年2月27日报道,伊朗国家电视台称,伊朗影片《分离》(A Separation)获得奥斯卡最佳外语片奖是对以色列的胜利,它成功将"犹太复国主义政权"的电影抛在身后。

(三)借助音乐平台,向世界发出以色列"好声音"

音乐又是一种国际语言。近年来,以色列音乐和歌唱不断跻身于世界音乐舞台,以此展现以色列人美好的艺术活力和希望和平的生活态度。2010年在上海世博会举办的6个月里,以色列为世博会带来了四场艺术演出,其中三场是充满时尚感的现代艺术表演。其一,5月31日晚在东方艺术中心上演的超现实舞剧《样板人生》》(Rushes Plus)和6月1日在世博园表演的《样板人生》片段《长椅》。其二,7月27—28日在亚洲广场以色列"莎科达克"(Sheketak)舞蹈团举行"律动"打击乐表演。其三,10月3日晚在世博园区亚洲广场举行被誉为以色列"迄今为止最伟大的女歌手"的瑞塔(Rita)演唱会。连同以色列"国宝"级男高音歌唱家大卫·迪欧(David D'or)在以色列"国家馆日"举行的"以色列之魂"演唱会,使各国观众感受到了以色列当代艺术的时代气息。②

近年来以色列文化走向世界的重要例子还有女歌手耶尔·内姆(Yael Naim)。耶尔·内姆出生于巴黎,4岁来到以色列生活。她在音乐学院学习了10年钢琴。之后她与鼓手、音乐人David donatien结识,花了两年时间共同策划制作了第一张专辑《In a Man's Womb》,2001年发行的这张专辑以希伯来语及英语演唱,配器有钢琴、吉他、沙罗、贝司、打击乐器,曲风

---

① 参阅维基百科"奥斯卡最佳外语片奖",条目内容最后修订于2015年2月25日。
② 阮项:《对以色列参与中国2010年上海世博会的分析咨询报告》,2010年。

轻松并搀杂人声,多名音乐人参与了歌曲的录制。该专辑受到年轻人的青睐。之后,又以两年时间的精心制作,耶尔·内姆于2007年10月发行了第二张专辑《Yael Naim》,主打歌就是《纯净心灵》(New Soul)。2008年1月,苹果公司首席执行官史蒂夫·乔布斯选择耶尔·内姆的歌曲《纯净心灵》作为苹果公司的新产品MacBook Air的广告曲,内姆因此在全球一举成名。当世界的歌迷和苹果迷听着耶尔·内姆歌声的时候,心中呈现的是以色列传统与现代结合的艺术,而不会是中东的炸弹与鲜血。以色列的国际化文化战略正在越来越多的领域显示它的成功。

五、结语

以色列是一个就领土面积和人口而言的小国,但又是一个在军事上、科技上名列世界前列的强国,文化在其生存和发展中承载着重要的功能,产生着巨大的作用。政府在发展文化的过程中,其管理机构、法律法规与政策、所依托的市场及协会,成功地构成了一个良性循环的文化发展体系。综上所述,关于以色列的文化政策,可以归纳为以下几点:

第一,"以色列人"的性格塑造,是以色列社会共同的文化追求。以色列是个特殊的国度,国土狭小,人口有限,建国以来与周边的阿拉伯国家一直处于对抗状态,其间还爆发了数次中东战争,对于以色列来讲,在险恶的环境中生存下来是首要大事。因此,国家把全国财政预算的五分之一都用到了国内安全与国防上。但是,另一方面,以色列要增强军力,因军事需要而发展高科技,因此需要人的文化高素质和对国家价值观的高度认同意识,需要通过文化认同、教育培养,塑造一种意志坚韧、善于思考、勇于创新的公民性格,因此,文化建设在深层次上并未真正缺位。另一方面,国家长年处于战争预备状态,这使以色列人把每一天当最后一天过,内心深处既充满焦虑又充满绝处逢生的生命意识和奋斗精神,为此,也需要国家加强文化艺术事业的建设,让人性得到张扬、心灵受到安抚、灵魂受到净化。因此,以色列在建国之初尚处于百废待兴之时即制定、颁布《义务教育法》,

在建国以来长期重视希伯来语的语言文化教育,重视博物馆、美术馆、图书馆、音乐厅与剧院等文化设施的建设,重视发展高等教育。今天,与军事、科技、经济建设同步发展的文化建设,成功地塑造了以色列人的个性,而由这些充满想象力和创造力的人,创造了以色列创业企业密度全球第一、人均风险资本投资全球第一、在纳斯达克上市的非美国公司数量全球第一等在信息化时代重要的业绩。

第二,以色列在文化建设中,由政府、市场、协会团体与非政府组织等共同发挥作用。国家层面的立法,在文化、教育事业的建设中施行法治,对依法办事以及保障公民权利、限制政府权力具有基础性作用。协会团体与非政府组织在文化事业的许多具体项目上的运作,以及在文化建设上采取市场化的方式或者完全交由市场运作,一方面解决了政府投资有限的局限,另一方面可以消除往往与政府行为伴生的官僚作风对事业发展的阻碍。更重要的是,文化事业关乎人的心灵的发展,一个自由的、竞争的、市场化的体制将直接有助于人的创造力的自由发挥。

第三,在工业化社会向信息化社会转型中,文化建设实行面向全球的发展战略。进入信息化时代,特别是进入21世纪以来,以色列在世界的文化舞台上,发生了很大的变化。开放、沟通,成为以色列与世界对话的关键词。最能体现这种变化的是以色列参与2010年中国上海世博会首建国家馆,以及四年后又在意大利米兰世博会再建国家馆。如果说建馆参与上海世博会还有犹太民族与上海特殊关系的因素,那么建馆参与米兰世博会则反映出以色列政府已明确地认识到世博会作为展示国家形象平台的重要性。军事、经济和科技的强大是一个国家的硬实力,而文化的强大显示得是一个国家的软实力。进入21世纪以来,以色列在世界文化舞台上非常活跃,既说明其国家文化部门"帮助在世界文化舞台上扩展以色列文化和艺术"的策略显现了效果,也说明以色列在电影业、流行音乐业等产业上水准提高并与国际接轨的发展态势。在互联网联结的这个世界上,文化的开放、与主流文化的对话,是获取国际文化发言权的重要基点。这也是以色列文化事业的发展在新世纪留给我们的启发。

第四章　以色列文化政策研究

（阮项）

【参考文献】

1. 以色列驻上海总领事馆资料，Cultural Policy in Israel by Jozeph Michman（以色列文化政策）。

2. 以色列驻上海总领事馆资料，בישראלתרבותמדיניות：אליהואכ״ץ, סלעהד（以色列文化政策）。

3. 陈腾华：《为了一个民族的中兴：以色列教育概览》，华东师范大学出版社，2005年版。

4. 张燕："资源匮乏下的创新路径研究——以以色列为例"，载《科学决策》2013年第4期。

5. [以色列]唐娜·罗森塔尔（Donna Rosenthal）：《以色列人——特殊国土上的普通人》，徐文晓、程伟民译，阮项审订，华东师范大学出版社，2009年版。

6. 以色列文化与体育部官网，http：//mcs.gov.il/English/Pages/About-the-Ministry-of-Culture-and-Sport.aspx。

7. 以色列教育部官网，http：//mcs.gov.il/English/Pages/About-the-Ministry-of-Culture-and-Sport.aspx。

8. 阮项：《对以色列参与中国2010年上海世博会的分析咨询报告》，2010年。

第五章
沙特文化教育政策研究

【摘要】沙特阿拉伯王国建立于1932年9月23日。建国前7年（即1925年），当时的阿卜杜—阿齐兹国王成立了沙特教育管理局。1950年4月18日，沙特阿拉伯王国颁发了4950/3/5号决议，宣布成立沙特文化教育部，由当时的法赫德亲王（后任国王）任文化教育大臣。尽管当时的财政条件比较困难，但他克服了一切困难，为沙特现代教育奠定了坚实的基石。1953年，沙特的全民教育开始真正起步，建起了第一批公立学校，沙特的文化教育事业从此进入快速发展阶段。随着沙特文化教育事业的不断发展，其文化教育政策不断得到完善，几经修改后，最终于1995年由沙特教育部正式推出王国的文化教育政策文件（第四版）。该文件是当前沙特公共教育的纲领性指导文件。本章通过分析沙特的文化教育政策以及取得的文化教育成就，进一步探讨沙特文化教育政策对中国教育的启示。

一、沙特的文化教育政策

沙特的文化教育政策主要包括教育基础、教育宗旨与总体目标、各阶段教育目标、各阶段教育计划、特别规定、教育工作者与教育条件、知识传播、教育筹资、教育总则等。

沙特的文化教育政策是一切教育工作的总纲，如向各个阶段的受教育者施教、培养学生美德、满足社会需要、实现民族目标等，在具体的教学工作方面,涵盖教学规划、教学大纲、教学手段、行政管理制度、教学设施等。

(一)教育基础:伊斯兰信仰

沙特文化教育政策的核心价值观基于全体民众信仰的伊斯兰教,涉及生活的方方面面,如教义、拜主、道德、法律、管理、制度等,因此伊斯兰信仰可谓沙特全民教育的基础。其主要精神包括:

1. 相信安拉是全世界的主,相信穆罕默德先知是安拉的使者。
2. 所谓"伊斯兰"就是绝对顺从于全能的安拉及其制定的法则。
3. 相信"现世与后世"之"两世说",穆斯林须为后世修行现世。
4. 伊斯兰为人类带来建设性的先进文明和最高理想,是要努力实现现世的荣耀、后世的幸福。
5. 相信《古兰经》的所有经文,忠于全世界的主。
6. 在伊斯兰制度下,求知是每个人的义务,国家有责任尽可能地传播与促进各个阶段的文化教育。
7. 小学、中学、高中所有阶段都要设宗教基础知识课,伊斯兰文化是所有高等教育的基础课。
8. 各种文化知识课都要与伊斯兰核心思想保持一致。
9. 受益于各种伊斯兰文化知识,振兴民族,提高生活水平。
10. 相信伊斯兰民族,相信她是全人类中最佳的民族;不论血缘、肤色和家园,相信她的凝聚力和内部团结;要实现所有穆斯林的伊斯兰大团结,共同抵御危险。
11. 把文化教育与伊斯兰民族的历史和文明密切联系起来,让优秀的伊斯兰传统文化成果,成为我们今日与明日的指路明灯。
12. 尊重、维护全体穆斯林的公共权利与安全,从宗教、心理、繁衍生息、道德伦理、智慧、钱财等方面实现穆斯林社会的稳定。
13. 沙特阿拉伯王国拥有安拉赋予的责任:保卫伊斯兰的神圣性,守护天经颁降地,坚守伊斯兰正统教义,在传播伊斯兰、带领全世界穆斯林走向大善中,传导责任和义务。

14. 向全世界传播伊斯兰是国家与个人的责任，要指引全人类从黑暗走向光明，在信仰上提升人类的伊斯兰思想水平。

15. 在穆斯林之间实现合作、博爱与宽容，要把公共利益置于私人利益之上。

16. 最崇高、最完整的力量是伊斯兰信仰的力量。

17. 在伊斯兰法律中，知识与宗教完全和谐，伊斯兰是宗教，亦是世界，伊斯兰思想在任何时代都以最佳形式满足人类生活的需要。

18. 伊斯兰主体思想构成了关于世界、人类与生活的伊斯兰整体画面及其细节。

(二) 教育宗旨与总体目标

教育宗旨是让学生正确全面理解伊斯兰，播种与传播伊斯兰信仰；为学生确立伊斯兰价值观，学习掌握伊斯兰法律，树立最高理想，获取知识与各种技能，培养建设性的兴趣爱好，把学生培养成为有益于社会建设的人。为了实现这一大目标，首先要实现以下具体目标：

1. 任何教育制度与执行条例，任何教学工作与行为都遵守伊斯兰法律。

2. 背记、领悟、掌握《古兰经》和圣训的经典内容和知识，按其规定执行与工作。

3. 正确培养学生的思想、情感和能力，以担负起神圣的伊斯兰使命。

4. 弘扬《古兰经》要求的伊斯兰美德，借助文化知识传授和道德约束，规范学生的思想行为。

5. 把学生培养成为有益于民族建设的力量，在服务与保卫国家中履行责职和义务。

6. 用各种文化知识和先进科技知识，培养学生的工作能力，把他们培养成为有益于社会发展的劳动者。

7. 在文化、经济、社会方面，培养学生能够发现并解决各种社会问题的能力。

8. 为学生提供适合发展个人能力的机会,使他能够为民族振兴作贡献。

9. 探秘宇宙世界和造物主的真谛,以此弘扬伊斯兰教,造福伊斯兰民族。

10. 鼓励和发展学术研究与学术思想,强化观察能力,扩展学生视野。

11. 提高学生的心理卫生水平,造就或形成合适的教学氛围。

12. 学习理学、文学和科技领域里的世界性成果,尤其是在伊斯兰思想界,穆斯林学者做出过突出贡献,要向年轻一代介绍伊斯兰思想界伟人,以及他们在理论与实践两个方面的创造性。

13. 从理论与实践两个方面受益于数学知识和计算技能,培养学生使用数字语言。

14. 在演讲、谈话、作文等方面,培养学生的正确表达能力。

15. 提高学生鉴赏阿拉伯语言文学作品和世界文学作品的能力。

16. 历史教学是纲领性学习,总结经验,阐述伊斯兰观点,突出宣扬伊斯兰历史上的不朽事件和文明,学习伊斯兰前辈,传承他们的信念与积极性。

17. 加深学生对自己国家的认识,如伊斯兰教的光荣传统、悠久的世界性人类文明,王国的地理、自然和经济特点,以及在世界各民族中的历史地位等。

18. 扩大学生的国际视野,既了解世界各国与本国的自然资源与财富,也了解本国在伊斯兰世界的政治领导作用,自觉地担负起传播伊斯兰教的责任,把它与本国的最高民族利益联系起来。

19. 除阿拉伯母语外,每位学生至少要懂一门外语,这样不仅可以方便地学习国外的先进文化知识,也可以把阿拉伯国家的伊斯兰文化传播至世界其他国家与地区,为传播伊斯兰、服务人类做贡献。

20. 培养学生良好的卫生习惯,牢固树立卫生意识。

21. 依据健康运动法则,培养学生的运动技巧,练好身体,使学生拥有良好的体质,为伊斯兰教与社会服务。

22. 根据学生各个阶段的心理特点,帮助他们在精神、智力、情感、社会各个方面健康成长,强调在个人与社会、个人行为与公共行为之间首先要突出伊斯兰精神。

23. 了解学生之间的差异,然后根据他们的能力、愿望和爱好,给予适当指导,帮助他们成长。

24. 学习上关心困难生,消除落后因素,并根据他们的具体情况,专门制定日常的或临时的辅导计划。

25. 重视特殊教育,在身体上和智力上关心残疾学生,使全民教育真正做到名副其实。

26. 重视特长生教育,在教学大纲框架下,制定专门的教学计划,给予他们各种可能与机会,充分发挥他们的特长。

27. 重视职业教育,教学培训方式实现多样化,以培养国家建设必需的人力资源。

28. 培养职业学校学生爱岗敬业思想,鼓励他们努力工作并有所发明创造,为实现这一目标,可借助以下两条途径:

(1) 理论与实践并重,给学生直接参加生产劳动的机会,或在实验室、车间、田间进行试验活动。

(2) 加强各行业工作的基础理论学习,把简单的生产操作劳动提高至善于从事创造发明活动的水平。

29. 强化为伊斯兰奋斗的思想意识和精神,履行穆斯林的伊斯兰使命。

30. 在穆斯林民众中建立密切的联系,实现穆斯林民族的大团结。

(三) 各阶段教育目标

托儿所和幼儿园阶段教育目标:

托儿所和幼儿园为第一阶段教育,其特点是必须细心爱护对待,使婴幼儿能够得以健康成长,为儿童阶段教育做好准备,以便顺利进入人生教育的下一阶段。

1. 保护儿童的纯正天性,在与家庭气氛相仿的正常条件下,关心爱护他们的德智体成长,以适应伊斯兰的要求。

2. 以符合天性的方式逐步确立伊斯兰信仰。

3. 教会儿童懂礼貌,以和善、博爱的形象出现在他们面前,使他们能够自然而然地养成伊斯兰美德。

4. 使儿童逐渐习惯学习环境,为学习生活做准备,与同龄人一起,从以自我为中心的环境平和轻松地转入共同的社会生活中。

5. 教会他们正确表达适合他们年龄及与他们周围事物相关的幼儿基础知识和信息。

6. 培养训练适合他们的运动技能,养成良好的运动习惯,平时正确练习。

7. 重视儿童的创造力(不是模仿力),提升他们的审美情趣,对于他们的兴趣热情,积极鼓励并给予施展机会。

8. 满足童心需要,使他们能够幸福快乐轻松地成为有教养者。

9. 具有保护儿童免受危险的意识,妥善处理他们的异常行为,正确面对儿童问题。

小学阶段教育目标:

小学阶段是少年儿童接受人生教育的基础阶段,也是国家推行全民教育的第一阶段,其主要任务是为学生确立正确的伊斯兰信仰和伊斯兰人生观,传授正确的伊斯兰基础知识,以及其他各种文化知识、信息和技艺。

1. 在学龄儿童心中确立正确的伊斯兰信仰,在道德、身体、智力、语言上给予全面的伊斯兰教育,让他们完全融入伊斯兰民族。

2. 教会他们做礼拜及良好的行为礼仪。

3. 培养学生学习语文、算术与体育运动等各种基础知识和基本技艺。

4. 教授各种适合他们能力的其他文化知识。

5. 使他们懂得,他们的社会与地理环境源自安拉的恩泽,要利用好安拉的恩泽,造福于自己与环境。

6. 培养学生的审美情趣与鉴赏力,开展手工劳动,赞扬创造性成果。

7. 根据年龄范围与特点,提高学生的义务与权利意识,培养爱国主义思想。

8. 增进学生参加优秀课程与有益劳动的机会,教会他们合理利用课余时间。

中学阶段教育目标:

中学阶段是一般知识教育阶段,主要是对这一阶段的青少年学生,结合他们的成长特点,在伊斯兰信仰和德智体方面展开全面教育。

1. 把伊斯兰信仰深深植入学生心中,参照伊斯兰礼仪制定学生的行为规范,要求学生爱主、敬主、畏主。

2. 要让学生掌握文化知识的基本法则与原理,教会他们适合他们程度的伊斯兰基本教义及其基础知识。

3. 使学生养成渴求知识、勤奋好学和善于思索的习惯。

4. 指导学生进行课外知识方面的学习或自修。让学生养成自习好书的习惯,利用课余时间努力学习,不断提升个人的伊斯兰素养。

5. 教会学生适应伊斯兰社会生活。

6. 培养学生忠于国家、服务社会的责任心。

7. 培养学生的伊斯兰民族自尊心,为恢复伊斯兰民族的辉煌与荣耀而奋斗。

8. 按年龄段不断增强学生的伊斯兰价值观意识,使他们知道如何面对误导性流言、破坏性谬论和外来邪说。

高中阶段教育目标:

高中教育与学生的年龄及成长特点有关,要求采取多种培养方法,如普通高中、专科学校、统一院、伊斯兰大学、师范学校(分男女)、各种农业、工业、商业专科学校、技校与体育专科学校等。

1. 要求学生绝对忠诚安拉,一切都按安拉的规定办事。

2. 牢固树立学生的伊斯兰信仰,坚定学生对世界、对人、对伊斯兰"两世论"(现世与后世)的认识,继续增进学生的伊斯兰文化知识,使他们能以伊斯兰为荣,能够积极传播并勇敢捍卫伊斯兰。

3. 使学生能够高举团结统一大旗,生气勃勃地融入伊斯兰民族。

4. 让学生一直保持前程似锦的、积极向上的、充满活力的状态,宏观上表现出对伊斯兰国家的忠诚,微观上彰显对沙特阿拉伯王国的忠诚。

5. 按这一阶段的要求,培养学生的学术思想和研究能力,养成利用参考资料辅助学习研究的良好习惯,为以后更高阶段的学习研究做准备。

6. 给有能力的学生以机会,使他们能够在高等院校里继续各级水平和各种专业的学习。

7. 为其他学生走向社会创造就业机会。

8. 输出一批文化与技术方面的合格者,以满足国家的各种需要,或从事宗教界工作,或从事农业、工业、商业部门的技术性工作。

9. 培养学生的现代家庭意识,以建立正常的伊斯兰家庭。

10. 使学生能够在精神上和身体上为安拉的正道(即伊斯兰事业)奋斗。

11. 按伊斯兰原则,关心青年,治愈他们的思想与情感问题,帮助他们成功平和地度过这一人生的关键时期。

12. 帮助学生选择读物,拓展知识面,提高个人素养,踏上社会后,为国家的繁荣兴旺贡献力量。

13. 构建积极的思想意识,让学生能够正确面对破坏性或误导性的社会思潮。

高等教育阶段教育目标:

高等教育阶段开始学习各种各样的专业。在此阶段,国家着力培养那些有能力有智慧的学生,以满足现在和未来的各种社会需要,以利国家发展。

1. 对学生继续加强伊斯兰文化教育,继续提升他们信仰安拉的忠诚度,使他们牢牢保持对伊斯兰民族的责任心,把他们的理论与实践知识转化为有用的研究成果,为国家服务。

2. 授予合格者高等文凭,以便他们为祖国服务尽责,在与伊斯兰信仰和原则的指引下,振兴他们的民族。

3. 各种专业的优秀生享有进一步深造或走上社会发挥才能的机会。

4. 能在科研方面发挥积极作用,为文理学的世界性进步,为发明创造,为先进的生活需求和现代科技,找到正确适当的解决方案做贡献。

5. 理工科须为伊斯兰思想服务,国家在这方面发挥领导作用,鼓励著书立说,正确引导穆斯林趋向正义和理智,免受唯物主义和无神论主义之影响。

6. 用《古兰经》语言翻译科学与技术方面的有益著作,增添阿拉伯语的专用词汇,以满足阿拉伯化的需要,使伊斯兰文化为全体穆斯林民众所用。

7. 培训服务与继续教育并轨进行,为国家同样做贡献。

(四) 各阶段教育规划与设定

托儿所和幼儿园阶段:

1. 国家关心、鼓励婴幼儿教育,努力提高国家的培养与教育水平。
2. 相关教育机构负责托儿所和幼儿园的建设规划与管理工作。
3. 相关教育机构负责制订必要工作计划、组织章程以及各种管理办法,以推动婴幼儿教育工作。
4. 相关教育机构负责组织筹备在教学与行政管理上有资格的专业力量。

小学阶段:

1. 小学学制6年。
2. 这一阶段的教育须满足适龄儿童的需要。
3. 相关教育部门负责制定必要的小学教育发展计划。
4. 在小乡村或相互靠近的小乡村开设小学校,要注意如下事项:
1. 在相邻的乡村开设学校,要选在中间地带;
2. 必要时可采取1个教师制。

中学阶段:

1. 学制3年,获有小学文凭者或同等学历者入学,直至获得中学文凭毕业。
2. 生源较多的中学,可向周边学校适当转出学生。

高中阶段:

1. 高中学制3年,接受中学文凭获得者或同等学历者入学。

2. 学习期满、成绩合格者获高中毕业文凭。

3. 根据社会需求,相关教育机构经可行性研究,负责制定职业学校的发展规划。

4. 相关教育机构负责制定接受职业教育的入学条件和办学方针,以保证满足各种社会需要。

5. 相关教育机构对每一位职校生适合什么类型学习予以指导。

高等教育阶段:

1. 高等教育面向高中毕业生或同等学历者。

2. 高等院校无论公办或私立,均归最高教育委员会的各个分支机构管理。

3. 在国内建立的大学与学院均须符合国家的实际需要或可能需要。

4. 大学设立最高委员会,负责阐明学校的制度、特点、责任和工作方法。

5. 为了平衡国家在各个领域里的需要,各高等院校之间随时需要进行协调。

6. 根据国家需要,开设各种专业。

7. 根据毕业生实际水平,大学授予相应的大学毕业生等级。

8. 各大学与其他伊斯兰国家的大学积极开展校际交流与合作,以建设纯正的伊斯兰文明,实现伊斯兰民族的终极目标。

9. 各大学与非伊斯兰国家的大学合作,在科研和创造发明领域,采取适当的鼓励措施,推进交流合作。

10. 建设一流的图书馆、实验室,创造良好的教学条件。

11 设立翻译机构,为高等教育实现阿拉伯语化服务。(沙特的许多理工科课程原先都用英语讲课)

12. 高等院校中的伊斯兰文化史与伊斯兰文明研究须符合伊斯兰大学学术机构的特点,在此领域里,须向学生介绍穆斯林获得的研究成果。

关于伊斯兰大学:

1. 伊斯兰大学负责培养造就伊斯兰学科和阿拉伯语学科的专门人才,以拯救、繁荣伊斯兰文化遗产,履行传播伊斯兰教的义务。

2. 伊斯兰大学受国家特别关注,是从伊斯兰世界向非伊斯兰世界辐射的中心,性质上具有独立性,与国王直接联系。

3. 伊斯兰大学偏重于伊斯兰研究,负责伊斯兰文化遗产的翻译与传播;建立伊斯兰大学与世界其他大学的联系,旨在向全世界宣传阿拉伯伊斯兰研究成果。

4. 伊斯兰大学主要由专门研究伊斯兰法律学与阿拉伯语言学的宗教教育院系,以及专门为伊斯兰法、阿拉伯语言学和伊斯兰民族事务服务的院系组成。

5. 伊斯兰大学的法学院重视各种权利研究,专门培养这方面的人才,以满足国家需要。

6. 大学接受一定数量的来自伊斯兰国家的学生,毕业后回到他们自己的国家,传播弘扬伊斯兰教。

7. 伊斯兰大学接受符合条件的高中生、专科生或同等学历的学生入学。

女子院校方面:

建立女子院校是为了在符合她们专业和伊斯兰法的领域里,满足国家的需要。

(五)特别规定

研究院所:

1. 研究院所在伊斯兰法律和阿拉伯语言学科参与公共教育,为振兴国家的教育事业同样做贡献。

2. 此类教育符合普通高等院校外的求学者需要。

3. 此类教育在科学上、教育上、管理上、行为上施教求学者,其基本目标是确保国家在伊斯兰法律、阿拉伯语言学、传播伊斯兰方面能够培养出足够的人才。

女子教育:

1. 女子教育,以伊斯兰教育为主,使她们能够胜任各种家务,成为成功的主妇、理想的妻子、善良的母亲；使她们能够从事适合她们秉性的工作，如教学、护理、医疗等。

2. 国家为每一位女性适龄者提供必要条件，给予接受各种适合女性特点的教育机会，努力把她们培养成为能跟上时代步伐的有文化的新女性。

3. 除了托儿所、幼儿园，全国各阶段的教育，禁止男女同校。

4. 女子教育必须在体面、尊严和贞洁的环境中完成，其形式与种类都必须符合伊斯兰教的规定。

技术职业教育：

1. 技术教育的目标是使国家在各个领域、各种行业都拥有足够的合格劳动者；他们必须具有正确的信仰，优秀的道德品质，工作勤奋，能出色完成交给他们的所有工作任务。

2. 建立专职的教育管理机构，专门负责管理、发展技术职业教育，并提供技术与资金上的支持，为国家培养农业、商业、工业等方面的技术人才服务。

3. 国家对各种行业、各种层次的技术人才资源，需求较大，在这方面，国家首先希望能够实现自我满足，然后才利用外来的人力资源。

4. 技术职业教育需要根据市场需求与动态，灵活制定教学大纲与计划，教学实践须按需施教，使毕业生能够符合国家各行各业的建设需要。

5. 专职教育管理机构负责推动技术职业教育的发展，国家为毕业生在各类公司、企业和工厂，广开就业之门，各部委为毕业生就业，制定保障制度，做出适当安排。

教师培养：

1. 培养各教育阶段的教师，要以实现本国本民族的基本目标为宗旨，这一基本目标是，培养能正确理解伊斯兰信仰与伊斯兰法律，能为民族振兴努力工作的新一代穆斯林。

2. 在伊斯兰教育与阿拉伯语教育方面，各院校都要关注教师的培养工作，要求能用高尚的伊斯兰精神和纯正的阿拉伯语教书育人。

3. 专门的师资培养机构负责培养知识与德行全部合格的各教育阶段

教师,根据时间计划表,实现师资力量的自给自足。

4. 师范专科学校和教育学院要扩大课程设置,以满足国家阶段性的计划需要。

5. 教学与行政机构人员的选择,要符合教育工作需要,要符合伊斯兰道德、文化知识水平、教育资格等要求。

6. 鼓励学生到专科学校或教育学院从事工作,应使他们在物质上与社会性方面,享受比他人更高更多的优越性。

7. 教师如同天使,因此要提高他们的地位,以确保他们能在教育界安心工作;要鼓励他们投身教育事业,全心全意地履行教育使命。

8. 培训教师是个长期的过程,对于不合格者,要为他们制定培训计划,以便他们获取教学资格;对于合格者,也要制定计划,提高他们的水平,更新知识与经验。

9. 为教师深造创造条件,使他们能够在自己的专业范围内,获得更高的级别。有关教育管理部门负责为此制定专门的教师晋升制度。

10. 小学教师的培养时间不少于获取高中文凭所需的时间;女教师培养采用循序渐进方式;中学与高中教师的培养时间不少于获取高等学历所需的时间。

11. 国家履行背记天经和文化遗产的伊斯兰义务,提倡背诵《古兰经》,学习《古兰经》各门学科。

12. 为了实现上述目的,开设两类学校:

(1)夜校:为愿意背诵《古兰经》的沙特人或其他人,根据有关章程,授以鼓励性证书;

(2)白天学院:为背诵《古兰经》安排专门老师;为学习宗教知识安排布道伊玛目;此外还负责制订学校章程和教学计划、组织教学力量、颁发奖励证书等事宜。

民办教育:

1. 国家鼓励国民从事各阶段的民办教育,由专门的教育部门管理,建有专门的教育制度。

2. 专门的教育管理机构负责授予民营学校办学许可证,非沙特人不允许。

3. 民营学校必须遵守民办教育制度所阐明的办学条件与方法。

4. 无论哪一教育阶段,民办教育单位都无权授予公立文凭。

5. 国家管理民办教育的目标如下:

(1)保证教学水平和卫生条件不低于公立学校的水平;

(2)根据伊斯兰规定,保证民办学校符合卫生要求;

(3)评估学校得到的资助力度,实现各民办学校之间的公正与平衡;

(4)通过管理与技术支持,帮助民办学校达到国家规定的各阶段教育目标。

扫盲与成人教育:

1. 为了提高民族素质,普及民众文化,国家重视扫盲与成人教育,从技术上、资金上、管理上予以大力支持。

2. 开展扫盲与成人教育旨在实现以下目标:

(1)提升民众心中爱主和敬主的程度,帮他们增进必要的宗教知识。

(2)教会他们读写和算术。

(3)提高社会生活的公共意识。

(4)教学大纲阐明学生应达到的知识水平、具体的教学计划和教材。

3. 专门的教育机构阐明接受文盲学生入学与完成扫盲的时间计划,各部委合作执行。

4. 扫盲教育分两个阶段:

(1)第一阶段:以获取扫盲文凭为目标。

(2)第二阶段:以获取小学文凭为目标。

5. 宣传部门负责努力提高民众的觉悟,使民众充分认识到扫盲教育的重要性,帮助他们参加到可能的教学班中。

6. 鼓励个人与单位集体在专门机构的管理下参与扫盲教育。

7. 民办学校也参与扫盲教育,根据民办教育法,只要它参与了一定份额的扫盲教育,就予以相应的政府补贴。

8. 专门教育机构视情况需要,负责女子扫盲,并根据伊斯兰法制定相应的扫盲计划,以实现女子扫盲目标。

残疾人教育：

1. 国家对智障与残疾人员开展特殊教育，专门制定各种适合他们情况的文化教育或培训计划。

2. 通过特殊教育，给予残疾人员必要的伊斯兰文化教育或公共文化教育，或采用适合他们的办法，对他们进行适当的技艺培训，尽可能地提高他们的生活自理能力或生存能力。

3. 对盲人进行宗教与阿拉伯语的文化知识教育。

4. 特殊教育机构负责制定各项具体计划及其时间表，提出教育目标。

特长生教育：

国家关心特长生的成长与教育，重视发展与引导他们的爱好与兴趣，在他们的特长范围内给予施展才能与才华的机会。

(六)教学人员与教学环境

1. 教育工作者不仅需要具有规定的学历、教育资格和技术能力，还需要具有优秀的伊斯兰品德。

2. 培训班，开展各种类型的培训班，有利于知识更新，提升业务能力，巩固教学经验，获取新信息与新技巧。

3. 教学场所，中小学校是专门为青少年安排的教学环境，政府为他们创造了最好的学习条件，以使他们健康成长，日后为他们的宗教、民族、国家服务。

(1)校内的所有设施、制度与活动都是为了顺利实施教育政策，实现教育目标服务。

(2)中小学校、大专院校的后勤部门负责准备好视听设备与训练设备，帮助实现学校的教育目标。

(3)学校的相关部门负责建设和发展学校图书馆或班级书库，向学生和老师提供各种相应的参考文献或教育文化图书；所有书籍必须符合教育目标，不得违反伊斯兰法律。

(4)学校基建必须符合国家有关规定，要能满足教学需要；卫生条件必须符合要求;校内适合做礼拜的地方必须兴建清真寺。

(5)学校提供医疗与健康预防条件。

4. 教学大纲,国家视教学大纲为教育的重要手段,主要包括以下内容:

(1)源自伊斯兰,体现民族元素,遵守国家基本法。

(2)符合民族需要,瞄准民族目标。

(3)适合学生水平。

(4)能够实现学生的学习目标。

(5)平衡、灵活、适合各种环境与情况。

5. 教学大纲构成:

(1)总体目标与国家的教育目标相联系。

(2)每个教育阶段与每一门课的专门目标。

(3)确定应该达到的知识水平、技术水平、思想道德水平。

(4)引导教师实现目标,实践大纲的指导性意见。

(5)伴随教师教学与争取实现教学目标的教学活动。

(6)明确每一部分大纲的目标。

(7)阶段性测试。

6. 教材须遵守伊斯兰法律规定,语言正确规范,符合大纲要求,在理论、实践、德育三方面要能达到教学目标。

7. 教材编写部门负责解释教材特点与相应的教学法,以便达到最佳效果。

8. 专门的教育机构负责编写教师的备课教材,解释国家的教育政策,按教学大纲要求,帮助任课教师用好教材指南。

考试:

1. 教育单位在正确、公正的条件下进行考试,按大纲要求,检测学生水平;由职能部门负责说明考试的方法和手段,以及具体操作法,确保考试正常进行,以及考试成绩的准确性。

2. 各教育单位还负责其他各种测试,用各种适当的方法测试学生的能力、兴趣、爱好与志向,指导他们投入最适合的学习或工作。

3. 考后对考试情况认真评估与研究,发现问题要及时纠正;在教学进程中,对大纲、教师、教材、教学方法、技术指导方式等也要进行检查评估,以便及时发现问题,解决问题。

关心青年的机构:

设立关心青年的专门机构,按伊斯兰个性委员会制定的规划指导青年,从道德、思想与文化三方面关心他们成长,培养他们的兴趣爱好,开展各种有益的活动。

公共教育设施:

国家负责开设公共图书馆,提供各种合适的文化学习书籍和参考资料,以助思想教育。

书、报刊、出版物:

1. 国家负责出版规划,鼓励编写科技类图书,为穆斯林民众出好书,读好书,发扬光大灿烂辉煌的文化遗产。

2. 国家负责图书的进出口管理工作,凡违背伊斯兰信仰和思想以及教育目标的图书,不得进口国内与发行。

3. 报刊杂志不论公办还是民办,都必须与国家规定的教育目标一致。

4. 教育单位要努力取益于一些指导性的教学刊物,这些刊物如实表达了国家为了努力提高教育水平而提出的指导性意见。

5. 有关部门根据需要分别发行文化性、指导性、行政性的出版物,帮助行政部门和技术部门提高执行教育政策的水平。

公共教育课程:

1. 公共教育课程由相关部门负责,以提高个人与社会在伊斯兰思想、道德与社会等方面的水平,全面提高各个层面各项事务的意识与觉悟。

2. 宣传、发行、思想管理、青年关心等部门都要为伊斯兰服务,在目标与方法上遵从教育制度以及由最高教育委员会发布的指导意见。

3. 所有的教学、培训计划以及由教育部兴办的俱乐部、文化中心与院所,都接受教育管理部门的领导。

宣传工具:

1. 宣传媒体的责任是,提高公众意识,消除推行国家教育政策的障碍，防止出现不执行国家教育政策的现象，要为充分调动整个社会的教育积极性而努力工作。

2. 宣传媒体要在国民的公共教育中互相合作，既为学生的文化教育工作，也为提高全民的文化水平工作。

（七）传播知识

1. 国家采用一切手段致力于传播伊斯兰文化，不论何时何地。
2. 国家为在国际、各民族、各人民中间传播伊斯兰文化努力工作，具体如下：
（1）按最高教育委员会的规定，向各阶段的学生颁发奖学金；
（2）向部分国家派遣教师；
（3）向专科学校、中小学校、高等院校、公共图书馆提供有益的图书、报刊、出版物。

（八）教育筹资

沙特官方认为，人力资源是其他资源投资的起始点，通过教育关注这一资源是社会发展的基础。因此，国家重视增加教育支出的比例，以满足越来越高的全民教育需求；这一支出列入政府预算。

（九）教育总则

1. 最高教育委员会负责管理王国各个阶段的各种教育事务，解释其内部构成，各部门的责任与工作方法等。
2. 所有种类和阶段的教育以及所有教育机构、场所、工具都为实现伊斯兰目标工作；都要服从伊斯兰的需要，在道德、思想、社会、经济等方面，致力于全社会的振兴。
3. 各类各阶段的教育全部免费，国家不收取任何学习费用。

4. 国家向接受各类教育与培训的学生发放临时性奖励。

5. 奖励的评定和复议由最高教育委员会的专门部门决定,根据各教育单位的教育意识、学生学习态度、教育完整性的等级等,决定奖励比例和等级。

6. 根据国家需要与最高教育委员会制定的政策,国家在国内各地分设各种高等教育分支机构。

二、沙特的文化教育成就

1932年9月23日,沙特阿拉伯王国成立。虽然1938年发现了丰富的石油资源,但被西方石油公司所控制,因此财富并不为沙特所有。在文化教育方面,直至20世纪50年代,沙特还非常落后,仅停留在私塾教育的水平上。1950年4月18日,沙特阿拉伯王国颁发了4950/3/5号决议,宣布成立沙特文化教育部,由法赫德亲王(后任国王)任文化教育大臣。尽管当时的财政条件比较困难,但他克服了一切困难,为沙特现代教育奠定了坚实的基石。1953年,沙特的国民教育开始受到政府重视,建起了第一批公立学校,沙特的文化教育事业从此开始进入快速发展阶段。

(一)事实与数字[①]

国民教育是一个国家社会经济发展的关键,沙特的历史性转折点也就出现在文化教育事业的发展进程中。1953年,沙特建立文化教育部,由法赫德亲王出任王国历史上的第一任文化教育大臣。沙特从此开始了现代教育。在这60年中,沙特政府一直高度重视教育事业的发展,制定了具体的计划,提出了明确的奋斗目标。

---

① 2000年以前的数字由沙特阿拉伯王国驻华使馆提供;2000年数字取自沙特阿拉伯王国新闻部的《建设进程》,1998年版。最新数字详见本章附录:《沙特教育部主页2002年6月公布的资料》和沙特高教部2013年5月公布的数据。

沙特教育事业的发展目标是：强调公共教育要满足经济和社会的发展需要，不断增强教育力量，改善教育设施，降低文盲指数，既讲质量，也讲效率；努力提高教育单位的科研、管理和教学水平，促进高等院校和社会经济发展的互动作用，持续关心和鼓励科学研究工作；不断扩大教育基础，使教育模式多样化，为社会发展服务，等等。在这些目标的感召下，沙特的文化教育事业出现了一片兴旺景象，从小学到大学，各类院校雨后春笋般地在全国各地出现。据不完全统计，1953 年沙特的教育经费投入为 1300 万里亚尔，到六五计划期间（1995—2000 年）达 18340 亿沙特里亚尔，这一数字占整个国家财政预算的 21.5%。2000/2001 年度的教育拨款增至 4930 亿里亚尔，占该财政年度预算的 26%。

1970 年至 20 世纪末，沙特的中小学受教育人数如下：

1970 年，沙特有各类学校 3107 所（不包括高等院校），学生总计 60 万人，至 2000 年各类学校增至 23000 所，学生总计 470 万人，学校数量和学生人数均增加了约 7 倍。其中，1970 年男子学校为 2654 所，女子学校为 453 所；1997/1998 年度男子学校增至 11869 所，学生增至 2102547 人，年增长率约保持在 6.8%；女子学校增至 12863 所，学生增至 2134553 人，年增长率约保持在 11.2%。

在普及基础教育的基础上，沙特政府将教育的重点转移到高等教育领域，至六五时期，先后建起 9 所大学，下属各类专科学院 70 余个，计 400 多个专业；在校学生约 20 万，教师 1 万余名。此外，还有 250 所专科学校，在校学生 36 万，教师约 1.7 万人。

在发展中小学教育的同时，沙特也推进了大学教育，为振兴民族与国家发挥作用。其中特别是各大学城的建设，既代表了沙特的现代文明，也是沙特的教学科研中心，无论理论和实践，均满足了国家和民族的发展需要。国家还对技术教育与职业教育给予特别的关注，如技校、工业技术学院、农业技术学院、商学院、职业培训中心等，每年可向全国各行各业输送数千名专业技术人才。

1970—1997 年沙特的大学教育情况可用以下数字说明：

1970 年，在校男女生总计 1300 人，当年毕业 808 人。

1997年,在校男女生总计30万人,分散在160多所大专院校,当年毕业3.2万人。

六五计划期间(1995—2000年),毕业学生166521人,其中男生79382人,女生87139人。

在技术教育与职业教育方面,技校、工业技术学院、农业技术学院、商学院、职业培训中心等,每年可向全国各行各业输送数千名专业技术人才。

法赫德亲王任教育大臣时,奠定了振兴教育的基础;继任国王后,虽领导了全国的建设进程,但他依然极其重视教育。他坚守伊斯兰信仰及其价值观,努力培养造就新一代有文化、愿为祖国建设出力,投身社会建设的接班人。

(二)教育体系

1. 教育机构

沙特的教育管理机构由4部分组成:教育部、女子教育管理总局、高等教育部、中等教育与职业培训管理总局。普通中小学教育(含幼儿教育)由教育部和女子教育管理总局负责,高等教育则由高教部负责。

2. 教育类别

沙特教育主要分为普通教育、师范教育、职业教育、残疾人教育、人民文化教育、高等教育六大类。

(1)普通教育

包括幼儿教育、小学、初中、高中四个阶段。

幼儿教育为4—5岁儿童设立,进行学龄前教育。沙特的幼儿园无论私立公立,还是为残疾儿童或弱智儿童特设,国家都给予财政补贴。教育部幼儿园司负责主管。

儿童自6岁起接受小学教育,学制6年,成绩合格者获小学毕业证书。小学分公立和私立两种:公立小学为全日制学校,私立小学有日校,也有夜校。

初中教育,学制3年,学习期满参加会考,成绩合格获初中毕业证书。

第五章　沙特文化教育政策研究

初中一般独立建制,少数学校为初高中合一的完全中学,有的初中兼搞职业教育。初中学校也分公立和私立两种,公立初中全日制,部分学校也为成人专门开夜校。

初中毕业成绩中等以上者可接受高中教育,学制3年。第一年为学习基础知识,第二年分文、理科学习,三年学习期满参加会考,成绩合格者获文、理科高中毕业证书。沙特高中有完全中学(初高中合一)和独立高中两种,也分公立和私立。

(2)师范教育

奥斯曼帝国统治时期,沙特的希贾兹地区曾建过一所用土耳其语教学的师范学校,该校在奥斯曼帝国崩溃之后自行关闭。1925年,尚在统一进程中的沙特王国兴建了第一所师范学校,从此开始了现代师范教育的发展。

二战结束后,沙特的石油生产迅速发展,但民众的文化水平妨碍了经济的发展,教育因此被列为王国发展的首要目标之一,师范教育随之受到政府的极大关注,承担了为沙特普通教育提供合格教师和行政人员的重要责任。

20世纪50年代初,沙特的师范学校大都是旧式师专,主要培养小学教师。1953年教育部成立后,在积极创办师专的同时,开办了各种教师短训班,以培训在职的小学教师。1965年以后,高等师范学院开始出现并逐渐取代中等师范学校,规定中小学教师必须分别由中专和大学师范毕业生担任。70年代前期是师范教育大发展的时期,在校学生人数激增。70年代末,沙特政府提出了高级人才"沙特化"的目标,师范教育的重要性更加突出。

到了80年代中期,沙特的师范教育形成了一个较为成熟、稳定的体系,对不同层次的教师规定了统一、严格的标准。为了满足社会发展和教育事业的需要,为教育事业培养合格的师资力量,沙特兴办了18所教育部直属师范院校,计有学生2万名,毕业生授予教育学学士学位。这些师范院校分布在全国各地。

沙特师范教育的最大特点是,发展迅猛,本籍教师数量增长很快,其中小学教师的数量增长尤快。50年代,沙特的中小学教师主要来自埃及等阿拉伯兄弟国家。60年代起,本国小学教师与外籍教师基本持平,初高中教师略有差距。1976年,在沙特中小学任教的埃及教师达1491人,其次是来自叙利亚、巴勒斯坦、约旦、苏丹、伊拉克、南北也门、突尼斯、毛里塔尼亚、摩洛哥、阿尔及利亚、卡塔尔和黎巴嫩等国的教师。据统计,外籍教师主要从事数学、英语、阿拉伯语、物理、化学和生物等课程的教学,本籍教师主要进行宗教史地课程的教学。70年代本籍教师先在小学里逐步占比2/3,至90年代初初高中(尤其是男子学校)开始实现逆转。

沙特的师范教育分初级师范学校、体育、艺术类师范学校、教师进修学校、女子师范学校4种。

初级师范学校的任务是培养小学教师,招收成绩中等以上的初中毕业生,学制3年,会考成绩合格获小学教师任职证书。

体育、艺术类师范学校的任务是培养小学体育教师和艺术教师,招收成绩中等以上的初中毕业生,学制3年,会考成绩合格获小学体育、艺术教师的任职资格证书。

教师进修学校(或称"中心")的任务是提高在职小学教员或初级师范毕业生的业务水平,使他们真正达到现代小学教师的要求。学制2年,分3段进行,学习期满,须通过阿拉伯语、数学等课的考试。按规定,完成进修回校工作,长一级工资。

女子师范学校专门为女子学校培养师资,由沙特女子教育总局主管,其他师范学校由教育部管理。

(3)女子教育

1956年,沙特著名活动家费萨尔国王妻子几经努力和呼吁,在吉达开办了女子幼儿园和哈娜女子小学。这被认为是沙特女子教育的前期准备。

1960年,按照伊斯兰教法则,沙特建立了专门管理女子教育的部门,称作女子教育总署,负责所有从幼儿园到高中的女子教育工作,为女子提供就学机会。沙特的普通女子教育从此真正起步。次年,为满足女子教育师资力量的需要,沙特办起了中等女子师范学校。据统计,1960年,沙特仅有女子小学15所,学生5180名。1963学年,始有女子中学4所,学生

235 名。1997 年,沙特的女子师范学校增至 68 所(包括大学开设的女子师范学院),师范女生数量从 1970 年的 80 人,增至 1997 年的 12.3 万人,形成了一个完整的女子教育体系。需要指出的是,至 1991 年沙特的中专师范几乎全是女校,在高等师院中占比 1/3 以上,她们已无可争辩地成为沙特师范教育的主力。

沙特的女子中专师范学校,学期 3 年,招收初中生,高等女子师范学院主要培养中学和高中的教师。沙特教育部在发展女子师范教育的同时,特制订了第三阶段女子教育计划,开办了一批职业训练中心和社会服务专科学校,为社会培养专门人才。

在沙特的女子教育中,最突出的成就是利雅得女子学院科学城的建设,该工程总投资 8.52 亿里亚尔,面积 100 公顷(1500 亩),可容纳 1.6 万名学生。此外,沙特的吉达、麦地那、盖西姆、泰布克、哈伊勒、达曼等地也都开办了女子院校。沙特女子院校的年招生能力为 3.5 万人。

受过教育的女生毕业后,一般从事教育、医疗卫生等比较适合妇女的工作。

(4) 职业教育

20 世纪 50 年代后,沙特的经济建设步子不断加大,使工业、农业、石油开采等领域出现了大量缺乏技术工人的局面。在此形势下,沙特的职业技术教育应运而生。1959 年沙特教育部首先在利雅得、达曼、吉达、麦加等城市开办了工商业职业学校,1960 年建立农业职业学校。起先开办的都是初级职业学校,学生均为小学毕业生,学制 4 年。

职教初期,职校教员中只有 3% 是沙特人,教育部为此派遣大批人员到法国、德国、意大利等国学习培训,最终在此教育领域实现了沙特化。

由于初级职业学校的毕业生年龄小、思想上也不成熟,文化和技术方面也不符合日益发展的国家建设的需要,教育部为此提出了一项改革计划,先把部分初级职业学校改为中等职业学校,招收初中毕业生。后来,又在利雅得开办高级职业学校,招收高中毕业生,学制 2~3 年。在以后的几十年里,沙特的职业学校为沙特的工农业建设输送了大量管理人才和技术工人。

沙特的职业教育分为技术教育和职业培训两大类,同样被认为是沙特文化教育事业的重要组成部分。在大规模的社会建设中,沙特政府的一个重要关注目标是企业,不仅为企业提供了最先进的设备和设施,还积极创造条件为企业提供经过专门职业技术培训的管理干部和劳力。为了实现这一点,沙特政府兴建了大批技术专科院校和职业技能培训中心。1970年,这样的技术专科院校和职业技能培训中心共有5所,到1998年增为73所,学生人数从1970年的840人,增至1998年的3万人。在利雅得、吉达、达曼、巴利德、艾卜哈、伊哈萨、麦地那、哈伊勒等大城市共兴建了8所技术专科学校,学生8000人;12所中等技术学校,学生9000人;16所商业技校,学生12000人;3所农学院,学生1000人;5所技术监理学校,学生2500人;30个职业培训中心,学员10000人。

沙特的技术教育和职业培训局也负责管理私立的职业培训中心,全国各地共有260家私立中心,18000名学生。

第一,技术教育与职业培训战略

沙特的技术教育与职业培训战略是沙特全面发展规划的重要组成部分,其目标是:为本民族培养技术力量,以满足先进工业的需要;通过职业教育和培训传授正确知识,把普通工人改造成为精通业务的技术工人;为尚未通过正规教育获得资格的国民创造就业条件,在他们心中树立伊斯兰价值观,在全社会传播新时代的职业劳动精神。

第二,技术教育与职业培训公共管理局

技术教育和职业培训,原先文化教育部和劳动社会事务部都抓,而且都取得了令人瞩目的成就,为了最大限度地集中人力和物力,协调工作,政府特建立技术教育与职业培训公共管理局,专门负责管理此项工作。

技术教育与职业培训的公共管理局建于1980年,民营性质,相对独立,实施主任负责制,但发展计划由董事会制订。

技术教育与职业培训公共管理局建成后,重组了所有的培训教育中心,修订了教育培训大纲,制定了足以保证实现技术教育与职业培训战略目标的规章制度,并在全国范围内建成了83所技术教育学校和培训中心。

第三,技术教育

技术教育与职业培训公共管理局主要通过工业技校、商业技校、农业技校、高级职业学校、现代初级中学6种学校开展技术教育工作。

上述工、商、农技校均招收年龄18岁以下的初中毕业生或现代初级中学的毕业生。学习成绩中等以上者均可报考,学制3年,学习期满参加会考,成绩合格获毕业证书,可到国有或私营企业任职,也可报考高级职业学校。

高级职业学校招收高中毕业生,学制2—3年,毕业后可到有关部门任职。

现代初级中学从1967年起开始创办,旨在加强初中阶段的职业教育和实践。招收小学毕业生,学制3年,成绩合格获初级中学毕业证书。毕业后可进职业技校继续求学,也可进普通高中学习。

至2000年沙特教育部门在利雅得、吉达、达曼、麦地那、塔伊夫、胡富夫、艾卜哈等大城市共建成7所工业技校。工业技校设有机械、强电、汽车、弱电、房建等专业,所授课程主要有金融等,以及工业管理、采购、仓储、计划、计算机操作等。学习期间,学生享受鼓励性工资,确保衣食住行及学习用品无后顾之忧。

为向未来希望在商贸部门工作的国民提供就业机会,技术教育与职业培训公共管理局在全国11座城市开办了11所商贸技校。此外,还有两所金融贸易高级专科学校,一所在利雅得,另一所在吉达,这两所学校都同时开设日班和夜班。

商贸技校的学生带薪,衣食住行及学习用品皆有保证。毕业后,一般进政府部门工作,必要时送国外进一步深造。

商贸技校主要开设财会、审核、管理、文秘、商务、打字、银行工作原理、内外贸供销、采购、仓储、出纳、计算机应用等课程。学生享受和高等财务、金融学校学生一样的优惠条件,现已毕业4万余名学生,主要去向为政府机关、银行、贸易机构。

农业技校的任务是为国家培养新一代懂行、有知识、有经验的农业技术人员。沙特农业技校的开办曾历经波折,但最终趋于稳定。现在最重要的农业技校是卡绥姆地区的柏利德农业技校、达瓦萨尔农业技校和伊哈萨农业技校。

农业技校生的出路、待遇同工业、商贸技校生一样。在校期间主要学习植物的种植和保护、牲畜的饲养、家具生产、园艺、农机、农业知识教育和农业指导思想等。

技术教育与职业培训公共管理局在工业、商贸、农业三个方面为成千上万的青年人根据他们的爱好和愿望提供了学习、训练和工作的机会。

第四，职业培训

同开办技术学校的道理一样，技术教育与职业培训公共管理局在全国各地开办了一大批职业培训中心和职业预备中心。

利雅得第一职业培训中心开办于1963年，原属社会劳动事务部主管。当时，为吸引学生入学，特别制定了为鼓励学生持续接受培训的优惠政策，其中规定，培训期过半后，被培训者的月薪从600里亚尔加至800里亚尔；培训及格者奖励2000里亚尔；毕业后从事对口专业者奖励3000里亚尔；学习期间衣食住行都有生活津贴。毕业者如果愿意单干，政府给予20万里亚尔的优惠贷款用于投资，毕业者享有自由支配、独立核算的权利。

沙特现有这样的培训中心共计44家，职业预备中心8家。

第一，职业培训中心

培训生接受16个专业的理论与实践的学习，这些专业是汽车机械、机械、电、建筑、白铁工、制冷和空调、油漆、冷作、收音机和电视机维修、打字机维修、复印、木工、铸造、印刷、焊接、铝制品制造。

第二，职业预备中心

职业预备中心与职业培训中心不同，不看培训者学历，凡有意接受培训皆可入学，待遇优惠，每月带薪，培训及格给予奖励，优秀者另外有奖，衣食住行均有保证。

培训专业共有7种：即机械、焊接与白铁工、木工、输电工、汽车机械、打印和文秘、仓储统计和管理原理。

(5)扫盲与成人教育（又称"人民文化教育"）

为提高全民的文化水平，沙特开展了大规模的扫盲活动和成人教育。对象是超过学龄、没有接受过教育的社会群体。大众文化教育分两个阶段:第一阶段扫盲,学制16个月,分为2个学年,学习期满须达到小学四年级水平,第二阶段也是16个月,学习结束参加小学毕业考试。

沙特的成人教育主要由教育部、国防部和公安部负责,但武装部队、国民卫队、安全部队等的下属教育管理机构以及部分厂矿企业也积极参与扫盲活动和成人教育,制定了各自的扫盲计划,扫盲学校遍布全国各地。1997年沙特政府用于扫盲和成人教育的预算支出约为1.74亿里亚尔,同年文化教育部下属的扫盲与成人教育学校达1197所,班级2405个,学生37184人;女子教育管理机构的下属学校为1954所,6948个班级,69780人。1997年沙特的文盲比例出现较大幅度下降,男生为12.53%,女生为24.22%。

沙特政府为提高全民素质,开展了长期的扫盲运动。1997年后继续拨款1.31亿里亚尔,在全国各地增建一批扫盲学校,据不完全统计,扫盲和成人教育学校为808所,增加教师3526人,行政管理人员1140人;妇女教育学校31所,接收学生27744人。

对于扫盲和成人教育,沙特政府不仅制定了国家教育总方针,而且在教育总规划中特地制定了具体的实施办法。在政府的大力号召下,国内各有关教育部门纷纷制定了分阶段扫盲计划,并积极付诸实施。

沙特在进行初级扫盲同时,还进行了职务性和文明性的扫盲活动,1996年阿拉伯教科文组织向沙特文化教育部颁发成人教育执行奖,联合国教科文组织向沙特国防航空部颁发教育奖。

(6)特殊教育

对于社会上的残疾人和弱智者,沙特政府予以足够的重视和关注,从生理、智力、心理上向他们提供最佳服务,为他们提供特殊教育,开办了为盲人服务的光明学校,为聋哑人服务的希望学校,为智障者服务的思想学校,以使他们能够像普通人那样正常生活。沙特的各类特殊学校实行男女分校制。到1984年,特殊教育学校共有28所,学生2564人,教师859人,至1997年增至95所,学生7040人,教师1538人。沙特政府给予残疾人特殊补贴,受过职业培训的残疾人为5万里亚尔,以帮助他们参加个人或集体性质的工作,对那些不适合进行特殊教育或职业培训的残疾人,每人每年发 6000~10000 里亚尔救济金。

男子光明学校招收适龄盲童,学制为 12 年,其中小学 6 年,初高中各 3 年。教学大纲同普通学校基本一致,仅根据盲人特点稍作改动,进行一些职业培训。

女子光明学校分小学、初中和高中三阶段。小学学制 6 年,课程设置与男子光明学校相同。初、高中主要培养女子盲人师资。

希望学校(男女分校),招收适龄聋哑儿童,小学和初中共 9 年,课程与普通学校相同,仅根据聋哑人特点稍作变动。

智障学校始建于 1972 年下半年,主要接收智商在 50—70 之间,没有其他残疾或疾病,年龄在 6—14 岁之间的孩童,学习期限 8 年,2 年预备期,6 年学习期,学习结束进行职业培训。智障学校也实行男女分校。

(7) 手工艺技术的传授与继承

文化教育面向全体国民,但有些国民由于个人原因(更多的是主观不愿意),没有完成他们的学业。沙特人认为,安拉创造人类时,造就了他们不同的兴趣、性格和志向,人们因而可以轻易地发现,有些人虽没有完成学业,却在某些行业显示出了奇特的聪明才智。在当代沙特,许多熟悉的观念发生了变化,各级学习文凭不再是通向实际生活的唯一通行证。

随着各种电器和电子设备的传播以及各种新事物的出现,除技术职业部门提供职业培训外,还需要培养一大批精通国家所需行业的手工艺者,使一些优秀的传统手工艺得到继承和发展。这就需要开展一些传授与培养方面的工作。

沙特开展培养传统手工艺者的工作,始于阿卜杜·阿齐兹国王时期。1949 年,沙特最先开办了吉达工业学校,学制 3 年,招收小学毕业生。后重新制定了教学大纲,学制改为 5 年,其文凭相当于高中文凭。对于这所学校的管理,沙特政府早期曾聘请过德国专家,由他们制定培训计划,目的是想借助德国人的先进管理办法,以培养出高水准的工业技术人才。

自吉达工业学校开办后,一些工业、农业和商业的技术学校根据当地的实际条件相继建成开办。

1963 年,沙特劳动社会事务部根据教育部有关开办职业学校的决定,开办了职业培训中心,为王国的发展振兴培养所需人才。在职业培训方面最先取得成功的是利雅得的第一职业培训中心,它的成功为以后在沙特各地开办类似的职业培训中心做好了准备。

(8)高等教育

沙特高校由高等教育部(建于1975年)主管,至2013年全国共建有24所普通公立院校、29所民办院校,8所其他院校。以下专门介绍一下若干建校较早、比较著名的沙特高校,它们是:

第一,利雅得沙特国王大学

沙特最早的高等学府,现在的教育圣殿,建于1957年,校址在利雅得。该校规模和招生人数年年增长,初办时,本科生人数仅21人,现达68095人,另招有大量研究生,在本科生与研究生中女生占40%;该校学生人数约占全国高校在校生总数的5.7%,教职人员约占全国高校教职人员总数的12.37%,计7353人。

该校由19个学院组成,它们是文学院、理学院、行政管理学院、药学院、农学院、工程学院、教育学院、医学院、利雅得阿拉伯语言学院、牙医学院、临床医护学院、计算机信息学院、语言和翻译学院、城建设计学院、艾卜哈教育学院、盖西姆农学院、阿尼扎经济和管理学院、艾卜哈医学院、艾卜哈教育学院。

1985年,利雅得沙特国王大学的大学城建成,面积900万平方米,学校设施先进齐全,可谓世界一流,配有两所附属医院——哈立德国王大学医院和阿卜杜·阿齐兹国王大学医院。此外,该校还在艾卜哈和盖西姆开办了两所分校。该校的农学、文学、经济学、管理学、医学和理工学等均拥有硕士或博士学位的授予权。

第二,麦地那伊斯兰大学

原是一伊斯兰教研究中心,1961年升格为大学,校址设在麦地那。共有教职人员644人,专门培养穆斯林学生,使他们成为伊斯兰律法学的专家学者。大学的教育大纲规定:该校立足沙特,放眼世界,其终极目标是要把全世界同沙特阿拉伯连接起来。初建时,学生人数仅75人,1997/1998学年为3550人,现有17139名在校生,其中沙特籍学生占80%,其余20%

的学生来自120多个国家。在宗教学科范围里,该校拥有硕士和博士学位的授予权。

麦地那伊斯兰大学由伊斯兰法学院、《古兰经》学院、伊斯兰研究学院、伊斯兰传播学院、宗教基础学院、《圣训》学院、阿拉伯语学院、研究生部组成。

该校大学城已建成,除所有教学单位外,还建有为教学服务的科研中心。

第三,阿卜杜·阿齐兹国王大学

1963年,阿卜杜·阿齐兹国大学作为吉达的一所私立学校开始从事教育活动,1968年升格为大学,1971年转为国立大学,当时学生人数仅98人,1997/1998学年增至38519人,现有学生159865人,教职人员6865人。该校共建有10个学院和10个中心。这10个学院是经济和管理学院、文学和人文学学院、工程与实验学院、医学院、理学院、地理学院、海运学院、吉达气象与环境研究学院、麦地那教育学院、牙医学院。10个中心是经济发展研究中心、伊斯兰经济研究中心、法赫德国王医学研究中心、能源研究中心、英语研究中心、计算机中心、科技教育媒体中心、科技词汇阿拉伯语化中心、医疗管理中心、大学印刷中心。

阿卜杜·阿齐兹国王大学的土壤学、教育学、经济学、管理学、人文科学、海洋学、医学、气象学、环境学和理工学等学科拥有硕士或博士学位授予权。

第四,穆罕默德·本·沙特伊玛目伊斯兰大学

校址在利雅得,始建于1974年。此前是一些各自独立的学院和专科学校,其中最早开办的是建于1953年阿卜杜·阿齐兹时期的利雅得专科学校。这些学院和专科学校合并后成一所大学,取名为穆罕默德·本·沙特伊玛目伊斯兰大学。

穆罕默德·本·沙特伊玛目伊斯兰大学是一所世界性的文化教育机构,初办时学生人数仅3370人,1997/1998学年增至38139人,现有学生101078人,教职人员3768人。经过近40年的发展,该校的附属院校和研究中心已遍及沙特各地,其中最重要的教学单位和科研机构是:伊斯兰传

教高等学院、高等法律学院、阿拉伯语学院、法学院、传教与传播学院、宗教基础学院、高等司法学院、麦地那高等传教学院、利雅得宣传和传播学院、利雅得律法学院、利雅得宗教基础学院、利雅得对外阿拉伯语学院、利雅得社科学院、盖西姆法学与宗教基础学院、盖西姆阿拉伯社科学院、盖西姆法律和宗教基础学院、艾卜哈法律和宗教基础学院、伊哈萨法律与宗教基础学院、伊哈萨伊斯兰法学研究学院、伊哈萨阿拉伯社科学院、利雅得高等司法专科学校、麦地那高等传道专科学校、利雅得社会科学院。

穆罕默德·本·沙特伊玛目伊斯兰大学的办学目标是提高阿拉伯伊斯兰学科的大学教学水平和培养高级研究人才。该校在宗教学科领域拥有硕士和博士学位授予权。

该校大学城为伊斯兰建筑风格,居住区配有后勤服务、科研和体育活动中心。

第五,费萨尔国王大学

大学总部建在沙特东部的伊哈萨,始建于1974—1975年间,由8所学院组成,它们是达曼医学院、达曼城建设计学院、达曼农学院、达曼理学院、利雅得教育学院、伊哈萨兽医学院、伊哈萨畜牧学院、达曼工学院。

隶属大学的还建有10个中心:编著翻译出版研究中心、伊哈萨计算机中心、达曼计算机中心、农业和兽医学研究中心、水资源研究中心、枣椰研究中心、兽医学和畜产研究中心、美学研究中心、血液类疾病研究中心、伊斯兰建筑研究中心。

费萨尔国王大学的培养对象为穆斯林学生,初办时学生人数仅170人,1997/1998学年发展为10895人,现有学生96475人,教职人员1432人。大学城建在胡富夫市,建有多个设施先进的配套实验训练基地。

第六,法赫德国王石油矿产大学

校址建在宰赫兰东部地区,被认为是世界上最先进的专业大学之一,专门培养工程、石油、矿产方面的专业人才。始建于1963年,原名为石油矿产学院,开办12年后于1975年升格为大学,改名为石油矿产大学。1986年根据国王令改用现名,并增设若干学院。现共有7所学院:应用工程学院、实验工程学院、工业管理学院、环境设计学院、规划学院、理学院、计算机学院。

法赫德国王石油矿产大学初建时，学生人数仅68人，后随着沙特经济的飞速发展，学生人数迅速增长，1975/1976年达1500余人，1997/1998学年达7551人，其中包括800余名研究生。该校现有学生11971人，教职人员1078人。宰赫兰大学城，是一建筑博物馆，面积4平方公里，配有各种服务设施。在校学生无论国籍，学习期间每月享受政府奖学金，在大学食堂就餐享受政府补贴，教科书免费发放，医疗也免费，住房有空调，每学年免费回家探亲一次。

该校担负着培训国家石油矿业需要的技术人才的任务，建有一家应用研究所，一家应用地质学中心和一家信息资料分析中心。应用研究所下设6个研究室，即经济与工业研究室、能源研究室、地质与矿业研究室、气象预报与计量标准研究室、石油与天然气科技研究室和水源与环境研究室，研究课题主要有石油与天然气、替代能源（如太阳能）、矿产、水源与环境、气象预报标准、经济与工业研究等6个方面。研究所的研究目的是为国营或民营企业服务。

法赫德国王石油矿业大学的石油与天然气研究，在国际上享有很高声誉。

第七，乌姆古拉大学

1981年建于麦加，由伊斯兰法学和研究学院（始建于1949年，被认为沙特最古老的大学之一）和师范学院（始建于1960年）组成：

乌姆古拉大学的重点是突出伊斯兰教、阿拉伯语和教育方面的研究，它也是沙特第一所科研教学并重的教育单位，初建时学生人数为4277人，1997/1998学年发展为28570人，教学单位增至10个，即伊斯兰法律和研究学院、教育学院、传教和宗教基础学院、阿拉伯语言文学院、城建工程学院、实验工程学院、塔伊夫教育学院、南方社科学院、农学院、阿拉伯语专科学校。该校现有学生74395人、教职人员3799人、其中教授335人、副教授523人、助理教授1155人、讲师503人、助教1205人、教辅人员等78人。

7个研究中心是：非母语阿拉伯语教育研究中心、伊斯兰遗产拯救研究中心、教育心理研究中心、朝觐研究中心、伊斯兰教育高级研究中心、高等伊斯兰研究中心、实验工程研究中心。大学城建在麦加的乌姆古拉。

第八,艾卜哈哈立德国王大学

沙特最年轻的大学,由艾卜哈沙特国王大学和穆罕默德·本·沙特伊玛目伊斯兰大学的一所分校合并而成,1998年时任副首相的阿卜杜拉·本·阿卜杜·阿齐兹王储巡视阿西尔地区时为大学奠基。该校下建法律和宗教基础学院、阿拉伯语和社科学院、教育学院和医学院。

除上述8所普通大学外,沙特还建有一批由其他部委主办并主管的高等院校,其中最著名的有:沙特军事学院(隶属国防航空部)、阿卜杜·阿齐兹国王军事学院(隶属国防航空部)、费萨尔国王空军学院(隶属国防航空部)、哈立德国王军事学院(隶属国民卫队)、法赫德国王安全学院(隶属内政部)、南方公共管理学院(隶属内政部)等。

这些高等院校都根据本部门的优势与特点,为培养造就沙特青年、服务国家和人民做出了重要贡献,使他们能够在符合个人志向的领域里为国家效力。30多年前,沙特青年留学国外是为了满足国家不断发展的需要,现已发生根本性逆转,沙特的许多大学已反过来接受大量兄弟国家的留学生,且男女生兼收。文化教育事业的大发展,使沙特国民的文化素质大大提高,为国家的建设提供了大批高层次人才,同时也为国民经济的进一步发展和腾飞储备了宝贵的人力资源。

(三)教育环境与发展成果

对于教育环境,沙特人自豪地宣称,从幼儿园到大学,沙特政府为每位国民创造了最佳、最好的教育环境和条件,同先进发达的西方国家完全一样。一切都由国家无偿提供,甚至一些书和学习用品都由国家提供,本国公民的各阶段教育全部免费。当然,坚守伊斯兰教育是沙特普通教育不可分割的重要组成部分,这是政府的义务,也是国家的意志,符合大众的意愿。

从20世纪50年代到现在,沙特的文化教育事业取得了极其可喜的进步,以下是近 5 年沙特中小学的各项统计数字,管中窥豹,以求一斑。

1. 沙特普通中小学教育近 5 年统计

阶段与种类		学校		班级		学生		教师	
		女	男	女	男	女	男	女	男
小学	日	6785	6694	58520	65493	1200590	1269273	116792	112894
中学	日	3542	3725	21311	24827	550039	597638	60844	54937
	夜	125	300	316	1097	4841	36380	568	0
	合计	3667	4025	21627	25924	554880	634018	61412	54937
高中	日	2341	2087	18094	20315	486276	492532	46540	43603
	夜	67	236	228	1909	5213	74493	348	0
	合计	2408	2323	18322	22224	491489	567025	46888	43603
小学	日	6855	6771	60135	65214	1206958	1259051	107884	107828
中学	日	3619	3806	21589	24882	549445	605507	54125	55842
	夜	110	291	305	993	4497	34048	174	0
	合计	3729	4097	21894	25875	553942	639555	54229	55842
高中	日	2327	2147	18410	19278	447906	508444	47704	43745
	夜	64	278	234	2032	5240	85867	157	0
	合计	2391	2425	18644	21310	483146	594311	47861	43745
小学	日	6835	6767	60986	65050	1227699	1265426	112661	110850
中学	日	3678	3841	22018	25194	549322	603078	57738	58989
	夜	102	289	290	1049	4093	31849	643	0
	合计	3780	4130	22308	26243	553415	634927	58381	58989
高中	日	2368	2173	19121	19748	484445	519270	51901	47353
	夜	72	296	273	2366	5667	86792	499	0
	合计	2440	2469	19394	22114	490112	606062	52400	47353
小学	日	6844	6784	61624	66132	1240696	1273119	114504	113821

续表

阶段与种类		学校		班级		学生		教师	
		女	男	女	男	女	男	女	男
中学	日	3721	3893	22308	25561	556723	603339	59575	62306
	夜	99	286	291	1035	4998	33354	599	0
	合计	3820	4179	22599	26616	561721	636693	60174	62306
高中	日	2562	2361	21163	22430	530087	576455	56235	53045
	夜	76	308	290	2470	6833	92973	525	0
	合计	2638	2699	21453	24900	536920	669428	56760	53045
小学	日	6948	6897	65142	69433	1245474	1285270	117134	115319
中学	日	3821	3985	29046	28753	571926	606660	62609	62770
	夜	94	341	287	1390	3749	29694	576	0
	合计	3915	4326	29333	30143	575675	636354	62585	62770
高中	日	2671	2553	30030	27962	539344	587508	60149	53935
	夜	73	361	311	2972	5776	93577	541	0
	合计	2744	2914	30341	90934	545120	681085	60690	53935

资料来源：沙特教育部网站。

2. 特殊教育统计

说明	性别	盲	聋	智障	自闭	多重残疾	总计
特殊学校	男	5	341	704	40	46	1136
	女	71	171	286	19	20	567
班级	男	54	963	2311	135	92	3555
	女	181	497	999	61	58	1796
学生总数	男	300	4282	12085	441	363	17471
	女	643	2519	6287	218	301	9968

续表

说明	性别	盲	聋	智障	自闭	多重残疾	总计
沙特籍学生	男	294	3985	11253	420	306	16258
	女	580	2175	5920	197	289	9161
教师总数	男	170	1430	2807	144	80	4631
	女	318	1214	1748	115	48	3443
沙特籍教师	男	164	1403	2769	143	64	4543
	女	273	1143	1675	108	48	3247

资料来源：沙特教育部网站。

3. 沙特境外学校统计

阶段	学校	班级	学生	教师	新人员	行政人员
小学	19	227	2378	92	428	
中学	20	226	1681	25	589	
高中	20	425	1774	138	545	6
合计	59	878	5833	255	1562	6

资料来源：沙特教育部网站。

（三）沙特文化教育的发展特点

沙特建国前，阿拉伯半岛上没有正规的学校教育，只有清真寺教育，其内容仅是《古兰经》背诵和简单的读写。20世纪初，吉达、麦加等地开始有人兴办学校，但教学内容同清真寺教育大致相仿，也只是有关伊斯兰教知识的读写和《古兰经》背诵。在半岛的其他广大地区，因部落纷争长年不断，局势很不稳定，人们大都生活在无知状态中。

1902年1月1日，沙特家族首领阿卜杜·阿齐兹消灭了奥斯曼帝国的驻利雅得总督及其武装力量，夺回了利雅得，开始了他统一沙特阿拉伯的历程。历经30年风雨,终于在1932年9月建立了沙特阿拉伯王国。早在漫长的统一进程中,阿卜杜·阿齐兹就认识到了教育的重要性,遂于1925年即沙特阿拉伯王国建立前7年,在利雅得设立了教育局,负责建立正规学校和教育网。这一举措无疑是沙特教育史上一个里程碑,沙特人从此有了真正意义上的现代教育观念,尽管非常有限。1953年,教育局升格成为教育部,法赫德亲王任首任教育大臣。1975年沙特设立了高教部,形成了完整的教育体系,民众的文化素质也随之提高。

沙特阿拉伯王国从一个文盲率极高,几乎没有正规学校的国家,发展到现在拥有120万在校生和59442教职人员,教育门类齐全,受教育率迅速提高的国家,成就巨大。归纳总结沙特的现代教育,不难发现有以下一些特点:

1. 以伊斯兰价值观为核心主导。沙特是个政教合一的伊斯兰国家,伊斯兰教为国教,《古兰经》、《圣训》为国家之根本大法,任何学校都须把背诵《古兰经》、学习《圣训》和伊斯兰法放在首位。

2. 免费教育。沙特政府负担本国公民从幼儿园、小学、中学、大学直至研究生教育的全部费用。沙特高教部还为获得国外留学资格的沙特学生提供奖学金,条件是勤奋努力学习,不参与政治活动。

3. 男女不同校。根据宗教和传统习惯,沙特实行男女分校制,即使是幼儿教育,也是如此。沙特的女子教育始于1956年,教员全部为女性。男性教员授课、解答,学生提问,都通过闭路电视。

4. 女子教育发展迅速。50年代以前,沙特妇女大都只能在清真寺里接受教育,背诵《古兰经》,少数有钱人家才请家庭教师。50年代初,吉达等地开始出现私立女校,其中最著名的是吉达哈娜女校。

5. 重视职业教育。沙特是个发展中国家,原有的教育基础薄弱,不能满足国家的社会建设展需要。从实际出发,为解燃眉之急,沙特迅速发展起了本国的职业教育,为沙特的公共教育增添了一抹亮色。

6. 现代化和经济增长领先于社会和政治发展。沙特发展教育方式与其他发展中国家有所不同。在取得政治独立后,大多数第三世界国家寻求发展本国人力资源,以便从以前的殖民者手中获得真正的独立。可是这些国家普遍缺乏资金,没有足够的财源来满足雄心勃勃的发展需要。沙特却不然,它拥有大量的石油资金。70年代中期石油价格暴涨后,沙特将大量的石油美元投资于社会建设,其中主要用于发展农业、工业、医疗卫生和文化教育事业。

由此可见,沙特教育的发展实际上是国家福利的组成部分,政府通过免费或者象征性收费的办法,为本国居民提供包括教育在内的绝大多数社会服务,目的是让本国人共享石油收入。由于社会和经济成就并没有带来国内文化和价值的类似变化,因此,沙特居民的精神和倾向变化甚少,以致一些学者认为,现代化和经济增长远远跑在了社会和政治发展的前面。

(四)探索与思考

考察沙特近几十年来的教育情况,不难发现其经济增长和社会发展之间的不平衡导致了沙特教育体制的矛盾性,其重要表现是,接受正规教育的人数不断增加,但教育似乎并没有跟上社会的发展需要。毋庸讳言,沙特的教育发展中也存在一些问题或矛盾,如现代教育问题、教育与人才培养不平衡问题、男女教育问题、师范教育仍落后于普通教育等。

1. 现代教育中存在的问题

数世纪以来,私塾是沙特最为常见的教育形式。这类教育通常在清真寺或者家中进行,没有教室。上层社会的小孩则直接从乌里玛(穆斯林学者)那里接受宗教教育。50年代初,沙特始有现代学校并开始迅速发展,促成这一发展有两个重要因素,一是社会的现代化发展需要大量的本国人才;二是石油收入剧增保障了公共教育事业发展的财源。

发展现代教育初期,沙特曾大量聘用外籍教师。这些教师虽为沙特的教育事业贡献了力量,但也带来了一定的负面影响,如某些教师素质不高、工作责任心不强、思想观念与沙特人存在差异等,甚至某些积习难改的方言口音也都影响到了学生身上。

沙特实施免费教育政策。政府一边免费向学生提供津贴、校服、课本、交通运输工具以及日常必需品,一边不断增强对教育的控制。由于前者为后者提供了一切,学术和政治的自由空间极小。政府创办大学仅是为了使民众能为不断扩大的政府机构就业做好准备。

沙特办综合性大学,也办一些伊斯兰大学,其目的一是为了安抚国内的宗教团体领导人,二是向世界强调宣传伊斯兰。沙特伊斯兰大学对世界各国的穆斯林学生尤其是来自社会底层的学生很有吸引力,但意外的是,某些伊斯兰大学竟成为20世纪90年代沙特恐怖主义思潮的滋生地。

除宗教院校存在问题外,沙特的公共教育也面临两个问题:一是伊斯兰和阿拉伯研究为主修课程,学生大多选择社会需求量不大的人文社科课程,其课堂用语和教科书大多为阿拉伯语。二是在各级教育中,对学术的重视远胜于对职业技术培训的重视,以致出现博士过剩、技工不够的局面。这两个问题对本国的人才资源产生了一定的消极影响。人们大多重白领,轻蓝领。然而,获取并发展管理、技术和业务技能对实现沙特经济的现代化却又非常重要。

沙特的教育现状反映了一个如何协调现代化和传统价值之间关系的问题。长期以来,公共教育的主要关注点是宗教、语言和历史。虽然这些学科对保持现有文化必不可少,但它们必须补充适量的科技和信息方面的现代知识。可是,为了政治稳定,政府不希望信息自由流动,在此方面最明显的就是对电信业的控制,政府一边严格限制民众获得互联网服务的机会,一边严厉封杀政治上较为敏感的网站。

2. 教育和人才培养之间的不平衡

沙特教育长期处在从传统宗教型到现代世俗型的缓慢进程中,从实际情况看,其主要贡献是为国家提供公务员。在经济全球化条件下,沙特教育若要能够适应不断变化的形势,必须对现代技术和信息采取更加开放的态度,这样才能减少本国对外来技工的严重依赖。在沙特的就业结构中,外国技工的比例一直很大,民营部门严重依赖外籍技工。这是沙特教育重文科轻理工造成的。

数十年来,外国技工一直是沙特劳力的重要组成部分。他们为沙特社会经济的发展做出了巨大贡献。但是,长期雇佣外国技工造成了对他们的严重依赖。造成这一问题的原因可追溯到上世纪70年代确立的"福利国家"政策上。当时虽然每年都有大批的大学毕业生,但由于所学专业同社会需求严重脱节,他们无法与工作努力且薪水低廉的外籍技工竞争。因此,政府只得承担起所有毕业生的就业责任,成为大学毕业生的主要就业部门。这种高工资和高津贴、既有社会地位又有社会保障的就业对毕业生很有吸引力,但也导致了隐性失业和政府机构的低效率。

基于沙特职业教育和技术培训的现有力量和条件,沙特对外籍技工的需求是长期的。70年代末以来,沙特一直在寻求劳力的"本国化",推行了以本国人取代外籍工人的政策,如对雇佣外籍工人加以限制,规定雇佣本国工人的下限,提高雇佣非本国工人的费用等。

90年代,沙特政府改革经济体制,实施国有企业私有化政策,结果导致失业率上升。为此,沙特政府通过行政手段对私营部门施压,要求雇佣本国人。但是,在沙特私营部门的劳动力中,本国人的比例仍不足10%,可选工种也仅14—15个。

从当前看,至少在短期内,沙特不可能完全摆脱外籍工人,本国工人无论数量和质量都难以满足国家现代化的需要,需要继续调整办学方向,并积极提高教学质量。否则,有限的技术管理技能资源必定成为社会发展的最大限制因素。

3. 教育中的性别因素

沙特的妇女教育在阿拉伯国家中是最有起色的国家之一。但与男子教育相比,仍明显存在差距,主要体现在妇女的传统地位、妇女受教育权利和妇女就业三方面。

男女有别在沙特的传统文化中根深蒂固,直到最近几十年,社会界定的妇女标准依然是贤妻良母。但是,现代教育确实已使妇女进入了以前只有男性才能从事的公共事务领域。

长期以来,女子教育一直受到传统穆斯林学者的抵制,人们也大都认为,没有必要为女孩提供教育,为女子开设学校只会对伊斯兰价值和部落习俗形成威胁。因此,过去社会上很少关心妇女的教育问题。这种态度到20世纪才发生变化,一是西方观念的渗入为"女子也应受教育"的思想被社会认可并接受发挥了重要作用,二是充足的财源和实施社会和经济现代化的强大推动力为女子教育的发展和进步铺平了道路。在初级学校,男女生的入学率难分上下,但在高等教育方面尚有差距,女生还没有完全从传统习俗中解放出来。

越来越多的女生接受各阶段的学历教育,一定程度上也提高了妇女的就业机会,从1970—1995年,沙特女子(16岁以上)的就业率从5%升到了13%[1]。在过去的30年中,沙特妇女的就业比例翻了一番多,但还是远远落后于其他发展中国家,更不用说男女同工同酬。另外,沙特社会对男女一起工作仍不怎么认可,社会上仅有少数妇女在一些特殊环境(如医院)中与男同事一起工作,诸如电子或者机械工程类职业培训对女子依然说"不"。这些职业全部留给了男性,被视为是"男人的工作"。社会鼓励妇女学习的是缝纫、美发之类工作。

尽管存在上述消极因素,但客观地说,沙特妇女的社会地位在近数十年里还是有了很大的提高。其中一个重要原因就是,教育发挥了重要作用。

4. 师范教育依然落后于普通教育

尽管沙特的师范教育取得了巨大成就,但发展速度仍落后于普通教育。从20世纪60年代到90年代末,沙特小学生人数平均增长7.9%,普通初中学生为14.1%,普通高中学生为19.0%,而师范学生仅为4.9%。这一速度显然不能满足本国教育发展的需要。另外,对外籍教师的依赖也有所加深,其原因一是中小学教师的工资不吸引人,二是社会地位不尽如人意,以至于非但吸引不了学生报考师范院校,还大批流失。目前,女生在师范学校中占有很大比例,但她们在就业方面太受限制,这些问题只有在今后的发展过程中逐步加以解决。

三、结语

20多年以来,沙特在努力发展社会方面迈出了一大步,建立了现代经

---

[1] 世界银行1997年世界发展指数。

济基础结构,完善了教育制度。现在沙特的社会面貌比半个世纪前要发达得多,这同沙特政府引入现代教学机制、大力发展教育事业有很大关系。沙特教育在数量上虽有突破,但尚未跟上社会发展需要,特别是职业技术培训难以适应市场的需要,办学方向与市场需求脱节。从当前看,保持传统文化同跟上全球信息技术革命之间的矛盾仍将持续,沙特教育发展的道路依然很长。

沙特教育部网站2002年6月公布的师资与学生情况统计

阶段	所属部门	学校	班级	学生 沙特籍	学生 合计	教师 沙特籍	教师 合计	教辅 沙特籍	教辅 合计
小学	教育部	5923	54546	957160	1075198	80809	82732	1887	1887
	国防部	32	606	18184	18489	1000	1035	20	20
	国民卫队	36	477	14468	14533	847	897	26	26
	朱贝勒、延布皇家机构	13	324	9738	10250	547	649	33	34
	国民教育	360	5022	69065	92793	1354	9304	89	418
	合计	6364	60975	1068616	1211264	84557	94618	2055	2385
初中	教育部	3126	20850	482531	531470	36508	41396	1125	1125
	国防部	51	332	11044	11155	426	466	29	29
	国民卫队	28	247	7469	7498	428	453	4	4
	朱贝勒、延布皇家机构	9	139	4252	4489	236	274	5	5
	公安部门	4	16	514	514	0	0	0	0
	国民教育署	339	2019	30482	41280	913	4235	24	109
	专科院校	60	404	9936	10524	1003	1126	241	241
	伊斯兰大学	3	25	475	727	63	63	12	12
	总计	3620	24033	546703	607657	39576	48012	1440	1525

续表

阶段	所属部门	学校	班级	学生 沙特籍	学生 合计	教师 沙特籍	教师 合计	教辅 沙特籍	教辅 合计
高中	教育部	1530	12205	314000	349588	20244	25877	616	616
	国防部	44	250	8638	8723	218	289	4	5
	国民卫队	18	131	4184	4208	316	348	5	5
	朱贝勒、延布皇家机构	5	97	3189	3419	142	197	7	7
	公安部门	4	24	628	628	0	0	0	0
	国民教育署	240	2318	47038	58238	732	4201	72	269
	专科院校	60	419	9837	10366	185	208	60	60
	伊斯兰大学	2	14	294	527	32	32	2	2
	总计	1903	15459	387807	435696	21868	31152	767	964
	教育部师范学院	18	785	29082	29082	1067	2215	328	330
	教育部特殊教育	361	1456	9961	10793	1823	3027	125	178
	国民教育署特殊教育	3	15	80	98	5	28	0	5
成人教育	教育部	1040	1941	20883	28009	—	—	—	—
	国防部	11	28	309	311	—	—	—	—
	国民卫队	13	94	2855	2855	—	—	—	—
	朱贝勒、延布皇家机构	1	1	22	24	—	—	—	—
	公安部门	3	7	170	170	—	—	—	—
	国民教育	3	5	110	110	—	—	—	—
	总计	1071	2076	24349	31479	0	0	0	0

续表

阶段	所属部门	学校	班级	学生 沙特籍	学生 合计	教师 沙特籍	教师 合计	教辅 沙特籍	教辅 合计
总计	教育部	11998	91783	1813617	2024140	140451	155247	4081	4136
	国防部	138	1216	38175	38678	1643	1790	53	54
	国民卫队	95	949	28976	29094	1590	1698	35	35
	朱贝勒、延布皇家机构	28	561	17201	18182	926	1120	45	46
	公安部门	11	47	1311	1311	0	0	0	0
	国民教育	945	9380	146775	192519	3003	17768	186	801
	专科院校	120	823	19773	20890	1188	1334	301	301
	伊斯兰大学	5	39	769	1254	95	95	14	14
	总计	13340	104799	2066597	2326068	148897	179052	4715	5387

资料来源：沙特教育部网站。

沙特高校 2011/2012、2012/2013 学年师资与学生统计

高校	2011/2012								
	教授	副教授	助理教授	讲师	助教	教师	其他	教职人员总数	学生总数
公办	2972	4907	14437	8565	13102	878	732	45593	898251
	2012/2013								
公办	3175	5696	14453	9222	14410	907	925	48788	1058155
民营	202	224	753	1236	230	383	0	3028	58628
其他院校	6	25	443	2179	3715	1245	13	7626	89224
高等院校总量	3383	5945	15649	12637	18355	2535	938	59442	1206007

资料来源：沙特高教部统计中心 2013 年 5 月公布的信息①。

---

① http://www. mohe. gov. sa/ar/ministry/deputy-ministry-for-planning-and-information-affairs/hesc/universitiesstatistics/Pages/default. aspx

第五章 沙特文化教育政策研究

一点启示：

沙特阿拉伯王国虽初建于1932年，但国家真正开始重视国民教育并予以巨大资金投入则起步于20世纪50年代，沙特这才有了初期的现代教育。女子教育起步稍晚男子教育数年，但仍属同一年代。经过五六十年的发展，沙特的现代教育取得了长足的进步，在阿拉伯国家乃至整个伊斯兰世界首屈一指，已成为全世界穆斯林民众趋之若鹜的求学之地，影响非常之大。（具体情况请参阅第二部分：沙特的文化教育成就）

沙特经济以石油产业经济为主，受此经济体系局限，沙特教育中理工科依然较弱，而各种伊斯兰学科和阿拉伯语言文学学科较强，这与它在伊斯兰世界的地位和影响不无关系。

沙特的教育基础如其文化教育政策所规定，就是要在每一位受教育者的心中牢牢确立伊斯兰信仰及其核心价值观。为此，任何沙特公民，从他（她）出生起，国家就为他（她）安排好了一切，无论生长与受教育环境，都包裹在浓郁的伊斯兰氛围中，用伊斯兰核心价值观影响并武装每一位沙特人，所有教育全部免费。

一般认为伊斯兰基本价值观是：信仰的基础是认主独一；功修的基础是虔诚；社交的基础是诚实；道德的基础是仁慈；法律的基础是公正；工作的基础是精益求精；礼仪的基础是品位；文明的基础是平衡；人际关系的基础是兄弟情谊，是合作、博爱与宽容；公民与公众互相忠告，保障权利与义务，发展忠诚度与诚信度，等等。

按此价值观，所有教育单位都负责把受教育者努力培养成为忠于国家和人民、勤勤恳恳为国家和人民工作、为伊斯兰事业服务的劳动者。沙特的文化教育政策从托儿所、幼儿园开始，一直到大学教育（乃至研究生教育），对所有阶段必须达到的伊斯兰教育目标，都做出了具体的规定，各种条款数以百计，条条强调、突出伊斯兰基本价值观。这是出于沙特国情需要的必然举措，根据世界各国人民皆有权利选择适合自己的政治制度与生活方式的说法，沙特的这一教育政策无可非议。

伊斯兰基本价值观显然不适合中国的国情，但是用具有中国特色的社会主义核心(建议用"基本")价值观培养造就学生,健全中国的教育政策,应是当前中国教育界的当务之急。

多年来,关于中国教育的各种非议不绝于耳。对于中国教育界出现的一些被人诟病的现象,无须本章多说。借鉴沙特文化教育政策的经验,笔者认为,必须把中华民族社会主义基本价值观作为中国各阶段教育的重要内容和目标,并且要作为一项重要的教育政策固定下来。

中华民族社会主义基本价值观应以全国各族人民的利益为基本出发点,这是对每一位普通公民的基本要求,具体内容应由最高政府部门提出并制定,由各教育机构与单位贯彻执行。中华民族社会主义基本价值观不仅要求学生,也要求各教育机构和单位的教职人员和管理人员(干部)牢牢恪守。

改革开放时,大家都期望教育救国。如今30多年过去了,教育领域出现了一些始料不及的现象,对目前存在的一些不良现象,如果不能从思想上真正重视起来,搞不好也可能误国。

(钱学文)

第六章 阿联酋文化发展现状与政策研究

【摘要】阿联酋从40多年前的弱小国家建设成当今令世界瞩目的现代化国家,与其在上世纪70年代建国初期就已设定的包括文化建设和发展在内的一系列治国方略不无关系。其中最为关键的就是,阿联酋在倍加珍惜和维护本国文化和遗产的同时,对来自世界各地的人员持宽容态度。本章主要通过对阿联酋文化现状、阿联酋文化政策核心及导向、阿联酋文化建设的几大推手进行研究,以此探讨阿联酋文化发展模式对我国大都市(以上海为例)文化建设的借鉴意义。

一、阿联酋国家简介

阿拉伯联合酋长国,简称"阿联酋",是由7个酋长国组成的邦联国家,这7个酋长国分别是阿布扎比酋长国、迪拜酋长国、沙迦酋长国、阿治曼酋长国、乌姆盖万酋长国、哈伊马角酋长国和富查伊拉酋长国,首都为阿布扎比。阿联酋是伊斯兰国家,绝大部分居民信奉伊斯兰教,官方语言为阿拉伯语。

阿联酋位于阿拉伯半岛东南端,东与阿曼毗邻,西与卡塔尔接壤,南、西南、西北与沙特交界,北临阿拉伯湾,与伊朗隔海相望,包括所属岛屿占地总面积为8.36万平方公里,属沙漠气候,日平均气温26摄氏度,全年平均气温15摄氏度,6—8月温度最高,绝对最高温度可达50摄氏度[1]。

---

[1] 蔡伟良、陈杰:《当代阿拉伯联合酋长国社会与文化》,上海外语教育出版社,2007年版,第4页。

阿联酋是一个低税国家,境内无企业所得税和个人所得税、增值税、印花税等税种。阿联酋没有联邦税收体系,税收制度由各酋长国自行规定。目前已经制定有税法的是阿布扎比酋长国、迪拜酋长国、沙迦酋长国。

阿联酋国家统计局数据显示,1995 年阿联酋总人口为 241 万;2005 年总人口为 410 万;与 1995 年人口普查结果相比人口增长了 74.8%[①]。2010 年,阿联酋人口达到 826 万[②],其中非本国人口超过总人口的 80%。

根据国际货币基金组织(IMF)公布的世界人均 GDP 排行榜单,阿联酋近几年的排名如下:2009 年位居全球第八位,2010 年位居第八位,2011 年位居第六位,2012 年位居第六位,2013 年位居第五位。

世界经济论坛(World Economic Forum)发布的《2009—2010 全球竞争力报告》,显示阿联酋的国际竞争力在全球排名中飞速跃升了 8 位。2013 年福布斯全球国家和地区繁荣指数排行榜单中,阿联酋位居第 29 位[③]。福布斯 2025 年城市竞争力排行榜中,迪拜位于 23 位,阿布扎比位居 39 位,上海位居第 38 位[④]。

1980—2007 年间,阿联酋的人文发展指数每年平均上升 0.72 个百分点,从 0.743 升为今天的 0.903,从而使阿联酋在有据可考的 182 个国家排名榜中排在第 35 名,确保阿联酋跻身高水平人文发展国家之列[⑤]。

2009 年阿布扎比被选定为国际可再生能源机构(IRENA)总部,设址所在地标志着阿联酋外交上的一个重要成功,这表明阿联酋的国际地位正在不断提高。这是发展中国家第一次成为重要国际组织的总部设址国,反映了阿联酋作为全球可再生能源中心的领导地位。

2010 年 5 月,阿联酋副总统兼总理、迪拜酋长谢赫·默罕默德·本·拉希德·阿勒·马克图姆在文化青年与社区发展部召开的一次会议发言中表示,要在 2021 年使阿联酋进入世界最先进国家之列,建立起一个共同

---

① http://www.uaeinteract.com/.
② 数据来源:阿联酋国家统计局 2010 年 3 月公布数据。
③ 福布斯杂志中文网,http://www.forbeschina.com/review/list/002035.shtml#jump。
④ 同上。
⑤ 阿联酋 2010 年年鉴。

使命感召下的强大的阿联酋,在一个强大而安全的国度里,富有知识和创新精神的阿联酋人民将会信心百倍地投入到建设一个有竞争力、有弹性的经济的洪流之中。他们将伴随着一个富有强大凝聚力的社会、带着鲜明的民族特征走向繁荣,在一个优美而可持续发展的环境中享受最高的生活标准[①]。

在联合国开发计划署(UNDP)2007年和2008年度的人文发展报告中,阿联酋在177个国家排名中位居第44位,在世界各国妇女发展排名中排在第29位,而赋予妇女权力方面排在阿拉伯世界和海湾合作委员会国家的首位。

二、阿联酋文化现状

阿联酋在短短几十年中已发生巨大的变化,将一个发展滞后的贫穷国家建设成当今这样一个令世界瞩目的现代化国家。它之所以能获得如此巨大的成功,与其在上世纪70年代建国初期就已设定的包括文化建设在内的一系列治国方略不无关系。其中最为关键的就是,阿联酋在倍加珍惜和维护本国文化和遗产的同时,对来自世界各地的人员持宽容态度,并将阿联酋建设成一个能包容不同团体和不同信仰的国家[②]。阿联酋政府始终认为,珍惜和维护本国文化不能流于形式,更不能成为一句口号,珍惜和维护本国文化需要国家行为以及与之配套的一系列实施政策和措施,而其中最为重要的就是培养民众的国家、民族认同精神和爱国之心。政府在让民众享受"石油红利"方面是极其明智的,正是在大力改善人民生活水平、提高社会总体福祉这一强大动力的支撑下,民众百姓的国家认同感才得以不断强化。在经历了自1971年建国,80、90年代经济建设的突飞猛进,以及步入新世纪后的大规模文化建设之后,阿联酋已经成为一个以包容、人道和富有同情心而闻名的安全、稳定、开放、进步的国家。

---

① UAE vision 2021.
② UAE at 41.

阿联酋的文化繁荣是人所共知的,它确实是国家文化建设的一个成功案例,显示了不同于其他阿拉伯国家的文化繁荣,其特点就是各酋长国清晰定位,形成互补、共融,共同进步的态势(以三个主要酋长国为例)。

(一)阿布扎比

阿布扎比的定位是以建设成为国际大都市为核心,并以此为依托使之成为一个世界级的文化中心。

通过数年的发展,旅游业已经成为阿布扎比酋长国的龙头产业,旅游业收入已经成为该酋长国的主要经济来源之一,其收入总量占该酋长国GDP 的三分之二左右。阿布扎比政府以旅游带动经济发展,进而投资旅游,通过改善旅游设施、服务等促进旅游发展,从而形成一个良性循环链。

为了进一步协调旅游发展和文化建设的关系,阿布扎比于 2012 年初组建了专门机构——阿布扎比旅游发展和文化管理局(ADTCA),代替了原来的阿布扎比文化、遗产管理局(ADACH)和阿布扎比旅游局(ADTA)。管理局的任务是制定涉及保护遗产和文化的政策、计划和方案,包括保护考古和历史遗址、发展博物馆,还管理酋长国的旅游部门,并通过旨在吸引游客和投资而进行的一系列活动实现销售目标,还支持智力、艺术活动和文化活动来培育丰富的文化环境并使酋长国的文化遗产得到最大限度的尊重。

近几年特别受到阿布扎比政府关注的大型旅游、文化建设项目是正在开发的萨迪亚特岛项目,该项目总面积 27 平方公里,其中文化设施占地总面积 2.7 平方公里,包括现代艺术博物馆、古文化博物馆、表演艺术中心、谢赫·扎耶德国家博物馆、海事博物馆等,世界一流的两大博物馆古根海姆博物馆和卢浮宫也将在此设立分馆,届时,岛上将会有 19 个博物馆[1]。该岛的最终目的不仅仅是为阿联酋及其周边地区的民众百姓搭建一个能欣赏到世界各地高端艺术的巨大平台,更重要的是,通过这些博物馆的存

---

[1] http://www.21cbh.com/HTML/2013-4-20/3MMTM5XzY2NzE3Mw.html.

在,制造浓郁的文化艺术氛围,从而激发艺术能量的释放和创造力的提升。与此同时,这些以博物馆为主的文化设施对阿布扎比的城市发展定位"打造成一个世界级的文化都市"而言也是不可或缺的。萨迪亚特岛文化景点最突出的亮点是规模巨大。与迪拜的文化景点相比不同的是,迪拜更多的是关注商业化的展出如艺术画廊等,而阿布扎比则较多注重包括展馆在内的文化设施在提升国民文化素质方面的教化功能。

在加速建设现代文化设施的同时,强化民俗文化推广和全面保护文化古迹是阿布扎比酋长国长期不变的政策。最为成功的例子就是艾因绿洲古代居民居住区遗址、阿布扎比民俗文化村、扎伊德中心、扎伊德大清真寺等均被联合国科教文组织认可为世界文化遗产所在地。

"可持续发展"是阿布扎比各种规划、战略的关键词,如在《阿布扎比2030年规划》中就充分考虑了20年后随着人口增长而带来的各种各样的社会需求,制定这些规划的指导思想是在经济不断增长、发展旅游以及保护城市文化遗产和自然环境之间取得尽可能的平衡,以使"可持续发展"成为可能。

在2011年,阿布扎比酋长国的人口约为2120700人,其中本国人口仅占20%,根据有关方面的预测,20年后人口数量将增长3倍,其中非本国人口将大大超过本国人口这一现状仍将继续,为此,打造适合不同国籍、不同文化背景人士居住的可持续发展的国际文化中心已经成为阿布扎比的不二选择。阿布扎比政府认为,国际化大都市建设不仅仅体现在包括高楼大厦在内的城市现代化硬件设施上,更重要的是要实现人口、文化和环境之间的多重平衡。

(二)迪拜

迪拜至2015年的战略定位是建成"充满活力的国际化大都市,形成代表地区的世界艺术中心"。迪拜提出这样的战略目标的基础是它得天独厚的地理位置——沟通东西南北的交通枢纽,以及在此基础上自然形成的发达的旅游、航空业和物流中转业。迪拜近十几年的发展始终是以这一地理优势为轴心,并将这一优势的辐射效应尽可能发挥至极致。

迪拜是阿联酋人口最多的酋长国,人口226.2万人,约占全国人口的41.9%。面积3885平方公里,占阿联酋总面积的5%,就从面积而言是继阿布扎比之后第二大酋长国,财政收入现多来源于旅游业。迪拜的经济实力在阿联酋居第一位,阿联酋70%左右的非石油贸易集中在迪拜,所以习惯上迪拜被称为阿联酋的贸易之都,也是中东地区的经济和金融中心。

迪拜不断地在超越自己、不断地刷新由自己创造的"最",从而吸引着全球人的眼球,其中广为人知的就有世界上第一家七星级酒店(帆船酒店)、被誉为人类新奇迹的棕榈岛项目、总高为828米的世界最高建筑——哈利法塔,除此之外,迪拜还拥有全球最大的购物中心、世界最大的室内滑雪场、世界唯一的海下酒店等等。

迪拜发达的航空业是世界闻名的,2012年共有5760万名乘客途经迪拜机场转机[1],该年迪拜机场免税店的营业额就高达16.44亿美元[2]。据估计,到2020年将有9850万名乘客和400万吨的货物途径该机场,届时,航空业将支持37.3万个在迪拜的就业机会,其带来的产值将达到450亿美元。

迪拜航空业的发展之所以能取得成功,最应归功于的是迪拜的城市定位,以及为实现这一定位而形成的多领域的协同发展。目前,在迪拜已经形成了一个多产业良性联动可持续发展链,它就是"文化旅游搭台→购物唱主角→航运、宾馆服务配套"。事实证明,这一多领域协同发展的模式是成功的,它不仅在经济上收效可观,更重要的是,"文化迪拜"的形象在世人面前被得到了充分的肯定。

《福布斯》杂志评出的2009年全球十五大购物之都中,迪拜仅次于伦敦、巴黎、纽约,位居全球第四位;2011年,仅迪拜购物节的总收入就达到151亿迪拉姆[3],同年的夏季狂欢节(summer surprises)带来的总收入为88.28亿迪拉姆,这足以说明迪拜的超强魅力。

---

[1] 迪拜机场2012年年鉴。
[2] 中华人民共和国商务部网站,http://www.mofcom.gov.cn/。
[3] 1迪拉姆等于3.67美元。

第六章　阿联酋文化发展现状与政策研究

文化迪拜主要是由每年形式多样、主题各异的文化活动组成,如"迪拜城市之声"系列音乐会、迪拜艺术节、迪拜国际电影节、迪拜青年戏剧节、迪拜设计节(Dubai Design Days)[①]、迪拜开斋节、新娘秀(bride show)、迪拜文学节、迪拜国际书展、迪拜航空展等。此外迪拜每年或定时举行世界级的赛事有:高尔夫球迷的迪拜沙漠精英赛、足球迷的迪拜世界杯比赛、网球迷的迪拜免税网球赛和橄榄球迷的迪拜七人制橄榄球赛等。

所有这些都是"迪拜2015年战略计划——将迪拜建设成充满活力的国际化阿拉伯大都市,形成代表地区和世界的文化艺术中心"的重要组成部分。迪拜政府在实现"2015战略目标"方面充满了信心,并为强化迪拜的历史文化感和完善现代文化结构方面采取进一步措施,甚至计划建立穆罕默德使者博物馆、设立谢赫·穆罕默德·本·拉希德·阿勒马克图姆艺术奖等。

(三)沙迦

沙迦的定位是,使沙迦在不远的将来成为"阿拉伯伊斯兰文化之都"。

沙迦商务及旅游发展局在将酋长国作为独特旅游目的地进行推广的战略中,几乎都是以此为核心,并将焦点集中在其独一无二的特点上,其中一个便是"将沙迦酋长国推广为拥有独特文化和遗产,并能吸引家庭的旅游目的地"。沙迦下一阶段的创新特点,便是持续发展旅游业和教育文化事业,并以其文化遗产和吸引投资的经济优势、以及努力实现"沙迦,我的目的地"而闻名于世。

将沙迦打造成"阿拉伯伊斯兰文化之都",是根据沙迦自身特点而提出的。沙迦的文化建设早在上世纪80年代初就已经得到了政府的极大支持。自1981年,沙迦成立文化信息部并开始着力建设各类文化实施,至今已建有的文化相关机构有Al-Eslah学校博物馆、Al Mahatta博物馆、沙迦考古博物馆、沙迦艺术博物馆与当代阿拉伯艺术博物馆、沙迦民族学中心

[①] www.designdaysdubai.ae.

(Bait Al-Naboodah)、沙迦书法博物馆、沙迦探索中心、沙迦传统民俗博物馆、沙迦海洋博物馆、沙迦伊斯兰文明博物馆、沙迦自然历史与植物博物馆、沙迦科学博物馆与学习中心、沙迦阿拉伯野生动物中心、沙迦书法中心、沙迦城堡博物馆(Al Hisn)、沙迦戏剧学会、沙迦公共图书馆等。这些博物馆、艺术协会和文化中心,已经成为沙迦对外宣传的一张名片。尤其是各类博物馆的建成,不仅为当地学校提供了校外实习、活动的基地,同时也为提升当地居民文化素养产生积极影响,民众的"文化自觉"、"文化自信"在浓郁文化环境的潜移默化作用下自然形成,在阿联酋,尤其在沙迦,保护文化遗产、宣传阿拉伯伊斯兰传统文化已经成为国民的自觉行动。除了这些场馆、中心以外,沙迦为了强化城市文化气氛,每年还举办各类大型的会展和有全民参与的文化主题活动,其中较有影响的是:沙迦国际艺术双年展、沙迦书法艺术双年展等。沙迦政府不仅仅满足于在本区域内做足"文化兴市"这篇文章,而且积极推动文化走出去,利用各种机会在世界各个城市举办沙迦文化巡展、沙迦伊斯兰艺术节等,或以青年论坛形式邀请世界各地青年造访沙迦,从而达到提升沙迦知名度的目的。

沙迦政府认为,坚持传统文化是任何一个国家文化发展不可动摇的根基,为能使阿拉伯伊斯兰文化不断地被继承、发扬光大,家庭教育、家庭文化氛围的构建是极为重要的,为此沙迦政府不惜出资为每个家庭提供家庭图书馆,以期让每一个人,尤其是下一代不出家门就能得到阿拉伯伊斯兰文化的熏陶。

沙迦酋长国早在2003年就制订了《2020年远景规划》,目前执行情况良好。沙迦政府始终认为,在当前全球化的大背景下,强化民族文化尤为重要,而实施有目的的教育、文化、科学项目在青少年保持国民文化特性方面是必须的。于此同时,为了将沙迦打造成阿拉伯伊斯兰文化之都,在有关部门的倡导下,沙迦的一些主要公共建筑无论在外观设计上还是在内部装饰上,都尽可能地展现阿拉伯伊斯兰风格,从而最大限度地彰显了这一酋长国的特色。

由于定位得当,沙迦并没有因为毗邻迪拜而被冷落,错位竞争使沙迦也拥有了另一片发展空间。

三、阿联酋文化政策核心及导向

阿联酋建国30多年来,在每一个发展阶段都有相应的文化政策出台,虽然因阶段不同文化政策的侧重点亦不尽相同,但是这些政策几乎都是围绕一个未变的核心——强化国民身份认同和民族文化遗产维护。因此,阿联酋在制定相关文化政策时,皆遵循下面两个考量,第一,加强国民身份认同,凡有政府参与的项目,皆围绕这一点进行;第二,维护阿联酋文化遗产,即当地本土文化,其中很大一部分是以强化"母语(阿拉伯语)"为抓手,从而达到宣传阿联酋文化的向心力和凝聚力。

(一)加强国民身份认同

随着阿联酋经济和社会的发展,阿联酋已经从30多年前建国初期名不见经传的弱小国家跃然迈入世界富国行列,同时它已成为阿拉伯国家中最为开放的国家之一,成为一个典型的"移民国家"。面对超过国家总人口85%以上的非本国居民,不仅需要提供适合不同国籍外国人居住、生活的人文环境,更重要的是阿联酋必须在国际化背景下确保本民族文化的健康发展、继承和延续。2008年阿联酋总统谢赫哈利法·本·扎耶德·阿勒纳哈扬将这一年定为阿联酋的"国家认同年",充分证明该国政府对振兴民族文化的决心。随即,阿联酋文化、青年和社会发展部为解读"国家认同年"而专门制定了五大战略目标,即1.支持文化活动,提高对阿联酋文化的认识水平;2.维护国家认同,并促进其组成部分;3.提升艺术活动水平,维护阿联酋非物质遗产;4.促进公有和私有部门的互补和协调,并建立有效的伙伴关系;5.依据国际上最佳实践方法开发人力资源和机构效能。对此阿联酋议会联邦国家理事会发言人阿卜杜勒·阿齐兹·阿勒古拉尔在阿联酋38周年国庆之际会见外国记者时说:"国民身份认同对我们来说非常重要,我们将不惜一切代价保存它。"

国民身份认同在阿联酋绝对不是一句口号,为了能使这一属于国家层面的基本理念更加深入人心,阿联酋政府早在本世纪初就推出了一系列为弘扬这一理念而设计的各种计划,其中就有 2005 年启动的"瓦塔尼(Watani)计划",其目的就是提升国民身份认同,弘扬阿联酋多元文化社会的良好公民责任心。"瓦塔尼计划"执行机构还在 2009 年发起了名为"团结统一行动"(Al-Mutahida)的活动,力求在更大范围内唤起全体国民的民族理想和民族成就感,进一步激发广大民众的爱国心和参与社会建设的积极性,从而有效促进阿联酋社会的发展。在这一活动中,最值得关注的是,"团结统一行动"的触角是全方位的,甚至还为每星期五在清真寺举行的聚礼布道规定了内容,即利用聚礼布道,强化宗教的社会教化和教育功能,在宣讲宗教教义教规的同时,还应有宣扬社会正能量的内容,如爱国爱教、儿童培养、妇女问题、就业问题等等。

"国民身份认同"在阿联酋被视为最为重要的国家战略之一,《阿联酋政府 2011—2013 年战略》再次提出"增强社会凝聚力,保持国民身份特征,建立与国民身份相匹配的社会和高层次的教育体系"等,其核心目标就是让阿联酋在 2021 年(阿联酋建国 50 周年)跻身于世界最先进国家行列,建立起"一个共同使命感召下的强大的阿联酋"。通过这些年在全国范围内成功开展的以"国民身份认同"为核心内容的各种活动,阿联酋政府对阿联酋独特文化的传承充满了自信。阿联酋政府相信,尽管世界不同地区、不同国家的文化交流日趋频繁,但是阿联酋将始终以进步的、现代化的伊斯兰价值观为基础,在强化国民身份认同的同时自觉维护珍贵文化遗产和独特传统[1]。值得一提的是,阿联酋各酋长国政府在大力倡导维护文化遗产和独特传统的过程中,始终将维护阿拉伯语地位放在首位,如"迪拜 2015 战略计划"提出的目标是增强归属感和本土文化意识。这一计划通过具体措施支持有关文化发展的所有领域,包括教育、影视、艺术,以及支持参与以展示阿联酋文化为目的的区域和国际文化活动,而其中最引人注目的则是,支持革新课程内容,提高阿拉伯语运用水平[2]。

---

[1] UAE vision 2021.
[2] http://www.ameinfo.com/109572.html.

第六章　阿联酋文化发展现状与政策研究

语言是文化的载体，维护本民族文化与传统，首先就是要强化本民族语言的地位，在这样一个外来移民大大超过本国国民的特殊国家，维护阿拉伯语的地位尤为重要。早在上世纪末，在沙迦就成立了"阿拉伯语保护协会"，旨在加强人们对"阿拉伯语是《古兰经》的语言，是阿联酋官方和民间精神的、正式的语言"这一意识感和认识感[①]。

2012年11月27日，阿联酋内阁颁布了"阿联酋国民行为准则和价值观宪章"，其目标就是要在新一代国民身上建立面对国家、社会和家庭的责任意识和义务意识。其中还提出了阿联酋公民应该具有的特性、行为准则、价值观和能力等。并要求作为一个阿联酋公民，应该熟知本国的风俗习惯和传统，在日常生活中及与他人的交往时表现出最能体现阿联酋国民身份认同的一面[②]。

强化阿拉伯语的地位是阿联酋"国民身份认同"的一个重要组成部分，在这方面，各酋长国以及相关国家领导机构所采取的措施形式多样，如：

迪拜酋长国酋长谢赫·穆罕默德·本·拉希德·阿勒马克图姆就曾发表支持阿拉伯语的倡议，建议加强阿拉伯语在日常生活中的应用，不断巩固阿拉伯语的地位，努力使阿拉伯语成为现代科技和知识的语言，倡议建立翻译学院、向非阿拉伯人教授阿拉伯语的学院和推动互联网中的阿拉伯语内容等。该倡议还建议成立一个以文化部长为首的顾问委员会来具体实施和落实倡议中的各项措施。

阿联酋文化、青年和社会发展部[③]启动了国家文化项目——阿联酋国家文化百科全书项目[④]，这是全国第一个高层次的文化项目，旨在寻求文献和保存文化的信息和数据，以确保阿联酋国家文化身份在任何情况下都不被弱化。

迪拜还设有文化艺术委员会（DCAA），弘扬阿联酋文化是其主要任

---

① http://alef-baa.com/.
② www.uaecabinet.ae.
③ http://www.mcycd.gov.ae.
④ http://www.nce.gov.ae/.

务,该委员会一直强调,在我们的文化得到国际认同的同时务必要保留我们的阿拉伯身份。正是有了这样的"文化自信"理念,由迪拜推出的各种各样的文化活动,都非常明显地彰显出阿拉伯伊斯兰或阿联酋当地的文化特质。

"童年的神圣性是我们文化的重要组成部分。"这是阿联酋总统谢赫·穆罕默德·本·扎耶德·阿勒纳哈扬还未担任总统时所表示的他对文化的认识,童年是神圣的,同样,圈围着整个童年的文化——民族文化氛围也是神圣的。正是在政府的大力倡导下,阿联酋各酋长国都特别注重在青少年中强化阿拉伯伊斯兰文化教育、强化作为文化载体的阿拉伯语教育,并且通过学校和社会文化机构开展旨在传播文化的各种创意活动。为此,文化、青年和社会事务部部长阿卜杜·拉赫曼·穆罕默德·阿勒欧维斯(Abdul Rahman Bin Mohammed Al Owais)就曾经说过,在青年一代中散播文化及创新思想是鼓励其创作并加强国民认同感的最佳手段。

在非本国人口超过80%的这样一个国家,加强培养本国青少年的民族情感和国民身份认同是极其重要的,为此,文化、青年和社会事务部与其他相关部门合作,近几年来就这一主题在青少年群体中开展了一系列活动,其中最为成功的是2010年4月由文化、青年和社会事务部在沙迦大学举办的第二届青年论坛和第四届面向青年人的"2010年祖国的夏天"大型系列活动,该项目旨在利用夏季为全国青少年搭建一个能表现自我能力和创造力的平台,通过青年自身参与及引导他们成长为具有民族自豪感的、负责任的阿联酋新一代公民。这项为期40天的活动,在全国范围内得到了极大的响应,分别在各酋长国50多个中心举办的各类相关项目中都获得了巨大成功。

阿拉伯传统乐器——乌德琴被认为是古老的阿拉伯音乐文化的标志,它不仅有着长达千余年的历史,而且还作为阿拉伯传统音乐的代表对西方以及印度和中国音乐产生过积极的影响。阿布扎比旅游文化管理局以乌德琴为载体,专门创办了"乌德琴之家",以发扬乌德琴演奏传统。由于乌德琴最适合演奏具有独特风情的阿拉伯音乐,因此在阿拉伯人眼里它还是阿拉伯精神的传导物。对阿拉伯人来说,无论他身在何处,只要听见乌德的演奏声,就会勾起对自身阿拉伯身份的归属和自豪感。"乌德琴之家"除了教授乌德琴演奏以外,更重要的是它还担负着弘扬阿拉伯传统文化的重任。

(二)维护本国的文化和遗产

阿联酋已故总统扎耶德曾说:"不了解过去的人就不可能最充分地拥有现在和未来。"遗产不仅是追根溯源,也是文化和身份的标志。阿联酋非常重视对本国文化和民族文化遗产的维护和承继,并为此建立了官方机构、民间社团等,在全国范围内展开了大量的调查和研究,从国家和民间两个层面宣传维护本国文化和民族文化遗产的重要性,以期在全体国民中树立自觉维护民族文化的理念,从维护民族文化的自觉行动中不断强化民族自尊。

国民身份认同和维护本国文化和遗产实际上是一个统一体上相互依存的两个侧面,前者注重的是理念和精神塑造,而后者针对的则是行动。阿联酋在维护本国文化和遗产方面所采取的行动主要有:

1. 强化"阿布扎比国家文献与研究中心"的专业和学术研究。该中心的主要任务就是:收集、整理和保护与阿联酋历史和遗产有关的文献及口述记录的历史资料,供历史学家、学者和研究人员使用。该中心除了开展相关专业研究外,也为民间社团在维护文化遗产方面的工作予以一定的指导;

2. 以民间传统为载体打造节日,如以弘扬阿联酋戏剧文化为主要目的的迪拜青年戏剧节、以推广和承继传统文化为主题的阿布扎比国际狩猎与马术节、以椰枣和椰枣树文化为主题的阿布扎比里瓦椰枣节等;

3. 适时调整阿联酋基金会工作重点,将青年发展、知识和创新、社会和遗产这三大板块列为重点资助对象,从而确保传统文化和遗产保护在资金方面没有后顾之忧;

4. 2010年阿联酋最高立法机构——联邦国民议会就保护阿拉伯语专门颁布法令,从法律层面再次强化了阿拉伯语作为阿联酋官方语言不可动摇的地位；

5. 阿联酋政府在其官网上正式开辟"阿联酋电子政务论坛"，并号召大家为"如何保护阿联酋民族文化和遗产献计献策"；

6. 设立阿联酋电子百科全书，通过互联网展现阿联酋历史和文化，以文物文学、民间传说等为载体讲述阿联酋的故事。

正是这些具体的行动使阿联酋在维护本国传统文化和非物质遗产方面取得令人瞩目的成绩，2010年联合国科教文组织总干事伊琳娜·博科娃在联合国教科文组织专家委员会专门会议上高度赞扬说："阿联酋走在各国保护非物质文化遗产的最前列。"阿联酋也因此被选为联合国科教文组织资助《保护非物质文化遗产公约》缔约国大会副主席。

《阿联酋2021年愿景》提出，要在2021年将阿联酋建设成为世界上最先进的国家之一。先进国家的考量不仅仅是经济，文化的权重越来越被关注，对阿联酋而言，最为严峻的任务就是，在不断维护本国传统文化的基础上，以更加开放的胸怀，为占阿联酋总人口80%的国际常住民打造多元文化氛围。

(三) 国民化政策与非本国人士维权

阿联酋与其他国家相比，最大的不同就是非本国人口大大超过本国人口。阿联酋的这一特殊国情形成已久，且在短时期内不可能逆转。而事实是，阿联酋国家发展和社会建设已经离不开非本国人士，无论是政府机关、石油化工业、金融、贸易等被视为阿联酋政治经济的重要部门和支撑行业，还是一些低端的社会服务性行业，非本国员工所起的作用是不可替代的。如何处理好两者的关系、平衡本国员工和非本国员工在关键部门的权利掌控，是摆在阿联酋各级政府面前的诸多重要问题之一。针对一些部门——尤其是政府部门本国员工和非本国员工比例失调现象，阿联酋政府于2010年6月专门设立了阿联酋国民化委员会，从法律层面规定相关部门两种人员的比例，特别在新闻媒体行业，关键部门人员的国民化被视为国家媒体战略的一个重要组成部分。这一措施的实施在很大程度上确保了舆论、文化发展导向与国家政治、文化发展战略的一致性。

强调国民化并不意味着对外籍人士的排挤,同样阿联酋政府在针对外籍员工维权,如法律诉讼、同工同酬、改善住房条件、工作环境、建立按时支付工资的银行系统等方面也采取了相应的措施,从而使对外籍员工的管理更趋科学化。

(四)以开放的姿态促进多元文化的交流

在夯实民族文化基石,确保阿拉伯伊斯兰文化及阿联酋本土传统得以很好继承的基础上,阿联酋对外来文化采取包容、开放的态度,这是基于该国特殊人口结构的明智选择。正是这一准确的国家文化战略定位,才使阿联酋这一伊斯兰国家大不同于其他伊斯兰国家,而展现出其多元文化的魅力,真正实现了不同文化间的相互尊重、相互理解和多种文化共存、共生的文化氛围。

在营造多元文化氛围方面,迪拜酋长国是做的最好的。早在1998年迪拜酋长穆罕默德·本·拉希德·阿勒马克图姆就已有了"打开大门,敞开思想"的超前理念,在他的支持下,迪拜成立了以他名字命名的"穆罕默德酋长文化交流中心",该中心是一非营利机构,定期开展各种旨在促进多种文化交流的活动,被认为是一个"良好的文化交流平台"。由于该中心卓有成效的工作,越来越多的外国游客对阿联酋、对迪拜的文化习俗和伊斯兰教有了更多的认识,从而促进包括迪拜在内的阿联酋当地民众与世界各国游客之间的跨文化理解和沟通。

利用传统节日,在弘扬传统文化的同时,设计能让不同信仰、不同文化背景的外籍人士参与并分享快乐的各种活动,如在迪拜开斋节期间所举行的各种庆祝活动。开斋节本身是伊斯兰教重要的传统节日,在迪拜,这一节日已经不仅仅属于穆斯林,它已成为包括外国人在内的全体迪拜民众的喜庆之日,跨文化理解和沟通得到了最完美的诠释。

在阿联酋较有影响的大型国际性活动还有:阿布扎比古典音乐节、阿布扎比艺术节、阿布扎比沃麦德节（Womad）①、迪拜购物节、迪拜电影节、迪拜夏日惊喜、沙迦泼水节、沙迦灯节、沙迦双年展、富查伊拉购物节、阿治曼购物节、乌姆盖万购物节、富查伊拉单人剧国际艺术节、哈伊马角纯种阿拉伯骆驼节等。

随着阿联酋民众文化水准的提高和人们对欣赏高雅文化需求的日益迫切，阿联酋文化活动的层次近几年来也得以大幅度提升，如于2011年2月开业的迪拜造型艺术工作室，主要致力于促进艺术传播与设计实践，通过支持和展出年轻艺术家的作品，实现在艺术层面的跨文化对话和交流；而阿布扎比艺术展，则是一个比较成熟的现当代艺术国际平台，在艺术人才培养和增加国际艺术交流方面所做出的努力成效显著②。

在引进高雅艺术方面，值得一提的还有阿布扎比旅游文化管理局不定时地邀请世界各国顶级音乐家、舞蹈家来阿布扎比演出等。

与一些友好国家合作适时举办相关国家文化周，也是实现文化交流的一个重要途径，如由阿布扎比文化遗产局2010年9月在阿布扎比举办的"白俄罗斯共和国文化周"，以支持开放和促进文化与知识的交流为宗旨，让阿联酋民众在不出国门的情况下就能了解相关国家的国情与文化，从而在民众中打造对他国文化的宽容心态，使不同文化的相互尊重和跨文化交流在阿联酋得到最大限度的体现。

在文化交流方面，阿联酋不仅注重"请进来"，而且还经常"走出去"，不仅走向有着相同文化的阿拉伯伊斯兰国家，而且还走向西方国家，充分展现了阿联酋的文化自信，如阿布扎比民间舞蹈团，就曾在组建后的第二个月就出访伦敦，参加在伦敦举行的国际音乐舞蹈节，成功上演了大型音乐舞剧"扎耶德与梦想"；再如，作为阿联酋重要文化遗产的赛马运动，阿联酋成功地将这一承载着浓厚阿联酋文化特质的运动推向了世界，2009年7月阿联酋纯种阿拉伯马在英国爱斯科（Ascot）赛马场举行的阿联酋总统杯赛第三轮（甲组）比赛中首次亮相，成为阿联酋向全球传播阿联酋文化遗产的一个成功案例。

---

① http://www.emaratalyoum.com/life/four-sides/2011-04-05-1.377094.
② http://www.abudhabiartfair.ae/ar/.

第六章 阿联酋文化发展现状与政策研究

值得提及的是,2013 年 11 月 28 日迪拜正式获得 2020 年世界博览会承办权,迪拜申办世博会的成功,再次彰显了阿联酋尤其是迪拜的国际地位。

四、阿联酋文化建设的几大推手

文化部与政府多个部门相合作,利用多个渠道宣传和发展本土文化。

(一)通过建筑符号塑造文化身份

阿布扎比的扎伊德清真寺、迪拜的帆船酒店、将于 2017 年底竣工的外形为一只猎鹰的隼城奇观(Falconcity of Wonders)项目,都具有典型的阿联酋传统文化的因素。

(二)利用本国大型节日或传统节日举办多种文化活动

文化部利用每年的国庆节组织举办文化活动,在庆祝 2009 年 12 月 2 日阿联酋第 38 个国庆节时,文化部牵头在许多城市和小镇安排了近百个活动,并发行了相关书籍,新设了一项"科学创新奖",以表彰体育、教育、图书馆建设和文化遗产保护等领域的成果。

迪拜购物节,已成为远远超过购物的节日,伴随着购物节一起上演的还有很多传统的演出和文化活动等,每年一度的"迪拜夏日惊喜"吸引着许多国家的家庭在暑假期间来到迪拜,除了娱乐活动以外,还有时装发布会、艺术展览等。

阿布扎比国际图书展览会于 2013 年在阿联酋首都阿布扎比国家展览中心成功举办第 23 届,会展期间,主办方还开设各种讲座和研讨活动,展会附设多种奖项,鼓励积极推广阿拉伯文化的优秀出版人才。一年一度的艾因读书展(Al Ain Reads Book Show),目标是培养人们的阅读习惯,宣传阿联酋的文化。沙迦每年组织国际书展,于2011年成功举办了第30届国际书展,展会的主要目的是培养国民的阅读习惯,特别是青年一代。

作为阿联酋斋月庆祝活动的一部分,2013年的沙迦斋月博览会(Ramadan Fair)已经是成功举办的第27届[①]。博览会期间将会展出阿联酋美食、文化和猎鹰传统,并会展示《古兰经》经文和阿联酋的历史性摄影作品。

(三)设置基金或奖项鼓励本土文化发展

为纪念先知穆罕默德的诞生,青年、文化和社会事务部于2004年设立"博达(Borda)奖",以表彰正统阿拉伯语诗歌、民间纳巴蒂诗歌、传统书法和古典风格装饰品领域的优秀作品,该年度大奖赛于2013年4月已成功举办第11届。

2007年建立的"扎耶德图书奖"(Sheikh Zayed Book Award),以表彰和奖励阿拉伯文化研究的重大成果和在阿拉伯文学传播和研究领域做出重大贡献者。自2007年该奖设立以来,有42位来自世界各地的阿拉伯伊斯兰文化和阿拉伯文学研究杰出人士和相关机构获得表彰和奖励。

2009年,文化部设立"科学创新奖",以表彰体育、教育、图书馆建设和文化遗产保护等领域的成果。

在阿联酋副总统兼总理、迪拜酋长谢赫·穆罕默德·本·拉希德·阿勒马克图姆的倡议下于2013年3月成立的"阿联酋文学基金会",以鼓励当地文学写作发展为宗旨,并吸引全球作家,促进国内英语及阿拉伯语文学的发展。

2006年起,迪拜国际电影节设立"马驹奖",表彰和鼓励取得成就的阿拉伯电影工作者;2010年,阿布扎比电影节(MEIFF)为鼓励阿联酋电影工业的发展设有"2011阿联酋电影奖"。与规模较大、国际氛围较浓郁的迪拜电影节和阿布扎比电影节不同,海湾电影节每年举行一届,旨在促进地

[①] http://www.ramadanfair.ae/.

区电影业的发展。

阿联酋基金会于2010年3月提出"艺术及文化计划",并设有迪拜文化艺术委员会的"艺术赞助"奖项,以奖励和表彰那些参与赞助该地区的视觉艺术、表演艺术、文学和电影的人士,以及捐助资金或实物的个人和组织。

(四)利用现代媒体传播本土文化

媒体在吸引年轻人参与文化及其他有建设性的活动方面起着主要作用。

阿拉伯古典诗歌与现代媒体结合,造就了在本地区广受欢迎的电视节目——《百万诗人》和《诗人王子》,在阿布扎比电视频道及诗歌电视频道播出。《诗人王子》还在伦敦荣获了专业电视类的"国际广播奖"。

(五)利用大型国际赛事发展多元文化

"阿布扎比一级方程式锦标赛"是阿联酋2009年最重要的活动之一,其间在阿布扎比的滨海大道和亚斯岛也随之开展了一系列文化活动,包括阿拉伯文化周末活动、海滩免费电影、巴西狂欢游行、国内和国际音乐家免费音乐会。

阿布扎比阿联酋文化遗产俱乐部等机构将传统和现代帆船运动结合起来,传授航海技能,并为当地青少年提供竞赛经验。

(六)促进边远地区的文化活动

2010年,由文化部及其合作伙伴主办的文化车队(Cultural Convoys)开展了一系列旨在促进阿联酋边远地区文化和社区发展的活动,主题活动分别在富查伊拉、哈伊马角、乌姆盖万三个酋长国依次展开。

(七)发展旅游业,带动文化发展

旅游业是阿联酋整个经济增长的重要行业之一,2013年5月7日,阿联酋重返世界旅游组织。世界旅游组织表示,阿联酋的重新加入对本国和该地区的旅游业将起到推动作用,阿联酋在中东地区的旅游业发展以及同其他地区的连通方面发挥着中心作用。

各酋长国根据自身特点制定旅游发展战略,并采取各种措施积极营销,推出旅游精品,吸引国内外游客,形成市场需求国际化、投资主体多元化、以及豪华、奢侈、免税等特点,根据日益多元的旅游目的开发多种形式的旅游项目,如"国际驿站游"、"文化游"、"节庆游"、"休闲度假游"、"购物游"、"体育赛事游"、"公务游"、"城市观光游"、"事件游"、"游轮游"等①。

(八)积极参与海外活动,推动本土传统文化"走出去"

1. 在世界各地举办文化周。2009年7月,阿联酋在德国首都柏林举办了为期一周的"阿联酋文化周",当年,文化部还参加了美国书展、伦敦书展等。

2. 参加国际双年展。阿联酋作为海湾国家中第一个在威尼斯双年展上设立国家馆的国家,参加了2009年6月6日举办的第53届威尼斯双年展,这填补了海湾国家100余年以来缺席威尼斯双年展的空白,并在第55届双年展上被批设永久场馆。

3. 参加世博会。2010年上海世博会,阿联酋馆放映了由国家媒体委员会制作的阿联酋宣传纪录片,以宣传阿联酋国家的文化传统等,众多媒体纷纷称赞展馆的设计充分反映出阿联酋在经济、文化、社会和旅游等领域的快速发展。

---

① 蒋传瑛:"阿联酋旅游业发展模式研究",《阿拉伯世界研究》2011年9月第5期,第72页。

第六章　阿联酋文化发展现状与政策研究

到访阿联酋的文化旅游者逐渐增多,阿布扎比旅游局将加强其国际宣传推广活动,以拓展与推广阿联酋旅游业。2011年在原有的基础上,旅游局首次在西班牙、印度和马来西亚三个新兴市场设立展馆。

(九)申办世博会、奥运会提高知名度,并宣传本土文化

阿联酋积极申办2020年世界博览会,并于2013年11月28日获得申办成功。阿联酋国家奥林匹克委员会于2011年表示确认申办2024年奥运会一事,无论是申办世博会还是申办赛事的过程,实际上也是阿联酋向全世界宣传本国文化的过程,阿联酋的名声也因此日渐上扬。

五、阿联酋文化发展模式对中国大都市（以上海为例）文化建设的启示

阿联酋是一个国家,上海是一个城市,虽然两者在这一层面上不可作比,但上海作为一个超过2300万人口的超大城市,其规模远远超过人口仅800万的阿联酋,所以在城市管理、发展定位、经济建设、城市文化构建等方面二者还是可以相互借鉴的。阿联酋地处海湾,是一个阿拉伯伊斯兰国家,与此同时它已成为一个名符其实的移民国家,在社会文化的建构上呈多元型态,这与上海自开埠以来就成为一个开放型城市有着颇多的相似之处。

正如上文所述,阿联酋在国家文化建设方面所采取的"兼容并蓄,多元发展"的战略是非常值得正处在深化改革开放和转型发展之中的上海所借鉴的。更为重要的是,阿联酋在兼容外来文化的同时,在强化国民意识、国民身份认同以及树立民族文化自信方面,在保护文化遗产和弘扬民族文化方面,以及在不同区域文化发展的定位、建立文化发展的指标体系等方面所采取的一系列政策和措施对发展中的上海也是极具启示意义的。这些借鉴和启示可归纳为:

（一）文化发展的组织管理模式

阿联酋将文化、青年事业、社会发展事务三者放在一起组建一个内阁部——文化、青年和社会发展部是富有创意的，从中可以看出阿联酋政府对文化事业的理解和观察角度的不同寻常，即：文化与青年的关系、文化与社会发展的关系、青年与社会发展的关系。事实证明，将这三者统筹于一体，并从组织活动、协调管理方面相互兼顾，可将文化建设的平台搭建得更加坚固，同时，将文化建设视为青年事业、社会建设的一个重要组成部分，更容易形成社会共识，从而刺激文化消费和激发社会的正能量，最大限度地促进社会的发展。

（二）文化建设的顶层设计

无论是国家文化建设还是城市文化建设都需要顶层设计，而顶层设计的关键就是体现和贯彻文化建设的理念。阿联酋文化建设的顶层设计理念始终围绕"开放、多元"和"弘扬民族文化、强调国民意识"这两大主轴。开放和多元是建设现代化国际大都市的需要，而弘扬民族文化和强调国民意识则是民族自强、自立的需要。在互联网时代，面对强势的西方文化，开放和多元容易被人接受，而弘扬民族文化则容易被忽视，因此顶层设计就显得尤为必要。

（三）顶层设计和文化发展的核心考量

文化建设的顶层设计最为重要的是明确核心考量。阿联酋政府始终认为，在高度开放的时代，弘扬民族文化是阿联酋文化建设的核心。该国家的七个酋长国均以切实保护民族文化遗产（包括非物质文化遗产）为抓手，来实现弘扬民族文化的目的。如尽可能放大民族节日的正能量，围绕民族、民俗文化核心元素设计符合当代精神的各种活动，以在青少年群体中打造文化向心力和文化凝聚力,从而使新生代在多元文化氛围中自觉形成民族、国家(城市)身份认同。另外,在城市大型建筑的设计上阿联酋也特别注重民族文化的彰显,使大型建筑在成为地标性建筑的同时,也成为一个凸显的文化符号。

(四)顶层设计主导下的区域发展定位

阿联酋的文化建设通过顶层设计在区域定位上有效避免了同质化发展,如阿布扎比、迪拜、沙迦三大酋长国均根据本地区经济模式、社会现状以及历史文化底蕴等制定能够彰显特色的文化发展规划,进而形成错位竞争。

(五)制定文化发展的指标体系

指标体系是文化建设和发展的检测手段之一。文化建设从规划到落实是一个长期的系统工程,而且很可能是动态的,定期或不定期地通过指标体系对文化建设和发展进行检测有助于不断修正、完善相应的文化政策或推出更加有针对性的文化事业发展项目。更重要的是,该指标体系的存在,还可以有效避免"口号式"发展目标的提出(如提出××年建成"国际著名旅游城市",××年建成"世界著名国际化大都市"等)。

六、附件:阿联酋杰贝·阿里自贸区现状及其成功的要素

(一)阿联酋的自贸区

阿联酋自1985年建立第一个自由贸易区至今已建成30多个自由贸易区,遍布于阿布扎比、迪拜、沙迦、阿治曼、乌姆盖万、哈伊马角及富查伊

拉等7个酋长国,如:

阿布扎比的自贸区有:机场自由贸易区、萨蒂亚特自由贸易区、TWO-FOUR54媒体出版自由区、阿布扎比工业城、哈利法港及港口工业区、马斯达尔城。

迪拜的自贸区有:迪拜机场自由贸易区、杰贝·阿里自由贸易区、迪拜互联网城、迪拜媒体城、迪拜汽车城、迪拜生物科技园、迪拜花卉中心、迪拜黄金钻石公园、迪拜保健城、迪拜国际金融中心、迪拜知识村、迪拜物流城、迪拜海运城、迪拜多种商品交易中心、迪拜外包区、迪拜硅谷、迪拜电影城、迪拜大学城、迪拜纺织城、国际媒体出版自由区、国际人道救援城、迪拜科技园。

沙迦的自贸区有:沙迦国际机场自由贸易区、哈姆利亚自贸区。

哈伊马角的自贸区有:哈伊马角自由贸易区。

富查伊拉的自贸区有:富查伊拉自由贸易区。

乌姆盖万的自贸区有:艾哈迈德本拉希德自由贸易区。

阿治曼的自贸区有:阿治曼自由贸易区。

拟建自贸区还有:迪拜建材区、迪拜汽车配件城、迪拜地毯自由区、迪拜设计中心、迪拜能源城、重型机械和卡车城。

其中迪拜的杰贝·阿里自由贸易区是阿联酋第一个自贸区,也是发展最快、最活跃的自贸区之一。

(二)杰贝·阿里自贸区简介

1. 杰贝·阿里自贸区的建设背景

阿联酋以前是一个靠珍珠养殖为经济支柱的中东沙漠国家,在1966年发现石油资源后,一跃成为世界上最富裕的国家之一,石油美元给整个国家带来了高速发展。整个阿联酋约90%以上的石油储量都集中在阿布扎比酋长国[①],迪拜的石油储藏量相当小,且很快就会耗尽。为了摆脱对

---

① http://zh.wikipedia.org/wiki/%E9%98%BF%E5%B8%83%E6%89%8E%E6%AF%94.

单一的石油美元的依赖,化被动为主动,迪拜政府于上世纪 80 年代初开始谋划向多元经济的全方位转型,以大力发展贸易、旅游、房产、通信、运输等行业为龙头,带动酋长国整体经济的可持续发展,杰贝·阿里自贸区就是在这样的背景下建成的。因此,可以认为建成于 1985 年的阿联酋第一个自贸区——杰贝·阿里自贸区,是迪拜经济转型的重大举措之一。

2. 杰贝·阿里自贸区基本情况介绍

杰贝·阿里自贸区(JAFZA)位于迪拜市西南 50 公里处,总面积达 48 平方公里,于 1985 年由迪拜政府发起建立,是全球第一个通过 ISO9000 国际认证的自贸区。该自贸区被认为是全球领先的贸易及转运中心,是世界上规模最大且发展最快的出口—加工区域之一。目前,区内各类企业达 7100 多家,从事贸易、仓储和分销的企业占 78%,从事工业生产的企业占 12%,从事服务行业的企业占 7%,从事物流的企业占 3%[①]。其中世界 500 强企业有 150 家,包括布莱克和德克尔公司、高露洁棕榄公司、戴姆勒克莱斯勒公司、亨氏公司、强生公司、LG 电子、宝洁和施乐公司等等,区内雇员人数已超过 1.35 万人。

3. 杰贝·阿里自贸区的服务管理部门及职能

(1)自贸区管理局:杰贝·阿里自贸区通过自贸区管理局实施管理,自贸区管理局是由港口、海关和自由贸易区组成的联合机构,可以直接向投资者颁发营业执照,提供行政管理、工程、能源供应和投资咨询等多种服务。

(2)自贸区营销部:负责接收、审批有意向在自贸区开展事业的客户申请;同时也负责批准和分配客户所需办公室(但不包括工厂和土地)及其他设施。

(3)自贸区物业部:负责分配土地,审批工厂的位置;负责向有需求的区内客户的雇员们提供可租用的宿舍。

(4)自贸区土木工程部:负责审批客户的项目,包括发放建筑许可证和房屋竣工证;负责监督客户的建设项目,保证其符合自贸区的建筑要求

---

① http://www.mofcom.gov.cn/aarticle/i/dxfw/gzzd/201208/20120808280705.html.

和规定。

（5）自贸区环境安全部：负责所有关于健康、安全和环境问题的事宜；负责执法管理事宜，包括区内的废物管理、害虫控制、污水处理等等；协助土木工程部监督、审批客户项目；发放健康证明等。

（6）自贸区公共事业部：协调与公共事业相关的事务如电信、供水、供电等，由阿联酋电信公司负责提供区内客户要求的电信设施和线路；迪拜水电局负责区内电力和水的供给以及电表和水表的计量。

除此之外，为杰贝·阿里自贸区提供服务的还有迪拜邮政公司、迪拜海关、迪拜卫生局、国土部门、迪拜贸易局、入境事务管理局、迪拜商会、道路和运输管理局、杰贝·阿里酒店、迪拜法院、迪拜警察局、消防局等等，通过与这些部门的合作，为自贸区提供全面、便捷的服务。

4. 杰贝·阿里自贸区对迪拜经济发展的贡献

杰贝·阿里自贸区由迪拜政府作为唯一股东投资，因此对迪拜酋长国GDP贡献很大。至2006年，该区非石油出口就已达到576.5亿阿联酋迪拉姆，占该年迪拜非石油出口（975.5亿阿联酋迪拉姆）的一半以上。[1] 经过25年的累积和发展，2010年杰贝·阿里自贸区的贸易总额已超过600亿美元，占迪拜贸易总额的四分之一以上[2]。

2011年，外贸占迪拜GDP比重高达30.7%，自贸区已经成为迪拜经济增长的主要驱动力。杰贝阿里自贸区为迪拜经济贡献了607亿美元收入，占迪拜GDP的20.1%，占阿联酋GDP的7.7%，并且为当地17万人提供了就业岗位，约占迪拜132万总劳动人口的12.8%[3]。

杰贝·阿里自贸区的成立和发展不仅推动了迪拜国际贸易的增长，增加了国家收入，同时也带动了相关的物流、运输、电子、通信、旅游、房产等各行各业的发展。

---

[1] 阿联酋外贸部中文宣传杂志《为何选择阿联酋》，第50页。
[2] http://business.sohu.com/20130730/n382876937.shtml.
[3] http://www.eeo.com.cn/2012/1210/237250.shtml.

第六章 阿联酋文化发展现状与政策研究

(三)杰贝·阿里自贸区的成功要素

1. 地理位置

迪拜地处世界亚非欧三大洲交汇的咽喉要道,具有极其重要的地理位置,可视其为世界各国商业、文化交流的枢纽。据测算,全球三分之二的人处在迪拜8小时航程范围内,而其中三分之一的人处于仅4小时的航程范围内。这样的地理条件,使得迪拜理所当然地成为世界贸易往来的中转站,而在迪拜从商的商人们不仅可以享受迅捷的物流服务,同时也可以利用时区的优势,早上和亚洲的客户谈生意,下午和欧洲的客户做买卖。正是因为这一"天时地利"以及阿联酋政府将其发挥至极致,才使位于迪拜的杰贝·阿里自贸区成为当今世界发展最快、最活跃的自由贸易区。

世界部分国家距杰贝·阿里自贸区的距离　　　单位:公里

国家	距离	国家	距离
韩国	12872	伊朗	160
日本	12872	卡塔尔	160
中国	12067	科威特	804
香港	10458	东非	5631
新加坡	8045	地中海	7240
澳大利亚	8849	欧洲中部	12067
印度、巴基斯坦	1206	英国	11263
美国西海岸	24135	美国东海岸	16894

从上表可以看出,迪拜杰贝·阿里自贸区到各大洲国家的距离都比较均衡,是最理想的世界贸易中心。

2. 良好的经济环境

迪拜在历史上就是一个开放的港口小镇,60多年的英国保护国地位给它带来了宽松的贸易型态和开放性的思维,从20世纪初开始,迪拜就一直奉行宽松的自由贸易价格和合理的税制,在贸易上对外国人实行灵活政策,这吸引了世界各地的商人们来此投资。20世纪60年代末迪拜发现石油后,经济迅速发展,迪拜政府将石油收益用于国家基础设施的建设,城市现代化程度相对较高。1985年杰贝·阿里自贸区建成之前,迪拜已经是一个具有一定国际开放度的重要港口城市,这为杰贝·阿里自贸区的建成提供了良好的环境,同时迪拜一贯执行的低税收政策,也为杰贝·阿里自贸区的建立和迅速发展提供了有力的支持。

3. 高层正确的决策和激励政策

迪拜杰贝·阿里自贸区的成功离不开迪拜高层的正确决策。迪拜的决策者们能够顺应时代的发展,抓住机遇,制定一系列激励政策,来吸引外商投资,包括:

（1）外商可以100%独资,且无需当地人担保。

按照阿联酋法令规定,在阿联酋设立公司或办事处,需要本国籍人士担任保证人,要经营进出口业务或进行商业买卖活动,需取得商业执照,而商业执照取得的前提是必须有阿联酋国籍的合伙人占51%的股份,而外国股东只能占49%,这样的条件使得很多外国人望而生畏。杰贝·阿里自贸区推出的外商可以担任独立法人的政策,给予了外国商人更多自由和宽松的投资环境。

（2）无最小资本投资限制。

（3）资本与货物100%汇回本国。

（4）无公司所得税。

（5）无个人所得税。

（6）根据实收股本金额承担有限股东责任。

4. 软实力比较优势

（1）国际化商业环境

在阿联酋,由于外籍人口多于本国籍人口,在你我都是外国人的情况下,外国人身处异国他乡的感觉不会特别强烈。所以,在这里生活、工作的任何国籍的人心态上都相对放松。另外,杰贝·阿里自贸区目前有7000

多家来自超过132个国家的企业,其中还有100多家世界500强企业,这样的国际化商业环境,无疑是极具吸引力的,对于很多中小公司来说,在这里办公不仅可以享受一系列的优惠政策,还可以获得很多双边、多边商业合作机会。在语言方面,虽然阿联酋是以阿拉伯语为官方语言的国家,但自贸区通用英语,在任何场所都可以用英语直接交流,所以来此工作丝毫不用顾忌语言障碍。

(2)中东市场的潜力

中东国家大多属于发展中国家,制造业、加工业普遍不发达,很多国家经济发展单一,生产、生活用品依赖进口,且中东国家多为伊斯兰教国家,由于宗教、文化、历史等原因,这一地区的国家开放时间相对比较晚,随着世界经济一体化进程的加快,很多国家意识到了对外开放、发展多元经济的重要性,正逐步改变政策法规,吸引外商投资。在目前欧美、亚洲市场都已经开发成熟、接近饱和的背景下,中东无疑成为下一个最具潜力的市场。迪拜作为中东的贸易中心,可向外辐射14亿人口的消费市场,而杰贝·阿里自贸区所处的中心位置,正是各国商家最适合的选择。

(3)一流的基础设施

阿联酋有着完善的国家和城市基础设施。与其他阿拉伯国家相比,阿联酋的银行业已形成一定规模,设有大型外资银行以及阿拉伯各国的国家、伊斯兰银行等。阿联酋中央银行是国家金融监管机构,负责制定货币、信贷和银行政策,并且监督政策实施。此外,阿联酋还有阿布扎比证券交易所、迪拜金融市场等证券市场,以及众多知名的投资银行和金融机构,为商业事务的处理提供了便利和保障;在交通方面,阿联酋有发达的交通系统,建有现代化的高速公路、高标准的机场和港口,迪拜还有便利的地铁,阿布扎比也宣布将引进城际铁路网和地铁。另外,阿联酋还成立了艾提哈德铁路公司,肩负阿联酋国家铁路的建设、发展和运行。2017年阿联酋国家铁路将建成通车,总长约1200公里,跨越所有酋长国,向西通至沙特阿拉伯,向东通至阿曼,预计每年能运送5000万吨货物和1600万名旅客[①]。

---

① http://www.gouae.cn/? action-viewthread-tid-22721.

杰贝·阿里自贸区也为客户提供各种基础设施。自贸区为各公司提供现成的、各种不同面积的办公室、厂房和仓库以及固定的小面积办公区以适应不同投资者的需要,各公司可以根据自己的规模自由选择租赁,同时自贸区内也为各企业提供高规格的会议中心和商务中心;自贸区在区内为各类人员提供不同规格的宿舍,同时附近还配有休闲娱乐场所、超市、饭店、医疗服务、酒店等各种生活便利设施,目前在自贸区已基本形成适合各国人士居住的理想生活环境;自贸区内提供世界一流的电讯服务,包括移动电话和固定电话以及因特网联网服务,为人们的电子商务和通信提供了有力保障;此外,区内的水、电供应稳定,且价格低廉,为商家节约了成本。

(4)完美的物流服务

快捷、便利的物流运输是打造成功自贸区的必备条件之一,杰贝·阿里自贸区之所以成功,与其近邻杰贝·阿里港和迪拜国际机场不无关系。杰贝·阿里港建成于1979年,该海港拥有150多条航线、67个泊位,码头长15公里,是世界第7大集装箱港口及西亚非洲地区第一大港,吞吐量世界排名前10位。2013年6月26日,杰贝·阿里港集装箱2号码头扩建工程完工,2号码头扩建后,可同时容纳6艘巨轮,增加100万标箱吞吐能力,杰贝·阿里港总吞吐能力1500万标箱。目前,3号码头正在建设,到2014年完工后吞吐能力将达1900万标箱,同时容纳10艘巨轮[1]。而迪拜国际机场自上世纪80年代始就已成为世界最为繁忙的机场之一,它与自贸区仅需30分钟车程。

随着迪拜的日益国际化和杰贝·阿里自贸区的迅速发展,迪拜政府又在距离自贸区仅15分钟车程的地方建成比迪拜国际机场规模更大的马克图姆国际机场,计划年运输能力为1.6亿名旅客和1200万吨货物[2]。

通过这样两个航空港+一个海港+一个自贸区的模式,使四者形成优势互补,形成了全球唯一的结合双机场、港口和贸易区的平台,不仅带动了各自的发展,同时也为进出口、货物转运等商贸活动提供了完美的物流通道。再加上区内14家全球大型物流公司所提供的全方位的服务,使物流

---

[1] http://www.mofcom.gov.cn/article/i/dxfw/gzzd/201306/20130600180364.shtml.
[2] http://news.gaotie.cn/hangkong/2013-10-23/108146.html.

转运变得更加快捷、流畅,如通过海运从迪拜到欧洲、非洲各海港仅需14天,到美国、日本最长不超过20天,而到东南亚各国仅需9天,到中东各国则更是短至2天。货物运转时间的缩短意味着物流成本的降低,这也是吸引世界各地商人前来杰贝·阿里自贸区投资的亮点之一。此外,由迪拜政府筹划并即将建成的连接港口、自贸区、物流城和机场的"物流走廊",将使港口到机场的物流运输缩短至10分钟,"海空连运"的便畅很快就会实现。

(5)高效、高科技的管理

杰贝·阿里自贸区设有一个一站式场所处理诸如申请执照、办理签证等相关事宜,向客户提供企业创办和经营所需的各种服务,使企业能够专注于自身业务,而不是把精力分散在与众多机构打交道上。外国商人若想在区内开设公司,只需几个步骤即可完成:

	申请人	自由区管理局
1	提交执照申请表	审查申请表,做出同意或拒绝申请的决定。
2	提交相关法律文件	接收并审查法律文件,审查对已批准公司申请配给自由区设施的情况,确认拟设立公司的有效日期,着手公司的成立程序。
3	签署形式上的租赁协议	准备并送达形式上的租赁协议。
4	签署正式租赁协议	准备租赁及人事调配协议并书面通知公司。
5	付款	出具发票。
6	支付每一个通知款项	准备执照。

以上程序通常只需要7个工作日即可完成。

除了一站式的高效管理,杰贝·阿里自贸区的管理特色还体现在高科技上。杰贝·阿里自贸区有自己的官方网站 http://www.jafza.ae/an/,为每一个访客详细介绍了来此自由贸易区投资的各方面情况,包括为何选择迪拜投资、在自贸区开设公司的流程、自贸区产品介绍、自贸区电子服务、自贸区规章制度、自贸区各部门联系方式等内容,网页设计精美、简洁明了,使访客能够轻松地了解在杰贝·阿里自贸区投资的情况,比如在自贸区电子服务一栏,可以看到自贸区内使用的各种表格,包括管理用表、商业用表等,覆盖了许可证申请、许可证延期申请、雇佣合同、雇佣合同续签、个人保险、租约合同、解除租约合同、居住证申请、居住证续签、签证申请、签证续签等,这些工作都可以在网上完成,所有申请工作流程化,便于操作。在杰贝·阿里自由贸易区的网站上还推出了在线互动的顶级电子地图,大大方便了客户。

另外杰贝·阿里自由贸易区管理局还为其客户提供了一个便捷、安全和易于使用的电子服务平台——迪拜贸易网 DubaiTrade. ae,便于他们在网上进行大部分的业务。每个客户可以在迪拜贸易的电子商务服务平台进行注册,设置自己的用户名和密码。该门户网站集成了所有辅助服务功能,包括迪拜环球港务集团和迪拜海关两大板块,客户只需登陆互联网,便可享受到几乎涉及所有领域的附加便利服务。

(6)人性化的服务特色

杰贝·阿里自贸区除了在政策上给予优惠、在管理上注重便捷高效之外,还有很多人性化的服务,体现在:

雇员管理:自贸区内的公司可以自由雇佣各国员工,自贸区管理局会协助公司为每一个新来的雇员办理好相关手续;自贸区管理局提供的证件服务有工作签证(包括入境许可、公司工作证、医疗卡、三年期居住证)、入境许可加急、进入许可更新、居住许可更新、居住许可加急、居住许可及身份证的取消、家属的入境许可和居住许可、更新家属的居住许可、更新自由区工作证、访问签证、访问签证延期、过境签证等,由此可见,自贸区管理局也考虑到区内员工的家庭生活,并可协助员工家属申请入境和居住;自贸区实行工资保障制度(WPS),即要求员工所在公司按月向自贸区管理局提交支票,每个员工持有一张自贸区的工资卡,由自贸区管理局收到各公司支票后将工资汇入员工工资卡内,故不存在员工和所在公司因薪资问题发生纠纷,如果公司不提交支票,自贸区会进行调查处理,这一制度极大保护了雇员的基本利益。

土地租赁：杰贝·阿里自贸区内所有的办公室、厂房仓库和土地均不接受买卖，只可租赁，租期最长为100年，这样为企业减少了成本，也最大程度地防止了资源的浪费。虽然自贸区内提供各规格的办公室和厂房，但出于企业多样化要求的考虑，自贸区还推出了土地租赁，企业可以在自贸区内租赁土地，根据自己的需要自建办公场所或厂房，一旦企业决定搬离，遗留的厂房等或拍卖或转租，尽量避免拆除造成资源浪费。

商业咨询服务：自贸区管理局不但为区内公司提供管理上的服务，同时还提供商业咨询和帮助，包括提供未来发展和投资的建议，协助客户挑选理想的投资场所，以及确定运营必备的设施；企业入驻后，会帮助企业进行合作伙伴配对，使其在本地和国际市场上获得合资机会或共同商业机会；其间，管理局会组织商务代表团并陪同客户到其他国家进行相关的商务考察，并随时通过咨询办公室为客户就商务事宜提供建议。

（四）杰贝·阿里自贸区建设中存在的不足和面临的挑战

1. 管理上的漏洞

自贸区虽然各种工作程序快速便捷，但对于很多刚刚入驻的企业来说还是很陌生，由此产生了一些基层岗位的印度人、巴基斯坦人或其他外国员工趁机钻空子，专门以代办自贸区各项工作为生计的现象，这样导致部分公司无法有效利用自贸区的便利条件，或被误导自贸区的一些规章制度；杰贝·阿里自贸区还会出现一些区内公司通过自己员工带一些体积小的产品出自贸区而不报关的小范围走私现象。

2. 特殊国情的影响

阿联酋是伊斯兰教国家，每年有一个月的斋月，在斋月期间，穆斯林雇员白天不得进食甚至饮水，大部分餐厅必须在晚上6点半之后才能营业，同时政府还规定斋月期间所有境内公司的上班时间必须缩短2个小时。这一特殊的国情对自贸区的商贸活动或多或少带来一定影响；此外，阿联酋夏天天气炎热，气温有时可超过摄氏50度，政府规定夏季每日下午1点至4点户外工作必须全面停止，因此这段时间内的自贸区工作也会略受影响。

3. 来自其他自贸区的竞争

在阿联酋有30多个自贸区,而迪拜就占了20多个,再加上阿联酋周边国家开设的自贸区乃至世界各地的自贸区,数目众多,且这些自贸区各有特色,有些自贸区推出更优惠的政策来吸引投资,这些都给杰贝·阿里自由贸易区带来了极大的竞争。

(五)杰贝·阿里自贸区对迪拜国际化大都市建设的影响

迪拜自20世纪60年代末发现石油后,发展飞速,从一个贫穷的小镇发展成为现在举世闻名的国际化大都市。在这一发展过程中,80年代迪拜第一个自贸区杰贝·阿里自贸区的建成是其迈向国际化大都市行列的尤为重要的一步。杰贝·阿里自贸区的发展伴随着整个迪拜国际化大都市的建设进程,并对其产生了推波助澜的积极作用。

所谓国际化大都市,就是指那些具有超群的政治、经济、科技实力,并且和全世界或大多数国家发生经济、政治、科技和文化交流关系,有着全球性影响的国际第一流都市[①]。理解这个概念的关键点在于"影响力",国际化大都市的第一要素就是具有全球影响力。杰贝·阿里自贸区对迪拜国际化大都市建设的积极作用就体现在扩大迪拜对世界的影响力上。

1. 强化迪拜"大中东区域中心"地位,扩大迪拜在世界经济中的国际影响力

迪拜目前已经成为中东的门户、世界贸易中心以及世界物流航运中心,一方面得益于其优越的地理位置,另一方面杰贝·阿里自贸区也是功不可没的。杰贝·阿里自贸区从成立之初仅有19家企业的小微型自由区发展成为如今聚集了7000多家公司驻扎的超级中转站,其中还包括上百家世界五百强企业以及十多家世界一流的物流服务公司,企业数量的持续增长及质量的飞速提升强化了自贸区作为包括西亚、俄罗斯、非洲在内的

---

① http://baike.baidu.com/link? url = zexaj5ltM3XwtihYXc7oWIW – R9dquVMen

大中东地区物流与贸易枢纽地位,同时也使迪拜依托杰贝·阿里自贸区成为了全球物流和贸易中心。这样雄厚的商业背景和资源极大地增强了迪拜在世界经济中的影响力,同时也提高了它的全球竞争力。据《海湾时报》报道,2013上半年,迪拜对外贸易额同比增长16%,达到6790亿迪拉姆(约1848.9亿美元)。数据显示,2013年上半年,迪拜外贸出口额同比增长22%,达到690亿迪拉姆(约187.9亿美元);进口额同比增长16%,达到4060亿迪拉姆(约1105.5亿美元);转口贸易额同比增长13%,达到1880亿迪拉姆(约511.9亿美元)①。

2. 招募各行精英人才,提高迪拜在世界人口中的国际知名度

国际化大都市需要国际化人才,外国人的多少成为衡量城市国际化的重要可量化指标,反映了城市在国际分工中能在多大程度上吸引外国企业、外国留学生、外国专家和人才移民,即城市在世界人口中的影响力和吸引力。

迪拜总人口达226.2万人,其中80%以上都是外国人,本地人成了真正的"少数民族"。这些外籍人士中有相当一部分都在杰贝·阿里自贸区工作。由于杰贝·阿里自贸区对区内企业员工的国籍不加限制,再加上自贸区良好的商业资源、生活环境和政策优惠,吸引了来自亚非欧三大洲100多个国家的各类人才来此工作和生活,其中还有很多行业精英在此从事高层管理和高科技工作。这些外籍人才的到来,一方面证明了迪拜的影响力,另一方面也进一步打响了迪拜的国际知名度,推动迪拜成为闻名世界的人口国际化城市。

3. 以贸易发展促文化交融,塑造迪拜开放包容、海纳百川的文化大都市形象

在迪拜街头可以看到现代化的建筑和有阿拉伯特色的清真寺圆顶并存,身着时尚的女郎和黑袍罩身的传统妇女并肩街头,各种肤色、各种国籍的人们友好交谈……这一切无不显示着迪拜这个包容开放的大都市形象,可以说迪拜就是一个东西方文化交汇的中心。杰贝·阿里自贸区作为迪

---

① http://www.mofcom.gov.cn/article/i/dxfw/gzzd/201309/20130900298943.shtml.

拜世界名片的一个重要标志,不仅仅是一个贸易自由区,也是文化自由区。

正如上一点所提到的,杰贝·阿里自贸区内聚集了各行各业的精英,这些人才的到来,不仅带来了高科技和先进的管理经验,同时也带来了各国的文化理念,自贸区就像一个小小的联合国,各种文化在其中交融碰撞。

此外,杰贝·阿里自贸区为了招商引资,每年都会举办多次国际性的展会,世界各地有上百万人来迪拜参展、进行商业洽谈,这也为东西文化的交流提供了很好的机会。可以说,杰贝·阿里自贸区以商贸发展带动文化交流,为塑造迪拜东西方文化荟萃的大都市形象搭建了良好的平台。

4. 推动现代服务业的发展,提升迪拜的城市国际化水平

发达的服务业是国际化大都市的重要标志,国际化城市的发展必须依靠高端服务业的支撑。从1990年开始,迪拜的服务业开始在迪拜经济中占据主导地位,服务性行业从1985年的38%上升到2003年的71%,年平均增长率为3.5%[①]。杰贝·阿里自贸区以工贸为主,对迪拜的进出口贸易贡献巨大,同时也带动了迪拜其他服务产业的共同发展,如会展业、金融业、运输业、旅游业、餐饮业等等。现代服务业的快速发展,为迪拜经济结构调整和可持续发展打下了坚实的基础,也为迪拜提升城市国际化水平起到重大推动作用。

(蔡伟良　张秀丽　张蕾蕾)

【参考文献】

1. 蔡伟良、陈杰:《当代阿拉伯联合酋长国社会与文化》,上海外语教育出版社,2007.

2. 蒋传瑛:"阿联酋旅游业发展模式研究",《阿拉伯世界研究》2011年第9期.

3. 阿联酋2010年年鉴.

4. 迪拜机场2012年年鉴.

5. 李庆本、吴慧勇:《欧盟各国文化产业政策咨询报告》,大象出版社,2008年版.

6. 张胜冰:《文化产业与城市发展》,北京大学出版社,2012年版。

7. "UAE vision2021"《阿联酋2021年愿景》。

[①] http://www.sinobal.com/ArticleShow.asp?id=12940.

8. "UAE at 41"《阿联酋成立41周年》。
9.《为何选择阿联酋》阿联酋外贸部。
10. 中华人民共和国商务部网站 http://www.mofcom.gov.cn/.
11. 阿联酋政府网站 www.uaecabinet.ae.
12. 阿联酋文化、青年和社会发展部网站 www.mcycd.gov.ae.
13. 阿联酋驻华使领馆提供的相关宣传资料及其他相关网站。

第七章
科威特教育政策研究

【摘要】 20世纪中叶科威特开始建立现代意义上的教育制度,教育事业的发展很大程度上归功于石油的发现和石油工业快速发展所带来的财富。科威特政府把发展教育事业当作一项国家战略任务。独立后至海湾战争前的近30年里,科威特每年的教育经费占到国家财政支出的15%—20%。海湾战争后,由于财政紧缩,教育投入有所下降,但仍占国家财政支出的10%以上。政府的巨额投资和大力支持使科威特的教育事业飞速发展,教育部不断改进教育体制和修订教学大纲,逐步形成了比较完善的包括基础教育、高等教育和职业技术教育在内的教育体系,并在全国按行政省划分形成了六大教育区域。教育发展推动了科威特的文化发展,文化战略的实施为科威特迈向现代文明社会奠定了基础。当今的国际氛围,伊斯兰世界处于弱势和卑屈的地位,正在思考和研究如何使阿拉伯伊斯兰文化走出当下的困境,提升自己的国际地位。科威特教育政策构建的教育体系也许是一种"文化抵抗"和恢复民族和宗教尊严的体现。

受教育是所有公民的一项基本权利,一个国家的教育与其社会各个方面密切相关,并不是孤立存在的。

科威特位于亚洲西部阿拉伯半岛东北端,海湾(阿拉伯人称阿拉伯湾,伊朗人称波斯湾)的西北岸,其正式名称为科威特国,是海湾地区重要的产油国。自18世纪中叶萨巴赫家族逐步统领该地区各部落后,至今已历经15位统治者,作为现代意义的民族国家科威特于1961年6月19日宣告独立。科威特全国共分为6个行政省:首都省、哈瓦里省、艾哈迈迪省、法尔瓦尼亚省、杰赫拉省、大穆巴拉克省。首都为科威特城。科威特是伊斯兰国家,伊斯兰教为国教,居民中95%信奉伊斯兰教,其中约70%属逊尼派,30%为什叶派。

科威特是阿拉伯国家联盟成员国,也是海湾合作委员会成员国。

科威特是海湾地区较早依靠石油开发走向富裕的国家。借助巨额石油美元科威特从落后的酋长国一跃成为海湾富有的现代化国家。现代化炼油厂在科威特沙漠中拔地而起,大型现代化商场和金融机构不断涌现,科威特城已成为海湾国际化大都市。

20世纪50年代,科威特在社会、文化、经济领域实现了大跳跃,改变了之前的发展面貌。1961年科威特独立,摆脱了英国的殖民统治,这种新变化在广度和深度上不断扩展,相互累积,促使科威特社会出现了快速的社会变革,并对社会经济结构产生了空前影响。石油在科威特国民经济中占据主导地位,但是,石油又是一种不可再生的资源。为了经济可持续发展,20世纪70年代,科威特的经济发展计划开始倾向于实施经济多样化政策,不再单纯依赖石油,而开始发展非石油经济。1990年,伊拉克入侵科威特,科威特财政紧缩。1991年,在联合国的授权下,以美国以首的多国部队开始实施代号为"沙漠风暴"作战行动,海湾战争爆发,基本上摧毁了伊拉克的军事进攻能力,解放了科威特。1991年1月26日,伊拉克宣布从科威特撤军。科威特合法政府得以恢复。[①] 海湾战争结束后,科威特开始了政治民主化进程和现代化建设。

科威特居民有科威特籍和非科威特籍之分,根据科威特中央统计局2005年报告,科威特总人口截至2005年达到2213403人,科威特籍达880774人,占人口总数的39.8%,非科威特籍达1332629,占人口总数的60.2%。科人口按地区分布如下:

---

① 钟志成:《中东国家通史——海湾五国卷》,商务印书馆,2007年版,第184—185页。

按地区科威特人口分布情况(2005年)

省名	科籍	非科籍	合计
首都省	137508	123505	261013
哈瓦里省	157069	330445	487514
艾哈迈迪省	183831	210030	393861
贾哈拉省	97669	174704	272373
法尔瓦尼亚省	166730	455393	622123
大穆巴拉克省	137967	38552	176519
合计	880774	1332629	2213403

即使科威特人口自2000年后有所降低,但大大高于同期世界人口年均递增1.4%的比例,仍然成为世界上人口增长最快的国家之一。从年龄结构上看,科威特具有与海湾其他阿拉伯国家共同的特征,表现为青壮年人口占据人口大多数,但其中科威特籍与非科威特籍有明显区别。如下表所示:

科威特人口年龄结构(2005年)

年龄阶段	科籍 男	科籍 女	合计	非科籍 男	非科籍 女	合计
0—4	71031	68992	140023	43408	40604	84012
5—9	67469	64229	131698	42129	39705	81834
10—14	60911	58618	119529	37196	32035	69231
15—19	53326	52239	105565	40269	33673	73942
20—24	44703	44779	89482	104483	59172	163655
25—29	37160	39206	76366	225696	90136	315832
30—34	32646	35624	68270	225333	83698	309031
35—39	28359	31747	60106	207186	73891	281077

续表

年龄阶段	科籍		合计	非科籍		合计
	男	女		男	女	
40—44	23149	26505	49654	151022	54026	205048
45—49	16740	21589	38329	110832	33820	144652
50—54	12472	16303	28775	65882	17867	83749
55—59	8425	12313	20738	34441	9213	43654
60—64	7190	9048	16238	14966	4789	19755
>65	13635	14878	28513	11338	6792	18130
合计	477216	496070	973286	1314181	579421	1893602

据2014年的最新统计,科威特全国人口已达394万,其中科威特国籍的124万,约占31%;[1]而科威特的外籍人口数量达到241万[2],其中印度人最多,达到76万人。排在印度之后的是埃及,51万人;孟加拉国,18万人。[3]科威特的这些外来移民一方面带来各种技艺,解决了人力资源不足的问题;另一方面,这也增加了政府在教育、水、电、医疗保健、安全等方面的负担。科威特的居民增长率为千分之11.3,是世界之最。上世纪60年代,科威特的人口密度为3115.6人/平方公里,集中于总面积的9%,人口分布不均。44.2%的居民生活在首都科威特城四周,48%的居民住在首都,其余的住在乡村。现在这种情况已经发生了根本改变,科威特兴建了许多新区,居民分散至各个地区。[4]

人口的快速增长,尤其是人口结构中青少年比例高,这给科威特教育事业带来巨大的压力。由于缺乏最新的资料,本章只能以上世纪的数据引

---

[1] 中华人民共和国驻科威特大使馆经济商务参赞处,2014 - 5 - 29http://kw.mofcom.gov.cn/article/ddgk/zwrenkou/201405/20140500605130.shtml

[2] 阿拉伯时2014年7月8日报道提到的最新统计数据。

[3] 中华人民共和国驻科威特大使馆经济商务参赞处:《科威特最多的外籍人口来自印度》http://kw.mofcom.gov.cn/article/ddgk/zwrenkou/201407/20140700656074.shtml

[4] 科威特研究中心:《科威特国教育史》(第三卷),2002年,第9页。

证教育政策。

一、科威特教育概述

　　科威特教育的起源可以追溯至1887年。当时所谓的教育,就是孩童在父母意愿的驱使下前往特定的地方,学习《古兰经》和读写方法,教师一般是志愿者或是伊斯兰教教法人士,人们称这类地方为"学校",实际上等同于私塾或是《古兰经》学校,当时其他阿拉伯国家的教育也类似于科威特的情况,这种教育主要是宗教教育。早期的学校有穆巴拉克学校和艾哈迈迪学校。19—20世纪之交科威特教育设施稀少,少数《古兰经》学校(或称为Al-Katatib)讲授阅读、写作和一些算术。20世纪初,科威特没有公共教育,教育经费主要由一些富裕的科威特公民私人提供。[①]

　　20世纪中叶科威特开始建立现代意义上的教育制度,教育系统的发展很大程度上归功于石油的发现和石油工业发展所带来的财富。1939年,科威特政府掌管了教育。1945年,科威特已经开办了17所学校。二战后石油产业崛起,科政府开始将大笔金钱投入于社会服务,教育也是其最重视的事项之一。截至1960年,科威特教育系统登记的学生数量达4.5万人,其中女生数量1.8万名。

　　教育可以培养经济与社会发展需要的劳动力,推动民族发展和社会进步。1961年独立后,科威特政府把发展教育事业当作一项战略任务。独立后至海湾战争前的近30年里,科威特每年的教育经费占到国家财政支出的15%—20%。海湾战争后,由于财政紧缩,教育投入有所下降,但仍占国家财政支出的10%以上。[②]

　　20世纪60年代科威特的教育事业迈出了具有重要意义的步伐:1962年颁布的宪法规定,国家将保证教育的实施,促进教育的发展;1965年,科威特学校首次实施义务教育制度,1967年,在科威特政府的财政补贴大力

[①] 科威特文化办公室,http://www.kuwaitculture.com/About%20Us/History.htm。
[②] 钟志成:《中东国家通史——海湾五国卷》,商务印书馆,2007年版,第210页。

支持下,私立学校体系再次出现。[1]

丰富的石油资源改变了科威特的经济面貌,经济富裕使社会福利增多,除医疗和养老保障外,还辐射科教文卫各个方面。科威特政府的巨额投资使科威特的教育事业飞速发展,教育部不断改进教育体制和教学大纲,逐步形成了比较完善的包括基础教育、高等教育和职业技术教育在内的教育体系[2],并在全国形成了六大教育区域。[3]

科威特的基础教育包括学前、小学、初中和高中4个阶段,实行免费教育。自20世纪70年代以来,科威特的基础教育得到大力发展,1998/1999学年,科威特全国各类学校共计608所,各类学生30万人。2003年,各类学校增加到1056所,其中公立学校613所,私立学校336所,以及成人教育学校和特殊教育学校等,在校学生46万余人,教师3.7万人。[4] 据科威特文化办公室公布的数据,目前有近50万学生就读于科威特的学校,占人口总数的大约30%。[5]

在科威特有相当数量的由外国人资助的私立学校,许多科威特人倾向于将其子女送往私立学校,其中较有名望的学校如巴彦双语学校(The Bayan Bilingual School)、科威特美国学校(the American School of Kuwait)、美国国际学校(the American International School)、科威特英国学校(the British School of Kuwait)、法国学校(the French School)。私立学校的资金并不是全由政府出资,但是政府也投入了大量的补贴资助[6]

科威特的高等教育始于1966年科威特大学成立。政府支持的两类高等教育分别是科威特大学和两年制的应用培训教育学院(Public Authority for Applied Education and Training(2 – year college))。此外,还有一些科威特高教部承认的私立学院和大学,包括海湾科技大学、科威特澳大利亚学院、科威特美国大学、美国海湾学院、Maastricht 工商管理硕士学校、box-hill

---

[1] 科威特文化办公室,http://www.kuwaitculture.com/About%20Us/History.htm。
[2] 钟志成:《中东国家通史——海湾五国卷》,商务印书馆,2007年版,第210页。
[3] 科威特教育部官网,http://www.moe.edu.kw/SitePages/HOME.aspx。
[4] 钟志成:《中东国家通史——海湾五国卷》,商务印书馆,2007年版,第210—211页。
[5] 科威特文化办公室,http://www.kuwaitculture.com/About%20Us/higher.htm。
[6] 同上。

女子学院。①

科威特的各种私立学校是科威特教育体系的有机组成部分,也是对公立学校的重要补充。较有名的私立大学有海湾科技大学(Gulf University for Science and Technology(GUST))、阿拉伯开放大学(The Arab Open University(AOU))、科威特美国大学(The American University of Kuwait(AUK))等。②

在科威特迈向现代化的过程中,现代教育体系日臻完善,师范教育和职业技术教育也应运而生,蓬勃发展,如培养师资的教育学院、各类专科学院等,从而缓解人力资源不足的压力,满足社会对各类人才的需求。

科威特大力发展教育事业,国民素质不断提高,文盲人数逐年递减。1957年,文盲人数占全国人口的54.5%,1980年为28.9%,1997年为21.5%,2000年为11%,2003年则为6.46%。③

二、科威特各级教育类型的历史发展过程

科威特的教育体系可以分为普通教育、职业教育、高等教育、宗教教育四个方面。普通教育主要是为大学或研究型专业学院培养输送生源,包括幼儿园、小学、初中和高中;职业教育强调职业培训、培养职业技能,但学生也要接受基本的文化教育,学生毕业后既可以利用所学知识技术直接参加工作,或是继续学习深造。职业教育根据学习内容的学科类型可划分为商业学校、职业学校、技术学校、师范学校,以及残疾人学校;高等教育主要是以1966年建立的科威特大学为开端,包括公立大学、私立大学和师范学院④等。此外,科威特是阿拉伯民族,主要宗教为伊斯兰教。宗教是文化

---

① 科威特文化办公室,http://www.kuwaitculture.com/About%20Us/higher.htm。
② http://www.kuwaitculture.com/About%20Us/higher.htm
③ 钟志成:《中东国家通史——海湾五国卷》,商务印书馆,2007年版,第212页。
④ 师范学校招收初中毕业生,学制为四年,培养小学师资;师范学院招收高中毕业生,学制为两年,培养中学师资。

的重要组成部分,反映了民族精神,是民族文化的源泉。因此,科威特的教育体系包含了独具特色的宗教教育,人们重视培养下一代的宗教意识。宗教教育和世俗教育并非完全独立,泾渭分明,而是相互融合,从世俗教育体系的课程设置中,可见其亦十分重视学生对伊斯兰精神和教义的学习和领悟。在大多数阿拉伯国家,宗教教育始终占据着重要的地位。

(一)普通教育阶段

科威特的教育重点是基础教育,旨在提高全民的知识水平。

1. 幼儿园

科威特幼儿教育的基本理念是希望"给4—6岁的幼儿创造良好的环境,使他们发现交往的乐趣、童年的快乐及各种家中无法创造出的游乐活动;与此同时,培养孩子了解各种风俗习惯以及传统美德。"

1954年以前,科威特仅有麦哈莱布和塔里克两所幼儿园。1954年,教育部规划了幼儿教育的具体目标,包括提供关怀和照顾的环境氛围、培养孩子的天赋和爱好(如识别颜色,确定方向,掌握初级知识如拼写、计算、学科原理)、通过唱歌、玩乐、运动的方式创造轻松的学习氛围、培养美德和好习惯(如自立、勇敢、责任心、秩序、卫生和诚信)、关注医疗卫生和预防儿童疾病。[①]

幼儿园学习时间为两年,在玩乐、表演、歌唱的基础上为儿童制定学习计划。当时的幼儿教育指导方案和学习计划,包括发展儿童的感官、活动、艺术和语言能力的科目,从而开发儿童的天赋。此外,教育部还开办了一些幼儿教育工作者的培训班。

1960/61学年,教育管理机构制定了新规划,其中涉及儿童教育的新理念:"儿童教育有别于小学教育,过度开发儿童智力不利于儿童的智力发展和健康,使其对学习产生反感情绪。幼儿教育必须内容少、时间短,通过故事、图片、玩乐、照料家禽、记忆歌曲、简单的算术法则、一些句子,以

---

① 科威特研究中心:《科威特国教育史》(第三卷),2002年,第47页。

及使用学校各项设施和参加校园的简单劳动等途径进行,依靠积极的学生活动培养幼儿的集体感和兴趣。"

1966年成立了幼儿园监管机构,包括督察部门、技术事务部和行政事务部,制定了日常课程体系,涵盖宗教启蒙、阿拉伯语、唱歌、故事、算术、公共课题、艺术常识、科学、卫生等科目的学习计划。

1971/72学年幼儿园的数量发展至46所,学生数量为12970人,分布在科威特的各个城市或乡郊。

20世纪60—70年代的幼儿教育存在一个问题,即缺乏受过高等教育的女教师或专业人士。科威特教育部的一份报告指出,1968/69学年的幼儿园女教师数量为620人,其中只有23人获得大学文凭,大多数女老师仅仅是高中学历。进入80年代后,这种状况已逐步改善。

2. 小学

根据1966年颁布,于1967/68学年实施的科威特义务教育法,小学和初中阶段是义务教育。该教育法的基础是科威特宪法,宪法规定教育是国家保障的赋予每个公民的权利。根据法律规定,义务教育是免费的,由国家制定扫盲计划。

科威特义务教育为8年,小学和初中都为四年制。小学生的年龄跨度从6岁至10岁,因为义务教育是免费的,学生和学校数量有了大幅增长。

小学教育的目标是根据科威特宪法中规定的基本原则而制定的,这些基本原则包括品德、智力、身体、心灵、社会性、民族情感方面的发展和培养。小学教育的具体目标还包括了解伊斯兰教的伦理道德和基本教义;学习各种必需的基础知识,首要的为阅读、书写、日常生活所使用的计算;学习健康卫生知识,培养良好的生活习惯和健康心灵,以及审美品味;培养学生爱国、爱民族、爱历史的情操等。

因此,小学生要学习《古兰经》、阿拉伯语、算术、社会学科(历史和地理)、自然、普通科学原理、卫生、艺术、手工、音乐、体育。教育计划包括文化、艺术、社会、体育领域的活动和一些比赛。学校配备教学活动所需的视听设备。

小学生从一个年级进入下一个年级并不是通过考试,也不是自动转入,而是水平达标后才能进入下一个年级。整个学年中通过一些简单的方式反映出学生的水平,每个月学生会得到一些学分。前三年都是以这种方式进行,到最后一年即四年级,每所学校将各自进行一次专门考试。教育规划部门认为频繁考试会使教育失去其最根本的宗旨,在小学和初中阶段应该重视培养学生的天赋和素质。在取消考试前,学生的挂科率达15%,从而导致人力财力的浪费,并给学生的心理造成消极影响,产生厌学的情绪。最好的解决方式是研究学生学习落后的原因,重视对教师培训,重新审视和修订教学大纲或计划,使其适合各个层次的学生。

1961—1971年,学生和学校的数量已经有了明显的增加,1971/72学年的小学生总数已经超过6.3万人,公立小学数量达90所,其中有2040个班级,一个班级的平均学生数有30人。理想的班级学生数量为15—30人。与此相应的是,科威特教育机构相对充足,男子和女子师范学校(四年制学校,招收初中毕业生)的毕业生占教师总数的60%,即使这个数量仍然不够,但无论如何,已经填补了教育机构的一个重要缺口,一定程度上满足了小学师资的需求。

3. 初中

初中是小学的延续,让学生具备与其年龄相符的必要的文化知识。但初中相比小学更具重要性,无论是在公共生活还是文化、艺术教育上,这个阶段是学生的青春期,也是发现学生天赋、培养个人爱好特长和形成思想价值观的时期。教育部为初中阶段的教育制定了三个目标:一是继续完成小学阶段的教育目标,使学生了解民族文化、掌握阿拉伯语、通晓外语、学习阿拉伯历史和地理,了解关于现代文明的科学原理;二是发现学生的特长和天赋,选择对学生有益的教学内容,三是使学生形成优秀的品德,自觉参与社会活动,关注体育锻炼。

初中生的年龄范围是10—14岁,但是少数初中生超过了这个年龄,有些学生达19岁。造成初中年龄偏大现象的原因包括学习落后、多次挂科、学生或其家人有意的疏忽、教学大纲设置偏难等。此外,很多学生不愿意接受义务教育,没有完成学业,因此1971/1972学年的初中生数量不到小学生数量的一半。初中生数量减少的原因除了学习挂科外,还有以下三点:一是学校位置的地理分配不当,这些学校集中在科威特的老城区,很少甚至没有学校位于现代居民区或是郊区。因为这些学校校址较远,于是大多数学生止步于小学教育,没有继续初中阶段的学习。此外,随着科威特人口数量的快速增长,学生数量也在不断增长,有些学生没有机会受到教育。二是接受文化教育的意识薄弱,许多科威特人特别是边远地区的居民没有充分认识到接受教育的必要性,没有遵守义务教育法。义务教育法的推行需要有相关机构的监管和约束力量的管制。三是政府在师资和学校建设上资源不足,这使其并没有特别重视义务教育法的贯彻。科威特民众如果没有依法执行,也没有相应的惩罚措施,义务教育法仍是一纸空文。为此,科威特政府要求民众加强接受文化教育的意识,自觉守法,唯有如此,义务教育法才能得到全面贯彻。

4. 高中

高中学制为四年,学生年龄在14—18岁之间。高中教育是学生从少年转变为青年的关键性阶段。教育部规划了高中阶段的教育目标,主要是为下一步的高等教育和职业教育做准备,提升未来一代的素质。高中教育必须要多样化,这个阶段的教育主要包括两个部分:一是普通高中教育;二是职业技术高中教育。职业技术高中教育的部分将于职业教育章节中进行阐述。

普通高中教育的学制为四年,前两年学习基本的文理科知识,此后开始文理分科,文科重视学习语言(阿语、英语、法语)、文学、社会学、历史、地理、逻辑、哲学、心理学、文化思想;理科学习生物学、化学、物理、地质学、数学,此外还有一些人文学科,使学生了解人类文化概况。

1961/62学年—1971/72学年,普通高中教育的学生数量约为初中学生数量的三分之一。1971/72学年,高中学生数量为1.9万人,学校为21所,其中科威特学生占学生总数的57%,科威特教师占教师总数的13%。科威特的师资紧缺,所以聘用外来教师来弥补这一缺口。一个班级的平均学生数量为28人,相较于其他教育阶段的班级学生数量,这是最低的。

(二)职业教育

科威特的农业因水源缺乏和沙漠性气候的影响发展缓慢,有志于科威特全面复兴的人士希望科威特的经济可以建立在工商业的基础上。石油产业兴起后,人们开始思考如何培养现代化的技术工人,从而满足社会发展的需要。教育部门关注职业教育事业的发展是出于紧迫的社会因素,如飞快的经济发展速度、各领域技术人员的稀缺、大多数学院只招收科威特本国人而本国国民占总人口比例偏小、市场需要大量受过培训及受过大学教育的人才等。

20世纪70年代的教育部长萨利赫·阿卜杜·马立克·萨利赫曾提出[①]:"我们希望建立多种类型的学院,供完成中学教育的学生继续学习,从而获取专业资格。从大学毕业的医生在实际工作中,需要多种辅助人力资源,包括助手、男女护士等,这些都可以由职业学院提供……按此思路,如果社会对非大学生的需求超过大学生,那么我们要开始发展师范教育,成立某个专门研究技术学院大纲的委员会,该委员会由教育部选派代表组成,其任务是制定技术学院的教育计划,使毕业生获得在各个技术中心授课的资格。我们也考虑成立美术学院,学年为三年,培养音乐、绘画、手工、女子教育方面的教师。我们也考虑过建立测量学院,完成中学教育的学生可以来此学习,成为测量师;也有成立商学院的打算,毕业生从事管理和金融领域的工作。"

1. 职业技术教育

科威特一直很重视职业教育的发展,每年邀请国内外专家进行评估。起步时,现代职业教育并没有得到期望的接受度。1954年11月13日,科威特教育委员会开办了科威特职业学院,配备了必需的教学实习设备,研究石油行业所需的各种职业特点,以满足各个公司和部委对技术工人日益增长的需求。该学院学制为四年,第一批学生共有12人,到学年结束时只

---

① 科威特研究中心:《科威特国教育史》(第三卷),2002年,第23页。

有8人。人员的减少促使教育委员会调整了招生条件,招收的学生具有小学学历即可,此外学习结束后,可顺利通过初中三年级考试,并调整了后续的教育大纲。尽管如此,职业教育并没有取得很大的成功。

1962/63学年,教育部成立了技术委员会,由埃及和科威特的专业人士组成。根据该委员会的建议,教育部提高了招生条件,入院学生需具有初中学历,才可进入四年学制的职业学校高中部。职业学校的初中部招收初二学生,学制为两年。

1963/64学年,职业学校分为初中部和高中部,设立了不同的专业,如汽车、无线电、锉工和镟工、卫生保健,开办了学习时间一年或两年的日间或夜间培训学校。职业教育的学习安排符合当地的社会需求,在此基础上进行系统的学习。职业学校给国家培养了大批必要的技术工人,但是其毕业生的数量仍不能满足市场的需求。

60年代中期,科威特教育部重新审视职业教育的教学大纲,1967年科威特求助联合国教科文组织,该组织派出了五人专家考察团,其工作内容是调研如何发展职业教育,增加毕业生人数,满足科威特的市场需求。该考察团提交的报告指出:"职业教育目标是培养技术人员助理;培训中心负责培养技术人员和熟练工人,将技术工作和产业相联系,最后一年的培训应到岗实习;重视学校对学生的职业引导,为学生选择适合的专业。"

1970/1971学年以教育部长为首的职业教育委员会成立,成员包括国有和私营企业的工作人员,旨在推动职业教育学校及其教学大纲的发展,从而使培训内容符合社会需要,符合各个技术和产业领域实行的现代化操作方式。该委员会提出建议如下:

——职业教育目标源于科威特社会的经济及产业需求。

——制定与时俱进的教育大纲。

——培养具有一定技术水平的毕业生。

——提供必需的实验室、设备以及研究机构。

——新教学计划要重视专业工程绘图、英语、数学以及其他学科的学习。

——与国际组织合作,制定发展科研和教学大纲的计划。

——职业教育是没有终点的持续性阶段。

科威特积极与国际组织合作,1970年—1972年联合国教科文组织的专家应科威特的要求分批到来,其中有培训专家,电力、电子、机械工程专家,建筑专家,工业化学和教育专家。他们在两个层面上对学习目标提出了建议,一是职业层面,毕业生要具有操作机械的技能;二是技术层面,培养学生电子工程、化学和建筑专业的基本技能,为更高水平的学习做好铺垫。

职业学校是为期四年的中等教育。第一年,帮助学生发掘能力和培养兴趣,根据学生意愿,选择进入职业班或技术班;第二年,加强学生数学和外语的学习,使学生具有一定的科学知识和职业工程绘图的基础能力;最后两年,学生们进行专业学习。

1970—1975年间,有关职业教育及其发展的几份报告提交政府决策层,这些来自不同管理机构和委员会的报告(1971年隶属于政府规划委员会的技术培训教育委员会的报告;1974年初的隶属于高等职业学院高级顾问委员会的报告;应有教育部职业技术教育管理机构的一组调研报告)。提出了一系列意见和建议,如成立学制两年的培养高水平技术人员的研究机构,招收高中毕业生;学生有机会可以在熟练工人培训计划的各个阶段进行调整、跨阶段学习,制定持续性培训纲要等。

为加强科威特职业教育的深度和重要地位,教育部为了把职业教育纳入国家经济建设和公民就业范围作了很大的努力,国家对未来一代掌握技能和摆脱贫穷的热情也给予鼓励和资助。

科威特职业技术教育固然取得了一些成就,但也存在许多问题和隐忧。1970年,普通高中的学生人数翻倍了,而职业高中的人数却下降了12%。1974/1975学年的统计数据显示,科威特有35所中学,共有26520名学生,而其中技术学校只有3所,学生不超过1533人,大约占中学学生总数的5.8%。1974年,普通高中的支出为1000.2万第纳尔,而技术高中为200.1万第纳尔,约相当于普通高中的20.6%。上述数据反映了职业教育在发展的过程中仍处于劣势地位,不仅要致力于数量和规模的发展,更要重视质量和内部的结构性调整,要与教育计划相协调;技术教育不再是止步于中学教育阶段,可以进入更高的教育阶段和研究机构;接受技术教育的学生人数很少,大多数是被迫而非出于自身意愿,他们在学业上并不一帆风顺,对有意愿接受职业技术教育的学生,使其尽早入学;技术教育不能满足招聘市场的要求;科威特社会的国情使国民投资的三分之二倾向于资本投资,而非密集生产型劳动力投资。

1970/1971—1973/1974 学年,学习达标并适合技术培训的学生比例为 25%—30%;完成技术培训的学生比例大约占一年级注册生人数的 25%;完成职业培训的学生比例大约占一年级注册生人数的 21%;总体完成学业的学生比例大约占一年级注册生人数的 46%。自 1974 年起,科威特政府决心要全面发展技术教育。1975 年 5 月,教育部规划委员会对技术教育的级别和招生条件做出调整,将职业学校升格为高等技术学院,招收高中毕业生,将中级商业学校转变为高等商业学院,招收高中毕业生,因为社会调查表明,接受过高中教育的学生更能适应职业教育阶段。

1969/1970—1974/1975 学年学生人数统计表

总数	职业技术教育 技术高中	商业高中	职业学校	高中	初中	小学	国籍	学年
169330	510	368	812	7319	27667	39324	科	
43	—	2	41	6104	15370	15094	非科	1969/1970
1733	510	370	853	13423	43037	54418	总数	
1466	328	516	622	15271	39470	46566	科	
67	4	5	58	11553	16540	37351	非科	1974/75
1533	332	521	680	26824	56010	83917	总数	

科威特教育革命的目标之一就是扩大女子教育,在职业技术教育领域,女子技术教育的发展也是不可忽视的。

早在 1957 年,科威特社会劳动事务管理局与知识部合作,在女子培训中心实施女子技术教育。知识部负责具体实施,提供监察员、教师、教材和教学用具；而社会劳动事务管理局则提供经济上的资助。教育的目的是使女学生具备在政府机关和企业工作的能力。教学大纲包括一般文化和技术培训两方面的科目，如培训缝纫、裁剪和刺绣，家政、幼儿照顾和急救、扫盲。培训时间为6个月。

三年后，社会劳动事务管理局和知识部对女子技术教育进行了一些调整，自1960/61学年开始，将培训时间延长至2年。除使女学生具备文化知识和家政能力外，女子职业学院新建立两个学科，即商业管理学科和社会研究学科。

1963/64学年科威特独立后，女子技术学校的招生条件发生了变化：

——公共学科的招生条件：具有小学学历，学制一年。

——预科招生条件：具有初三水平，学制一年。

——社会研究管理学科：招收初中毕业生和公共学科、预科通过者，学制三年。

1967/68学年，该学院一切事务归属于教育部，教育部将其发展为技术中级学院（技术高中），有四个学科，招收具有初中学历的学生，并修订其教学大纲，从而使科威特的女青年有资格从事各种技术工作。四个学科分别为商贸和办公文秘、社会服务、家庭理财、实验室秘书。

技术高中取得了成功，学生人数自成立之初的82人发展至1971/72学年的775人。

2. 商业教育

1940年穆巴拉克学校开始了科威特的商业教育，是科威特首个实施的商业教育。但是早在1912年科威特就开始重视这类教育，因为商业关系到国家的基础经济活动。这方面的民间努力一直在进行，直至1953/54学年，科威特成立了公立正规学院——即商学院夜校，并为该学院制订了多个科学系统的教育大纲，学制为两年，最后授予通过者证书。该夜校的科目包括簿记、财务会计、贸易结算和金融数学，贸易技巧、英语和阿语文秘、英阿打字。此外，学生们可选修英语和阿语。该学院包括初中部和高中部。

亚非文化政策研究

商学院夜校注册学生人数统计表自 1954/1955 学年—1968/1969 学年

注册学生人数	学年	注册学生人数	学年
702	1962/63	284	1954/55
147	1963/64	692	55/56
169	1964/65	850	56/57
212	1965/66	1231	57/58
187	66/67	1286	58/59
202	67/68	1050	59/60
252	68/69	891	60/61
		1009	61/62

1962/63 学年教育部发现该商学院的课程设置并不完善,部分学生不能完成学业,于是对其进行调整,将科目设置为四个部分,包括会计、阿拉伯语文秘、英语文秘和多语种学习。这种改变有利于培养商贸工作所需人才。

随着科威特商业贸易活动在深度和广度上不断扩展,政府项目和贸易项目呈现复杂性、多样化和快速增长趋势,以及会计、管理工作的多样性。1964 年科威特教育部建立了专科商业学校,主要包括两个专业即会计和文秘。1965 年教育部建立了初级商业学校,第二年该学校发展成具有普通初中水平的学校,而不仅是职业培训中心。1967/68 学年,教育部提高了专科商业学校的招生条件,决定招收优秀的初中毕业生。

1964/1965 学年—1974/1975 学年中级商业学校注册生人数统计表

学生人数	学年
96	1964/65
117	1965/66
129	1966/67
165	1967/68
186	1968/69

续表

学生人数	学年
228	1969/70
278	1970/71
424	1971/72
250	1972/73
110	1973/74
5	1974/75

1964年,科威特建立了商业高级中学,这与当时的石油生产发展、社会需求加大、代理公司增多、全球市场对石油的需求量增多、石油价格上涨的情况相关。该校学制四年,毕业时学生可获得证书,使其具备工作资格。

商业教育的目标是,无论是在自由行业(簿记、进出口、代理、投资证券、承包、批发和零售贸易),还是在政府行业(会计、仓储、文秘、统计),或是在一些公司机构(公共服务、销售、宣传、存储、人力资源管理),培养具备从业资格的学生,在进行技术教育的同时,也有文化教育(阿拉伯伊斯兰、语言、经济、媒体、计算和经济知识),使毕业生具有实践能力和文化素质继续深造,最终目标就是将商业文化和公共文化相结合,从而使毕业生具备应对不断更新的市场需求的能力。1970年1月28日,教育部发布决定,成立研究商业高中教育计划的地方委员会,组成人员包括教育部技术事务部长助理、行政金融事务部长助理、教育部规划顾问、大纲和教材审查员、数学首席监察员、商业高中校长、商业科目的首席教师。

全球商贸的发展对社会各个行业提出了新的要求,商业学校的发展并没有满足新需要,必须要找到解决方法。埃及高教部副部长穆罕默德·穆罕默德·哈桑、联合国教科文组织专家穆罕默德·艾哈迈德·阿那姆教授,以及教育部技术教育管理机构主任尤素福·阿卜杜·穆阿迪教授共同撰写了科威特职业技术教育未来报告,此外还有一系列报告,共同指出科威特商业高中教育的缺陷,高中生中只有5%的学生选择商业高中,而女生只有2%。商业高中教育是最终的教育阶段,学期结束时教育就终止了。有些课程设置不适合商业教育,也不适合学生的水平。所有报告都一致认同要采取统一原则,即重组高中教育,打破职业、技术、学术教育间的隔阂。在最后两年,强化专业学习及弹性学习。高中学习后,开始为期两年的商业技术人才培养。

1963/1964—1979/1980 学年商业高中毕业生、注册生和新生人数统计表

毕业生	注册生	新生	学年
—	40	40	1963/64
—	73	22	1964/65
—	84	19	1965/66
40	94	15	66/67
22	85	20	67/68
18	99	47	68/69
14	142	61	69/70
14	211	87	70/71
37	316	142	71/72
37	314	148	72/73
42	383	168	73/74
76	521	220	74/75
57	394	—	75/76
106	313	—	76/77
154	200	—	77/78
35	45	—	78/79
9	9	—	79/80
661		989	总计

1975 年 5 月 31 日教育部发布决定,自 1975/76 学年商业高中学校停止招生。1978/79 学年,科威特成立了第一所商业学院,其教学大纲集学术、技术课程于一身,呈金字塔形,含义是学生具有广博的知识基础和精通

的专业。该学院成立的目的是在普通高中教育后继续培养技术人才。为制订学习计划和学习科目,成立了扩大委员会,该委员会由来自教育部、科威特大学以及劳动力市场部门的代表组成。该学院的学制为两年,在春假和暑假中提供职业培训,鼓励优秀的学生继续研究生教育,学院的学生享有奖学金。

自建立以来,该学院已经取得明显的成功。1982/83学年,该学院隶属于培训和应用教育管理局。1986/87学年取名为商业研究学院,学习科目包括会计、文秘、材料管理、合作管理、邮政管理、保险和银行、计算机。

1975/1976学年—1981/1982学年,商学院新生、注册生、毕业生人数统计表

商学院(女生)			商学院(男生)			学院
毕业生	注册生	新生	毕业生	注册生	新生	学年
—	379	402	—	437	440	1975/76
228	568	246	163	490	215	1976/77
226	676	400	190	572	255	77/78
185	773	376	109	515	288	78/79
274	918	627	138	565	370	79/80
266	1124	596	109	556	360	80/81
391	1350	677	140	548	347	81/82
1570	—	3324	849	—	2275	总数

3. 残疾人教育(特殊教育)

正如世界其他国家一样,科威特也有特殊教育学院,最初开设于穆巴拉克学校,从盲人教育开始。1942年,宗教学院也开办了特殊教育,此后盲人教育不断发展。1953年,一些专家学会了盲文使用方法。1955/56学年,知识部开办了光明学院,共有36名学生。阿卜杜·阿齐兹·闪赫·拉比阿担任院长,此后他担任所有特殊教育学院的总负责人。1958年12月8日开办了光明女子学院。1959/60学年开设了两所听力障碍者学校。1960/61学年开设了两所学校,招收学习后进和智力低下的学生。1963/

64 学年,教育部开设了一所希望学校,招收肢体行动不便的男女学生。

1960 年 11 月 10 日,教育委员会发布决定,要将所有的特殊教育学校整合至一个机构,但是该决定至 1966 年才开始实施。这个整合项目需花费 400 万第纳尔,到 1969/70 学年这笔款项才落实。尤其在 1965 年之后,科威特颁布了 11 号义务教育法,规定残疾儿童要进入特殊教育学校学习,更多的家长为其子女注册入学。

教育部为制定更为完善的残疾人教学大纲,成立了几个专门委员会,至 1993/94 学年末,明确了残疾人的定义、各个残疾级别,以及与各个级别的残疾人的交往方式,限定了各个学科的内容。根据普通教育目标,不同残疾级别的教育大纲是有差异的,但在工作机会面前残疾人和正常人之间是没有差异的,录用与否取决于他们的工作能力。科威特教育部与世界专业机构、家庭指导部门和各个家庭合作,同时完善了印刷厂,配备了电脑设备和字母输入系统,发行了许多指导手册,发给教育机构或学生家庭使用。

1960/61 学年,科威特的残疾人学校共有 6 所,总计 181 名学生,其中男生 126 人,女生 55 人。至 1970/71 学年,残疾人学校已经发展至 11 所,总计 1232 名学生,其中男生 850 人,女生 382 人。尽管这些学院的学生人数并不多,但是从人道主义和民族主义的角度来看,成立是非常重要的。

残疾人学校数量、成立时间以及学生数量统计表

学生数量	成立时间	学校名称	序号
36	1955—1956 年	光明男子学校(盲人)	1
20	1958—1959 年	光明女子学校(盲人)	2
18	1959—1960 年	希望男子学校 (小学,听力障碍者)	3
4	1960—1961 年	希望女子学校 (小学,听力障碍者)	4
17	1965—1966 年	男子职业培训学校(听力障碍者)	5
9	1966—1967 年	女子职业培训学校(听力障碍者)	6

续表

学生数量	成立时间	学校名称	序号
30	1960—1961年	男子思想教育学校	7
34	1960—1961年	女子思想教育学校	8
26	1963—1964年	希望男子学校(活动障碍者)	9
29	1963—1964年	希望女子学校(活动障碍者)	10
87	1967—1968年	男子思想教育培训学校	11
26	1968—1969年	女子思想教育培训学校	12
71	1985—1986年	男子康复学校(唐氏综合征)	13
57	1985—1986年	男子康复学校(唐氏综合征)	14

特殊教育学校管理人员的人数为133名科威特人和34名非科威特人。至于女子学校的行政和教育机构成员,1994/95年时人数达到218名科威特人和123名非科威特人,其中女教师人数为93人,而在男子学校有170名科威特人和178名非科威特人,其中男教师人数为154人。

1994/95学年在校注册学生共有1578名,分布在196个班级,其中科威特学生1281人、沙特学生54人、巴林学生27人、卡塔尔学生4人、阿联酋学生14人、阿曼学生19人、叙利亚学生9人、黎巴嫩学生4人、约旦学生3人、巴勒斯坦学生4人、也门学生1人、埃及学生20人、伊拉克学生13人、来自其他国家的11人。非科威特籍的学生总数为297人,其中有115人为无国籍学生。上述数据显示残疾人教育学校主要为阿拉伯人提供特殊教育服务,但其服务范围也包括一些世界其他国家的学生。

4. 师范教育

1912年科威特教育开始之初,教师培养问题已经成为了教育领域负责人关注的焦点。1936年后,学生和学校的数量有所增长,师资培养问题的重要性愈加凸显。教师培养的初次尝试是在1938年,当时科威特派出了一组学生前往巴格达的乡村师范学校学习。1939年科威特又派出了四名学生前往艾资哈尔大学学习。而在科威特国内,1943年开始师资教育培训的首次尝试,教育部负责人阿里·海卡勒为部分教师作报告,并撰写了有关教育主题的书目概要。

1945年第一次世界大战刚结束,科威特就派出了近50名学生留学开罗,学习各类知识。1949年科威特成立男子师范学院,由于招收的学生数量太少,两年后这所学院关闭了。1953年科威特成立女子师范学院,学生数量情况有所改善,生源来自小学毕业生,第一届学生数达24人,其中13人为科威特人。自1955/56学年起,招生条件提高为具有初中学历的学生。

为了满足师资需求,1957/58学年和1960/61学年,科威特教育部两次修订了女子师范学校的教学大纲。1961/62学年,教育部又决定成立女子师范学院,在完善体制和教学大纲后,使其成为独立学院;同时成立男子师范学院,加快师资人才的培养。

据统计,1962/63学年普通教育学校的男女教师数量为2962人,其中62人为科威特籍的男教师,67人为科威特籍的女教师,即科威特籍教师的比例没有超过4.4%。因此,教育部成立了多个技术人员委员会,目的是编写上述两个师范学院的教学大纲。教学大纲要立足于科威特社会的需要和学习阿拉伯伊斯兰文化。

男子师范学院和女子师范学院在特殊情况下,也招收一些具有初中学历证书的非科威特人,并且要通过入学测试和体检,学制为4年。成功毕业的学生可以获得相当于普通高中教育证书的教育文凭,具有该证书的学生可以进入大学继续学习。上述两个师范学院有四个学科,分别是公共学科、技术教育学科、体育学科和音乐教育学科。师范学院前两年学习公共科目,第三年开始学习专业知识,发展学生的潜力和能力。教学大纲中的公共科目每周占13课时,专业科目占11课时。

公共科目有伊斯兰教育、阿拉伯语、英语、社会学、数学、一般科学、卫生教育、教学原理、心理学、各科教学法、教育方式、图书馆学、女性学(仅限女学生)。毕业生在所有科目中要获得总学分的一半,学分的分配是平时成绩和期末成绩各占50%。

师范学院的教学大纲包括专业学习和职业实践两方面,实践教育是学

第七章　科威特教育政策研究

习的基础,学生在实践教育中要经历两个阶段:观察和评判阶段、工作实践阶段。通过组织讲座和论坛,让学生学习和研究各个方面的知识。

教育部每个月向两个学院的学生们提供补助和奖学金,并提供合适的住宿。1968年5月8日,教育部发布决定,师范学院提前一年开始专业学习,即从第二年开始,从而使只具有小学资历的学生可以获得足够的专业知识和科学知识,对教学大纲和教材也进行了相应的调整。

1969/70学年,教育部为提高两个师范学院毕业生的水平,成立了专门委员会,研究在新情况下的科威特师资培养,提出以下建议:

——培养具有大学水平的初中和高中教师。

——学生高中毕业后,培养其成为小学教师,学制为两年。

——上述方案只是临时和近期的,直至国家有能力培养具有大学水平的教师。

因此,1970/71学年两个学院停止招生,最后一批学生于1973/74学年毕业。1965/66学年,男子师范学院第一批毕业生数量为159人,女子师范学院第一批毕业生数量为64人;至1973/74学年,男子师范学院最后一批毕业生数量为1506人,女子师范学院最后一批毕业生数量为1779人。

1971年教育部发布决定,自1972/73学年开始招收这两个学院毕业的高中生,分为文理科两个学科:将来从事阿拉伯语、伊斯兰教育和社会学教育的学生学习文科;将来从事数学和科学学科教育的学生学习理科。

若学生在毕业时获得"良好"及以上的评价,则具有进入科威特大学学习的资格,他们也可以选择出国留学。1977/78学年,专家委员会全面审视了两个学院的教学大纲,该委员会的成员来自科威特大学、教学大纲研究中心、小学教育代表和一些教师。该委员会制定了课程体系,在教学目标、教育方式和大纲方面调整了培养计划。1982年后学习的科目有所扩大,主要包括10个学科:始于1972/73学年的文科和理科;始于1977/1978学年的图书馆馆长助理学科和幼儿学科(仅限女学生);始于1978/1979学年的技术教育学科和体育学科;始于1981/82学年的教育科技学科和居家理财学科(仅限女学生);始于1982/83学年的室内设计学科(仅限女学生)和电子学科(仅限女学生)。

1982年,科威特颁布了第63号法令,成立应用教育总机构。两个师范学院归入这个总机构管辖。1972/73学年—1981/82学年,男子师范教育学院每年毕业生人数从58人增至258人,期间共有1410名男教师毕业;而女子师范教育学院每年毕业生人数从117人增至455人,期间共有2851名女教师毕业。1986/87学年,两个学院的学制为4年,名称改为基础教育学院,授予学生教育学士学位,任职小学教师。

科威特教育部为培养师资付出了巨大努力,在实践过程中不断发展和调整教学机构和教学计划,但科威特的师资资源仍然有限,培养能满足教育需求的师资队伍还需要更多的时间和努力。

(三)高等教育

科威特现有一所公立大学和3所私立大学。[1] 科威特政府支持的两类高等教育分别是科威特大学、应用教育和培训公共机构(两年制学院)。此外,还有科威特高教部认可的一些私立学院和大学(后高中教育),有海湾科技大学、科威特澳大利亚学院、科威特美国大学、美国海湾学院、Maastricht工商管理硕士学校、box-hill女子学院。

科威特大学是科威特第一个国立研究型大学,下属于科威特教育部和高教部的一个政府机构,在教育部长和高教部部长为领导的大学理事会的监督下进行运作。科威特大学旨在提供卓越的教育,助力于知识的生产、发展、传播及人才的培养,实现发展和满足社会需求的目的,现包括16个学院和众多的研究机构和工作中心。

科威特大学成立于1966年10月,于当年11月正式招生开学。同期成立文理学院、教育学院及女子学院,当时共计有418名学生、31名教职员工。[2] 20世纪60年代科威特独立,建立了新国家,制定了新宪法,体现了构建新社会的远大理想。当时,科威特大学在社会上的文化作用要先于

---

[1] 资料来源:http://kw.chineseembassy.org/chn/fhly/t580298.htm 中国驻科威特大使馆。
[2] 百度 http://baike.baidu.com/view/10763586.htm?fr=aladdin。

第七章 科威特教育政策研究

教育作用。

科威特大学的开办可谓是科威特文化教育活动的新维度,1986年,学术出版委员会建立,有效地监督科威特大学出版的各种学术杂志,这些杂志不仅是业内专家人士的参考资料,更是具有阿拉伯国家甚至是世界水平的刊物。这些杂志成为了科研人员、专家教授发表创新型研究成果的坚固阵地。各个学院的文化活动及其出版物在提高科威特文化水平上具有突出作用,并组织和参加各类研讨会,进行各项专题研究。

科大主要接收本国学生,每年向阿拉伯国家和其他友好国家提供数百名奖学金名额。我国每年派遣3名奖学金生到科大语言教学中心学习阿拉伯语。20世纪80年代以来,科威特大学不断增设新专业、扩大办学规模,经过不断努力得到了显著的发展和兴旺,截至2013年,已经拥有16个理工和人文学院,共计约有4万名学生和1450名教职员工。[1] 根据世界各大学的matrix weibo,科威特大学在西亚地区排名第14,在全球大学排名第2781。[2]

科威特大学位于科威特城,是由5个校区组成的综合教育机构,[3]分别是Shuwaikh校区(Campuse of Shuwaikh)、Keifan校区(Campuse of Keifan)、Khaldiya校区(Campuse of Khaldiya)、Adailiya校区(Campuse of Adailiya)和Jabriya校区(Campuse of Jabriya)。

科威特的各种私立学校是科威特教育体系的有机组成部分,也是对公立学校的重要补充。科威特的私立大学有:海湾科技大学(Gulf University for Science and Technology(GUST))、阿拉伯公开大学(The Arab Open University(AOU))、科威特美国大学(The American University of Kuwait(AUK))。[4]

---

[1] 百度 http://baike.baidu.com/view/10763586.htm? fr = aladdin.
[2] 来自维基百科。
[3] http://www.kuwaitculture.com/About%20Us/higher.htm.
[4] http://www.kuwaitculture.com/About%20Us/higher.htm.

(四)宗教教育

科威特教育的开端可以追溯至 1887 年。当时的教育融合了阅读、书写、基本的算术和背诵《古兰经》章节、圣训、教法知识等。有些学者自愿在本国或邻近国家传授他们的知识,但是直到 1943 年时,一些清真寺的伊玛目在祷告礼拜时由于疏忽犯错且不愿改正,遭到人们的批评和讽刺。一位名叫阿卜杜·阿齐兹·哈马代的先生与教育委员会联系,提议建立培训清真寺伊玛目、宣礼员的学校,以便于他们更好履行自己的职责。委员会接受了这个请求,租用了教学场地,安排一些教师从事教学工作,部分教师是志愿者,部分教师则是领取报酬的。

当时的教育主要是宗教内容,学习的科目有《古兰经》、《圣训》、三个派别的教法(马立克、沙斐仪和艾哈迈德),此外还有阿拉伯语。除了《古兰经》外,其他的科目都是在晡时礼拜之后开始,《古兰经》的学习和背诵是在清晨开始,这种情况一直持续到 1947 年。

不久,教育委员会认为要扩大上文提到的宗教学院,增加讲授有用的知识。于是向艾资哈尔大学提出请求,希望选派一些学者进行这项工作。艾资哈尔大学派出阿里·哈桑·布拉吉和他的同事。此后,艾资哈尔大学一直持续选派老师,并且每年有所增加。

1. 宗教学院的开办

1947 年,科威特重新开办了宗教学院,阿里·布拉吉谢赫负责管理。教育委员会发布了决定,委任尤素福·阿卜杜·拉提夫·欧姆尔先生担任学院负责人,和阿里一起管理学院的事务。

直到大约 60 年代末,艾资哈尔大学选派的学者们只在宗教学院工作。教育部有时在师资紧缺时,要求艾资哈尔大学增加选派的教师名额,尤其是阿拉伯语和教法学两个科目的教师,艾资哈尔大学均予以满足。

宗教学院编辑的杂志第一期(1954 年)谈到:"学院开始实施现代教育方式,教育学生使其成为和谐社会的优秀代表。学校就是社会的缩影,学院要努力把学生培养成未来对社会有益的人。"宗教学院开始实施"学校自治",成立了由学生代表组成的委员会,这些学生代表是协商会议的核心(学校议会)。该委员会的首要工作是形成全体学生参与选择的各个社团:如文化活动社团、体育活动社团等共5个。学院采取各种措施,吸引学生参加学院事务,此外,也鼓励学生家长进入学院一同学习。

1955/56学年,学生们有了现代的制服,此前是全国普及的大袍,名为الدشداشة。学校向学生们提供学费资助和每个月的生活补贴。教育委员会每年给优秀学生发放奖学金,对刻苦学习的学生也给予鼓励奖。向五年级学生(即学习最后一年)每月发放报酬(工资),数额为50里巴。1952年5月6日的教育委员会会议上,决定将宗教学院五年级的优秀学生送往艾资哈尔大学,在研究部门继续深造一年。

2. 宗教学院的教学大纲

宗教学院开办的目标就是培养精通阿语和伊斯兰教法的人才。教育委员会的负责人十分重视宗教学院的教学计划(教学大纲),从艾资哈尔大学选派代表主管宗教学院的教学,并参与制定教学大纲。大纲包括科学(理科)、社会学、英语、数学等科目,从而使宗教学院的学生和接受普通教育的学生保持一致性。

小学阶段的学习时间与普通教育的时间相同。但是宗教教育的学校没有音乐课和手工课,而是以一年级和二年级的5个课时的《古兰经》学习课代替;而三年级和四年级则以4个课时的《古兰经》学习课代替,直至学生了解和背记足够的《古兰经》章节。这个阶段的学习完成后,学生可以进入宗教学院的初中部学习或是进入普通教育的学校学习,每周的课时量为34节。

宗教学院的初中和普通教育初中的学习年限相同,为四年。学习大纲在很大程度上也是类似的,但是在教法学、阿拉伯语科目上的课时量有所增加。通过四年级考试的学生(初中文凭),可以进入高中学习。初中阶段的周课时量为38节。

宗教学院的高中和普通教育高中的学习年限相同,为四年,但是在教学大纲上有很大的差别。学生在四年里学习教法、经注、圣训、专业术语、逻辑学、认主唯一等科目。阿拉伯语课是单独开设的科目,学生们要学习句法、词法、修辞学、写作、文学、历史、韵律学,此外还开设外语、科威特社会的经济、历史、地理,以及哲学、社会学、数学、物理、化学。但是这些文化科目(不包括教法学和阿拉伯语)的课时量经常是有限的,只要求学生具备一些常规知识,相当于普通教育高中阶段的文科学生的基础知识。高中阶段的周课时量在一、二、三年级时为38节,在四年级时为40节。

3. 艾资哈尔大学对科威特宗教学院的影响

当时,宗教学院成立时就形成和遵循的教学大纲并没有发生改变,但是学生们需要学习英语、文化科目,从而跟上这个世界发展的步伐。宗教学院的负责人没有意识到需要调整教学大纲,仅仅是为了让学生以后能进入艾资哈尔大学的宗教律法学院、阿拉伯语学院,以及开罗大学的师范学院、科威特大学的一些高等学院。

科威特教育部为此委托艾资哈尔大学的代表扎基·斯维利姆谢赫调研宗教学院的情况。扎基发现宗教学院的入学率呈下降趋势,学生家长倾向于让子女进入就近的普通教育小学,因此宗教学院不得不关闭其小学部。他在一份报告中提到,宗教学院的高中阶段应加强引入各科学学科,将学习分为文理科,从而使学院的毕业生可以进入大学的各个学院继续学习。在他的建议下,教育部开始全面研究各种教育类型和教育阶段。

1961年,埃及艾资哈尔大学转变办学方向,要求学生掌握一些普通教育文理科的知识,从而有资格进入艾资哈尔大学的各个学院。这种发展方向使艾资哈尔大学的宗教学院产生了很大的变化,学院内的高中阶段分为文科和理科,学生们开始同时学习宗教学和其他科学。

4. 宗教学院的发展尝试及其步伐

1967年后,宗教学院并不是科威特社会宗教活动的重心,当时已经建立了法学院、伊斯兰教法学院,这些学院的级别比宗教学院高,但是宗教学院仍然继续维持其教学模式,并且扩大招生对象,招收来自世界各地的穆斯林学生。1960/61学年至1971/72学年,宗教学院的班级数量在13—15个之间,学生数量在280人左右,学生皆为男生,不招收女生。

宗教学院的发展尝试体现在两个方面,一是在科威特城近郊的居民区建立教学楼,方便市区以及市外新建居民区的学生入学。兴建教学楼的目的是形成一个集学习、住宿、礼拜和接受综合教育为一体的新型机构。二是重新审视教育部总体规划框架下的教学大纲,审查各个教学阶段的实施情况。

1978年,科威特教育部决定提高师范学院、商业专科学院、职业学院的招生资历,具有普通高中学历文凭的学生才可以入学。因此,那些只有初中学历的学生的唯一选择就是宗教学院,造成宗教学院的学生要么是被迫入学,要么是在宗教学领域没有一定的基础知识,从而使宗教学院执行教学大纲时出现困难,学生们无法很好地理解和吸收教学内容。

宗教学院的这些困境引起教育部的重视,为此决定成立专家委员会,制定教学计划遵循的标准,重新明确宗教学院的教学职能、目标和使命。1979年5月,该委员会发布了报告,建议组建旨在重新审视教材、教学大纲的专业委员会,并成立了若干教法学专业分委员会,成员应来自大学、宗教学院、宗教事务部、教育部伊斯兰教育技术指导局等,其工作是全面研究和替换部分教材,编著有关教法和圣训的教材。此外,专家委员会还提交了关于成立阿拉伯语和其他研究领域分委员会的报告。委员会的很多提议得到了教育部的采纳并付诸实施,编著了高中阶段的英语教材和社会学专业的教材,增设世界伊斯兰史、人类学、地理学,以及经济概况课程。阿拉伯语课程除学习修辞、词法、句法外,学生们还要学习普通教育学校开设的一些必修阅读课程。

专家委员会的决定之一就是改变学院三个教育阶段的学习计划,分配各个教育阶段的学时,如小学阶段为每周30小时,初中阶段为每周33小时,高中阶段为每周33小时。

教育部在宗教学院成立了以副大臣为主任的特别咨询委员会。1988年,该委员会又进行重组,其职责是督导宗教学院的工作,实现学院制定的目标和规划政策,推动其持续发展,不断完善教学大纲。科威特政府为了在各省推广宗教教育,成立了宗教教育特别管理机构。1981年6月30日,教育部根据艾米尔谢赫贾伯尔·艾哈迈德·萨巴赫的提议,发布决定:

——1982/1983学年,在富海希勒地区开设男子中级宗教学院。

——1984/1985学年,在富海希勒地区开设女子中级宗教学院。

——在贾赫拉、费尔瓦尼、富海希勒、阿迪尼、科尔多瓦地区开设宗教中心夜校(男、女)。

——在科尔多瓦地区开设女子宗教学院,并于1989/90学年开始授课。

新决定使科威特各地的学生都可以更方便地进行宗教学习,直到取得高中学历或是更高的学位。

值得一提的是,宗教学院的学生中包括很多来自其他伊斯兰国家的学生,科威特政府为这些留学生提供住宿、生活设施和奖学金。有些留学生到科威特宗教学院是为了学习阿拉伯语和伊斯兰教法,特别是那些来自母语是非阿拉伯语国家的学生,宗教学院特别为他们安排了为期两年的语言学习,从而使他们可以在进入高中阶段时同那些懂阿拉伯语的学生一起学习。两年的语言学习阶段面向完全不懂阿拉伯语的学生,作为升入高中学习的初级阶段,强化学习科威特初中四年的科目。

留学生在食、宿、学习、个人兴趣爱好方面得到了全面的关怀和照顾,其中的佼佼者可以去沙特阿拉伯麦加朝觐。1981年,教育部发布决定,要成立夜间指导部门,学生们可以在一年里学习写作、阅读报刊、演说。

三、教育规划和教育管理

(一)教育规划

独立后,科威特教育部在不断发展教育事业的同时,也在继续规划未来,以赶上社会发展的步伐。教育规划要随着现代社会的文化、经济、社会环境的改变而不断修订完善,在总目标的框架下,应该确定一定时期内的阶段性目标,体现社会、经济、文化的发展趋势,然后确定实施方法和途径。科威特的教育规划总目标归纳为以下几点:一是承认教育是每个公民的一项基本权利,各个教育阶段对所有人都实行免费;二是为每个公民提供平等的机会,使他们能够获得适合自己且感兴趣的知识,无论是学术教育还是职业教育,都应该支持公民多学习;三是集中必要的人力资源,支持社会经济文化发展,保护科威特的文化价值遗产,维持阿拉伯民族属性。

科威特在独立5年后,成立了独立的规划机构即规划委员会,其任务是制定总的社会经济政策和国家所有机构的发展计划,监督教育部的工作。

我们可以将科威特独立的50多年的教育史分为三个阶段:

阶段一:1961年(从独立时期开始)—1972年(召开教学大纲会议),科威特完善了教育制度,原则上限定了大多数的目标,开始深入规划未来,更有效更有意识地提供教育服务。

阶段二:1972—1990年,制订了教育目标,完善了五年教育计划,限定了阶段性目标,积累了一些教育经验,积极签订各项文化协议。与有关机构合作,构建文明社会。

阶段三:1990年至今,伊拉克的侵略对科威特教育产生了消极影响,在历经社会、经济、居民结构的变化后,科威特为战后恢复教育事业付诸了不懈努力。

科威特的教育发展主要有两个趋势和特点:

一是数量规模的发展,学校和学生数量持续增加,出国留学团体数量增长,教学楼和教学设备不断扩充,已经形成了六大教学区。科威特的学术教育和职业教育也在不断完善,开办了科威特大学和应用培训教育总机构。政府的教育开支随着国家经济的发展而持续增长。

1961年,科威特学生数量达51090人,学校数量为137所,教师数量(包括男教师和女教师)为2001人;1989年,学生数量为373718人,学校数量为633所,教师数量为27987人。同年,特殊教育学校的学生人数达131276人,学校数量为196所,教师数量为6847人。30年间科威特的学生数量增长了7倍,学校数量增长了大约6倍,教师数量增长了超过10倍。

二是教育质量提高,实现了普通教育目标和专业教育目标,在教育规划、教学大纲、教育种类、教材更新、教师培训、教育和考试服务、图书馆、技术指导、卫生和社会监督方面有所发展,还包括课程体系、继续教育和成立各司其职的机构。技术层面的发展包括教学大纲和教育计划、教育技术和教材、图书馆、学校教学、评估和测试体系等;管理层面的发展包括学校行政管理、教学管理,建立教学区,指导人力资源安排;在组织层面上发布了与教育发展相适应的规章制度和法律;在经济层面上更新设备、规范开支和增加教育经费。这些教育发展保证了教育数量和质量上的快速发展。

科威特独立前30年的教育探索,为独立后的教育事业发展打下了基础。

1. 制定教育政策的初步尝试

1911年至穆巴拉克学校成立(1920年)期间的教育政策的研究意义,在于满足宗教知识和实际生活的需要。这所学校建立后,学者们开始思考限定教育规划和教育工作的范围,并在此后的20年,广纳良言,不断进行尝试,考察邻近阿拉伯地区的教育状况,直至形成适合自身的教育理念。1936年,科威特成立了教育委员会,将教育理念转变为实际计划,颁布了"科威特教育管理法",该法的重要内容包括:制定教育规划和教学大纲,委任两名学校负责人,安排学生留学事宜以及成立相关教育组织。

该法首次提出了科威特的教育目标,制定了需要实现的教育政策。当时的科威特教育家们可能尚未具备达到预期目标、规划政策的教育理论和实践水平,但他们却具有实干精神、远见卓识和细致的管理规划能力,确信教育对国家和民族未来的重要性。

2. 重视并采纳科威特教育界人士的合理建议

科威特教育家常常借鉴英国人فالانس和ويكلن的报告,在此基础上成就了具有自己理念特色的科威特教育家,如伊斯玛仪教授和穆提博士。1955年,教育委员会采纳了他俩有关教育的书面建议,从理论和实践上为科威特教育政策奠定了基础。石油工业兴盛后,他们又起草了教育事业的八个目标和三项原则的报告,为教育政策的制定提供了最新理念和实施步骤。该报告所提出的教育原则、目标以及由此产生的教育体系的变化,是科威特的第一个教育规划,首次建构了现代学校的雏形。

至1961年,科威特已有128所学校。独立后,科威特成立了教育部,在时间上要晚于埃及、伊拉克、叙利亚等阿拉伯国家,但要早于阿拉伯海湾的一些酋长国。成立教育部标志着科威特认识到教育对国家未来的重要性,欲加快发展步伐,赶上先进国家的教育水平。

3. 教育和宪法

独立后的首要工作是制定宪法,该宪法应该与其他阿拉伯国家如埃及、黎巴嫩、叙利亚等国的宪法保持协调。为此,宪法第三章第13条规定:"国家应该保障教育的实施,教育是社会进步的基础,国家保障赋予每个公民的受教育权利";"基础教育阶段为免费的义务教育"。第三章第40条规定:"国家制定必要的扫盲计划,特别重视青少年的德智体发展。"第12条明确定义"教育活动的本质是国家维护阿拉伯伊斯兰遗产,为人类文明做出贡献"。宪法还明文规定了教育目标和教育原则,在此基础上应该制定的教育法、教育战略和教育规划等。

4. 1965年后的教育事业发展

科威特宪法虽然明文规定了教育原则和目标,但是仍停留在理论层面,并没有专门部委颁布具体的教育法、教育战略、教育政策、组织规章和实施细则。

1966年6月14日,教育部颁布了义务教育法,规定科威特儿童必须接受免费义务教育。当时的总体方向是确定具体的教育政策、教育目标和教育原则。在伊斯玛仪和穆提的教育计划实施10年后,教育部出于现实的考量和教育经验的累积,决定进一步调整和完善教育政策和教育规划。

1966年,阿拉伯国家教育部长在的黎波里召开会议,联合国教科文组织委派教育专家对会议的议题给予指导,对教育政策的规划制定提供帮助。该会议作出以下决定:

——扩大和完善教育组织,以满足阿拉伯国家教育需求,充分提供社会经济发展所需要的教育资源和经费。

——扩大发展教育事业,使其成为经济发展的推动力,与阿拉伯社会的基本目标保持一致,即保持民族文化、精神遗产和美好品德。

——将教育规模和教育质量的规划同国家全面发展规划相结合。

——保障男女教育平等。

——实施中学及高等教育多样化,实施符合学生学习意愿、学习能力的教育方式,实现各教育机构、教育类型的均衡。在学校内外、城市或乡村,实施理论和实践教育、文科与理科教育。

——在15年内完成扫盲和成人教育计划。

——重视残疾人教育,向其提供特殊教育机会。

——加强阿拉伯国家与联合国教科文组织之间的联系。

1966年,科威特倡议召开联合国教科文组织框架下的阿拉伯国家委员会会议,研究了1963年联合国的扫盲决议,形成了一些意见和建议,讨论了许多亟待解决的事项,建议做好下列事项:制定教育总目标,培养教师和兴建教学楼,关注学生的营养、健康、社会保健,优化教育管理,发展继续教育,重视教育研究,使教育规划成为教育发展的基础,在国家全面发展规划的框架内制定教育规划。

1967年3月27日,为"活跃教育活动,推动其不断前进",教育部长发布了成立教育委员会的37610号决定,表达了科威特教育部追求革新的志向,教育部长本人将这一阶段描述为一场教育革命。

教育委员会的职能是:(1)审议教育总政策,研究振兴教育服务的方向和计划,并向政府提出建议;(2)协调各相关职能部门和社会办学力量;(3)审核教育计划、教育项目的评估结果;(4)审议委员会成员或其他专业委员会提出的建议;(5)讨论并决定教育部召开会议的议题和内容;(6)将重大议题转交至教育部常务委员会或相关委员会。教育委员会每学年定期召开四次会议,也可以临时召开紧急会议。该教育委员会在开展了有效而富有成果的工作后于1972年解散。

(二)教育管理

任何一项成功的工作都是以规划为保障的,同样,没有教育管理的教育规划也是纸上谈兵,毫无成效。二者必须紧密结合,相辅相成,相互影响。科威特早期教育发展计划的缺点就是没有教育管理。

时代的特点和科技革命的本质尤其是生产关系的变化,使管理成为一项技术、专业以及发展和进步的条件之一。教育管理最重要的任务之一,是将教育同生产相结合,将个人的需要和社会的需要相统一,建立和建全各种形式包括直接、间接的教育制度,将教育管理与科技进步、业务工作与管理工作之间的关系协调有序。

科威特独立之前,教育基本上由政府部门负责管理,如当时的知识局就兼管教育。1962年,科威特颁布了关于行政管理的法令,其中将知识局改为教育部。

随着学生、学校和教师数量的增加,教育部对职能部门重新分工,并确定领导从属关系。1975年,教育部决定建立行政管理局,授权其统管全国教育管理事项,包括发展规划、财务管理和教育服务等。

至1985年,教育部工作人员数量达5.5万人,组织框架下的行政单位达41个,还有众多专业委员会,教学区域扩大至5个,普通教育的开支达2.55亿第纳尔。行政管理机构的这种快速扩容,表明了教育事业的蓬勃发展。

1. 管理框架的调整

教育部与第一任政府在1962年同时成立。教育部接手了教育委员会和教育部门的各项工作和权限。1963年3月,艾米尔颁布法令,委任费萨尔·萨利赫·穆塔维阿为教育部大臣。

随着国家经济和社会的发展,教育部管理结构也相应作了多次调整。根据1964年阿拉伯国家教育部长会议的决定,1965年科威特发布了38217号决定,将教育部的阿拉伯语名称改为وزارة التربية,此外,重新设置了组织框架,分为4个部门,每个部门有一位负责人:

(1)技术事务部:为教育管理机构,分管教育方式、考试、大纲、统计、民办学校、督查。

(2)体育和社会事务部:为体育管理机构,分管学校教学以外的各类活动、社会服务。

(3)文化事务部:分管留学生、国外学校、文化交流、公共图书馆和学校图书馆、博物馆。

(4)财务事务部:分管职员编制和工资管理、公共服务、学校饮食、招标工程、进出口物资、仓库保管。

技术事务部的一些机构在此前就已存在,新建立了中等教育管理局、教育方式管理局、考试管理局,此外,还成立了教材和教学大纲处、技术协调处和民办学校处。

体育和社会事务部于1963年开始运作,之后更名为体育和社会事务局,设立了社会服务办公室。

文化事务部成立了文化关系局,职能包括了一些其他部门,如公共图书管理处。

教育部的组织体系从1965年持续至1972年,由于工作环境的改变、工作内容的扩展以及突发性需要,教育部的组织结构不断在调整,对原有职能范围和内容作出相应变化。主要体现在下面几点:

(1)技术事务部的调整包括:重组三个教育阶段(普通教育、高等教育和职业教育)的教育管理局、教育媒介(方式)管理局、学生事务和考试管理局(此前学生事务和考试是分开的)、教学大纲和教材监管处、民办学校管理处、学科督察处。

(2)体育和社会事务部的调整包括:体育和野营管理局、学校活动监管局、社会服务管理局。

(3)文化事务部的调整包括:文化关系管理局、图书馆管理局、公共关系局、文物和博物馆管理局。

(4)财务事务部的调整包括:财务管理局、学校公共服务局。

2. 教育部组织结构的重要调整与合并

(1)部门名称的更改:单词 التعليم 从教育部的阿文名称中删除,将其名称改为 وزارة التربية。1964年于伊拉克巴格达召开的阿拉伯国家教育部长会议认为,التربية 这个单词包含了 التعليم,建议各阿拉伯国家的教育部阿文名称统一改名。科威特教育部于1967年才决定更改名称,当时的教育大臣称这个调整是"概念上的一次大跳跃,总体上反映了教育理念的发展"。他在1967/68年社会学家协会的讲话中谈道:"此前我们称为 وزارة معارف 即 وزارة التعليم,后来我们将科学和培育相结合,称为 وزارة التربية والتعليم,最后我们在今天仅使用 وزارة للتربية。其实原先使用的一个单词 التعليم 也是同样的意思,即从小学到中学的教育被认为是培育 التربية,而不是教育 التعليم。就我个人而言,这是教育概念的一大进步,即一个人应该受到全面有益的培育,应该获得学历证书,而从前会背诵古兰经的人就被认为是学者、文化人士。"

(2)1967年初成立的教育委员会,直接对教育大臣负责。其职责是规划和审核有关教育事项的总政策。

(3)教育部成立了6个委员会,由6位教育副大臣分管:留学生委员会、学校事务委员会、教学大纲委员会、教育规划最高委员会、技术协调委员会、职工事务委员会。

(4)扫盲和成人教育机构,最开始隶属于基础教育部门,1966年专门成立了一个处,由副大臣技术事务助理分管;1973年升格为扫盲和成人教育管理局,1993年后,该局的职能分解到各教学区域,保留了咨询委员会机构,直接对教育大臣负责。

(5)1972年1月成立了技术教育管理局,之后更名为职业技术教育管理局;1982年建立了培训和应用教育局,将原先的职业技术教育管理局并入其中。

(6)1966年成立的幼儿教育监管处于1973年3月升格为监管局,1986年撤销,其职能分解至各教学区域。

(7)1973年9月,特殊教育由监管处升格为管理局,并于1987年开始直接向教育副大臣助理负责,1991年又改由公共教育事务部副大臣直接分管。

(8)1974年3月成立了教育研究中心,专事研究和测试教学大纲的功能,直接隶属于副大臣分管。1987年更名为教育研究中心,1993年细分为三个处:评估测试处、教育研究处、大纲和教材处,由教育副大臣助理分管。

(9)信息自动化中心,成立于1975年11月。

3. 职权范围的调整

1979年1月7日,根据艾米尔的命令,教育部各机构承担的职权范围进行了较大的调整:

(1)教育部发挥核心作用,在规划、组织教育和制定、修订大纲上是最高权力机构。教育部下设各个不同的管理机构,形成各个教学区域;此外,还下设各个学校监管机构,监督不同教育组织的教育情况。教育部重视为所有公民提供无差别的服务,负责制定各项政策的总框架、教育规划及实施细则,一切与教育行业相关的工作均由教育部统管。教育部权力范围进一步扩大,对不同类型的教育领域进行全面监管。

(2)教育大臣对所有教育事务负总责,副大臣分管和监督所有的规划制定、组织机构、行政管理、教育事务,并任命各个技术部门和咨询委员会的副大臣助理。

(3)各副大臣助理负责实施各项教育政策和教育规划,分管五大教学区域,各司其职。但是教育部代表政府,具有一切决定权。

(4)1973年3月,教育部决定,每个教育阶段设立专门教育管理机构,每个管理机构都设三个部门:学校管理部门、技术指导部门、行政指导部门,此外每个学科也设技术指导部门。

4. 教育预算

石油的发现和开采后,当时的教育委员会开始设置独立的教育预算,1946年就达8400万第纳尔,此后不断增长;至1960年,教育预算已达1610.9万第纳尔,其中包括建设学校的费用。1971/1972学年,教育预算增至3664.4万第纳尔。教育预算主要用于5个方面:工资和酬劳、必要的物资和服务、交通和器械设备、建设项目和公共财产、各项费用和融资付款。

1970/1971学年,教育预算占国家预算的10%,体现了科威特对教育的重视。教育预算的支出涵盖了所有在校生,无论是科威特籍学生还是非科威特籍学生。

科威特教育部提供的各项教育服务,以及社会生活水平的提高,使教育预算仍显不足,所以自20世纪60年代末70年代初开始,教育预算不断增加。

下表为1967—1972年5年间的教育支出,以及教育预算在国家总预算中所占比例:

各类型教育的教育预算及其在国家总预算中所占比例

1972/1971	1971/1970	1970/1969	1969/1968	1968/1967	教育阶段
2673250	2221174	2077814	1965841	1694634	幼儿园
7684500	6679160	2310700	6009600	5867500	小学
10456500	9280000	9025100	7811114	6974950	初中
6865500	4995350	4823100	3452000	3048500	普通高中教育
1650500	1840050	1972100	2043500	1671500	师范学院
972300	762050	687100	649850	591500	宗教学校和特殊教育学校
1099900	903050	838200	733100	644500	职业教育
3884590	3435815	3353976	3363361	3141285	管理和监督
356590	296250	285330	260000	200000	成人和扫盲教育
1000000	1000000	980000	1201300	1000000	外派留学生
35959000	319385873	302537148	196467578	285212102	国家总预算（收入）
10.190%	9.835%	10.032%	13.941%	8.707%	教育部所占预算比例

教育部的一份报告表明，1975/1976学年国家的教育预算达8670万第纳尔，学生数量为20.2万人。1961/1962学年时，教育预算仅为1140万第纳尔，学生数量为5.1万人。15年间，教育预算增长了8倍，学生数量增加了4倍。教育预算的增长比率已经超过了学生数量的增长比率，原因可能是教育部从数量和质量上发展教育事业和改善教育工作者待遇的考虑，也有部分原因是归于近些年来教育成本的提高。

四、教育服务

(一)图书馆、博物馆和科技馆

1. 图书馆
(1)公共图书馆

1923年,科威特建立了第一个公共图书馆。1951—1959年,科威特相继在丹斯曼大街、艾米尔大街、新大街、艾哈迈迪城等地开设了公共图书馆分馆。1954年,科威特成立了图书馆管理机构,1955年制定相应的章程,该管理机构包括中央图书馆(部级图书馆)和图书馆技术服务部。图书馆当时共有1.8万册藏书。

由于前往公共图书馆的民众数量大幅增加,以及意识到图书馆对发展教育事业的重要性,1963年2月,教育部发布了关于图书馆的3331/853号决定,由图书馆管理机构负责图书馆管理人员的技术指导以及工作评估。1965年9月,教育部又发布了49908号决定,建立隶属于教育部的图书馆管理局,由教育副大臣负责图书馆的文化事务,该图书馆管理局的职责是规划和实施图书馆的公共服务。

1962年,公共图书馆及其各地分馆的读者数量为72924人;1963年,读者数量为75849人,相比前一年增加了2925人,其中科威特人的数量为36716人,占总量的46%。1963年,图书馆内流通书籍的数量为37945册,而图书馆借出书籍的数量为4689册。1958/59学年,中央图书馆的阿语书不超过6444册,英语书不超过4121册;1964年3月,中央图书馆的阿语书为10977册,英语书为9446册,共20423册。5年间,中央图书馆的藏书数量增长了接近一倍。

1967年,科威特大学开始招生,教育部开办了第一个女性公共图书馆,以满足她们的文化需要。1974/75学年,科威特的公共图书馆达到22个,藏书达234348册(其中阿语书占75.4%、英语书占12.8%、儿童书占11.8%)。

1988年,23所公共图书馆共有藏书293756册。

(2)学校图书馆

学校图书馆的宗旨是丰富和支持学习计划,指导学生阅读更多的专业书籍及辅助教学读本,创造便于学生阅读的氛围,打破各学科之间的隔阂,以完善学生的知识体系。

教育部负责拨付各学校图书馆经费,不遗余力地扩展学校图书馆规模。直至1964年3月,学校图书馆的阿语书为395892册、英语书为127615册,共523507册。

在知识委员会管理时期,学校图书馆发挥了文化中心的作用,由图书馆管理机构监管,同时该部门也监管中央图书馆。图书馆管理机构的书目总量十分庞大,在收到书籍后将其分配至各个学校,此外还将一些期刊杂志分配至各个学校。分配的期刊杂志中包括20多种英语杂志,显示了科威特文化思想的开放程度,使学生们有机会了解世界各种不同文化。宗教报纸的数量超过了常识类新闻报纸,文化报纸的数量超过了体育和理工科类报纸。

在1974/75学年,科威特的男子学校共有123个图书馆;女子学校共有155个图书馆。学校图书馆的全部藏书量非常巨大,共计有1424327册。

科威特教育部十分重视学校图书馆在自我教育上的作用,随着学校数量的不断增长以及教学计划的不断调整,根据1976年8月颁布的29305—7号决定、1978年1月的33305—7号决定、1981年6月的55410—7号决定,教育部对学校图书馆进行了三次重组。

1978/79学年,教育部制定了新的检索体系,为了给图书馆配备合适的书籍,成立了一些专业委员会,每个委员会有特定的挑选书籍的标准。1979—1985年,经委员会精心选定的书籍达3235种。

科威特独立后,学校图书馆的数量不断增长。1982年,科威特建立了27所新的学校图书馆,共配置了120318册图书。图书馆管理机构继续给其他的公共图书馆配备书籍、期刊、录音带,进行分类、编辑各主题目录,编写学校图书馆藏书一览表和统计手册,培训图书管理员工,编辑出版图书馆报纸等。

1981/82学年,科威特共有437所学校图书馆,藏书量达到350万册,其中2334047册是供成人阅读,118948册为儿童用书。

1982/83学年,新建了两所男子学校,学校图书馆的数量变为439所。分配至这两个学校的阿语书有1615种,共有76097册;外语书共399种,共有复本19879册;幼儿园的图书也有737种,共48970册。

在国家文化艺术文学委员会成立之后,1980年根据教育部提出的建议,部长委员会同意将图书馆的管理移交给国家委员会,但是这个状况并没有持续多久。随着学校图书馆的数量增加,国家委员会的工作负担越来越重,1987年9月的部长委员会会议决定,除中央图书馆仍由国家委员会管理外,其他的图书馆仍交还教育部管理。

至1989年,学校图书馆的数量为572所,藏书有3065393册。

教育部规定学校图书馆的目标是实现学校的教育目标,辅助教学计划以及支持学校学术活动;拓展读者的兴趣爱好。学校应以图书为媒介,鼓励学生自由阅读,了解与其年龄、兴趣、能力相适合的各种信息和知识,培养和发展其特长,树立正确的价值理念,如集体感、合作意识、责任感、爱护公共财物、尊重他人的权利、行为举止得当等。

学校图书馆的功能是提供不同的教育资料,辅助教学大纲的执行;丰富学生的知识,图书馆书籍要与传统、正确的价值理念相适应;指导和培训学生如何使用图书馆的资源;满足教职工的需要,使其获得各种知识信息,提高其职业技能。直至1990年,科威特已有640个图书馆。

1990年,伊拉克入侵科威特,学校图书馆和公共图书馆(包括科威特大学图书馆)等遭到严重破坏,首都23所公共图书馆损失了64584册图书;至于其他图书馆如艾哈迈迪、哈瓦利等地损失的图书更多。科威特光复后,政府对所有图书馆进行了修缮和补充图书。

1993年7月,教育部发布决定,调整教育部的组织结构,其中教育信息中心和图书馆管理机构合并,称为教育发展和图书馆管理局,并确定了该局的职能和权限,明确了图书馆的学术功能和服务大众的作用。

2. 博物馆

随着公共教育的振兴,50 年代中期有学者提议建立科威特国家博物馆。知识委员会从埃及请来专家调研,为建立博物馆撰写详细的报告。1956 年 4 月,委员会批准了建立博物馆计划。1956 年 10 月,知识委员会开始为国家博物馆选址,最终确定将知识委员会主席谢赫阿卜杜拉·贾比尔·萨巴赫的旧公馆改建为博物馆,并于 1958 年正式开馆。国家博物馆分为四个部分:科威特自然馆、科威特人文馆、科威特现代和未来馆、文化馆。

1958 年初,丹麦的考古文物团队来到费拉卡岛,考察马其顿王亚历山大时期的遗址。他们成功发现了可追溯至古希腊时期或其后的许多文物。1961 年,知识委员会决定将这些文物交由文物管理局保管,并在国家博物馆展出。科威特国家博物馆逐渐成为游客了解科威特历史和青少年接受教育的地方。

1965 年 6 月,教育部发布了 49907 号决定,新建一个隶属于教育部的文物和博物馆管理机构,任命叙利亚籍专家塔利格·法胡里为机构负责人,受教育部文化事务副大臣助理领导。1966 年 4 月起,根据艾米尔的指示,由新闻部负责博物馆的管理。新建的博物馆大楼于 1972 年 2 月 6 日开馆。

3. 科技馆

20 世纪 60 年代随着蓝鲸隧道的建成,科威特政府提出建立科技博物馆的设想。教育部为此于 1970 年研究和规划建立科技博物馆,并成立了隶属于教育技术部门的管理机构。设计中的博物馆展物包括航天、电影、航空、气象、电子产品、石油和化工产品,以及鸟、鱼、昆虫、植物、爬行动物、哺乳动物等标本。科技博物馆与国家博物馆分开,目的是使人们了解自然史,扩大知识面,致力于科研和环保。

科技博物馆建于 1972 年,包括三个主要部分:自然史部分、科技部分、服务部分。每个部分都有一些分支。5 年后,该馆有了脊椎动物骨骼结构馆以及其他一些馆,如鸟禽标本馆、食草类动物馆和食肉类动物馆等等。

1990 年伊拉克入侵期间,博物馆停止运行,并被破坏。1991 年经过修缮后,重新运营,并新增加了地面昆虫和猴子馆、石油馆。因此该科技馆共有 5 个部分:自然历史馆、科技馆航空和气象监测馆、对外联络部、服务部。每个部分都有各自的分馆,如自然历史部分有 9 个分馆(动物和植物),科技部分有 7 个分馆(航天、电子设备、航空……),航空和气象监测部分有 2 个分馆,对外联络部负责接待学生和参观客人,服务部分有 7 个服务点。

1995 年,科技博物馆的员工数量为 33 人。自成立以来,该科技馆致力于举办标本制作的培训,参与环保和研究科威特自然史。在国家庆典或是节日时则举办一些展览。该馆每三个月发行介绍博物馆活动的期刊,还有介绍该馆历史和发展的年度文集。

在国际合作领域,科威特科技博物馆积极与世界各国博物馆交流,参加了许多国家举办的学术会议和展览,也是世界博物馆委员会成员之一。

1994 年,科技馆的到访量共有 136 个游览团,11824 名游客,56780 名学生,总计达 68740 名,说明在伊拉克入侵破坏之后,博物馆的地位有所下降。

科威特教育科技博物馆有一些珍稀展品,如 6 个蓝鲸骨骼框架、月球表面石头样品以及宇航员太空舱复制品、模拟星空的天花板、第一架科威特载客飞机、第一辆巴士、第一辆消防车、玻璃牛、标本制作机器、猛犸象和恐龙、骆驼骨架等等。

(二)教育技术

教育部承担知识委员会工作的同时,也接手了教育技术发展的工作。因此,教育部成立了一个专业机构,负责进口设备和实验室所需器械,其目标是向所有学校提供这些技术以及提供专人负责组装和维护学校器械。

1961/62 学年,教育部花费了 14778 第纳尔,组建各个学校的实验室。1959—1967 年间,举办了 9 届教师培训班,共有 688 名教师以及培训学院的学生接受培训。教学技术管理机构由四个部门组成,包括电影和音频录制部、电影制造部、摄影部和设备维护部。该机构的职能是给学校提供各项教育技术服务,设备维护,教师培训和指导,举办展览,在教育技术领域进行研究。

1963/64学年,科威特的学校安装了视听等各项教育媒介或教育设备,如电影、摄像、广播,每个学校都有投影仪、录音机、收音机、全套广播设备等。

1966/67学年,教育部向科威特大学提供了各类大型教学器械、设备和实验室。

1969/70学年,公办学校中共有166个科学实验室。

1970年,教育技术管理机构为各个高中学校配备辅助教学用的电视机。1973/74学年,该机构通过闭合回路的方式首次试验了教育用途的电视机,在5所高中学校播出。教学手段管理机构和技术指导管理机构相互合作,完成了生物、化学、物理、数学、地理、历史、英语科目的61个学习项目的制作。

1980年,根据教育部的决定,教学手段管理机构改名为教育技术局,其职权是传播教学技术、制定计划,以生产设备或购买各项技术、通过电视发展与传播教育结合,继续建设科学语言实验室,维护学校的各项设备。

科威特非常重视语言实验室建设,自1981年起,语言实验室全部用于教授阿拉伯语。1984年,教育技术管理机构的职权有所扩大,除了传播技术外,还要负责设计、生产、设备安装,研究学校对教育技术手段的需求,选择有能力的技术人才制作和推荐教育节目。

1994/95年,教育技术管理机构进行了重组,在并入科技博物馆后,由两个单位构成:教育技术部和科技博物馆部。重整后的机构职能是:制定和完善各种教育技术计划,提出教育技术配备所需预算,选择教育电视节目的编导以及主持人,传播教育技术,举办教育技术展览,为科技博物馆的展览选择合适的场地。该机构为五大教学区域配置了32364个科学实验室和各项设备,1435套视听设备。

(三)后勤保障

1. 校服

教育部每年给不同教育阶段的学生发放不同的校服,校服分夏季和冬季。

1961/1962 学年—1971/1972 学年校服花费预算统计表

备注	数额（第纳尔）	学年
	414.548	1961/62
	447.621	1962/63
	400.000	1963/64
	600.000	1964/65
	600.000	1965/66
	652.000	1966/67
包含饮食	2.000.000	1967/68
包含饮食	1.790.063	1968/69
包含饮食	1.642.400	1969/70
包含饮食	1.732.350	1970/71
包含饮食	1.552.000	1971/72

2. 饮食

学校的冷食或热食都在教育部指定的厨房完成，卫生监管人员监督使用的食材、餐具，以及工作人员健康卫生状况。在确定符合食品卫生条件后，烹调后的热食装入密闭的专用车内，发放至各个学校。冷食包括三明治、果酱、奶酪、黄油、煮鸡蛋、饼干、肉丸子、鲜奶和扁豆汤、水果和可可奶。

1961/62 学年，科教育部向联合国教科文组织提出申请，希望可以推荐一名饮食专家到科威特饮食部门工作，并且将此申请也发给了罗马的农业食品国际组织，该组织对科威特的请求迅速作出了回应，推荐了一名资深饮食专家。1961 年 9 月起，该专家负责监督各个学校的餐饮过程，并对该行业的工作人员进行培训。

科威特教育部门为幼儿园的学生提供早餐和午餐；向初中、女子高中、宗教学院的学生只提供午餐；为特殊教育学院以及舒威赫高中、职业学院的学生提供三餐。这些学校的午餐和晚餐通常包括大米、肉、汤、红烧土豆、各种蔬菜、色拉、意大利面、鸡蛋、大饼、茶水和水果。

饮食部门负责所有学生的饮食，1961/62 学年，学生人数大约为 5.1 万人，1963/64 学年，学生人数增长至 7 万多人，饮食部门的专门厨房已经不能满足所有学生的就餐需求，因此必须新建各个学校的地方厨房，并配备设备和器具，建成后的地方厨房很大程度上缓解了学生们就餐需求的压力。

鉴于教育部尤其是饮食部门的快速发展，1965 年 9 月，教育部发布了 2748 号决定，成立了饮食管理机构的新部门，由管理办公室、食品仓库、面包房部门、三明治部门、厨房部门等组成。该管理机构建立了学校饮食系统的对口组织，并且为男子学校、女子学校及幼儿园安排食品监管人员。

1966/67 学年，饮食管理机构提供了大约 10 万餐饭，分发给 160 所学校。学生们就餐的餐厅和食堂达 145 处。饮食管理机构不断努力改善饮食的质量，使其符合现代饮食的标准，还要保持传统饮食的特色，符合学生们的口味。1968/69 学年，饮食机构将固体融化的鲜奶改换成当地生产的鲜奶。

3. **教学楼建设**

科威特积极建设现代化的学校和安装配套设施，希望为教育振兴奠定基础，因为教育是阿拉伯国家复兴的一个重要组成部分。

教育部主持的教学楼建设不仅仅是开办普通教育学校和特殊学校的教学场所，还包括兴建博物馆、师范学院、学校游泳池、开办公共图书馆、教师宿舍、仓库、实验室等。

4. **交通**

科威特政府一直保障学生从家到学校的交通安全。教育部与科威特交通公司合作，签订合同，保障学生在学年内的往返交通。教育部拥有三艘运输客船，将学生、教师、监察人员运至费拉卡岛，还可以满足学生旅行的需要，将学生运往此岛，也可以运送那些想参观费拉卡岛博物馆的游客团。

(四)医疗卫生

1961年独立后,学校的卫生服务功能包括三个方面:预防、治疗和监督。因为学生和教师人数的增长,该项服务也在不断扩展,私立学校的学生也可以享受该项服务。1970年,学生人数达12万人,学生的医疗服务花费由1950年的4万第纳尔增长至1970年的2500万第纳尔。当时科威特的人口数量由1946年的8万人增长至1961年5月的321.6万人,其中有16.2万人为科威特人,1970年时,人口又翻倍达738.6万人。学校的医疗服务能够控制一些疾病如头痛、肺结核、沙眼等。1970年后,学校的医疗卫生服务归属于卫生部。

1973/74年,医生的数量有所增加,但是相比这些年学生数量的增长,医生人数的增长还是比较缓慢。1973/74学年,医生的人数为54人,相当于一个医生照顾3137名学生;1978/79学年,医生人数达到顶峰,为77人,相当于一个医生照顾3562名学生。此后,医生的人数逐渐下降,1982—1984年时,医生的人数为67人,相当于一个医生照顾5066名学生。此后,随着不同地区卫生中心和医院的普及,很多学生开始直接就近医疗。

科威特的学校医疗服务主要经过了以下发展阶段:

——由知识委员会监管变为与卫生部共同监管,最后由卫生部独立监管。

——权力下放,各地都形成卫生医疗中心。

——治疗的任务移交至学校卫生医疗中心。

学校医疗服务最大的问题在于医生、护士、助理人员的匮乏,每年的例行体检有时都难以完成。1976年后,各个省都建立了医院,学校的医疗服务也实现了质的飞跃。各省除了有最主要的大医院外,还有一些其他的中小医院。自1977年,各个医院都可以向居住在附近的学生提供医疗服务。学校医疗卫生制度规定每年给学生体检、注射疫苗、普及卫生健康知识。学校医疗卫生部门隶属于卫生部对外医疗服务管理机构。

(五)社会服务和心理健康

1. 社会服务

科威特教育部十分重视社会服务的重要性和影响力。在实施教育过程中,学生、家长和教师都重视培养学生形成共同的信仰目标,尊重劳动,培养领导力、合作意识和责任感,发展人与人之间的相互关系,热爱公共服务,适应社会环境和思想意识的改变。上述教育目标需要借助各方的努力,通过参与、活动、研究、评估、讨论、访问等方法来实现。为保持学生、家长和教师之间的相互关系,各校都成立家长委员会,建立教师俱乐部等。

1964 年,一项针对高中学校和专科学校的学生们的调查表明,学生参加社会服务能增强责任感和自我保护能力,适应社会环境变化,抵御不良诱惑。社会服务,即一个学生作为群体成员之一所经历的经验,是培养学生独立人格的一个重要方面。科威特教育部为此制定了一些社会教育计划,纳入学校教学计划中,并作出决定:凡是学生数量达 600 名的学校都要聘任一名社会学督导,学生人数超过 600 名的则要聘任两名。

1965 年 5 月,因承担该项工作的志愿者人数不足,教育部将该决定推迟至 1966/67 学年实施,并设立了学校社会服务管理机构,由三个部门构成:女生社会服务部门、男生社会服务部门、女教师社会服务部门。该机构的职能是加强学校与学生家庭之间的联系,帮助各校成立家长委员会,通过让学生加入班级委员会培养学生的责任意识,参与学校管理,组织社会活动。

学生团体是最容易受到社会发展影响的群体,也是最活跃的群体。这项服务的支撑点就是学生与社会之间的关系,社会服务管理机构的工作就是保持两者之间的平衡,在满足每个学生自身发展的同时,要弘扬社会文明风气,使学生懂得只有适应社会环境才能满足自身的需要,在不影响两者平衡的前提下通过内外压力实现个人和环境之间的互动。

2. 心理服务

1970 年 7 月,科威特教育部发布决定,成立隶属于学校社会服务管理机构的心理指导部门,为学生提供心理服务。该部门设立三个中心:心理指导中心、检测和评估中心和心理研究中心。为了保障学校发挥社会服务的作用,教育部规定各校每500名学生就应配备一名社会学或心理学专业人士。

1973/1974学年各个学校的社会学专业人士分布表

——按国籍和学历

总计			社会学专业男			社会学专业女			
总计	非科	科威特	总计	非科	科威特	总计	非科	科威特	学历
113	107	6	55	55	—	58	52	6	社会服务学士
77	47	30	27	23	4	50	24	26	哲学心理—社会
18	18	—	18	18	—	—	—	—	其他高等学历
21	20	1	21	20	1	—	—	—	总计
229	192	37	121	116	5	108	76	32	

从上表可以看出,科威特籍且具有社会学专业学历的专业人士数量稀少。

五、关于科威特教育政策的思考

(一)宗教教育与现代教育的结合

作为阿拉伯国家之一的科威特,其传统文化浸染了浓厚的宗教色彩,伊斯兰教在民众的世俗生活中占有极其重要的地位,《古兰经》是一切精神、道德、伦理的最基本依据。这种历史文化传统的影响渗入教育领域时,就表现出对人们进行宗教教育的重视。学校的宗教教育是以培养学生知晓伊斯兰文化知识为目的而建立的教育体系。宗教教育的过程是传播阿拉伯伊斯兰文化的过程,阿拉伯国家都十分重视对孩子宗教意识的培养以及宗教合法性身份的塑造,而教育很大程度上担负起该功能。

宗教教育之初,清真寺是进行宗教教育的大本营,至公元971年,埃及建立了艾资哈尔清真寺,成为阿拉伯世界宗教教育的灯塔和范例。科威特在知识委员会创办宗教学院时,请教和求助过埃及的艾资哈尔大学,并得到对方的响应和支持。直到大约20世纪60年代末,艾资哈尔大学选派的学者们只在宗教学院工作,科威特教育部在师资紧缺时,曾要求艾资哈尔大学增加选派教师的名额,尤其是阿拉伯语和教法学两个科目的教师。

科威特是一个阿拉伯伊斯兰国家,独特的地理环境、人口结构、历史进程,使其充满活力,是个既传统又西化的开放性社会。1961年独立后,科威特国内外政治、经济和文化环境发生了巨变,国内石油经济发展迅速,意识形态变革加速,西方价值观渗透影响。面对新环境,如何适应现代民主政治和知识经济的发展要求,是科威特面临的一个重要挑战。虽然科威特的教育体系参考和借鉴了西方教育制度,但是作为伊斯兰国家,伊斯兰文化占据社会意识形态的主导地位,科威特政府需要维护和培育伊斯兰精神,保持其宗教文化,维护其民族身份认同,最终在全球化大潮中谋求自力更生、挖掘内部发展潜力的精神力量和文化支撑。

科威特的教育体系反映出这种古老又现代、保守又开放的特点。目前,科威特的教育体系兼具宗教教育和科学文化教育(世俗教育)两个部分,宗教学院实施宗教教育,但总体而言,教育持续时间、入学条件与普通教育阶段类似,只不过在课程设置上更强调与伊斯兰教相关的学科。在近现代的教育改革中,为了解决学生的就业问题,宗教学院的中小学部分课程与普通教育阶段的课程相似,只是个别科目替换为宗教学科。另一方面,通过观察和研究科威特各个教育阶段的教学大纲的课程设置和教学目标,世俗教育体系的课程设置亦十分重视学生对伊斯兰精神和教义的学习和领悟。在大多数阿拉伯国家,宗教教育始终占据着重要的地位,可见两种教育并非泾渭分明。科威特宗教教育与世俗教育相互结合,这种教育特点的形成是历史根源与现实世情相互作用的结果。

科威特教育政策侧重于两个方面:一是要融入全球发展的现代化的主流,成为其发展进程的一部分;另一方面更重要的是,必须要认真看待和保护传统的阿拉伯伊斯兰文化,这是科威特长远发展的文化积淀和内因。

如果认为西方模式(欧洲属性)是通往文明进步的捷径,那必然是一种行为和思想上的极端,与社会的宗教和身份属性相悖。但若因循守旧,从前人的话语中拾取与当今环境相应的话语,这仅可作为伊斯兰历史经典来研究,并不能用其解决当下的现实问题,因为每个时代都有独特的国情。

相较于西方教育模式,科威特教育的发展方向和规划管理可以相对独立,但不能孤立于全球教育体系之外。教育要服从于人民的文化方向和物质条件,随其发展变化而发展变化,摒弃历史上西方殖民统治和现实中西方文化霸权造成的外部行为模式,最终通过教育形成具有原创性、批判性的智力产品的能力。

(二)教育服务于科威特文化战略的构建

在伊朗高原与阿拉伯半岛之间的内陆海水域即波斯湾,近代以来的阿拉伯学者们为强调其阿拉伯特征,称为"阿拉伯湾",他们认为海湾两岸均为阿拉伯人世代聚居的地区。海湾因其地理位置,具有重要战略地位,自古以来是东西方海上贸易交往的重要枢纽。一般来说,海湾国家泛指海湾八国,即伊拉克、伊朗、科威特、沙特阿拉伯、巴林、卡塔尔、阿联酋和阿曼。而"海合会"全称"海湾阿拉伯国家合作委员会",成立于1981年,正式成员为阿拉伯联合酋长国、阿曼苏丹国、巴林王国、卡塔尔、科威特、沙特阿拉伯王国等6个阿拉伯国家。

1987年12月在沙特阿拉伯王国首都利雅得召开的第八届阿拉伯海湾国家合作委员会最高理事会上批准了一项长远文化发展规划,确定阿拉伯伊斯兰文化是海湾六国不可分割的精神纽带和民族身份。随着近30年来文化、社会、经济方面的变革,海湾国家文化政策制定机构认为要重新审视该文化发展规划。

2008年10月22日,海合会国家文化部长们在多哈举办的第14次海合会会议上,一致通过了海合会国家文化战略的最终定本,[1]并将其提交给海合会国家的领导人。卡塔尔文化艺术遗产部长哈马德·卡瓦里博士指出,海湾国家文化战略符合海湾地区的文化发展变化,是未来的光源和引路灯,通过该文化战略维护阿拉伯伊斯兰文化身份认同,确定未来的工作机制。[2]

海合会文化战略的目标是:1)丰富公民的个性,加强信仰、遗产、自由、尊严和归属感的意识;2)保持阿拉伯伊斯兰文化认同;3)强调阿拉伯语是海合会国家公民人格(个性)的基本构成;4)加强海合会国家的文化团结,在政治、经济、社会、教育、创造、媒体等各个方面相互支持;5)发展文化交流模式,这是与不同人类文明交往合作的重要因素,也是一个地区的和谐因素;6)将伊斯兰民族观作为发展的文化的维度;7)加强女性文化的作用和儿童文化项目;8)发挥民间机构团体,尤其是各个文化机构的作用,以服务于文化战略的大局和总目标。[3] 该文化战略包含的目标、愿景、原则、机制,主要从三个重要的方面出发,一是确定文化身份即海合会国家公民的身份认同;二是在相互尊重和宽容的基础上倡导不同文明间的对话;三是对于海湾国家文化的认识要摆脱原有的框架和限制。文化战略的倚重点主要是伊斯兰宗教、阿拉伯语、地理位置、历史经验和社会结构。

文明的发展依赖于社会内外各种力量的相互作用。作为海合会成员国之一的科威特,其文化活动并不是孤立的,而是与阿拉伯世界充满活力和远大志向的文化运动相联系。科威特的教育政策从某种程度上来说,也预示着阿拉伯世界的发展趋势,其最突出的目标就是实现民族的文化振兴,扩大阿拉伯民族的文化影响力。海湾国家文化战略符合海湾地区的文

---

[1] 新华社人民网,http://arabic.people.com.cn/31662/6520145.html。
[2] 2008年10月23日,"日子"http://www.alyaum.com/article/2624488
[3] 文化文学艺术国家理事会 المجلس الوطني للثقافة والفنون والآداب http://www.nccal.gov.kw/publish/ar_gcc.cms。

化发展变化,科威特不断调整且日益完善的教育体系正是服务于该文化战略的重要举措,从而最终达到维护阿拉伯民族身份认同,扩大阿拉伯伊斯兰文化影响力的战略目标。

现在科威特的经济实力和综合国力有了显著提高,迫切需要增强文化力量,形成文化优势,建设文化强国。文化战略的目标是基于提高国家文化软实力,从而在国际竞争中占得先机。文化安全在整个国家安全工作中占据着基础性和战略性的重要地位。科威特是个多元的社会,其思想文化呈现多样性、多变性等特点。一个民族要通过文化来整合社会,从而形成强大的民族凝聚力,教育是最重要的基因。

教育和文化相互作用,文化的发展依赖于教育。科威特为实现科学和文化领域的现代化目标,在教育领域不断加大投入,无论是在教学规模,还是在教育质量上,都在随时调整和完善。自独立以来,科威特政府在教育规划和教育管理方面的微调或重大调整皆凸显了国家对教育发展的重视。"教育体系是每个民族的民族意识、文化与传统的最高体系。""教育担负传递传统价值和职责",具有文化功能,即"教育将文化(包括政治、经济等在内)加以有目的有意识地传递与保存,并通过选择与重组而实现文化的改造和创新,由此影响社会生活与精神"。① 石油给科威特带来的财富,使它雄心勃勃地试图赶上先进国家前进的步伐,而教育则是实现宏图大志的基础和希望。

我们可以将 50 多年的科威特现代教育史划分为三个阶段:阶段一:1961 年(独立时期开始)—1972 年(教学大纲会议),完善了教育制度,原则上确定了目标和理念,开始深入规划未来,以更有效更有意识地提供教育服务;阶段二:1972—1990 年,制订了明确的教育目标,完善了 5 项教育计划,初步建立了较完整的教育体系;阶段三:1990 年后,伊拉克的侵略对科威特教育产生了消极影响。在历经社会、经济、居民结构变化后,科威特为恢复教育体系而作出巨大努力,并已见成效。教育发展推动了科威特的文化发展,文化战略的实施为科威特迈向现代文明社会奠定了基础。

---

① 丁钢主编:《文化的传递与嬗变》,上海教育出版社,1990 版。

第七章 科威特教育政策研究

整个世界正在经历经济、社会、文化、技术的转变,从而推动阿拉伯海湾国家加入世界文明的竞争之列,必须要认同自己的文化、努力创造可以发挥文化影响力的适合的存在空间。当今的国际氛围伊斯兰世界处于弱势和卑屈的地位,正在思考和研究如何使阿拉伯伊斯兰文化走出当下的困境,提升自己的地位。科威特教育政策构建的教育体系也许是一种"文化抵抗"和恢复民族和宗教尊严的体现。

(陆培 勇古萍)

【参考文献】

تاريخ التعليم في دولة الكويت (المجلد الثالث)، مركز البحوث والدراسات الكويتية، الكويت، 2002 1

[2] الكويت وتحديات القرن الحادي والعشرين- رؤية استراتيجية استشرافية، أ.د. زين الدين عبد المقصود غنيمي (كلية العلوم الاجتماعية – جامعة الكويت)، مركز البحوث والدراسات الكويتية، الكويت، 2001

[3] الطاقة البديلة ومنظومة الأمن القومي لدولة الكويت ودول الخليج العربي – دراسة تحليلية تقويمية، أ.د. زين الدين عبد المقصود غنيمي، مركز البحوث والدراسات الكويتية، الكويت،

[4] الاقتصاد الكويتي والأموال العربية قبل الغزو وتحديات ما بعد التحرير- رؤية تخطيطية، د. حسين طه الفقير، مركز البحوث والدراسات الكويتية، الكويت، الطبعة الرابعة،

[5] النفط في الكويت- معتطفات من جريدة الكويت اليوم 1945—1961، عبد العزيز أحمد الخطيب، مركز البحوث والدراسات الكويتية، الكويت،

2. 王景祺:《列国志—科威特》,社会科学文献出版社,2004 年版。

2. 科威特国新闻部:《科威特——事实与数字》,科威特新闻出版署—国际新闻处,1992 年版。

3. 科威特调查研究中心:《科威特与伊拉克疆界之标定——历史权利与国际意愿》,科威特调查研究中心,1994 年版。

4. 张俊彦:《中东国家经济发展战略研究》,北京大学出版社,1987 年版。

5. 吴式颖主编:《外国现代教育史》,人民教育出版社,1997 年版。

6. 杨光、温伯友主编:《当代西亚非洲国家社会保障制度》,法律出版社,2001 年版。

7. 钟志成:《中东国家通史——海湾五车卷》,商务印书馆,2007 年版。

8. 丁纲主编:《文化的传递与嬗变》,上海教育出版社,1990 年版。

9. 季成钧、徐少君、李旭:《埃及高等教育研究》,中国社会科学出版社,2010 年版。

10. [黎巴嫩]盖德里·盖勒阿吉:《科威特简史》,北大阿语教研室译,北京人民出版社,1973年版。

11. [埃及]侯赛因·卡米勒·巴哈丁:《教育与未来》,人民教育出版社,1999年版。

12. 迟毅:《沙漠中的奇迹——爱资哈尔大学的变迁》,《阿拉伯世界》,1982年第3期。

13. 张道庆:《论科威特的社会福利制度》,《西亚非洲》,1992年8月28日。

14. 董漫远:《科威特的历史变迁》,《中国民族》,1991年4月1日。

15. 唐宝才:《科威特的现代化进程及影响它的几个因素》,《西亚非洲》,1989年8月29日。

16. 张宗奇:《科威特多语教育简述》,《中央民族大学学报》(哲学社会科学版),2001年第1期。

17. 张国伟:《科威特的难题之一——外国侨民》,《阿拉伯世界》,1981年第3期。

18. 明之:《科威特科学进步委员会》,《阿拉伯世界》,1986年第3期。

19. 中华人民共和国驻科威特大使馆经济商务参赞处,2014 - 5 - 29http://kw. mofcom. gov. cn/article/ddgk/zwrenkou/201405/20140500605130. shtml.

20. 中华人民共和国驻科威特大使馆经济商务参赞处,《科威特最多的外籍人口来自印度》http://kw. mofcom. gov. cn/article/ddgk/ - zwrenkou/201407/20140700656074. shtml.

21. 科威特文化办公室, http://www.kuwaitculture.com/About% 20Us/ - History. htm.

22. 中国驻科威特大使馆,http://kw. chineseembassy. org/chn/fhly/t58 - 0298. htm.

23. 百度 http://baike. baidu. com/view/10763586. htm? fr = aladdin.

24. http://www. kuwai. info. com.

25. http://www. moe. edu. kw.

图书在版编目（CIP）数据

亚非文化政策研究/曹德明主编. —北京：时事出版社，2015.12
ISBN 978-7-80232-898-3

Ⅰ.①亚… Ⅱ.①曹… Ⅲ.①文化事业—方针政策—研究—亚洲 ②文化事业—方针政策—研究—非洲 Ⅳ.①G130.0②G140.0

中国版本图书馆 CIP 数据核字（2015）第 265579 号

出 版 发 行：	时事出版社
地　　　址：	北京市海淀区万寿寺甲 2 号
邮　　　编：	100081
发 行 热 线：	（010）88547590　88547591
读者服务部：	（010）88547595
传　　　真：	（010）88547592
电 子 邮 箱：	shishichubanshe@ sina. com
网　　　址：	www. shishishe. com
印　　　刷：	北京市昌平百善印刷厂

开本：787×1092　1/16　印张：24.25　字数：350 千字
2015 年 12 月第 1 版　2015 年 12 月第 1 次印刷
定价：98.00 元

（如有印装质量问题，请与本社发行部联系调换）